前言

一、会计信息化证概述

1. 会计信息化证是什么？

会计信息化证（全称：会计信息化应用能力考试）分为财务会计信息化证、管理会计信息化证、财务/审计/税务主管信息化证，由中国电子企业协会智能财务分会与中国国际贸易促进委员会商业行业委员会联合颁发，作为会计人员岗位技术能力水平的有效证明，是满足财政部对会计信息化改革下会计岗位新要求的证书。会计信息化证是真正会计工作的上岗证。

2. 为什么报考会计信息化证？

职业教育国家学分银行建设是“职教20条”提出的重大改革任务。受教育部委托，国家开放大学全面推进职业教育国家学分银行的建设。2020年1月1日，会计信息化证正式加入国家开放大学学分银行体系“学习成果互认联盟”，学习者可凭积累学分抵免6~20学分。

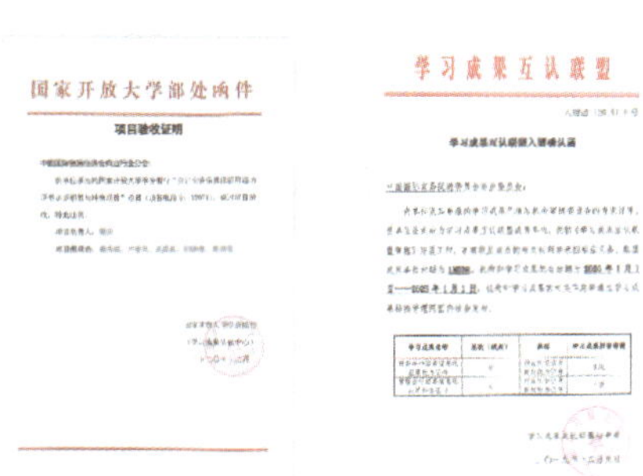
国家开放大学部处函件

项目验收证明

学习成果互认联盟

二、财务会计信息化证实训课程

《APOIT 实训系列课程》充分融合全国各地 10000 多家财税公司、事务所的会计真账实操经验，全仿真模拟真实票据和会计业务，还原会计工作的真实场景，学习过程就是工作过程，学完即可上岗！

1. 情景胜任式学习模式，快速匹配企业招聘要求

基于数万家企业客户与财税企业的实务内容，本课程线下业务册全仿真模拟真实票据和经济业务，线上配套全仿真账务、本省报税系统、三大网银实训系统，无缝对接实务工作，使学生在完成特定业务的过程中获得技能与经验，满足企业新会计人的上岗要求，快速就业。

2. 陪伴式实习，提升学习的效率与效果

开票　网上报税　每日一面　情景再现

通过 AI 大数据，实习过程动态跟踪学员的胜任力提升，匹配职业导师专业辅导、工作情景再现、每日一面职场经验传递、会计信息化证模拟考试、简历辅导、模拟面试等陪伴式教学服务，让学习体验与效果大幅度提升。

APOIT 实训课程紧跟时代潮流，依据国家标准白皮书，对课程进行全面升级，加入“人工智能应用”全新模块，不仅是胜任会计岗位，更是守住会计岗位，做新时代下企业需要的会计人才。

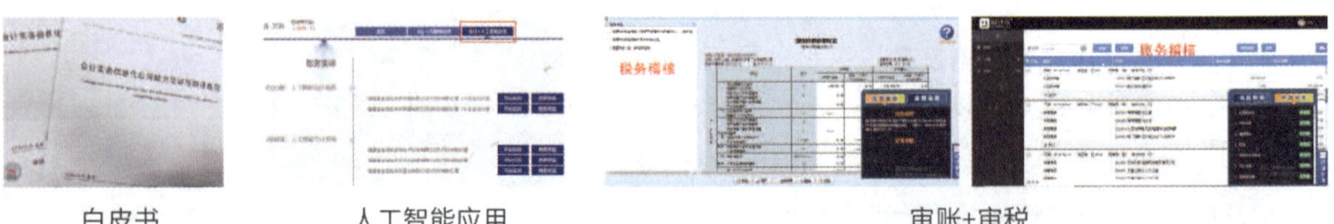

白皮书　人工智能应用　审账+审税

三、管理会计信息化证实训课程

APOIT 标准管理会计岗位实训课程，源于企业管理会计五大岗位实操内容，结合浪潮、上海财经大学、厦门大学等多方管理会计研究成果，采用双线教学方式，通过名师精讲 + 沙盘岗位实战练习相结合，让学员快速认知管理会计，提升工作思维与职场竞争力。

独创全仿真管理会计实战课程，包括：五大岗位实战、线上沙盘实战、财务共享中心实训平台、厦大名师精讲。

基于中交、中铁、上海建工、大连造船、中农发等企业管理者的战略与预算工作，匹配线上沙盘案例实战，全面模拟企业的战略与预算过程及其结果，让学生站在管理的角度理解和认识战略与预算，全面提升学员的战略管理与预算管理能力。

基于浪潮集团、中国铁塔、恒瑞制药、太阳纸业等企业的成本控制、营运管理、投融资决策与绩效管理工作，匹配线上沙盘案例实战，全面模拟企业经营过程及其结果，让学生站在管理的角度理解和认识经营决策，全面提升学员的全局观与资本观。

基于山东国投、顺德控股、国信证券、广东地铁、湖北交投等知名企业管理者报表分析与内部控制工作，匹配线上沙盘案例实战，全面提升学生的管理会计报告分析及内部控制能力，协助管理当局掌握状况，参与财务管理拟定未来策略及执行能力。

课程深度融合管理会计和 Excel 数据分析实战应用，以管理会计的视角，讲述财务人员运用 Excel 的进阶功能，案例基于企业真实职场情景，涵盖管理会计实务工作中所必需的“成本管理、往来账款管理、销售与生产管理、资产管理、报表合并、全面预算”等板块，快速提升会计工作效率和 Excel 数据分析能力。

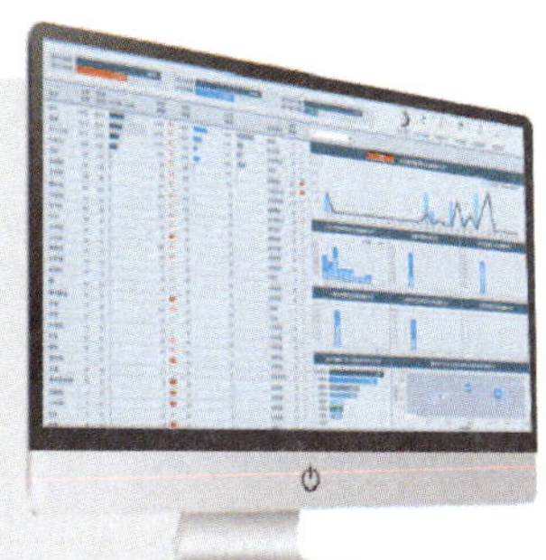

四、财务 / 审计 / 税务主管信息化证实训课程

在企业数字化转型的背景下，中小型企业迫切需要具备更高洞察能力、更准确预测能力，可以更高效地处理各种信息的财务主管。数字化财务主管岗位实训班以企业岗位为核心，提升数字化时代下财务主管的综合能力，使他们成为行业中不可缺少的人才。

1. 情景胜任式实习：快速提升岗位胜任力

基于数万家企业的实务工作内容，数字化财务主管岗位实训还原真实工作场景，实战导师与职业导师双线教学，通过全仿真岗位实训，快速积累工作经验，提升岗位胜任力，学习过程就是工作过程。

2. 陪伴式学习和成长：上万家企业岗位推荐 / 定向培养 / 简历直达

通过 AI 大数据，实时跟踪学员的胜任力提升。发布海量求职资源，上万家企业岗位推荐，专业导师辅导，为学员匹配合适的岗位招聘信息，实现精准就业职推，根据学员所在省市推荐当地头部企业招聘，名师指导提升面试通过率，为学员的职业提升保驾护航。

3. 全仿真岗位测评：入选会计人才库

完成数字化财务主管岗位实训班学习后，参与全仿真财务主管岗位测评，测评结果就是工作结果，成绩优秀者入选会计信息化紧缺人才库。

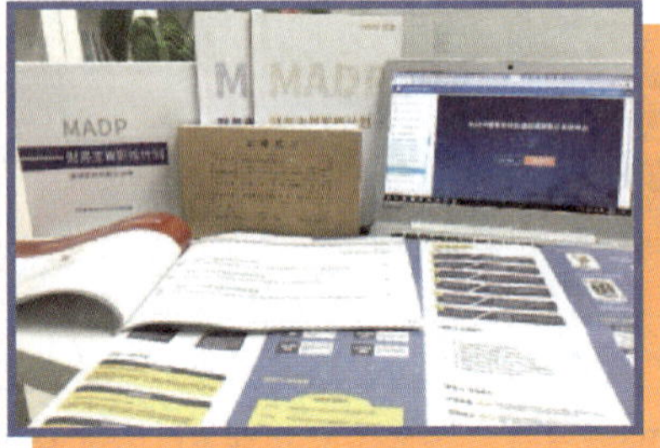

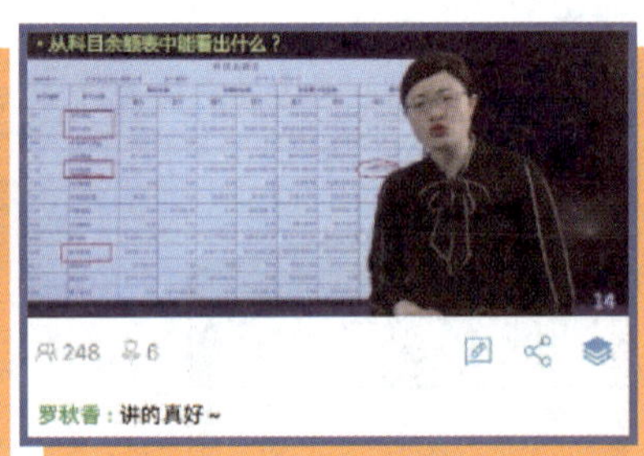

数字化会计新手岗位实训

工作业务册（上） 出纳

会计信息化证考试研究中心 编 |  监制

国家一级出版社
全国百佳图书出版单位

图书在版编目(CIP)数据

数字化会计新手岗位实训 / 会计信息化证考试研究中心编. -- 厦门 ：厦门大学出版社，2021.3(2023.1 重印)
ISBN 978-7-5615-8149-0

Ⅰ. ①数… Ⅱ. ①会… Ⅲ. ①会计学－岗位培训－教材 Ⅳ. ①F230

中国版本图书馆 CIP 数据核字(2021)第 049166 号

出版发行 厦门大学出版社
社　　址 厦门市软件园二期望海路 39 号
邮政编码 361008
总 编 办 0592-2182177　0592-2181406(传真)
营销中心 0592-2184458　0592-2181365
网　　址 http://www.xmupress.com
邮　　箱 xmup@xmupress.com
印　　刷 厦门市明亮彩印有限公司

开本 889mm×1194mm　1/16
印张 40
字数 1 050 千字
版次 2021 年 3 月第 1 版
印次 2023 年 1 月第 7 次印刷
定价 398.00 元

厦门大学出版社
微信二维码

厦门大学出版社
微博二维码

编 委 会

目录

Content

出纳岗位实训说明及工作导航图

出纳岗位是财务工作的起点，是技能性较强的岗位。为通过实训和学习满足迅速上岗的需要，本业务册取自一家真实企业出纳 2021 年 12 月份完整的业务，全面模拟一个出纳人员岗前准备、日常工作和月末工作，请结合实务工作中出纳工作用到的单据袋进行实训。

该实训仅为 12 月份完整一个月业务，不考虑与 2021 年 11 月份、12 月份全盘账数据的衔接，2021 年 11 月份全盘账以 11 月份期初数据为准。

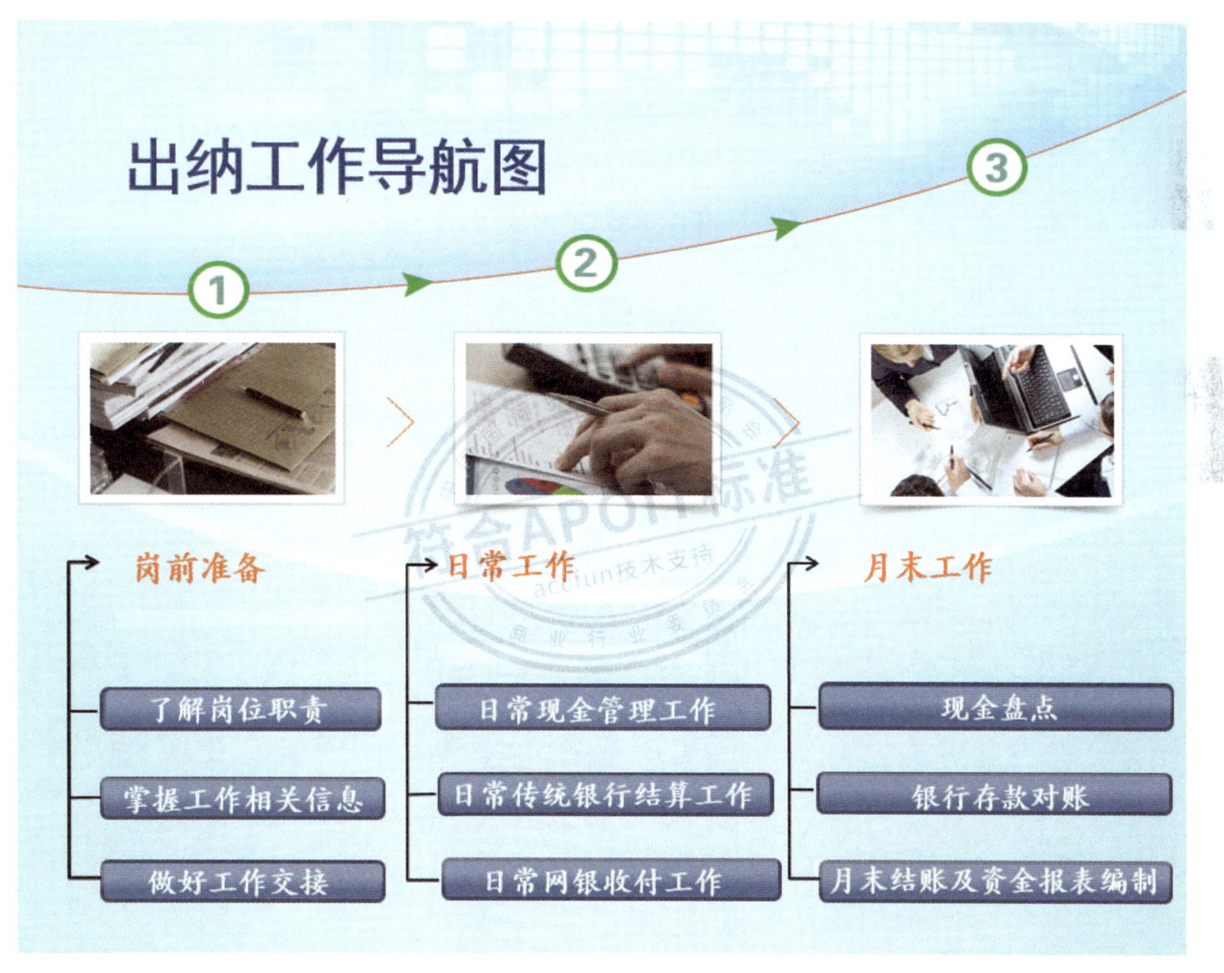

一、岗前准备

出纳正式上岗前必须做好岗前准备，包括了解岗位的基本职责，掌握与工作相关的财务与非财务信息，并且与老出纳做好交接工作，保障工作的有效运行。

金陵钱多多家具有限公司岗前准备工作目录

业务号	业务概述	出纳需填写或盖章的单据
准备 1	11 月下旬，上岗前先经过公司培训，了解岗位职责	出纳工作交接单
准备 2	11 月下旬，上岗前了解与工作相关的财务和非财务信息	
准备 3	11 月 30 日，原出纳离职，在财务经理监交下做好交接工作，准备上岗	

◆准备 01◆ 了解岗位职责

财务经理传递给出纳该岗位的岗位职责书，请根据出纳岗位职责书完成下列事项：

出纳岗位职责

1.严格执行国家有关财务政策、现金管理规定和银行结算制度。

2.负责办理现金收付和银行结算业务。

3.负责登记现金、银行存款日记账，每月终了应和总账的现金、银行存款核对清楚。

4.负责保管库存现金和各种有价证券、结算凭证、空白支票、收据和有关印章。

5.根据公司内控制度进行严格的费用控制。

6.按照公司内控制度进行网上支付，了解并能初步建立资金管控制度，及时进行银行对账。

7.准确合理地编制资金报告，对公司的资金状况进行分析。

1. 了解工作的重点

向财务经理了解本公司出纳工作的重点。

2. 了解工作注意事项

向财务经理了解工作需要注意的事项。

◆准备 02 ◆ 掌握相关工作信息

财务经理给出纳介绍工作需掌握的各项财务和非财务信息，请出纳结合资料完成下列事项：

企业法人营业执照（正本）：

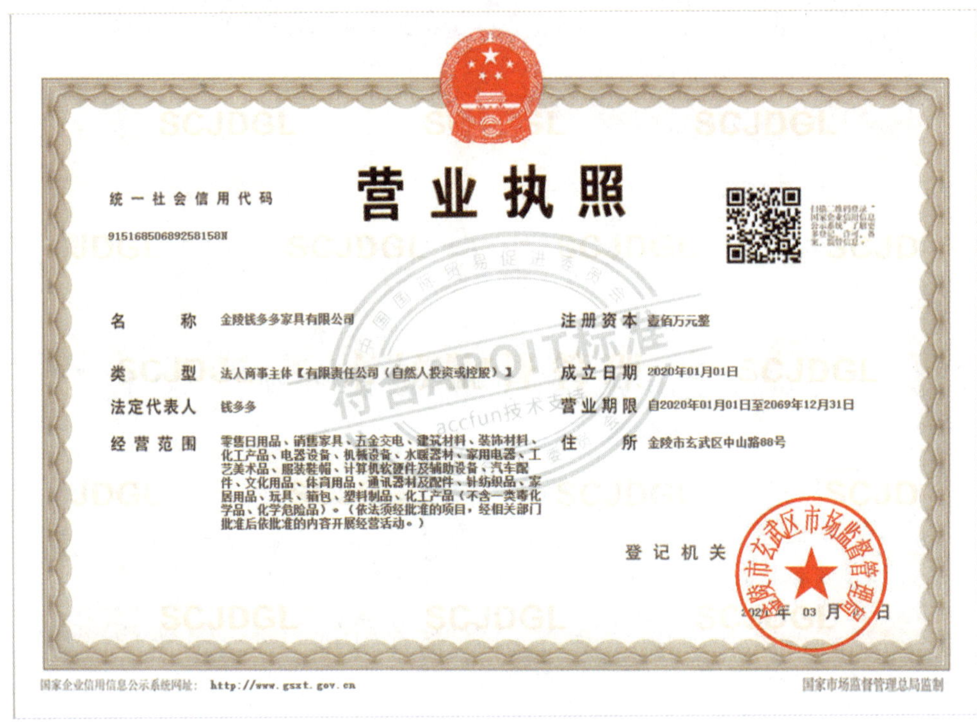

营业执照

统一社会信用代码
91516850689258158N

名　　称　金陵钱多多家具有限公司
注册资本　壹佰万元整
类　　型　法人商事主体【有限责任公司（自然人投资或控股）】
成立日期　2020年01月01日
法定代表人　钱多多
营业期限　自2020年01月01日至2069年12月31日
经营范围　零售日用品、销售家具、五金交电、建筑材料、装饰材料、化工产品、电器设备、机械设备、水暖器材、家用电器、工艺美术品、服装鞋帽、计算机软硬件及辅助设备、汽车配件、文化用品、体育用品、通讯器材及配件、针纺织品、家居用品、玩具、箱包、塑料制品、化工产品（不含一类毒化学品、化学危险品）。（依法须经批准的项目，经相关部门批准后依批准的内容开展经营活动。）
住　　所　金陵市玄武区中山路88号

登记机关　（金陵市玄武区市场监督管理局）
年 03 月 日

国家企业信用信息公示系统网址：http://www.gsxt.gov.cn　　国家市场监督管理总局监制

信息公示平台查询结果图：

国家企业信用信息公示系统（金陵）
National Enterprise Credit Information Publicity System

企业信用信息 | 经营异常名录 | 严重违法失信企业名单
请输入企业名称、统一社会信用代码或注册号

金陵钱多多家具有限公司　存续(在营、开业、在册)
统一社会信用代码：91516850689258158N
法定代表人：钱多多
登记机关：金陵市工商行政管理局
成立日期：2020年01月01日

发送报告　信息分享　信息打印

基础信息 | 行政许可信息 | 行政处罚信息 | 列入经营异常名录信息 | 列入严重违法失信企业名单（黑名单）信息

营业执照信息

- 统一社会信用代码：91516850689258158N
- 企业名称：金陵钱多多家具有限公司
- 类型：有限责任公司（自然人独资）
- 法定代表人：钱多多
- 注册资本：100万元人民币
- 成立日期：2020年01月01日
- 营业期限自：2020年01月01日
- 营业期限至：自2020年01月01日至2069年12月31日
- 登记机关：金陵市玄武区工商局
- 核准日期：2020年01月01日
- 登记状态：存续（在营、开业、在册）
- 住所：金陵市玄武区中山路88号
- 经营范围：零售日用品、销售家具、五金交电、建筑材料、装饰材料、化工产品、电器设备、机械设备、水暖器材、家用电器、工艺美术品、服装鞋帽、计算机软硬件及辅助设备、汽车配件、文化用品、体育用品、通讯器材及配件、针纺织品、家居用品、玩具、箱包、塑料制品、化工产品（不含一类毒化学品、化学危险品）。（依法须经批准的项目，经相关部门批准后依批准的内容开展经营活动。）

基本存款账户信息：

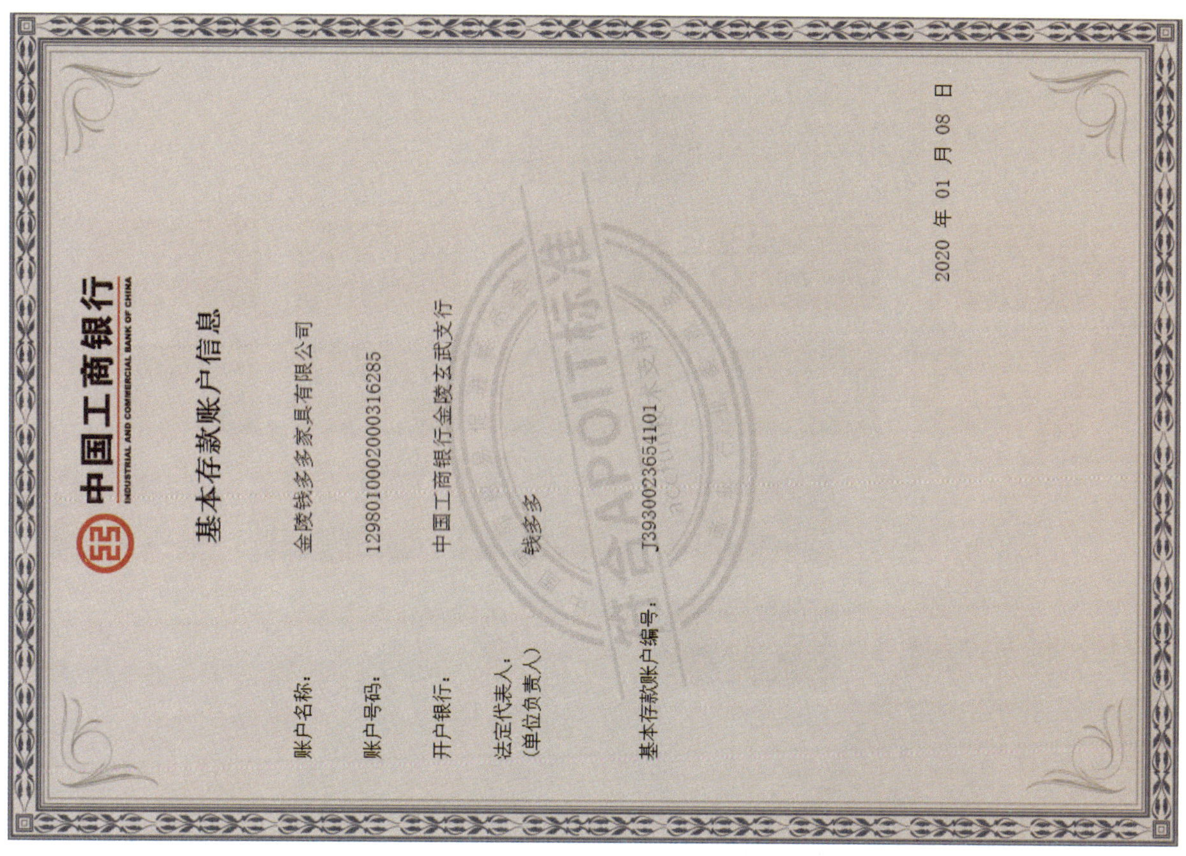

中国工商银行
INDUSTRIAL AND COMMERCIAL BANK OF CHINA

基本存款账户信息

账户名称：金陵钱多多家具有限公司

账户号码：1298010002000316285

开户银行：中国工商银行金陵玄武支行

法定代表人：
（单位负责人）钱多多

基本存款账户编号：J3930023654101

2020 年 01 月 08 日

银行预留签章卡：

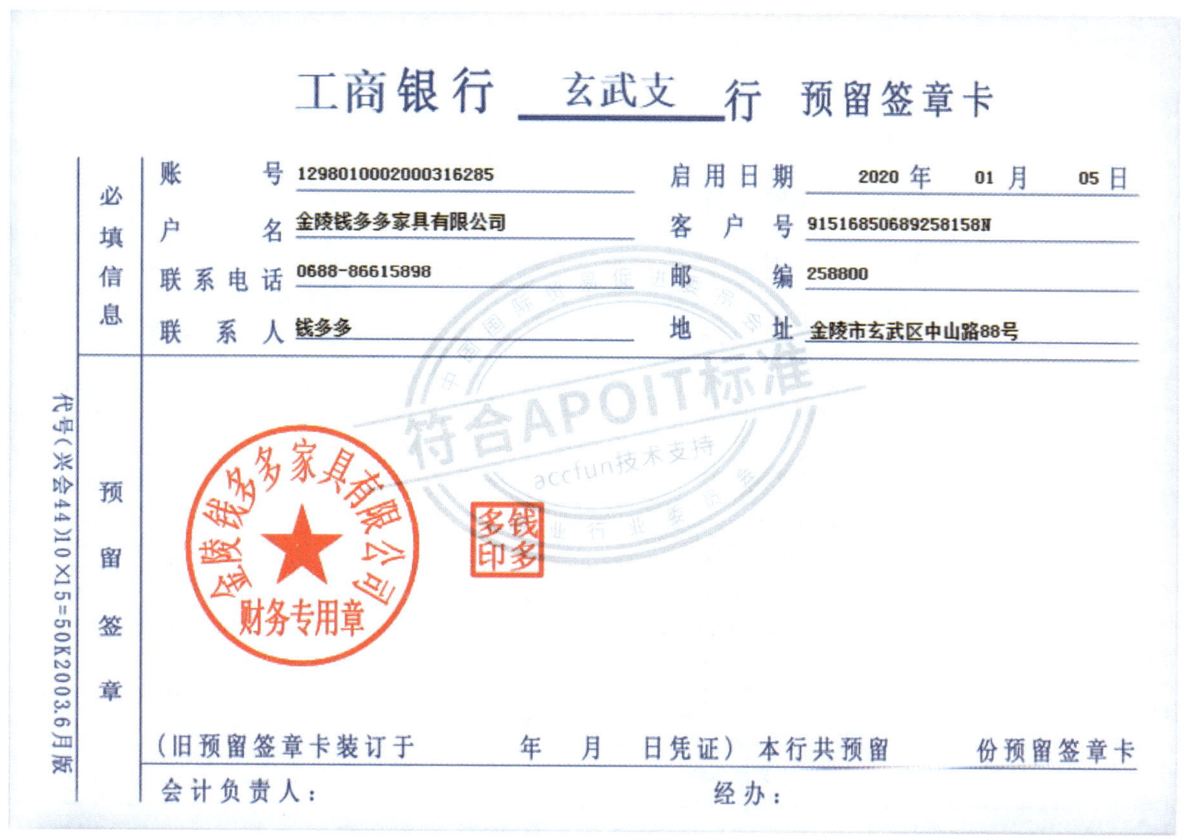

工商银行 玄武支 行 预留签章卡

必填信息	账　　号	1298010002000316285	启用日期	2020 年 01 月 05 日
	户　　名	金陵钱多多家具有限公司	客 户 号	91516850689258158N
	联系电话	0688-86615898	邮　　编	258800
	联 系 人	钱多多	地　　址	金陵市玄武区中山路88号
预留签章	金陵钱多多家具有限公司 财务专用章　钱多多印			

（旧预留签章卡装订于　　年　　月　　日凭证）本行共预留　　份预留签章卡

会计负责人：　　　　经办：

代号（※会44）10×15=50K2003.6月版

公司组织架构：

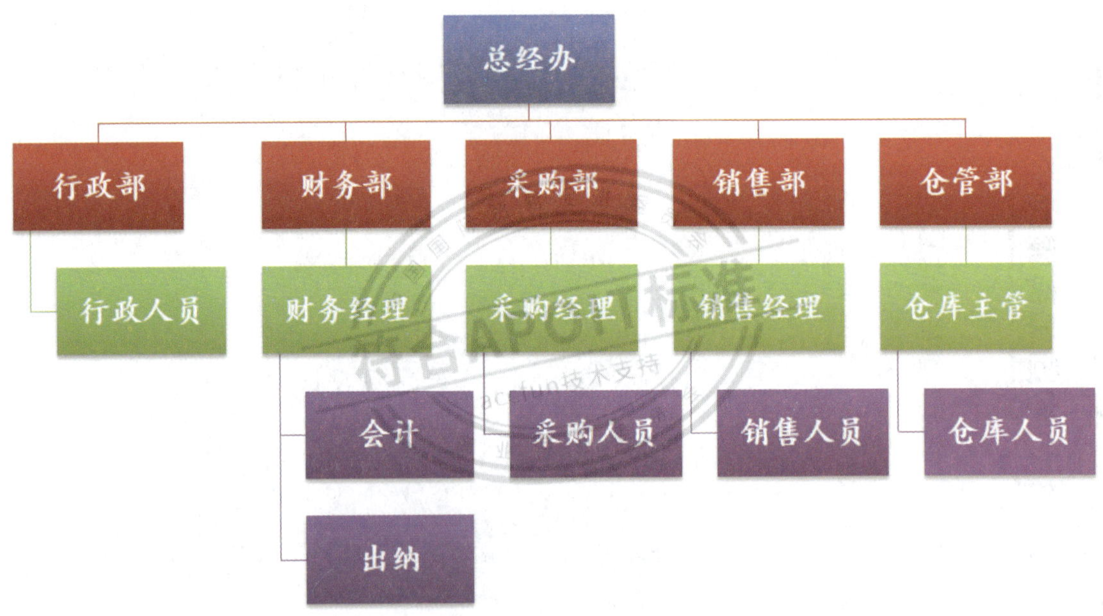

公司人员分布：

序号	部门	职位	姓名
1	总经办	总经理	钱多多
2	财务部	财务经理	张丽
3	财务部	出纳	李丽
4	财务部	会计	张雯
5	采购部	采购经理	张高丽
6	采购部	采购人员	李奇
7	行政部	行政人员	陈华
8	销售部	销售经理	李林
9	销售部	销售人员	王玲
10	仓管部	仓库主管	周白
11	仓管部	仓库人员	张慧

本公司执行《小企业会计准则》，相关财务制度关键点如下：

（1）库存现金管理制度

库存现金管理制度(一)

1.公司财务部库存现金控制在核定限额1万元以内，不得超限额存放现金。

2.严格执行现金盘点制度，做到日清月结，保证现金的安全。现金遇有长短款，应及时查明原因，报告单位领导，并追究相关人员的责任。

3.不准白条抵库。

4.不得坐支，收支两条线。

5.不准私人挪用和占用公司现金。

6.保险柜的库存现金不得低于3000元，出纳须在财务经理批示下方能取现。

库存现金管理制度(二)

7.到银行提取或送存现金(金额3万元以上)时，须由两名人员同时前往。

8.出纳要妥善保管保险箱内存放的现金和有价证券等；私人财物不得存放保险柜。

9.出纳必须随时接受单位领导的检查、监督。

10.严格现金收支管理，除一般零星日常支出外，其余投资或其他支出都必须通过银行办理转账结算，不得直接兑付现金。

11.库存现金每月抽盘一次。

（2）银行存款管理制度

银行存款管理制度

1.公司应按每个银行开户账号各建立一本银行存款日记账，出纳应及时将公司银行存款日记账与银行对账单逐笔进行核对，会计于次月初编制银行存款余额调节表。

2.所有外来付款申请均须经部门经理审批，财务部会计、经理签字审核以及总经理审批，出纳才能执行付款。

3.所有空白支票、有价证券均必须存放保险柜内，严禁空白支票在使用前先盖上印章。

4.出纳每日要把当天发生的单据及时交给会计人员，并做好交接登记。

(3)费用核算制度

费用核算制度

1.回单位后七天内结清,不得拖欠。

2.金额在 1000 元以下(含 1000 元)的,由主管部门经理签字之后交给财务经理复核、审批。金额在 1000 元以上的,由主管部门经理审核签字之后交给财务经理复核再由总经理审批。

3.借款人必须按规定填写《借款单》,注明借款事由、借款金额(大小写金额须完全一致,不得涂改),出纳应对借款事项专门设置台账进行跟踪管理。

4.手续完整、填写无误的,出纳凭审批后的单据付款。

5.报销单填写必须完整,原始单据必须真实、合法,签章必须符合以上相关规定,出纳才给予报销。

(4)印章管理制度

印章管理制度

1.印章保管人员必须切实负责,不得随意放置或转交他人。如因事离开岗位需移交他人的,可由部门负责人指定专人代替,但必须办理移交手续,并填写移交登记表。为保证资金的绝对安全,财务专用章、公章、法定代表人私章等银行预留印鉴由两人以上分开保管、监督使用。

2.银行预留印鉴为财务专用章和法人章。财务专用章由财务经理保管,公章和法人章由总经理保管。

3.未经批准不得在空白文件上加盖公司印章。

4.除特殊情况不准携带印章外出或外借。

1. 了解公司的业务

上岗测试:试着阐述公司的业务范围。

2. 掌握公司基本户和银行预留印鉴

上岗测试:现金支票去哪个银行买?现金支票上应该盖什么章?

3. 掌握组织结构、人员及费用报销制度

上岗测试:如果采购部的李奇报销差旅费 2000 元,报销单上需要哪些人员的签字?

4. 掌握公司的库存现金和银行存款管理制度

上岗测试:如果出纳当天上午上班时发现库存现金只剩 1000 元,中午收到现金收款 5 万元,那出纳要去银行取现吗?要去银行存现吗?

5. 掌握公司的印章管理制度

上岗测试:出纳去银行办理取现、转账、电汇等手续时,正确填写完银行票据后,都需要找哪些人、去盖什么章?

◆准备 03◆ 做好工作交接

做好所有准备工作后，请出纳结合工作交接表与老出纳做好工作交接。

出纳工作交接表

公司：金陵钱多多家具有限公司　　　　日期：2021-11-30

一、具体业务移交

1. 库存现金：11 月 30 日账面金额 8000.00 元，账实相符，月记账金额与总额相符。
2. 银行存款：11 月 30 日账面金额 582950.00 元，经编制“银行存款余额调节表”核对相符。

二、移交的银行单据

1. 现金支票：共 1 本（支票号 03592920-03592929）
2. 转账支票：共 1 本（支票号 10213801-10213810）
3. 银行汇票：1 张（汇票号码：30583888，金额：￥35100.00）
4. 银行承兑汇票：1 张（承兑汇票号码：30583901，金额：￥100000.0
　承兑汇票号码：30583902，金额：￥1000000.0）
5. 业务委托书：共 1 本　　6. 现金存款凭条：共 1 本
7. 托收凭证：共 1 本　　8. 进账单：共 1 本

三、移交的自制单据

1. 收款收据:共 1 本
2. 库存现金盘点表、银行存款余额调节表、资金报告表：共 1 本
3. 现金支票使用登记簿、转账支票使用登记簿、借款台账：共 1 本
4. 报销单：共 1 本　　5. 借款单：共 1 本　　6. 付款申请书：共 1 本
7. 差旅费报销单：共 1 本　　8. 报销单据粘贴单：共 1 本　　9. 出纳单据交接表：共 1 本

四、移交的账簿

1. 现金日记账：共 1 本　　2. 银行日记账：共 1 本

五、移交的保险箱、银行物件

1. 保险箱 1 个，锁匙 1 把　　2. 网上银行 U 盘 1 个，支付密码器 1 个
3. 银行预留印鉴卡 1 张　　4. 基本存款账户信息 1 份
5. 电子回单柜 IC 卡 1 张

六、移交的印鉴

1. 现金收讫章 1 枚　　2. 现金付讫章 1 枚　　3. 作废章 1 枚

2021 年 11 月 30 日前的出纳责任事项由林华英负责；2021 年 12 月 01 日起的出纳工作由李丽负责。以上移交事项均经交接双方认定无误。

本交接表一式三份，双方各执一份，存档一份。

移交人：**林华英**（签名）

接管人：李　丽（签名）

监交人：张　丽（签名）

二、日常工作

金陵钱多多家具有限公司2021年12月工作目录

业务号	业务概述	出纳需填写或盖章的单据	背景单据
业务1	12月01日，出纳收到个人客户预交的订金	收款收据	销售合同
业务2	12月01日，出纳收到收银员交来的当天现金销售货款	收款收据	销售单(5份)
业务3	12月01日，出纳将当日收到的现金存入银行	现金存款凭条	
业务4	12月01日，出纳开出现金支票，提取备用金	现金支票、现金支票使用登记簿	
业务5	12月01日，总经理要预支业务招待费用，出纳协助完成借款业务	借款台账、借款单	
业务6	12月01日，销售部经理递过来的出差发票，出纳协助其完成报销业务	差旅费报销单、粘贴单	增值税电子普通发票、飞机票、火车票
业务7	12月01日，出纳购买A4纸，填写报销单后报销	报销单	增值税电子普通发票
业务8	12月01日，出纳登记本日现金日记账、银行存款日记账	现金日记账、银行存款日记账	《现金日记账》(11月份)、《银行存款日记账》(11月份)
业务9	12月01日，出纳登完账后，把单据移交给会计	出纳单据交接表	
业务10	12月10日，采购部经理要求出纳付款，出纳协助其完成同城转账付款	转账支票、转账支票使用登记簿、付款申请书	增值税专用发票、销售单、入库单
业务11	12月10日，出纳收到销售部经理递交过来的转账支票，到银行办理入账	转账支票、进账单	销售单、转账支票
业务12	12月10日，采购员要求出纳支付上月供应商垫付的运费款，出纳协助其完成异地转账付款	业务委托书、付款申请书	增值税专用发票
业务13	12月10日，采购员申请到外地采购原料，对方不放心发货后采用电汇支付，要求采用银行汇票支付	业务委托书、银行汇票、付款申请书	销售意向书
业务14	12月10日，出纳收到销售部经理递交过来的银行汇票	进账单	银行汇票
业务15	12月10日，采购部经理提交付款申请，因金额较大，公司信用资质满足开户银行承兑汇票开具资质，故出纳到银行申请开具银行承兑汇票	转账支票使用登记簿、转账支票、进账单、银行承兑汇票	银行承兑协议、付款申请书
业务16	12月10日，采购部经理提交付款申请，该金额略超过公司上个月取得的一张银行承兑汇票，财务经理决定将取得的银行承兑汇票背书，同时差额部分用转账支票支付	银行承兑汇票、转账支票使用登记簿、转账支票	银行承兑汇票
业务17	12月10日，出纳把即将到期的银行承兑汇票拿到银行办理托收	托收凭证	银行承兑汇票
业务18	12月10日，出纳登记本日现金日记账、银行存款日记账	银行存款日记账	

续表

业务号	业务概述	出纳需填写或盖章的单据	背景单据
业务 19	12 月 10 日,出纳登完账后,把单据移交给会计	出纳单据交接表	
业务 20	12 月 20 日,总经理报销业务招待费用,并退回余款	收款收据、借款台账、报销单	增值税电子普通发票
业务 21	12 月 20 日,审核销售员报销单。若正确请完成审核程序,若有误请重新指导填写	报销单、粘贴单	报销单后附系列发票
业务 22	12 月 20 日,用网银支付一笔同行的货款(请在网银系统操作)	网银系统	付款申请书
业务 23	12 月 20 日,用网银支付上个月员工工资(请在网银系统操作)	网银系统	工资表
业务 24	12 月 20 日,用网银支付一笔专家顾问费(请在网银系统操作)	网银系统	付款申请书
业务 25	12 月 20 日,用网银支付一笔跨行的采购款(请在网银系统操作)	网银系统	付款申请书
业务 26	12 月 20 日,出纳登记本日现金日记账、银行存款日记账	现金日记账、银行存款日记账	
业务 27	12 月 20 日,出纳登完账后,把单据移交给会计	出纳单据交接表	
业务 28	12 月 31 日,销售部报销差旅费,若正确请完成审核程序,若有误请重新指导填写	报销单、粘贴单	报销单后附系列发票
业务 29	12 月 31 日,财务部报销办公用品购买费用	报销单	增值税电子普通发票
业务 30	12 月 31 日,销售部人员出差借款	借款单、借款台账	
业务 31	12 月 31 日,用网银支付一笔同城的货款	网银系统	付款申请书
业务 32	12 月 31 日,用网银支付当月汇总的货物运输	网银系统	付款申请书
业务 33	12 月 31 日,用网银支付一笔超过 5 万元的个人劳务费用	网银系统	付款申请书、劳务合同
业务 34	12 月 31 日,用网银查询并打印银行回单	网银系统	
业务 35	12 月 31 日,出纳登记本日现金日记账和银行存款日记账,并进行月结	现金日记账、银行存款日记账	
业务 36	12 月 31 日,出纳登完账后,把单据移交给会计	出纳单据交接表	

业务 01

教学专用　　1-1/1

销售合同

甲方：金陵钱多多家具有限公司

乙方：肖志

甲、乙双方经友好协商，以自愿、平等互利为原则，根据《中华人民共和国合同法》，达成如下协议：

一、双方的权利和义务：

1. 甲方是产品的供应商，乙方是经销商。

2. 乙方作为甲方的经销商，应尽经销商的责任，在上述区域按甲方销售策略、销售要求，尽最大努力销售甲方产品。甲方也应保证供应足够的货源。

3. 产品的型号由订单、收货单确定，最终以收货单为准。

二、费用及支付方式：

1. 首次付款方式为现金支付，预付订金￥2000.00（人民币贰仟元整）。

2. 后续付款方式为转账支付。

三、违约责任：

若任何一方违反本合同，即视为违约，给对方造成损失的，应给予损失额的同等赔偿。

… …

六、本合同自签字之日起即发生法律效力，若在履行过程中出现本合同未尽事宜，双方可协商形成补充合同，与本合同具有同等法律效力。

七、本合同一式两份，双方各执一份，双方签字、盖章后生效。

金陵钱多多家具有限公司 合同专用章

甲方（委托方）盖章：　　乙方：肖志

日期：2021年12月01日　　日期：2021年12月01日

1. 取出《收款收据》一式三联

请从实训包中取出一张《收款收据》填写。

2. 填写《收款收据》

请根据销售合同(单据 1-1)填写《收款收据》。

3. 盖章

在《收款收据》的收据联盖上财务专用章,在《收款收据》的会计联盖上现金收讫章。出纳将《收款收据》收据联交给客户。会计联移交会计,存根联留存备查。

备注:实操的答案中人民币符号是由于在电算化平台下而生成的￥,而在实务的手工做账中,人民币符号应该填写的是¥。接下去的业务中需要填写人民币符号的请参照此题。

业务02

教学专用　　2-1/5

金陵钱多多家具有限公司
销售单

NO. 6807231

地址：金陵市玄武区中山路88号
电话：0688-86615898　邮编：258800

客户名称：个人
地址电话：　　日期：2021年12月01日

编码	产品名称	规格	单位	单价	数量	金额	备注
00101	办公桌	A-001	张	1200.00	3	3600.00	
	人民币(大写)：叁仟陆佰元整					¥3600.00	

会计联

销售经理：李林　会计：张雯　仓管：周白　签收人：丁云　经办人：张慧

教学专用　　2-2/5

金陵钱多多家具有限公司
销售单

NO. 6807232

地址：金陵市玄武区中山路88号
电话：0688-86615898　邮编：258800

客户名称：个人
地址电话：　　日期：2021年12月01日

编码	产品名称	规格	单位	单价	数量	金额	备注
00102	办公桌	A-002	张	900.00	4	3600.00	
	人民币(大写)：叁仟陆佰元整					¥3600.00	

会计联

销售经理：李林　会计：张雯　仓管：周白　签收人：赵青　经办人：张慧

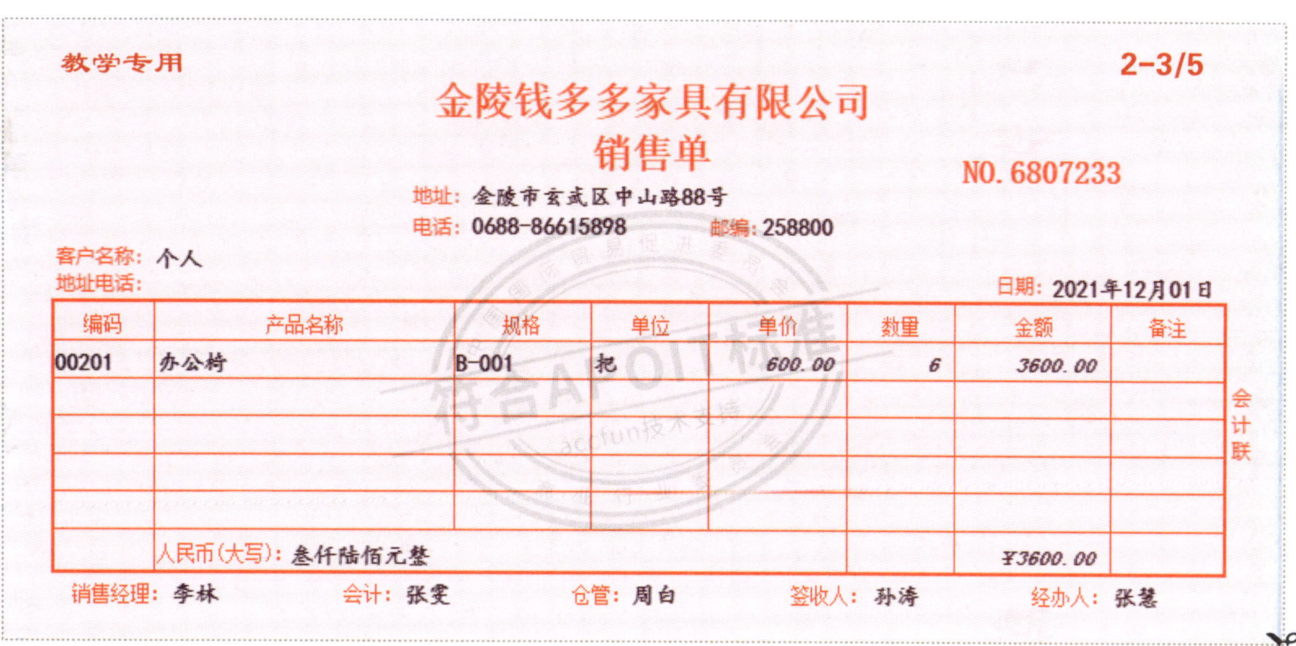

教学专用　　　　2-3/5

金陵钱多多家具有限公司

销售单

NO. 6807233

地址：金陵市玄武区中山路88号

电话：0688-86615898　　邮编：258800

客户名称：个人

地址电话：

日期：2021年12月01日

编码	产品名称	规格	单位	单价	数量	金额	备注
00201	办公椅	B-001	把	600.00	6	3600.00	
	人民币(大写)：叁仟陆佰元整					¥3600.00	

会计联

销售经理：李林　会计：张雯　仓管：周白　签收人：孙涛　经办人：张慧

教学专用　　　　2-4/5

金陵钱多多家具有限公司

销售单

NO. 6807234

地址：金陵市玄武区中山路88号

电话：0688-86615898　　邮编：258800

客户名称：个人

地址电话：

日期：2021年12月01日

编码	产品名称	规格	单位	单价	数量	金额	备注
00202	办公椅	B-002	把	600.00	6	3600.00	
	人民币(大写)：叁仟陆佰元整					¥3600.00	

会计联

销售经理：李林　会计：张雯　仓管：周白　签收人：吴天　经办人：张慧

教学专用 2-5/5

金陵钱多多家具有限公司

销售单

NO. 6807235

地址：金陵市玄武区中山路88号

电话：0688-86615898 邮编：258800

客户名称：个人

地址电话：

日期：2021年12月01日

编码	产品名称	规格	单位	单价	数量	金额	备注
00203	办公椅	B-003	把	400.00	9	3600.00	
	人民币(大写)：叁仟陆佰元整					¥3600.00	

会计联

销售经理：李林 会计：张雯 仓管：周白 签收人：李明 经办人：张慧

1. 取出《收款收据》一式三联

请从实训包中取出一张《收款收据》填写。

2. 填写《收款收据》

请根据销售单(单据 2-1～2-5)填写《收款收据》。

3. 盖章

在《收款收据》的收据联盖上财务专用章。在《收款收据》的会计联盖上现金收讫章。出纳将《收款收据》收据联交给收银员，会计联移交会计，存根联留存备查。

◆业务03◆

填写《现金存款凭条》一式两联

本着收支两条线原则，请根据前面两笔收现业务填写实训包中的《现金存款凭条》一式两联。

出纳拿着现金及《现金存款凭条》到银行办理存现。

◆业务 04◆

1. 填写《现金支票使用登记簿》

2021 年 12 月 01 日，请根据领用的《现金支票》及提现金额 10000.00 元填写《现金支票使用登记簿》。

2. 填写《现金支票》

请填写《现金支票》。

3. 审批盖章

在《现金支票》的正面和背面盖上银行预留印鉴。

4. 生成支付密码，并将支付密码填入《现金支票》中

支付密码器生成的密码为：2812—8001　9791—5698。

出纳携带《现金支票》正联到开户行提取现金。

◆业务 05◆

1. 2021 年 12 月 01 日，出纳协助总经理填写借款单预支业务招待费，借款金额 2000.00 元，并请财务经理、总经理在《借款单》上签字后付款，然后出纳签字并在《借款单》上盖章

取出实训包中的《借款单》并盖上现金付讫章。

2. 登记借款台账

请根据《借款单》上的信息填写《借款台账》。

业务 06

6-1/6

教学专用

上海增值税电子普通发票

机器编号：286523453412

发票代码：031002109411
发票号码：37031532
开票日期：2021年12月01日
校 验 码：15004 84449 33518 94769

购买方		密码区	
名称	金陵钱多多家具有限公司		3 4 5 - 5 6 < 1 9 4 5 8 < 3 8 4 0 + 4 8 1 * 5 6 7 8 0
纳税人识别号	91516850689258158N		7 5 / 3 7 3 * 4 3 4 8 * 7 > + > - 2 / / 5 4 3 4 8 * 7
地址、电话	金陵市玄武区中山路88号 0688-86615898		> * 2 3 - 4 3 6 7 - 7 < 8 * 8 7 3 / + < 4 8 4 0 + 4 8
开户行及账号	中国工商银行金陵玄武支行 1298010002000316285		2 3 4 + 2 3 9 5 * 3 - / > 7 1 4 2 > > 8 - - 5 6 < 2 0

货物或应税劳务、服务名称	规格型号	单位	数量	单价	金额	税率	税额
*餐饮服务*餐饮费			1	599.03	599.03	3%	17.97
合计					¥599.03		¥17.97
价税合计（大写）	⊗陆佰壹拾柒圆整				（小写）¥617.00		

销售方		备注
名称	上海鼎轩餐饮有限公司	
纳税人识别号	913100010000101O1N	
地址、电话	上海市浦东新区花木街道23号 021-6291271	
开户行及账号	中国工商银行上海浦东支行 6212261007640900993	

收款人：王宇 复核：张子宁 开票人：祝诗诗 销售方：（章）

6-2/6

教学专用

杭州增值税电子普通发票

机器编号：397623453523

发票代码：033002102211
发票号码：00007800
开票日期：2021年11月30日
校 验 码：12791 30137 92703 71393

购买方	名称：金陵钱多多家具有限公司 纳税人识别号：91516850689258158N 地址、电话：金陵市玄武区中山路88号 0688-86615898 开户行及账号：中国工商银行金陵玄武支行 1298010002000316285	密码区	235-56<19458<3840+481*56780 75/373*4348*7>+>-2//54348*7 >*23-4367-7<8*873/+<4840+48 234+2395*3-/>7142>>8--56<19

货物或应税劳务、服务名称	规格型号	单位	数量	单价	金额	税率	税额
*生活服务*住宿费			1	915.09	915.09	6%	54.91
合计					¥915.09		¥54.91
价税合计（大写）	⊗玖佰柒拾圆整				（小写）¥970.00		

销售方	名称：维多利亚酒店 纳税人识别号：91330023482743752N 地址、电话：杭州市上城区望江街道102号 0571-3900394 开户行及账号：中国工商银行杭州上城支行 6212200021300316231	备注	

收款人：陈萍萍　　复核：邓小东　　开票人：黄文文　　销售方：（章）

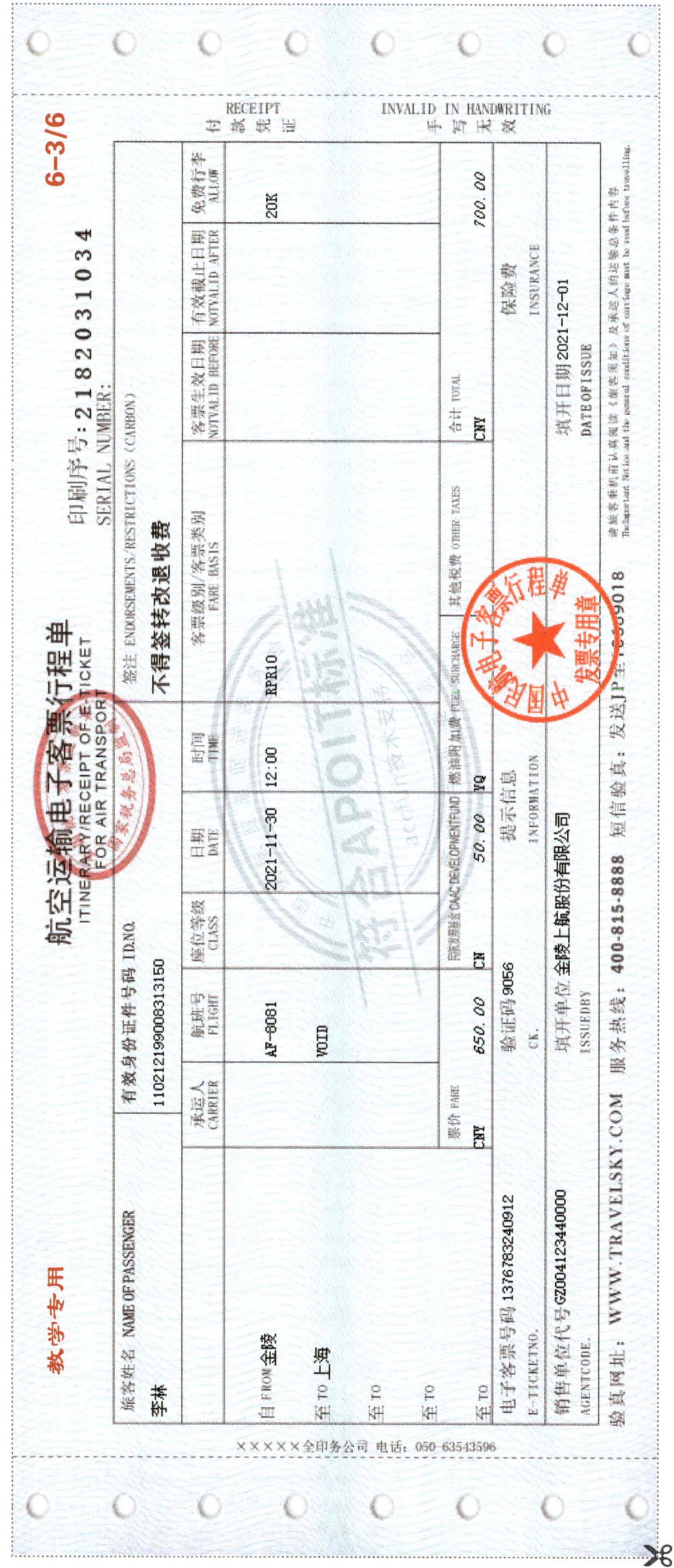

教学专用　　　　**6-3/6**

航空运输电子客票行程单

ITINERARY/RECEIPT OF E-TICKET FOR AIR TRANSPORT

印刷序号：2182031034
SERIAL NUMBER:

旅客姓名 NAME OF PASSENGER	有效身份证件号码 ID.NO.	签注 ENDORSEMENTS/RESTRICTIONS (CARBON)
李林	110212199008313150	不得签转改退收费

	承运人 CARRIER	航班号 FLIGHT	座位等级 CLASS	日期 DATE	时间 TIME	客票级别/客票类别 FARE BASIS	客票生效日期 NOTVALID BEFORE	有效截止日期 NOTVALID AFTER	免费行李 ALLOW
自 FROM 金陵		AF-8081		2021-11-30	12:00	RPR10			20K
至 TO 上海		VOID							
至 TO									
至 TO									

至 TO	票价 FARE	民航发展基金 CAAC DEVELOPMENTFUND	燃油附加费 FUEL SURCHARGE	其他税费 OTHER TAXES	合计 TOTAL
	CNY 650.00	CN 50.00	YQ		CNY 700.00

电子客票号码 E-TICKETNO. 1376783240912	验证码 CK. 9056	提示信息 INFORMATION	保险费 INSURANCE
销售单位代号 AGENTCODE. GZ004123440000	填开单位 ISSUEDBY 金陵上航股份有限公司		填开日期 DATE OF ISSUE 2021-12-01

验真网址：WWW.TRAVELSKY.COM　服务热线：400-815-8888　短信验真：发送JP至[illegible]9018

请旅客乘机前认真阅读《旅客须知》及承运人的运输总条件内容
The Important Notice and the general conditions of carriage must be read before travelling.

付款凭证 RECEIPT

手写无效 INVALID IN HANDWRITING

××××× 全印务公司 电话：050-63543596

教学专用　　6-4/6

航空运输电子客票行程单
ITINERARY/RECEIPT OF E-TICKET FOR AIR TRANSPORT

印刷序号：2182031098 SERIAL NUMBER:

旅客姓名 NAME OF PASSENGER	有效身份证件号码 ID.NO.	签注 ENDORSEMENTS/RESTRICTIONS (CARBON)
李林	110212199008313150	不得签转改退收费

	承运人 CARRIER	航班号 FLIGHT	座位等级 CLASS	日期 DATE	时间 TIME	客票级别/客票类别 FARE BASIS	客票生效日期 NOTVALID BEFORE	有效截止日期 NOTVALID AFTER	免费行李 ALLOW
自 FROM 上海		AF-0911		2021-12-01	18:00	RPR10			20K
至 TO 金陵		VOID							
至 TO									
至 TO									
至 TO									

票价 FARE	民航发展基金 CAAC DEVELOPMENTFUND	燃油附加费 FUEL SURCHARGE	其他税费 OTHER TAXES	合计 TOTAL
CNY 720.00	CN 50.00	YQ		CNY 770.00

电子客票号码 E-TICKETNO. 1376783240914　　验证码 CK. 9057　　提示信息 INFORMATION　　保险费 INSURANCE

销售单位代号 AGENTCODE. GZ00412344011　　填开单位 ISSUEDBY 中国东方航空有限公司　　填开日期 DATE OF ISSUE 2021-12-01

验真网址：WWW.TRAVELSKY.COM　服务热线：400-815-8888　短信验真：发送JP至1[illegible]9018

请旅客乘机前认真阅读《旅客须知》及承运人的运输总条件内容
The Important Notice and the general conditions of carriage must be read before travelling.

付款凭证 RECEIPT　　手写无效 INVALID IN HANDWRITING

×××××全印务公司 电话：050-63543596

1. 填写《差旅费报销单》

请出纳协助销售经理李林根据取得的票据(单据 6-1～6-6)填写《差旅费报销单》。

2. 粘贴票据

请出纳协助销售经理李林把票据粘贴到《报销单据粘贴单》上,再将《差旅费报销单》和《报销单据粘贴单》整理到一起。

3. 财务经理审批后，交总经理审批，总经理审批完成后，请销售经理在领款人处签名，然后付款并盖章

出纳在《差旅费报销单》上签字后,将报销款交给销售经理,并在《差旅费报销单》上盖上现金付讫章。

◆业务 07◆

机器编号：286523453412　　**教学专用**

金陵增值税电子普通发票

7-1/1

发票代码：051002101211
发票号码：56000700
开票日期：2021年12月01日
校 验 码：15004 84449 33518 94769

购买方	名称：金陵钱多多家具有限公司 纳税人识别号：915168506892581 58N 地址、电话：金陵市玄武区中山路88号 0688-86615898 开户行及账号：中国工商银行金陵玄武支行 1298010002000316285	密码区	1-657 45<19458<38404817113 68 5/375038 48*7>234504>-773124 2//5>*857 4567-7<8*873843289 <413-3001152-/7142>>8087613

货物或应税劳务、服务名称	规格型号	单位	数量	单价	金额	税率	税额
*纸制品*A4纸			5	22.30	111.50	13%	14.50
合计					¥111.50		¥14.50
价税合计（大写）	⊗壹佰贰拾陆圆整				（小写）¥126.00		

销售方	名称：金陵翰飞商贸有限公司 纳税人识别号：91518850689212312N 地址、电话：金陵市华新区中山北路75号 0688-25418746 开户行及账号：中国工商银行中山分行 3208736358190087610	备注	

收款人：江莉莉　　复核：黎燕妮　　开票人：叶然欣　　销售方：（章）

1. 填写《报销单》

请根据财务部李丽取得的增值税电子普通发票(单据 7-1)填写《报销单》。

2. 财务经理审批后，出纳签字，再付款并盖章

出纳在《报销单》上签字,并在《报销单》上盖上现金付讫章。

◆业务 08◆

12 月 01 日，出纳登记本日现金日记账、银行存款日记账。

请根据库存现金 11 月份期末余额、银行存款 11 月份期末余额及本日发生的业务登记《现金日记账》、《银行存款日记账》。

教学专用

现 金 日 记 账

8-1/2　第 10 页

2021年 月	日	凭证 种类	凭证 号数	票据号数	摘要	借方	贷方	余额	核对
11	01				承前页	22895000	22872900	22100	☐
11	01	现收	001		取现	1000000		1022100	☐
11	01	现付	001		总经理预支业务招待费		100000	922100	☐
11	01	现收	002		收到个人客户预交的订金	200000		1122100	☐
11	01	现收	003		收到收银员交来的当天现金销售货款	1800000		2922100	☐
11	01	现付	002		存现		2000000	922100	☐
11	01	现收	004		取现	1000000		1922100	☐
11	01	现付	003		报销销售人员差旅费		200000	1722100	☐
11	01	现付	004		报销办公用品		50000	1672100	☐
11	01	现付	005		报销会计用品		12600	1659500	☐
11	01				本日合计	4000000	2362600	1659500	☐
11	20	现收	005		报销业务招待费并退回余款	80000		1739500	☐
11	20	现付	006		销售部报销差旅费		231500	1508000	☐
11	20				本日合计	80000	231500	1508000	☐
11	30	现付	007		报销办公用品		708000	800000	☐
11	30				本日合计		708000	800000	☐
11	30				本月合计	4080000	3302100	800000	☐
11	30				本年累计	26975000	26175000	800000	☐
11	30				过次页	26975000	26175000	800000	☐

教学专用

8-2/2

银行存款日记账

第 10 页

开户行：中国工商银行金陵玄武支行

账 号：1298010002000316285

2021年 月	日	凭证 种类	凭证 号数	票据号数	摘要	借方（百十万千百十元角分）	贷方（百十万千百十元角分）	余额（百十万千百十元角分）	核对
11	28				承前页	700108000	643459750	56648250	□
11	28	银收	025		收到货款	15000000		71648250	□
11	28				本日合计	15000000		71648250	□
11	29	银付	028		网银支付采购款		2340000	69308250	□
11	29	银付	029		发放工资		3200000	66108250	□
11	29	银付	030		支付顾问费		500000	65608250	□
11	29	银付	031		转账支付货款		600000	65008250	□
11	29	银付	032		支付网银手续费		1250	65007000	□
11	29				本日合计		6641250	65007000	□
11	30	银付	034		网银支付货款		1000000	64007000	□
11	30	银付	035		支付运费款		200000	63807000	□
11	30	银付	036		支付劳务费用		6000000	57807000	□
11	30	银收	026		收到系统收款回单	1170000		58977000	□
11	30	银付	037		自动扣缴社保		462000	58515000	□
11	30	银付	038		自动扣缴公积金		220000	58295000	□
11	30				本日合计	1170000	7882000	58295000	□
11	30				本月合计	24680000	43922000	58295000	□
11	30				本年累计	716278000	657983000	58295000	□
11	30				过次页	716278000	657983000	58295000	□

备注：实务中，日记账应按页码的顺序登记业务。本业务由于教学需要，请重新开启12月份账簿登记扉页及日记账内页。

◆业务 09◆

1. 登记现金业务的交接表

请把本日发生的业务 1 至业务 7 有关现金业务的单据，登记到《出纳单据交接表》，并签字确认。

2. 登记银行业务的交接表

请把本日发生的业务 1 至业务 7 有关银行存款业务的单据，登记到《出纳单据交接表》，并签字确认。

备注：实务工作中，出纳要养成每日及时登记《现金日记账》和《银行存款日记账》并及时移交单据的习惯。

◆ 业务 10 ◆

教学专用　　10–1/3

金陵日精进商贸有限公司
销售单

NO. 6807200

地址：金陵市玄武区南华路78号
电话：0688-86615649　邮编：258800

客户名称：金陵钱多多家具有限公司
地址电话：金陵市玄武区中山路88号 0688-86615898　　日期：2021年12月10日

编码	产品名称	规格	单位	单价	数量	金额	备注
00101	办公桌	A-001	张	226.00	100	22600.00	
	人民币(大写)：贰万贰仟陆佰元整					¥22600.00	

业务联

销售经理：吴利　会计：保利　仓管：李文　签收人：张高丽　经办人：陈成

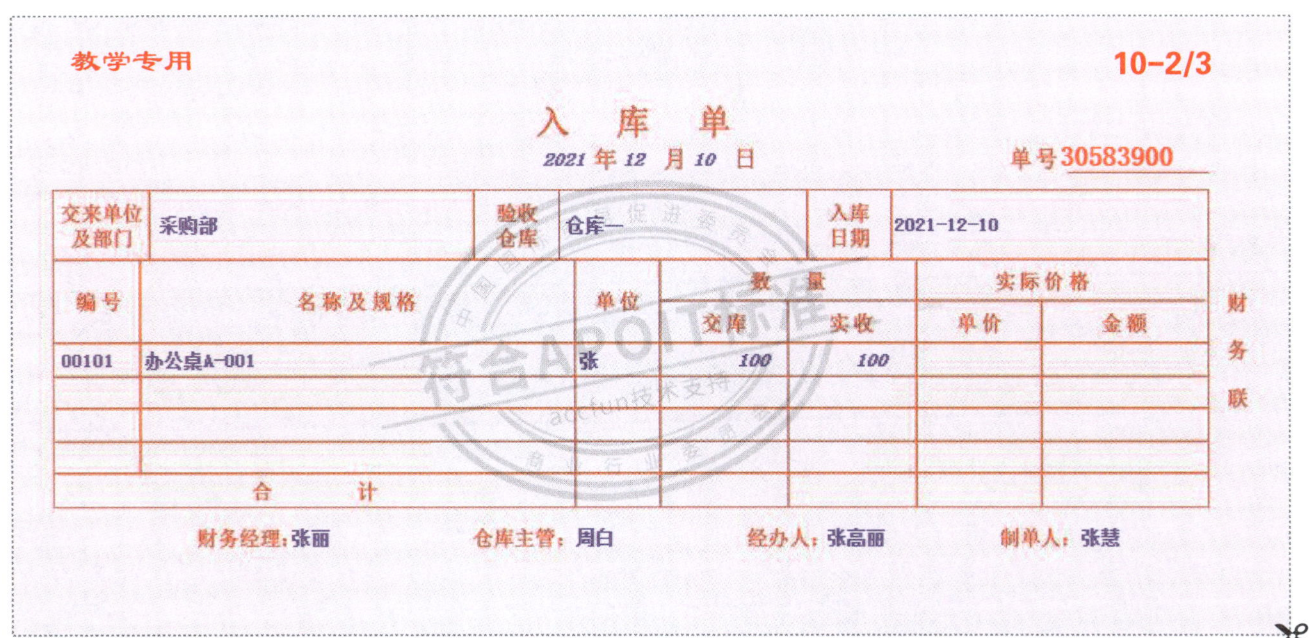

教学专用　　10–2/3

入　库　单

2021 年 12 月 10 日　　单号30583900

交来单位及部门	采购部	验收仓库	仓库一	入库日期	2021-12-10	

编号	名称及规格	单位	数量		实际价格	
			交库	实收	单价	金额
00101	办公桌A-001	张	100	100		
合计						

财务联

财务经理：张丽　仓库主管：周白　经办人：张高丽　制单人：张慧

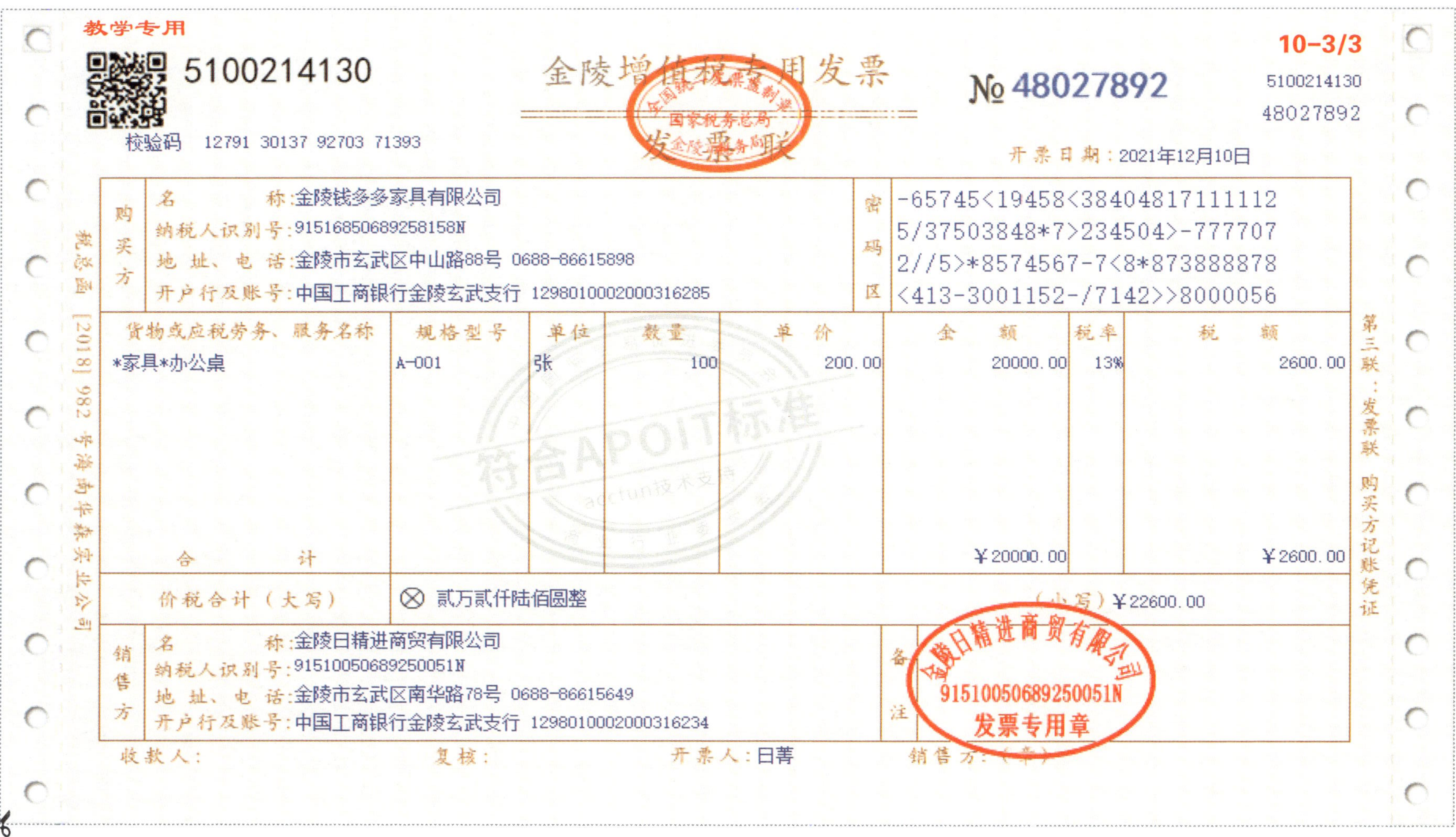

教学专用

5100214130

校验码 12791 30137 92703 71393

金陵增值税专用发票

发票联

№ 48027892

10-3/3

5100214130
48027892

开票日期：2021年12月10日

购买方	名　　称：金陵钱多多家具有限公司 纳税人识别号：91516850689258158N 地址、电话：金陵市玄武区中山路88号 0688-86615898 开户行及账号：中国工商银行金陵玄武支行 1298010002000316285	密码区	-65745<19458<38404817111112 5/37503848*7>234504>-777707 2//5>*8574567-7<8*873888878 <413-3001152-/7142>>8000056

货物或应税劳务、服务名称	规格型号	单位	数量	单价	金额	税率	税额
*家具*办公桌	A-001	张	100	200.00	20000.00	13%	2600.00
合　计					¥20000.00		¥2600.00
价税合计（大写）	⊗ 贰万贰仟陆佰圆整				（小写）¥22600.00		

销售方	名　　称：金陵日精进商贸有限公司 纳税人识别号：91510050689250051N 地址、电话：金陵市玄武区南华路78号 0688-86615649 开户行及账号：中国工商银行金陵玄武支行 1298010002000316234	备注	

收款人：　　复核：　　开票人：日菁　　销售方：（章）

第三联：发票联 购买方记账凭证

税总函［2018］982号海南华森实业公司

1. 帮助采购部人员李奇填写《付款申请书》，并根据银行存款管理制度签字并审核

请根据《增值税专用发票》、《销售单》、《入库单》(单据 10-1～10-3)填写《付款申请书》。

2. 填写《转账支票使用登记簿》

请根据领用的《转账支票》及付款信息填写《转账支票使用登记簿》。

3. 填写《转账支票》

请根据《付款申请书》填写《转账支票》。

4. 审批盖章

在《转账支票》正面盖上银行预留印鉴。

5. 生成支付密码，并将支付密码填入《转账支票》中

支付密码器生成的密码为:2812—8001　9791—5699。

6. 交付《转账支票》正联

将《转账支票》存根联留存,正联交供应商。

◆业务 11◆

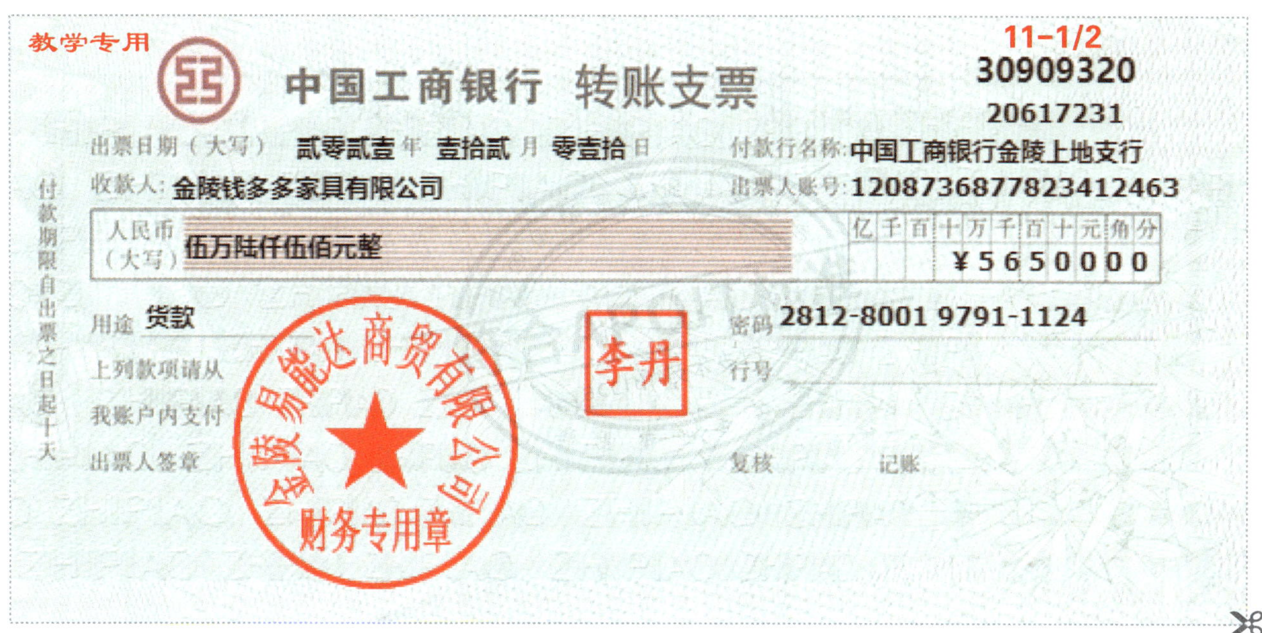

教学专用　11-1/2

中国工商银行　转账支票　30909320　20617231

出票日期（大写）　贰零贰壹 年　壹拾贰 月　零壹拾 日　付款行名称：中国工商银行金陵上地支行

收款人：金陵钱多多家具有限公司　出票人账号：1208736877823412463

人民币（大写）伍万陆仟伍佰元整　¥5650000

用途　货款　密码 2812-8001 9791-1124

上列款项请从我账户内支付　行号

出票人签章　复核　记账

付款期限自出票之日起十天

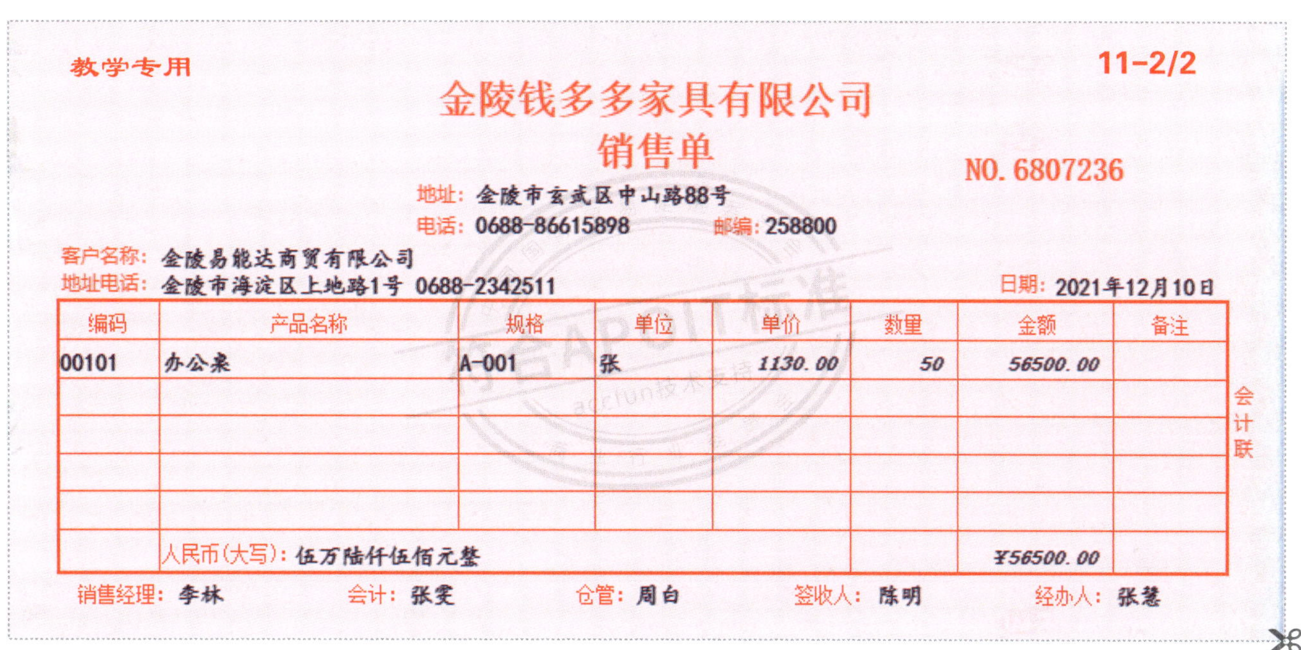

教学专用　11-2/2

金陵钱多多家具有限公司

销售单

NO. 6807236

地址：金陵市玄武区中山路88号

电话：0688-86615898　邮编：258800

客户名称：金陵易能达商贸有限公司

地址电话：金陵市海淀区上地路1号 0688-2342511

日期：2021年12月10日

编码	产品名称	规格	单位	单价	数量	金额	备注
00101	办公桌	A-001	张	1130.00	50	56500.00	
	人民币(大写)：伍万陆仟伍佰元整					¥56500.00	

销售经理：李林　会计：张雯　仓管：周白　签收人：陈明　经办人：张慧

会计联

教学专用　　11-1/2

附加信息:	被背书人	被背书人
	背书人签章 年 月 日	背书人签章 年 月 日

（贴粘单处）

上海金达证券印制有限公司·2012年印制

1. 审核盖章

在《转账支票》(单据 11-1)的背书处盖上银行预留印鉴。

2. 填写《进账单》一式三联

请根据《转账支票》(单据 11-1)、《销售单》(单据 11-2)填写《进账单》一式三联。

将《进账单》三联提交给银行柜台人员，银行柜台人员在确认无误后，在《进账单》的回单联上盖章后退回给出纳。

◆ 业务 12 ◆

教学专用　　12-1/2

收款方信息

收款单位名称：上海美新商贸有限公司

纳税人识别号：91310105539512500N

开户行：中国工商银行上海分行

银行账号：3208736358190087610

1. 填写《付款申请书》

请帮助采购人员李奇依据从代垫运费供应商拿到的《收款方信息》(单据 12-1)及物流方提供的《增值税专用发票》(单据 12-2)填写《付款申请书》,并根据银行存款管理制度签字并审批。

2. 填写《业务委托书》

请根据《付款申请书》填写《业务委托书》。

3. 审批盖章

在《业务委托书》正联盖上银行预留印鉴。

4. 生成支付密码，并将支付密码填入《业务委托书》中

支付密码器生成的密码为:2812—8001　9791—5610。

出纳拿《业务委托书》到银行办理电汇业务。

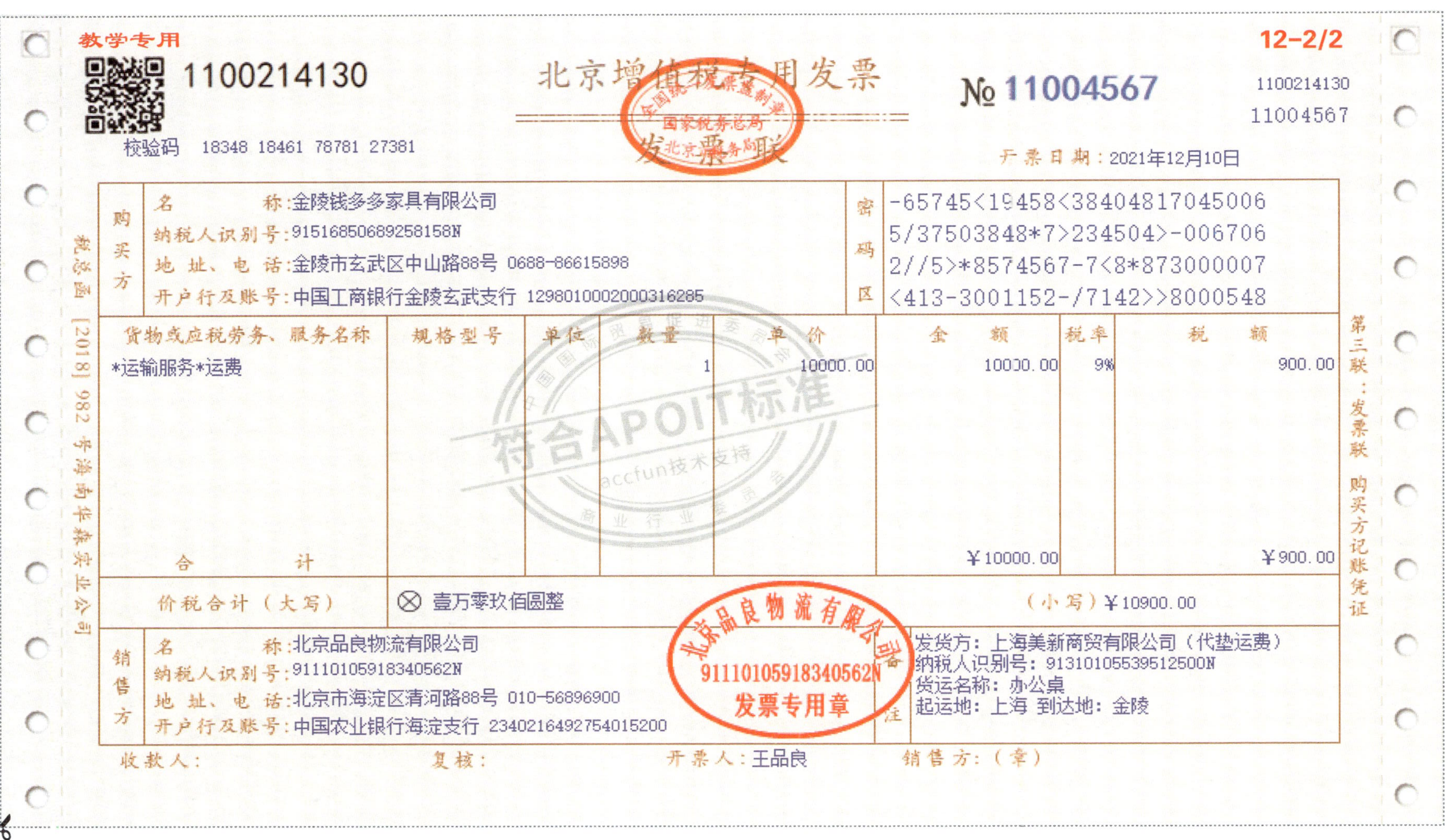

教学专用　　12-2/2

1100214130

北京增值税专用发票

发票联

№ 11004567　　1100214130　11004567

校验码　18348 18461 78781 27381

开票日期：2021年12月10日

购买方	名　　称：金陵钱多多家具有限公司 纳税人识别号：91516850689258158N 地址、电话：金陵市玄武区中山路88号 0688-86615898 开户行及账号：中国工商银行金陵玄武支行 1298010002000316285	密码区	-65745<19458<38404817045006 5/37503848*7>234504>-006706 2//5>*8574567-7<8*873000007 <413-3001152-/7142>>8000548

货物或应税劳务、服务名称	规格型号	单位	数量	单价	金额	税率	税额
*运输服务*运费			1	10000.00	10000.00	9%	900.00
合　　计					¥10000.00		¥900.00
价税合计（大写）	⊗ 壹万零玖佰圆整				（小写）¥10900.00		

销售方	名　　称：北京品良物流有限公司 纳税人识别号：91110105918340562N 地址、电话：北京市海淀区清河路88号 010-56896900 开户行及账号：中国农业银行海淀支行 23402164927540l5200	备注	发货方：上海美新商贸有限公司（代垫运费） 纳税人识别号：91310105539512500N 货运名称：办公桌 起运地：上海 到达地：金陵

收款人：　　复核：　　开票人：王品良　　销售方：（章）

第三联：发票联　购买方记账凭证

税总函［2018］982号海南华森实业公司

◆业务 13◆

教学专用　　　　13-1/1

销售意向书

甲方：上海美新商贸有限公司

乙方：金陵钱多多家具有限公司

甲、乙双方经友好协商，以自愿、平等互利为原则，根据《中华人民共和国合同法》，达成如下协议：

一、双方的权利和义务：

1. 甲方是产品的供应商，乙方是经销商。

2. 乙方作为甲方的经销商，应尽经销商的责任，在上述区域按甲方销售策略、销售要求，尽最大努力销售甲方产品。甲方也应保证供应足够的货源。

3. 产品的型号由订单、收货单确定，最终以收货单为准。

二、费用及支付方式：

1. 首次支付方式：银行汇票，金额为叁万元整（￥30000.00）
开户行及账号：中国工商银行上海分行　3208736358190087610

2. 后续付款方式：银行汇票支付

…　….

六、本合同自签字之日起即发生法律效力。若在履行过程中出现本合同未尽事宜，双方可协商形成补充合同，与本合同具有同等法律效力。

七、本合同一式两份，双方各执一份，双方签字、盖章后生效。

甲方（委托方）盖章：　　　　乙方（代理方）盖章：
日期：2021年12月10日　　　　日期：2021年12月10日

1. 填写《付款申请书》

请帮助采购人员李奇根据《销售意向书》(单据 13-1)的信息,填写《付款申请书》,并根据银行存款管理制度签字并审批。

2. 填写《业务委托书》

请根据《付款申请书》的信息,填写《业务委托书》。

3. 审核盖章

在《业务委托书》的正联盖上银行预留印鉴。

4. 生成支付密码,并将支付密码填入《业务委托书》中

支付密码器生成的密码为:2812－8001　9791－5611。

5. 出纳将《业务委托书》交给银行柜员审核后,收到银行柜员签发的银行汇票,并审核盖章

在《银行汇票》的卡片联盖上银行预留印鉴。

出纳盖章后,交给银行柜员。银行柜员在银行汇票第二联上盖章,并将银行汇票的第二联、解讫通知联和业务委托书回执联交给出纳,出纳将《银行汇票》交给供应商。

业务 14

教学专用 14-1/2

中国工商银行
银行汇票 2

68791083
30583900

出票日期（大写） 贰零贰壹 年 壹拾贰 月 零壹拾 日

代理付款行： 行号：

收款人：金陵钱多多家具有限公司

出票金额 人民币（大写） 肆万元整 ¥40000.00

实际结算金额 人民币（大写） 叁万叁仟玖佰元整

亿	千	百	十	万	千	百	十	元	角	分
			¥	3	3	9	0	0	0	0

申请人：上海美新商贸有限公司 账号：3208736358190087610

出票行：中国工商银行上海分行 行号：3015840002

备注：

凭票付款

出票行签章

（印章：中国工商银行股份有限公司 30104214112 08 汇票专用章）（刘文）

密押：2954829945

多余金额

千	百	十	万	千	百	十	元	角	分

复核 记账

提示付款期限自出票之日起壹个月

此联代理付款行付款后作联行往账借方凭证附件

教学专用 14-2/2

中国工商银行
银行汇票（解讫通知） 3

68791083
30583900

出票日期（大写） 贰零贰壹 年 壹拾贰 月 零壹拾 日

代理付款行： 行号：

收款人：金陵钱多多家具有限公司

出票金额 人民币（大写） 肆万元整 ¥40000.00

实际结算金额 人民币（大写） 叁万叁仟玖佰元整

亿	千	百	十	万	千	百	十	元	角	分
			¥	3	3	9	0	0	0	0

申请人：上海美新商贸有限公司 账号：3208736358190087610

出票行：中国工商银行上海分行 行号：3015840002

备注：

代理付款行签章

复核 经办

密押：2954829945

多余金额

千	百	十	万	千	百	十	元	角	分

复核 记账

提示付款期限自出票之日起壹个月

此联代理付款行兑付后随报单寄出票行 由出票行作多余款贷方凭证

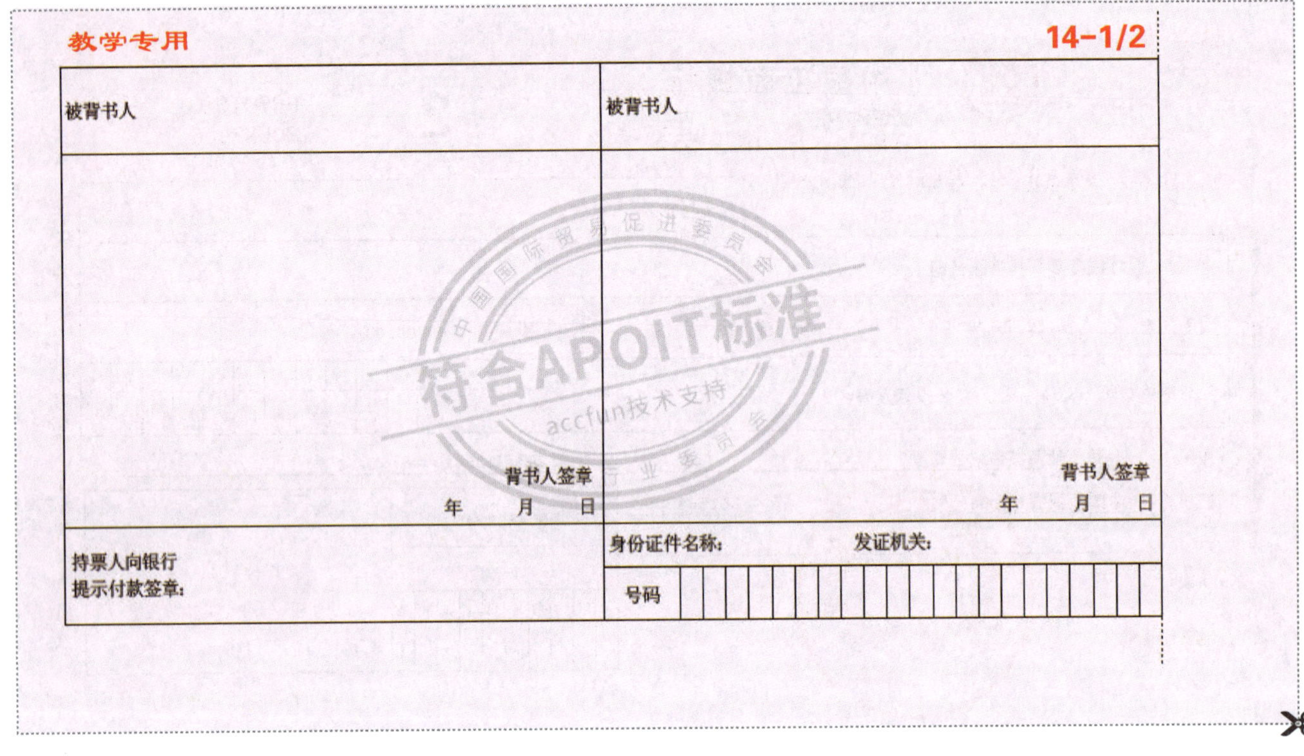
教学专用　　14-1/2

被背书人	被背书人
背书人签章 年　月　日	背书人签章 年　月　日
持票人向银行 提示付款签章:	身份证件名称:　　发证机关: 号码

1. 审核盖章

在《银行汇票》第二联背面“持票人向银行提示付款签章”处盖上银行预留印鉴。

2. 填写《进账单》一式三联

请根据《银行汇票》(单据 14-1)填写《进账单》一式三联。

出纳拿《银行汇票》的第二联、第三联以及《进账单》到银行办理进账。

业务 15

教学专用 15-1/2

付款申请书

2021 年 12 月 10 日

用途及情况	金额											收款单位（人）：金陵钱多多家具有限公司
付保证金	亿	千	百	十	万	千	百	十	元	角	分	账号：1298010002000316200
				¥	2	0	0	0	0	0	0	开户行：中国工商银行金陵玄武支行
金额大写（合计）	贰万元整											□电汇 ☑转账 □汇票 □网银 □其他
总经理 钱多多	财务部门 经理 张丽											采购部门 经理
	会计 张雯											经办人 张高丽

1. 填写《转账支票使用登记簿》

请根据领用的《转账支票》及采购经理张高丽填写的《付款申请书》(单据 15-1)填写《转账支票使用登记簿》。

2. 填写《转账支票》

请根据《付款申请书》(单据 15-1)的信息，填写《转账支票》，转存银行承兑汇票的保证金。

3. 审核盖章

在《转账支票》的正联处盖上银行预留印鉴。

4. 生成支付密码，并将支付密码填入《转账支票》中

支付密码器生成的密码为：2812－8001　9791－5612。

5. 填写《进账单》一式三联

请根据《转账支票》填写《进账单》一式三联。

6. 填写《银行承兑汇票》一式三联

请根据《银行承兑协议》(单据 15-2)填写《银行承兑汇票》一式三联。

教学专用　　15-2/2

银行承兑协议

编号：68791083

银行承兑汇票的内容：

出票人全称：金陵钱多多家具有限公司　　收款人全称：金陵易能达商贸有限公司

开户　银行：中国工商银行金陵玄武支行　　开户　银行：中国工商银行金陵上地支行

账　号：1298010002000316200　　账　号：1208736877823412463

汇票　号码：68791083　　汇票金额（大写）：贰拾万元整

出票　日期：2021 年　12 月　10 日　　到期　日期：2022 年　06 月　10 日

以上汇票经银行承兑，出票人愿意遵守《支付结算办法》的规定及下列条款：

一、出票人于汇票到期日前将应付票款足额交存承兑银行。

二、承兑手续费按票面金额千分之（0.5）计算，在银行承兑时一次付清；保证金为票面金额的（10%）。

三、出票人于持票人如发生任何交易纠纷，均由双方自行处理，票款于到期前按第一条办理不误。

四、承兑汇票到期日，承兑银行凭票无条件支付票款。到期日之前出票人不能足额交付票款时，承兑银行对不足支付部分的票款转作出票申请人逾期贷款，并按照有关规定计收罚息。

五、汇票款付清后，本协议自动失效。

承兑银行签章

出票人签章

付款行行号：6899108300

付款行地址：金陵市玄武区中山路88号

订立承兑协议日期　2021 年　12 月　10 日

7. 盖章

在《银行承兑汇票》的卡片联和第二联正面盖上银行预留印鉴，并将《银行承兑汇票》所有联次交给银行柜员。

银行承兑汇票审核无误后，银行柜员在第二联盖章，并退还给出纳。

◆业务 16◆

教学专用　　16-1/2

银行承兑汇票　2

68791083
30583902

出票日期（大写）　贰零贰壹 年 壹拾壹 月 零壹拾 日

出票人全称	金陵易能达商贸有限公司	收款人	全　称	金陵钱多多家具有限公司
出票人账号	1208736877823412463		账　号	1298010002000316285
付款行名称	中国工商银行金陵上地支行		开户银行	中国工商银行金陵玄武支行
出票金额	人民币（大写）壹佰万元整		亿千百十万千百十元角分	¥ 1 0 0 0 0 0 0 0 0
汇票到期日（大写）	贰零贰贰年伍月零壹拾日	付款行	行号	1101235280
承兑协议编号	321431		地址	金陵市海淀区上地路1号
本汇票请你行承兑，到期无条件付款。 （金陵易能达商贸有限公司 财务专用章）（李丹） 出票人签章		本汇票已经承兑，到期日由本行付款。 （中国工商银行股份有限公司 汇票专用章 3010421414208）（刘文） 承兑行签章 承兑日期　年　月　日 备注：		密押 复核　记账

此联收款人开户行随托收凭证寄付款行作借方凭证附件

教学专用　　16-2/2

付款申请书

2021 年 12 月 10 日

用途及情况	金额	收款单位（人）：金陵宏鑫商贸有限公司
付货款	亿 千 百 十 万 千 百 十 元 角 分 ¥ 1 0 3 4 0 0 0 0 0	账号：2340216492754012345 开户行：中国农业银行金陵朝阳支行
金额大写（合计）	壹佰零叁万肆仟元整	□电汇 ☑转账 □汇票 □网银 □其他

总经理	钱多多	财务部门	经理	张丽	采购部门	经理	
			会计	张雯		经办人	张高丽

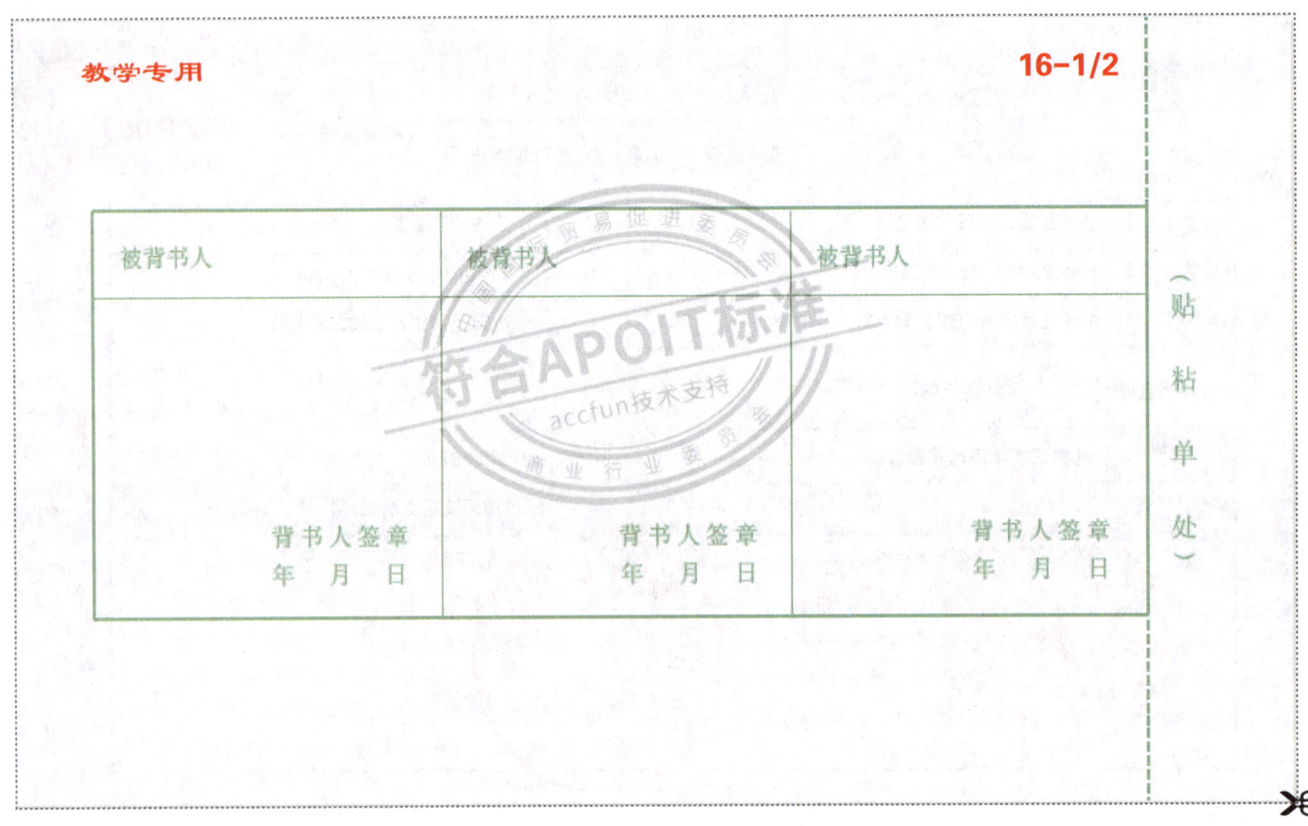

教学专用　　16-1/2

被背书人	被背书人	被背书人
背书人签章 年　月　日	背书人签章 年　月　日	背书人签章 年　月　日

（贴粘单处）

1. 盖章背书

在《银行承兑汇票》(单据16-1)第二联背面背书人签章处盖上银行预留印鉴，并填写被背书人名称。

2. 填写《转账支票使用登记簿》

请根据领用的《转账支票》及付款信息填写《转账支票使用登记簿》。

3. 填写《转账支票》

请根据《付款申请书》(单据16-2)填写《转账支票》。

4. 审批盖章

在《转账支票》正面盖上银行预留印鉴。

5. 生成支付密码，并将支付密码填入《转账支票》中

支付密码器生成的密码为：2812－8001　9791－5613。

出纳将《转账支票》正联和《银行承兑汇票》正联交供应商。

◆ 业务 17 ◆

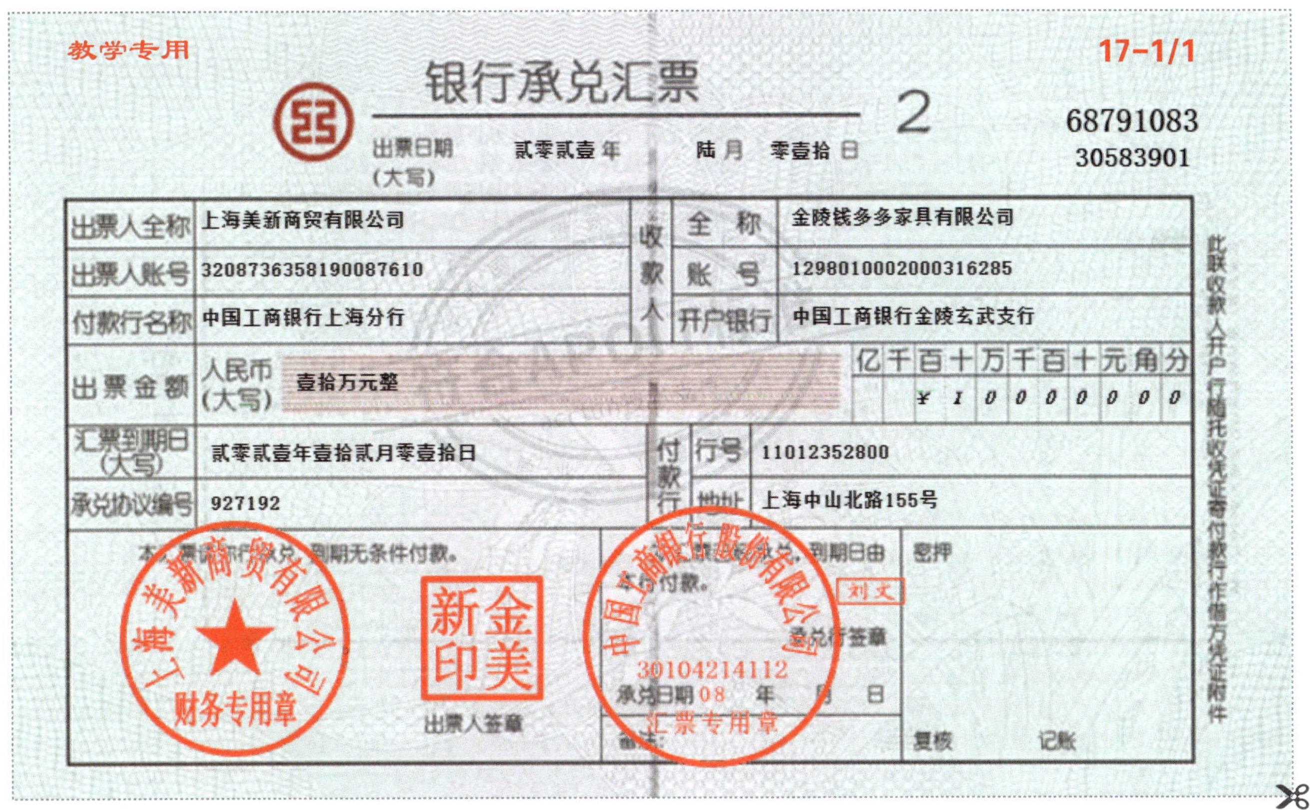

教学专用　　17-1/1

银行承兑汇票　2　　68791083 30583901

出票日期（大写）　贰零贰壹 年　陆 月　零壹拾 日

出票人全称	上海美新商贸有限公司	收款人	全　称	金陵钱多多家具有限公司
出票人账号	3208736358190087610		账　号	1298010002000316285
付款行名称	中国工商银行上海分行		开户银行	中国工商银行金陵玄武支行
出票金额	人民币（大写）壹拾万元整		亿千百十万千百十元角分	¥ 1 0 0 0 0 0 0 0
汇票到期日（大写）	贰零贰壹年壹拾贰月零壹拾日	付款行	行号	11012352800
承兑协议编号	927192		地址	上海中山北路155号

本汇票请你行承兑，到期无条件付款。　出票人签章

本汇票已经承兑，到期日由本行付款。　承兑行签章　承兑日期 08 年 月 日　备注：

密押　复核　记账

此联收款人开户行随托收凭证寄付款行作借方凭证附件

1. 盖章

在《银行承兑汇票》(单据 17-1)第二联背书人签章处盖上银行预留印鉴，并注明为委托收款。

2. 填写《托收凭证》一式五联

请根据《银行承兑汇票》(单据 17-1)填写《托收凭证》一式五联。

3. 盖预留印鉴章

对《托收凭证》第二联进行盖章的操作。

出纳拿《银行承兑汇票》和《托收凭证》到银行办理委托收款，托收业务已办理成功。

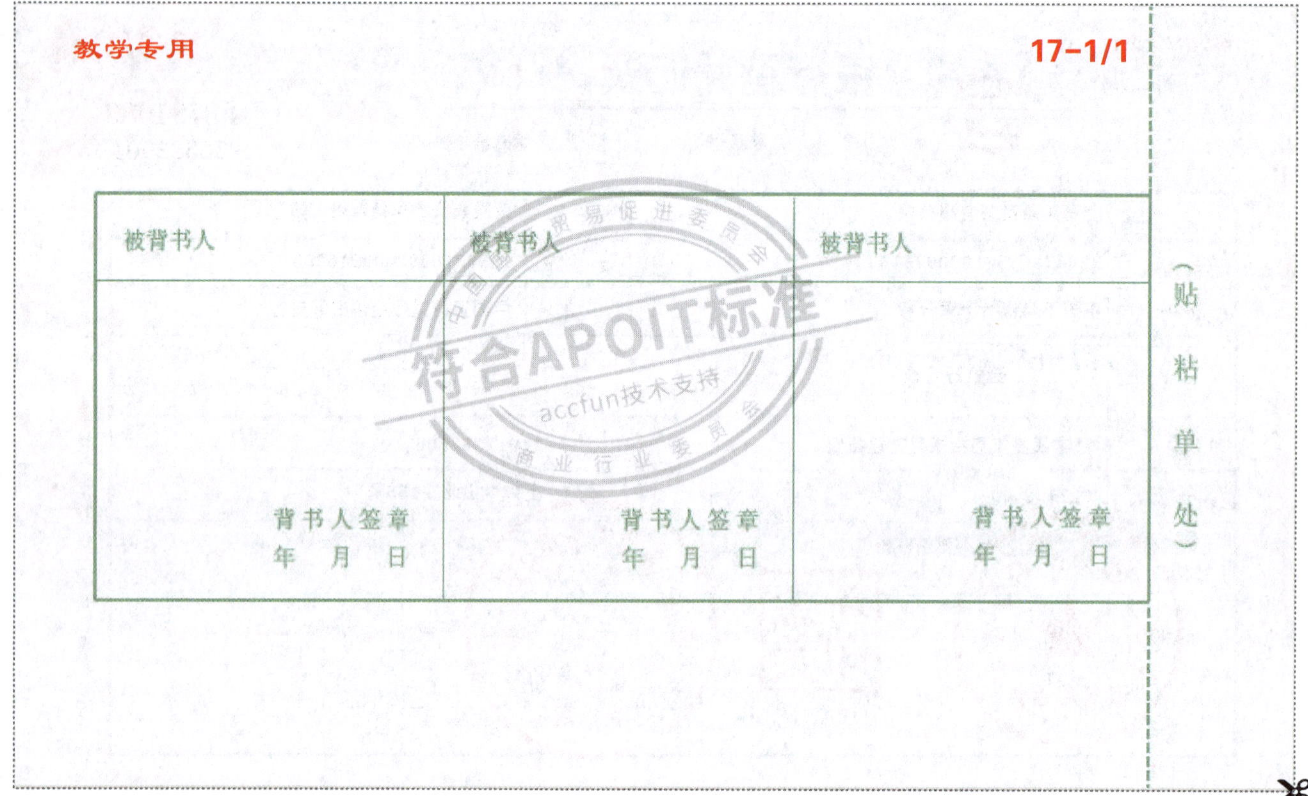

教学专用　　17-1/1

被背书人	被背书人	被背书人
背书人签章 年　月　日	背书人签章 年　月　日	背书人签章 年　月　日

（贴粘单处）

◆业务 18◆

请根据本日发生的业务登记《现金日记账》、《银行存款日记账》。

备注：实务工作中，对于银行保证金账户可设置银行存款日记账账页，亦可不设置。为便于备查，钱多多单独为保证金账户开设账簿，且假设期初保证金账户余额为 10000.00 元。

◆业务 19◆

1. 登记现金业务的交接表

请把本日发生的业务 10 至业务 17 有关现金业务的单据，登记到《出纳单据交接表》，并签字确认。

2. 登记银行业务的交接表

请把本日发生的业务 10 至业务 17 有关银行存款业务的单据，登记到《出纳单据交接表》，并签字确认。

备注：实务工作中，出纳要养成每日及时登记《现金日记账》和《银行存款日记账》并及时移交单据的习惯。

业务 20

20–1/2

教学专用

机器编号：255523453412

金陵增值税电子普通发票

发票代码：051002101211
发票号码：89076880
开票日期：2021年12月10日
校验码：12791 30137 92703 71393

购买方	名称：金陵钱多多家具有限公司 纳税人识别号：91516850689258158N 地址、电话：金陵市玄武区中山路88号 0688-86615898 开户行及账号：中国工商银行金陵玄武支行 1298010002000316285	密码区	235-56<19458<3840+481*51113 75/373*4348*7>+>-2//54348*7 >*23-4367-7<8*873/+<4840+48 234+2395*3-/>7342>>8--32<19

货物或应税劳务、服务名称	规格型号	单位	数量	单价	金额	税率	税额
*生活服务*温泉SPA		次	5	194.17475728	970.87	3%	29.13
合计					¥970.87		¥29.13
价税合计（大写）	⊗壹仟圆整				（小写）¥1000.00		

销售方	名称：金陵四方娱乐有限公司 纳税人识别号：91511740173491011N 地址、电话：金陵市玄武区南通路124号 0688-15878606 开户行及账号：中国工商银行金陵玄武支行 1290034290103528731	备注	

收款人：张雅　　复核：王青　　开票人：洪琼　　销售方：（章）

20-2/2

教学专用

机器编号：233323453513

金陵增值税电子普通发票

发票代码：051002101211
发票号码：20013133
开票日期：2021年12月10日
校 验 码：24368 99019 42921 94617

购买方	名称：金陵钱多多家具有限公司 纳税人识别号：91516850689258158N 地址、电话：金陵市玄武区中山路88号 0688-86615898 开户行及账号：中国工商银行金陵玄武支行 1298010002000316285	密码区	1-66822<19458<38404817113 68 5/375033E48*7>23450 4>-773124 2//5>*8574567-7<8*873843289 <413-3001152-/7142>>8087613

货物或应税劳务、服务名称	规格型号	单位	数量	单价	金额	税率	税额
*餐饮服务*餐费			1	194.17	194.17	3%	5.83
合计					¥194.17		¥5.83
价税合计（大写）	⊗贰佰圆整				（小写）¥200.00		

销售方	名称：金陵食为天餐饮有限公司 纳税人识别号：91510115762211664N 地址、电话：金陵市永和区石鼓西路111号 068-82615050 开户行及账号：中国工商银行金陵永和支行 1298010005006647	备注	

收款人：江宇　　复核：林逸辉　　开票人：张启　　销售方：（章）

1. 出纳协助总经理填写《报销单》

总经理原预借 2000.00 元，请根据取得的发票（单据 20-1、20-2）填写《报销单》。

2. 财务经理审批后，总经理在领款人处签字，最后由出纳签字

3. 填写《收款收据》一式三联

根据收到的余款 800.00 元，填写《收款收据》一式三联。

4. 盖章

在《收款收据》的收据联上盖上财务专用章，在《收款收据》的会计联上盖上现金收讫章。

出纳请总经理在《收款收据》的经手人处签字，并将《收款收据》的收据联交给对方。

◆业务21◆

请帮助销售员根据单据(21-1)、单据(21-2)、单据(21-3)、单据(21-4),填写《差旅费报销单》,若可报销,出纳签字付款并在《差旅费报销单》上盖上现金付讫章。

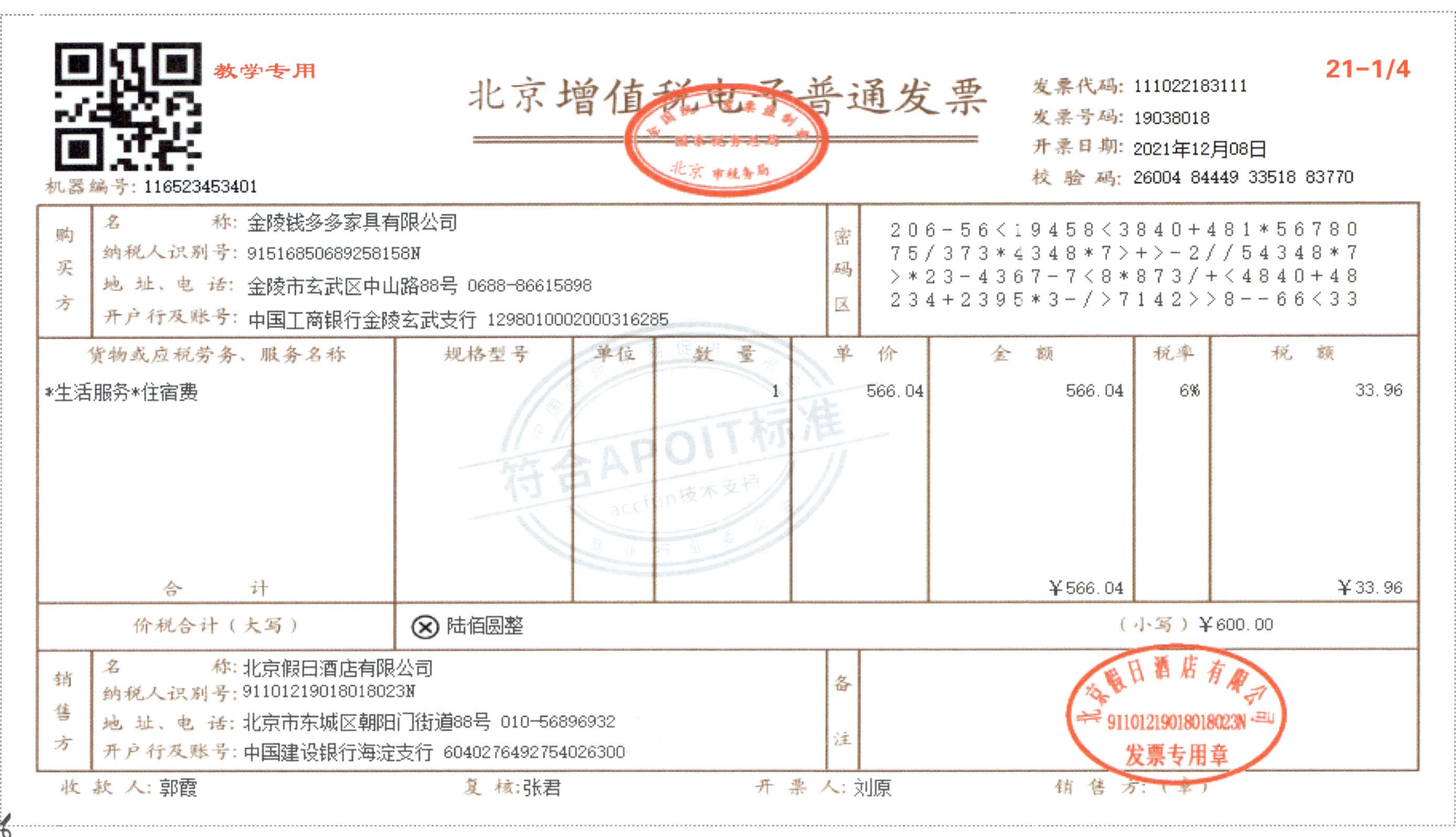

教学专用　　21-1/4

机器编号：116523453401

北京增值税电子普通发票

发票代码：111022183111
发票号码：19038018
开票日期：2021年12月08日
校 验 码：26004 84449 33518 83770

购买方	名　　称：金陵钱多多家具有限公司 纳税人识别号：91516850689258158N 地 址、电 话：金陵市玄武区中山路88号 0688-86615898 开户行及账号：中国工商银行金陵玄武支行 1298010002000316285	密码区	206-56<19458<3840+481*56780 75/373*4348*7>+>-2//54348*7 >*23-4367-7<8*873/+<4840+48 234+2395*3-/>7142>>8--66<33

货物或应税劳务、服务名称	规格型号	单位	数量	单价	金额	税率	税额
*生活服务*住宿费			1	566.04	566.04	6%	33.96
合　计					¥566.04		¥33.96
价税合计（大写）	⊗陆佰圆整				（小写）¥600.00		

销售方	名　　称：北京假日酒店有限公司 纳税人识别号：91101219018018023N 地 址、电 话：北京市东城区朝阳门街道88号 010-56896932 开户行及账号：中国建设银行海淀支行 6040276492754026300	备注	

收款人：郭霞　　复核：张君　　开票人：刘原　　销售方：（章）

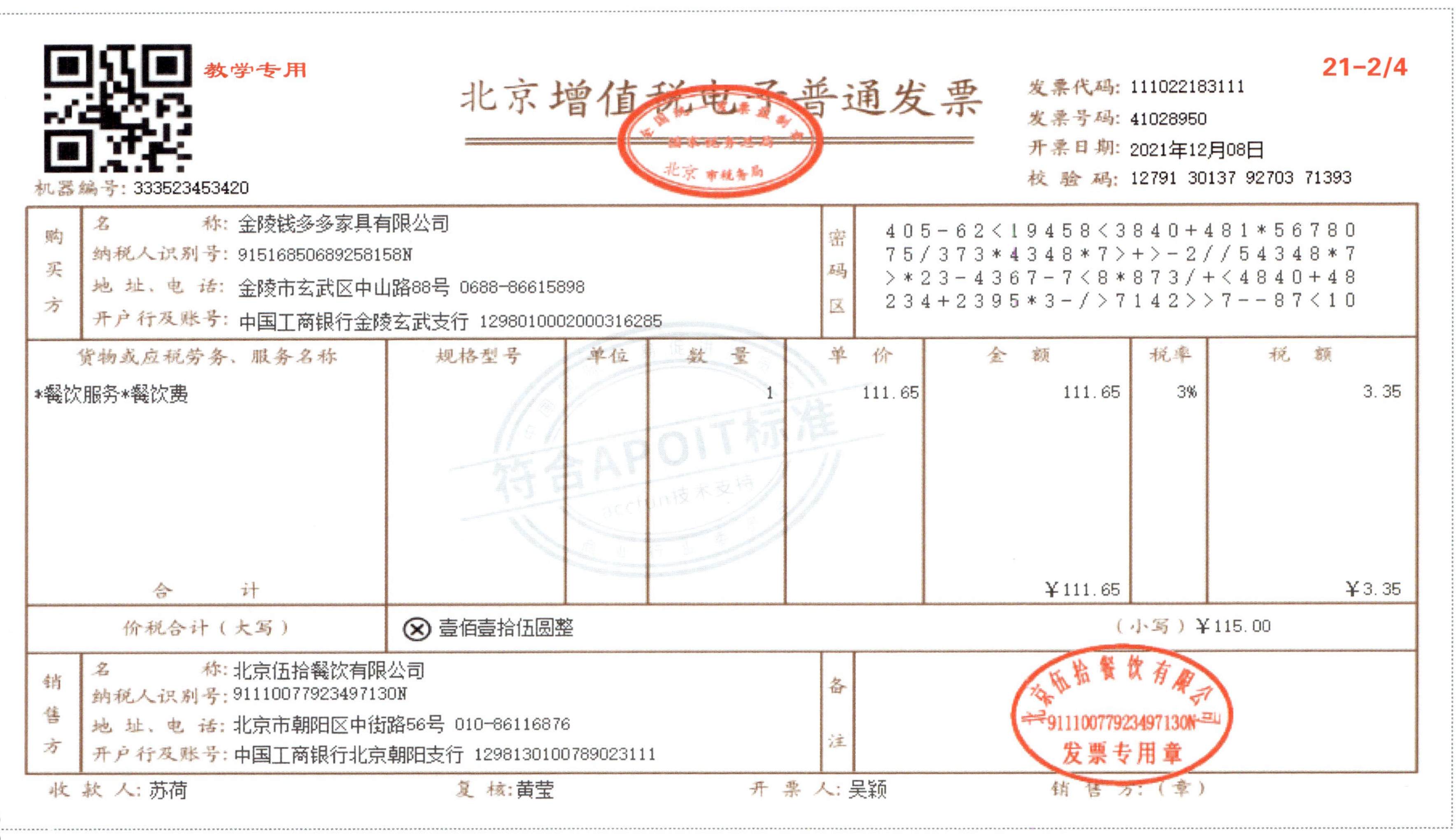

教学专用　　21-2/4

北京增值税电子普通发票

机器编号：333523453420

发票代码：111022183111
发票号码：41028950
开票日期：2021年12月08日
校验码：12791 30137 92703 71393

购买方	名称：金陵钱多多家具有限公司 纳税人识别号：91516850689258158N 地址、电话：金陵市玄武区中山路88号 0688-86615898 开户行及账号：中国工商银行金陵玄武支行 1298010002000316285	密码区	405-62<19458<3840+481*56780 75/373*4348*7>+>-2//54348*7 >*23-4367-7<8*873/+<4840+48 234+2395*3-/>7142>>7--87<10

货物或应税劳务、服务名称	规格型号	单位	数量	单价	金额	税率	税额
*餐饮服务*餐饮费			1	111.65	111.65	3%	3.35
合计					¥111.65		¥3.35
价税合计（大写）	⊗壹佰壹拾伍圆整				（小写）¥115.00		

销售方	名称：北京伍拾餐饮有限公司 纳税人识别号：91110077923497130N 地址、电话：北京市朝阳区中街路56号 010-86116876 开户行及账号：中国工商银行北京朝阳支行 1298130100789023111	备注	

收款人：苏荷　　复核：黄莹　　开票人：吴颖　　销售方：（章）

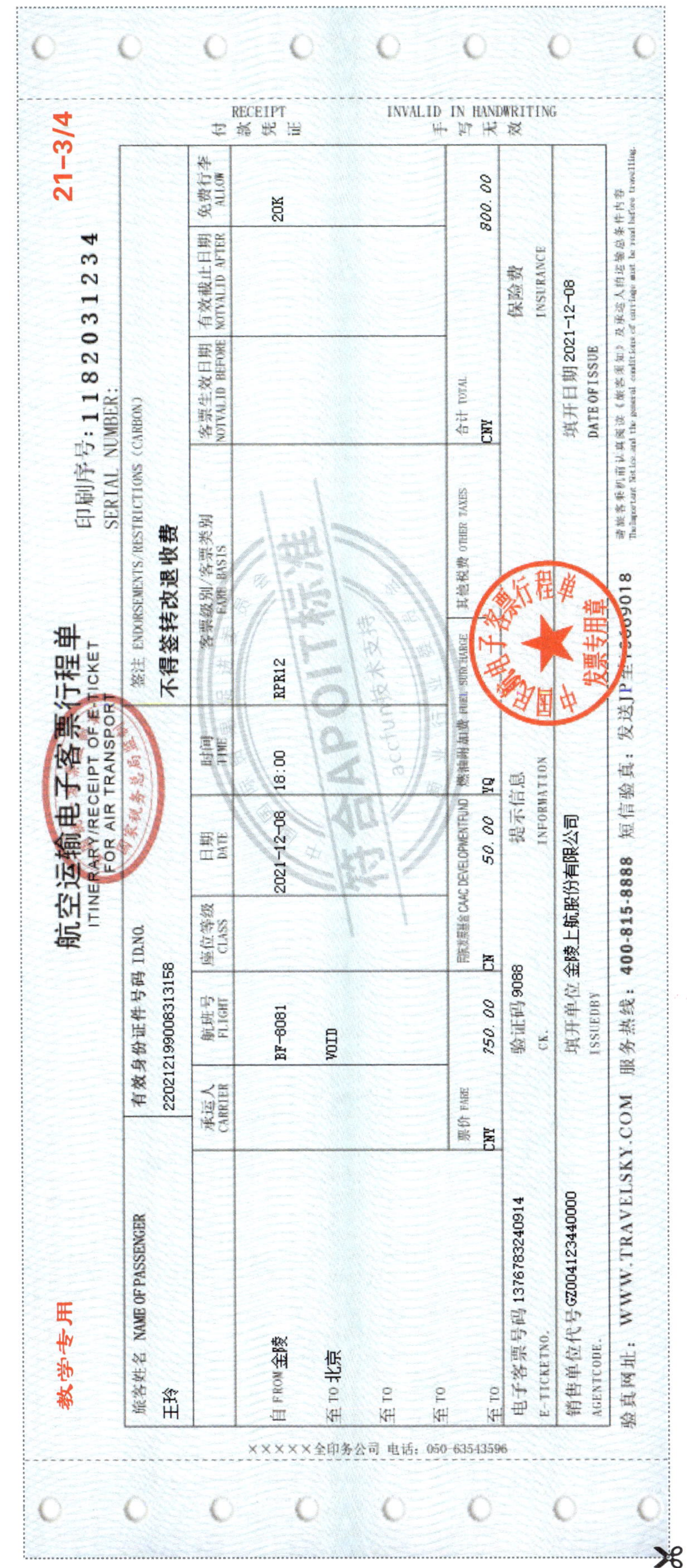

21-3/4

教学专用

航空运输电子客票行程单
ITINERARY/RECEIPT OF E-TICKET FOR AIR TRANSPORT

印刷序号：1182031234
SERIAL NUMBER:

RECEIPT 付款凭证　　INVALID IN HANDWRITING 手写无效

旅客姓名 NAME OF PASSENGER	有效身份证件号码 ID.NO.	签注 ENDORSEMENTS/RESTRICTIONS (CARBON)
王玲	220212199008313158	不得签转改退收费

	承运人 CARRIER	航班号 FLIGHT	座位等级 CLASS	日期 DATE	时间 TIME	客票级别/客票类别 FARE BASIS	客票生效日期 NOTVALID BEFORE	有效截止日期 NOTVALID AFTER	免费行李 ALLOW
自 FROM 金陵		BF-8081		2021-12-08	18:00	RPR12			20K
至 TO 北京		VOID							
至 TO									
至 TO									
至 TO									

票价 FARE	民航发展基金 CAAC DEVELOPMENTFUND	燃油附加费 FUEL SURCHARGE	其他税费 OTHER TAXES	合计 TOTAL
CNY 750.00	CN 50.00	YQ		CNY 800.00

电子客票号码 E-TICKETNO. 1376783240914	验证码 CK. 9088	提示信息 INFORMATION	保险费 INSURANCE
销售单位代号 AGENTCODE. GZ004123440000	填开单位 ISSUEDBY 金陵上航股份有限公司		填开日期 DATE OF ISSUE 2021-12-08

验真网址：WWW.TRAVELSKY.COM　服务热线：400-815-8888　短信验真：发送JP至10669018

请旅客乘机前认真阅读《旅客须知》及承运人的运输总条件内容
The important Notice and the general conditions of carriage must be read before travelling.

国家税务总局监制

中国电子客票行程单 发票专用章

符合APOIT标准 accfun技术支持

×××××全印务公司 电话：050-63543596

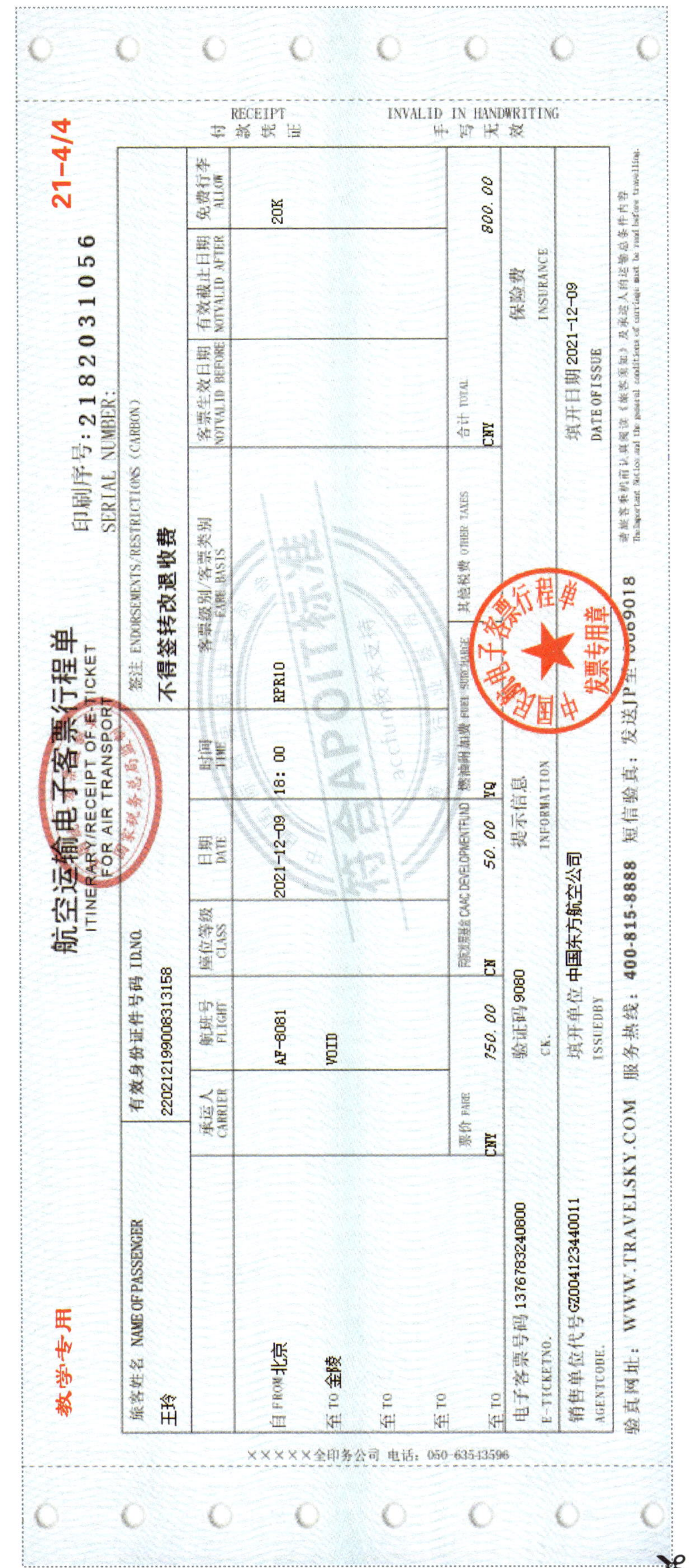

教学专用

航空运输电子客票行程单
ITINERARY/RECEIPT OF E-TICKET FOR AIR TRANSPORT

印刷序号：2182031056　SERIAL NUMBER:　21-4/4

旅客姓名 NAME OF PASSENGER	有效身份证件号码 ID.NO.	签注 ENDORSEMENTS/RESTRICTIONS（CARBON）
王玲	220212199008313158	不得签转改退收费

	承运人 CARRIER	航班号 FLIGHT	座位等级 CLASS	日期 DATE	时间 TIME	客票级别/客票类别 FARE BASIS	客票生效日期 NOTVALID BEFORE	有效截止日期 NOTVALID AFTER	免费行李 ALLOW
自 FROM 北京		AF-8081		2021-12-09	18:00	RPR10			20K
至 TO 金陵		VOID							
至 TO									
至 TO									
至 TO	票价 FARE CNY 750.00		民航发展基金 CAAC DEVELOPMENTFUND CN 50.00		燃油附加费 FUEL SURCHARGE YQ	其他税费 OTHER TAXES	合计 TOTAL CNY 800.00		

电子客票号码 E-TICKETNO. 1376783240800	验证码 CK. 9080	提示信息 INFORMATION	保险费 INSURANCE
销售单位代号 AGENTCODE. GZ004123440011	填开单位 ISSUEDBY 中国东方航空公司		填开日期 DATE OF ISSUE 2021-12-09

验真网址：WWW.TRAVELSKY.COM　服务热线：400-815-8888　短信验真：发送JP至10669018

请旅客乘机前认真阅读《旅客须知》及承运人的运输总条件内容
The Important Notice and the general conditions of carriage must be read before travelling.

付款凭证 RECEIPT　手写无效 INVALID IN HANDWRITING

×××××全印务公司 电话：050-63543596

◆ 业务 22 ◆

教学专用　　22-1/1

付款申请书

2021 年 12 月 20 日

用途及情况	金额											收款单位（人）：金陵日精进商贸有限公司
付货款	亿	千	百	十	万	千	百	十	元	角	分	账号：1298010002000316234
				¥	1	1	3	0	0	0	0	开户行：中国工商银行金陵玄武支行
金额大写（合计）	壹万壹仟叁佰元整											□电汇 □转账 □汇票 ☑网银 □其他

总经理	钱多多	财务部门	经理	张丽	采购部门	经理	张高丽
			会计	张雯		经办人	李奇

登录配套线上网银系统

业务 23

教学专用

23-1/1

金陵钱多多家具有限公司工资发放表

工资所属期限：2021年11月

单位：元

部门		姓名	基本工资	加班工资	全勤奖金	其他津贴	工资小计	扣减款项		应发工资	代扣款			实发
								罚款	缺勤		社保	公积金	个税	
管理费用	总经办	钱多多	3500.00		100.00		3600.00			3600.00	200.00	100.00		3300.00
	行政部	陈华	3000.00		100.00		3100.00			3100.00	200.00	100.00		2800.00
	财务部	张丽	3500.00		100.00		3600.00			3600.00	200.00	100.00		3300.00
		张雯	3200.00		100.00		3300.00			3300.00	200.00	100.00		3000.00
		李丽	3000.00		100.00		3100.00			3100.00	200.00	100.00		2800.00
	采购部	李奇	3000.00		100.00		3100.00			3100.00	200.00	100.00		2800.00
		张高丽	3000.00		100.00		3100.00			3100.00	200.00	100.00		2800.00
	仓管部	张慧	3000.00		100.00		3100.00			3100.00	200.00	100.00		2800.00
		周白	3000.00		100.00		3100.00			3100.00	200.00	100.00		2800.00
	小　计		28200.00		900.00		29100.00			29100.00	1800.00	900.00		26400.00
销售费用	销售部	李林	3000.00		100.00		3100.00			3100.00	200.00	100.00		2800.00
		王玲	3000.00		100.00		3100.00			3100.00	200.00	100.00		2800.00
	小计		6000.00		200.00		6200.00			6200.00	400.00	200.00		5600.00
合　计			**34200.00**		**1100.00**		**35300.00**			**35300.00**	**2200.00**	**1100.00**		**32000.00**

单位负责人：钱多多　　复核：张丽　　制单：张雯

登录配套线上网银系统

◆ 业务 24 ◆

教学专用　　　　24-1/1

付款申请书

2021 年 12 月 20 日

用途及情况	金额											收款单位（人）：陈利他
	亿	千	百	十	万	千	百	十	元	角	分	账号：6217000830000123038
顾问费					¥	5	0	0	0	0	0	开户行：中国建设银行金陵中山支行
金额大写（合计）	伍仟元整											□电汇 □转账 □汇票 ☑网银 □其他

总经理	钱多多	财务部门	经理	张丽	采购部门	经理	张高丽
			会计	张雯		经办人	李奇

登录配套线上网银系统

业务 25

教学专用　　25-1/1

付款申请书

2021 年 12 月 20 日

<table>
<tr><td colspan="2">用途及情况</td><td colspan="3">金额</td><td colspan="3">收款单位（人）：金陵积善行商贸有限公司</td></tr>
<tr><td colspan="2" rowspan="2">支付采购款</td><td colspan="3">亿 千 百 十 万 千 百 十 元 角 分</td><td colspan="3">账号：6217000131210366361</td></tr>
<tr><td colspan="3">¥ 8 0 0 0 0 0</td><td colspan="3">开户行：中国建设银行金陵中山支行</td></tr>
<tr><td colspan="2">金额大写（合计）</td><td colspan="3">捌仟元整</td><td colspan="3">□电汇 □转账 □汇票 ☑网银 □其他</td></tr>
<tr><td rowspan="2">总经理</td><td rowspan="2">钱多多</td><td rowspan="2">财务部门</td><td>经理</td><td>张丽</td><td rowspan="2">采购部门</td><td>经理</td><td>张高丽</td></tr>
<tr><td>会计</td><td>张雯</td><td>经办人</td><td>李奇</td></tr>
</table>

登录配套线上网银系统

◆业务 26◆

请查询本日银行发生的实时扣款金额，并根据本日发生的业务登记《现金日记账》、《银行存款日记账》。

◆业务 27◆

1. 登记现金业务的交接表

请把本日发生的业务 20 至业务 25 有关现金业务的单据，登记到《出纳单据交接表》，并签字确认。

2. 登记银行业务的交接表

请把本日发生的业务 20 至业务 25 有关银行存款业务的单据，登记到《出纳单据交接表》上，并签字确认。

备注：实务工作中，出纳要养成每日及时登记《现金日记账》和《银行存款日记账》并及时移交单据的习惯。

业务 28

请根据下列票据(28-1～28-6)，填写并审核《差旅费报销单》，若可报销，出纳签字付款并在《差旅费报销单》上盖上现金付讫章，并将相应票据粘贴在《报销单据粘贴单》上。

存根　教学专用　28-1/6

上海出租汽车专用发票
FARE INVOICE
代码 131020951112
号码 03286311
监督电话：01062559386
国税登记证号码：
01062249588
流水号：
922122715762
手写无效
车号 D—H2420
证号 10012331
日期 2021年12月11日
上车 21:04
下车 21:52
单价 3.00元/公里
里程 8.00公里
等候 0.42.37
金额 50.00元
含电调费
卡号　路桥费
原额
余额

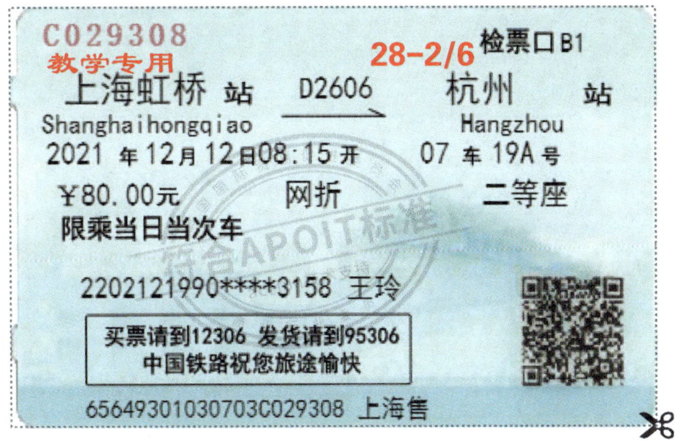

C029308　教学专用　28-2/6　检票口B1
上海虹桥 站　D2606　杭州 站
Shanghaihongqiao　Hangzhou
2021 年 12 月 12 日 08:15 开　07 车 19A 号
¥80.00元　网折　二等座
限乘当日当次车
2202121990****3158 王玲
买票请到12306 发货请到95306
中国铁路祝您旅途愉快
65649301030703C029308 上海售

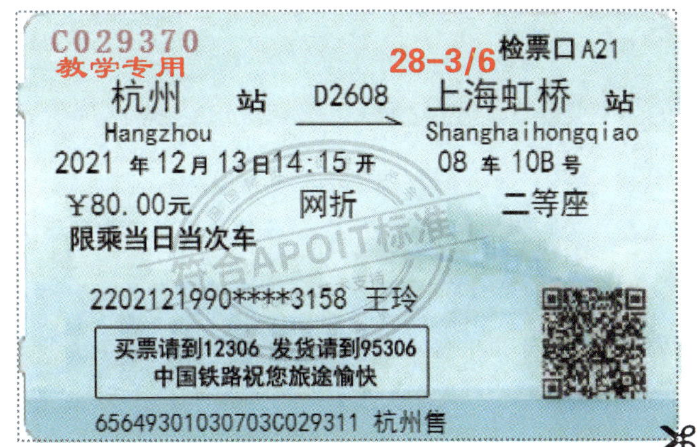

C029370　教学专用　28-3/6　检票口A21
杭州 站　D2608　上海虹桥 站
Hangzhou　Shanghaihongqiao
2021 年 12 月 13 日 14:15 开　08 车 10B 号
¥80.00元　网折　二等座
限乘当日当次车
2202121990****3158 王玲
买票请到12306 发货请到95306
中国铁路祝您旅途愉快
65649301030703C029311 杭州售

教学专用

3100214130

校验码 12791 30199 99843 77621

上海增值税专用发票

发票联

№ 00547891

28-4/6

3100214130

00547891

开票日期：2021年12月11日

购买方	名称:金陵钱多多家具有限公司 纳税人识别号:91516850689258158N 地址、电话:金陵市玄武区中山路88号 0688-86615898 开户行及账号:中国工商银行金陵玄武支行 1298010002000316285	密码区	235-56<19458<3840+481*56899 75/373*4348*7>+>-2//54348*7 >*23-4367-7<8*873/+<4840+70 234+2395*3-/>7142>>8--56<21

货物或应税劳务、服务名称	规格型号	单位	数量	单价	金额	税率	税额
*住宿服务*住宿费					232.14	3%	7.86
合计					¥262.14		¥7.86
价税合计（大写）	⊗ 贰佰柒拾圆整				（小写）¥270.00		

销售方	名称:7天连锁国际酒店 纳税人识别号:91318975678081367N 地址、电话:上海市松江区清清路182号 021-56896328 开户行及账号:中国农业银行松江支行 2340216492754015679	备注	

收款人：　　复核：　　开票人：胡丽　　销售方：（章）

第三联：发票联 购买方记账凭证

税总函［2018］982号海南华森实业公司

7天连锁国际酒店 91318975678081367N 发票专用章

全国统一发票监制章 国家税务总局 上海市税务局

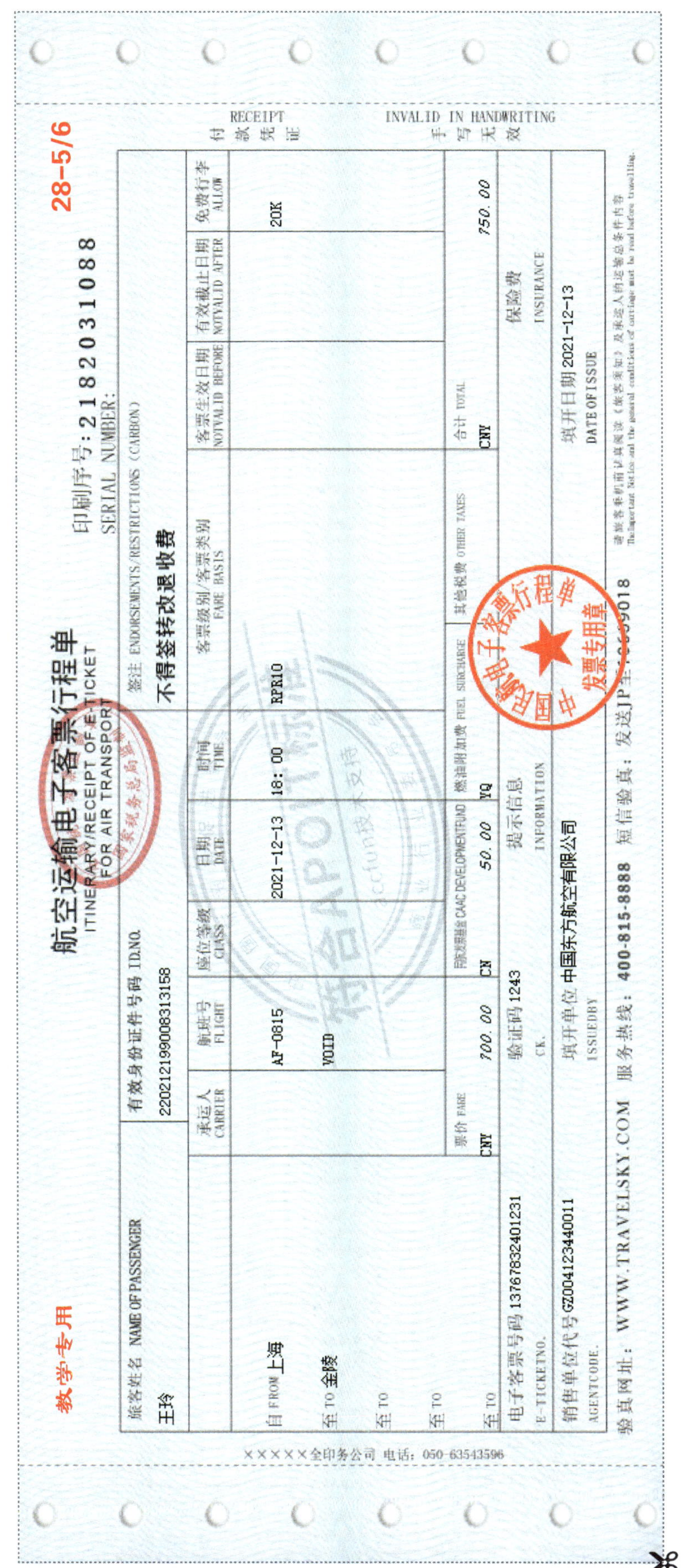

28-5/6

教学专用

航空运输电子客票行程单

ITINERARY/RECEIPT OF E-TICKET FOR AIR TRANSPORT

印刷序号：2182031088
SERIAL NUMBER:

RECEIPT 付款凭证　　INVALID IN HANDWRITING 手写无效

旅客姓名 NAME OF PASSENGER：王玲

有效身份证件号码 I.D.NO.：220212199008313158

签注 ENDORSEMENTS/RESTRICTIONS (CARBON)：不得签转改退收费

	承运人 CARRIER	航班号 FLIGHT	座位等级 CLASS	日期 DATE	时间 TIME	客票级别/客票类别 FARE BASIS	客票生效日期 NOT VALID BEFORE	有效截止日期 NOT VALID AFTER	免费行李 ALLOW
自 FROM 上海		AF-0815		2021-12-13	18:00	RPR10			20K
至 TO 金陵		VOID							
至 TO									
至 TO									

票价 FARE	民航发展基金 CAAC DEVELOPMENT FUND	燃油附加费 FUEL SURCHARGE	其他税费 OTHER TAXES	合计 TOTAL
至 TO CNY 700.00	CN 50.00	YQ		CNY 750.00

电子客票号码 E-TICKET NO.	验证码 CK.	提示信息 INFORMATION	保险费 INSURANCE
13767832401231	1243		

销售单位代号 AGENT CODE.	填开单位 ISSUED BY	填开日期 DATE OF ISSUE
GZ004123440011	中国东方航空有限公司	2021-12-13

验真网址：WWW.TRAVELSKY.COM　服务热线：400-815-8888　短信验真：发送JP至[illegible]9018

请旅客乘机前认真阅读《旅客须知》及承运人的运输总条件内容
The Important Notices and the general conditions of carriage must be read before travelling.

全国统一发票监制章 国家税务总局监制

中国电子客票行程单 发票专用章

×××××全印务公司 电话：050-63543596

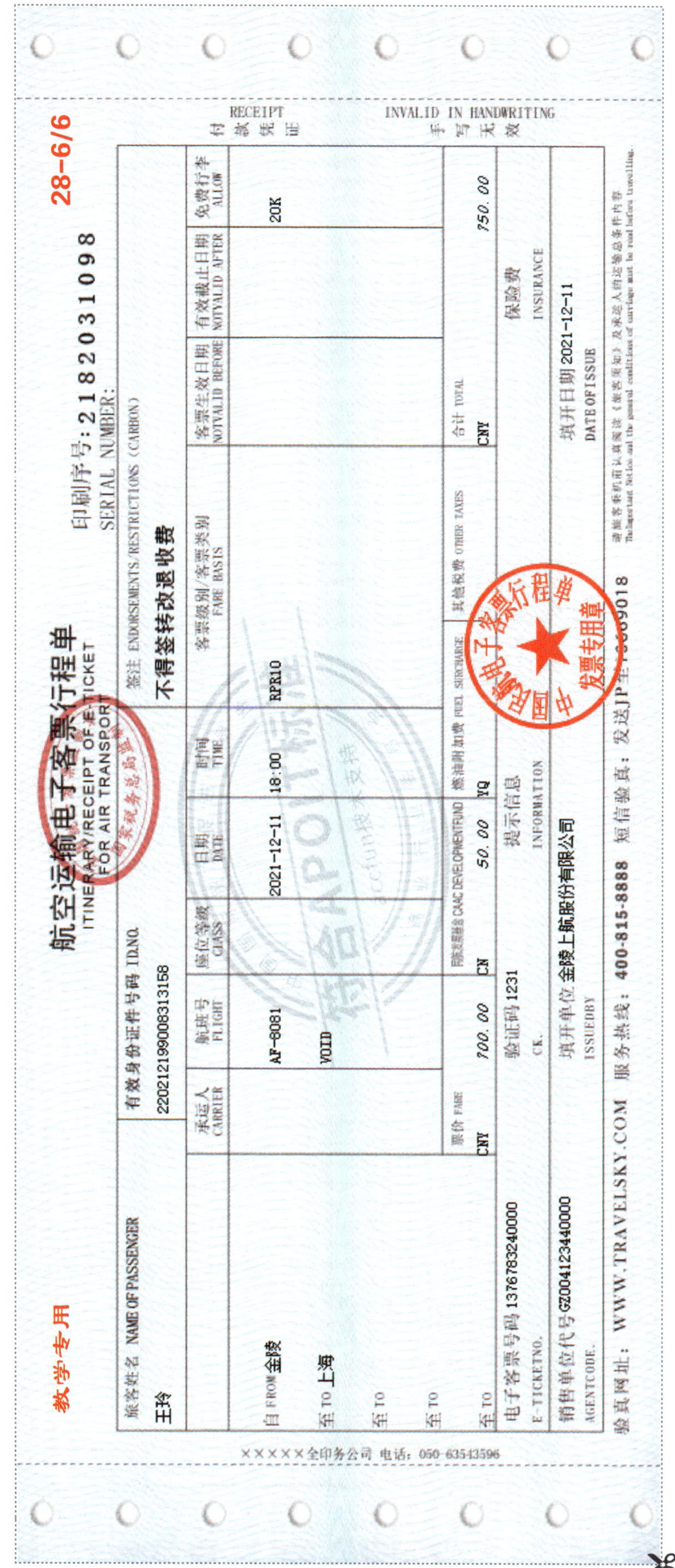

教学专用

航空运输电子客票行程单
ITINERARY/RECEIPT OF E-TICKET FOR AIR TRANSPORT

28-6/6

印刷序号：2182031098
SERIAL NUMBER:

旅客姓名 NAME OF PASSENGER	有效身份证件号码 ID.NO.	签注 ENDORSEMENTS/RESTRICTIONS（CARBON）
王玲	220212199008313158	不得签转改退收费

	承运人 CARRIER	航班号 FLIGHT	座位等级 CLASS	日期 DATE	时间 TIME	客票级别/客票类别 FARE BASIS	客票生效日期 NOTVALID BEFORE	有效截止日期 NOTVALID AFTER	免费行李 ALLOW
自 FROM 金陵		AF-8081		2021-12-11	18:00	RPR10			20K
至 TO 上海		VOID							
至 TO									
至 TO									
至 TO									

票价 FARE	民航发展基金 CAAC DEVELOPMENTFUND	燃油附加费 FUEL SURCHARGE	其他税费 OTHER TAXES	合计 TOTAL
CNY 700.00	CN 50.00	YQ		CNY 750.00

电子客票号码 E-TICKETNO.	验证码 CK.	提示信息 INFORMATION	保险费 INSURANCE
1376783240000	1231		

销售单位代号 AGENTCODE.	填开单位 ISSUEDBY	填开日期 DATE OF ISSUE
GZ004123440000	金陵上航股份有限公司	2021-12-11

验真网址：WWW.TRAVELSKY.COM 服务热线：400-815-8888 短信验真：发送JP至10669018

请旅客乘机前认真阅读《旅客须知》及承运人的运输总条件内容
The Important Notice and the general conditions of carriage must be read before travelling.

付款凭证 RECEIPT

手写无效 INVALID IN HANDWRITING

中国民航电子客票行程单 发票专用章

××××× 全印务公司 电话：050-63543596

◆业务 29◆

请根据财务部李丽取得的增值税电子普通发票(单据 29-1),填写并审核《报销单》,若可报销,出纳签字付款并在《报销单》上盖上现金付讫章。

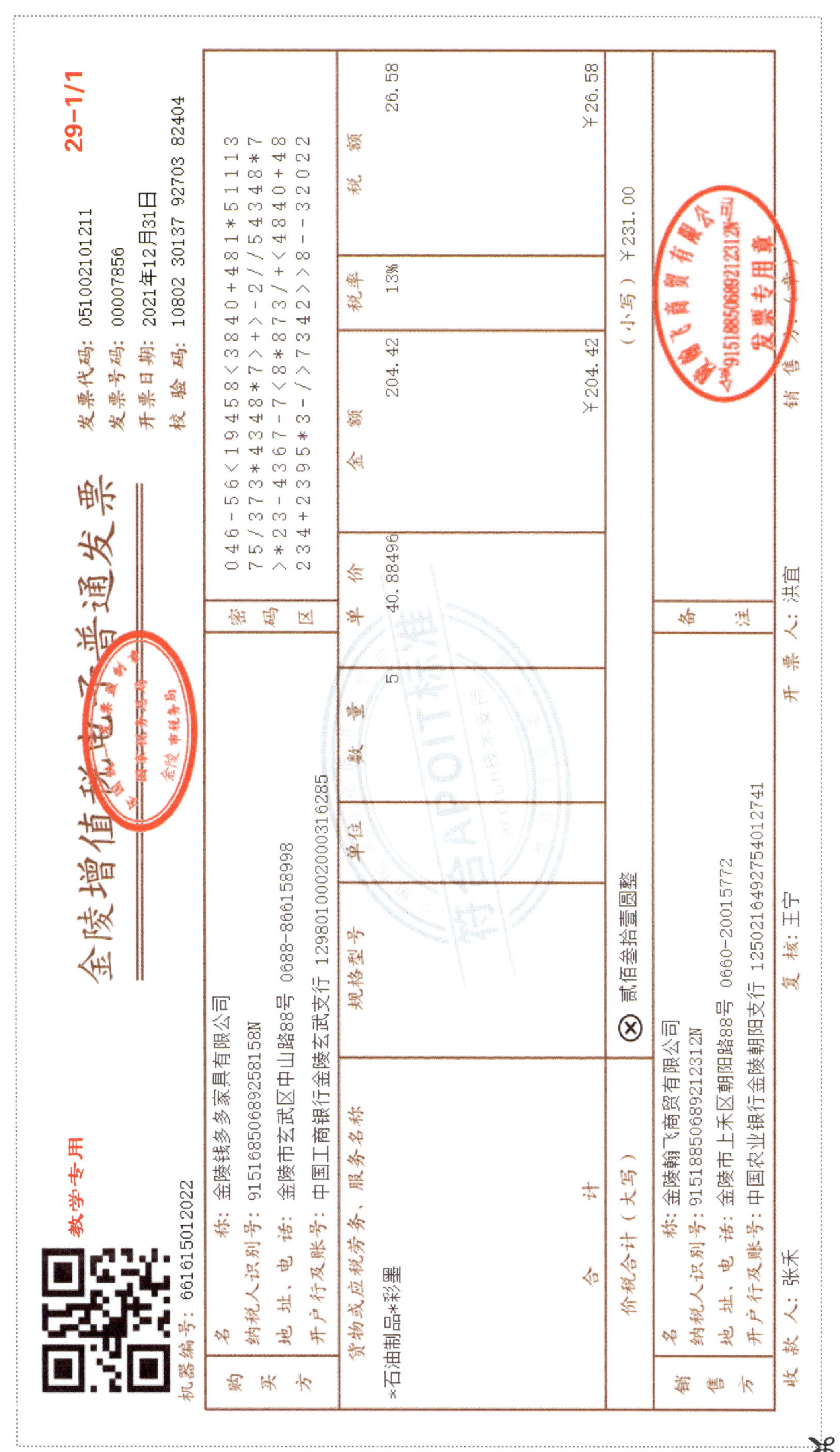

29-1/1

教学专用

金陵增值税电子普通发票

机器编号：661615012022

发票代码：051002101211
发票号码：00007856
开票日期：2021年12月31日
校 验 码：10802 30137 92703 82404

购买方	名　　称：金陵钱多多家具有限公司 纳税人识别号：91516850689258158N 地 址、电 话：金陵市玄武区中山路88号 0688-866158998 开户行及账号：中国工商银行金陵玄武支行 1298010002000316285	密码区	046-56<19458<3840+481*51113 75/373*4348*7>+>-2//54348*7 >*23-4367-7<8*873/+<4840+48 234+2395*3-/>7342>>8--32022

货物或应税劳务、服务名称	规格型号	单位	数量	单价	金额	税率	税额
*石油制品*彩墨			5	40.88496	204.42	13%	26.58
合　　计					￥204.42		￥26.58
价税合计（大写）	⊗ 贰佰叁拾壹圆整				（小写）￥231.00		

销售方	名　　称：金陵翰飞商贸有限公司 纳税人识别号：91518850689212312N 地 址、电 话：金陵市上禾区朝阳路88号 0660-20015772 开户行及账号：中国农业银行金陵朝阳支行 1250216492754012741	备注	

收款人：张禾　　复核：王宁　　开票人：洪宜　　销售方：（章）

业务 30

1. 出纳审核借款单，若有误，则不予受理；若审核无误，付款并请员工王玲在《借款单》上签字，然后出纳签字并在《借款单》上盖章

在《借款单》上盖上现金付讫章。

2. 登记借款台账

请根据《借款单》上的信息填写《出纳单据簿》的《借款台账》。

教学专用　　30-1/1

借款单

2021 年 12月31 日

借款部门	销售部	姓名	王玲	事由	出差借款
借款金额（大写）	⊗万 叁仟 零佰 零拾 零元 零角 零分 ¥ 3,000.00				
领导审批	钱多多	财务审批	张丽	部门审批	李林	出纳付款	
借款人	王玲	备注			

◆ 业务 31 ◆

教学专用　　　　31-1/1

付款申请书

2021 年 12 月 31 日

用途及情况	金额											收款单位（人）：帝都谦虚家具有限公司
付货款	亿	千	百	十	万	千	百	十	元	角	分	账号：6228480402564890018
				¥	2	0	0	0	0	0	0	开户行：中国农业银行海淀支行
金额大写（合计）	贰万元整											☐电汇 ☐转账 ☐汇票 ☑网银 ☐其他

总经理	钱多多	财务部门	经理	张丽	采购部门	经理	张高丽
			会计	张雯		经办人	李奇

登录配套线上网银系统

◆业务 32◆

教学专用　　32-1/1

付款申请书

2021年12月31日

<table>
<tr><td rowspan="3">用途及情况</td><td colspan="11">金额</td><td>收款单位（人）：帝都日行一善商贸有限公司</td></tr>
<tr><td>亿</td><td>千</td><td>百</td><td>十</td><td>万</td><td>千</td><td>百</td><td>十</td><td>元</td><td>角</td><td>分</td><td>账号：1292873100342901034</td></tr>
<tr><td></td><td></td><td></td><td>¥</td><td>1</td><td>1</td><td>0</td><td>0</td><td>0</td><td>0</td><td>0</td><td>开户行：中国建设银行帝都曙光支行</td></tr>
<tr><td>付运费款</td><td colspan="11"></td><td></td></tr>
<tr><td>金额大写（合计）</td><td colspan="11">壹万壹仟元整</td><td>□电汇 □转账 □汇票 ☑网银 □其他</td></tr>
</table>

总经理	钱多多	财务部门	经理	张丽	采购部门	经理	张高丽
			会计	张雯		经办人	李奇

登录配套线上网银系统

◆ 业务 33 ◆

教学专用　　33–1/2

付款申请书

2021 年 12 月 31 日

用途及情况	金额											收款单位（人）：吴烦恼
付个人劳务费	亿	千	百	十	万	千	百	十	元	角	分	账号：6222023803013297860
				¥	6	0	0	0	0	0	0	开户行：中国工商银行金陵玄武支行
金额大写（合计）	陆万元整											□电汇 □转账 □汇票 ☑网银 □其他

总经理	钱多多	财务部门	经理	张丽	采购部门	经理	张高丽
			会计	张雯		经办人	李奇

登录配套线上网银系统

教学专用

33-2/2

劳务合同

甲方（用人单位）：金陵钱多多家具有限公司

地址、电话：金陵市玄武区中山路88号 0688-86615898

乙方（劳动者）：吴烦恼

身份证号：110112198003232023

甲、乙双方根据《劳动法》及相关法律的规定，本着平等自愿的原则，经协商一致，签订本次短期劳动合同。

一、劳动合同

自2021年12月01日起至2022年12月01日止或工作（工程）结束止。

二、工作内容

甲方分配乙方在<u>管理</u>岗位担任<u>顾问</u>职务（工种）。

三、劳动报酬

经双方协商，本次的劳务费用为人民币壹拾万元整（RMB100000.00），甲方按协议于签订之日首次付金额的60%，劳务完成结束后支付剩下的40%的尾款。

... ...

七、违约责任

1.本合同具有法律效力，双方应严格履行。

2.甲方克扣或者无故拖欠乙方劳务费用的，除全额支付工资外，还须支付乙方经济补偿金。

3.一方违反本合同，给对方造成损失的，依照国家有关规定赔偿相关损失。

金陵钱多多家具有限公司

甲方（签章）： 乙方（签章）：吴烦恼

法定代表人（签章）：钱多多

2021年12月01日 2021年12月01日

◆业务 34◆

用网银查询相关业务并打印银行回单。

登录配套线上网银系统

业务 35

请根据本日发生的业务登记《现金日记账》、《银行存款日记账》。

◆业务 36◆

1. 登记现金业务的交接表

请把本日发生的业务 28 至业务 34 有关现金业务的单据，登记到《出纳单据交接表》上，并签字确认。

2. 登记银行业务的交接表

请把本日发生的业务 28 至业务 34 有关银行存款业务的单据，登记到《出纳单据交接表》上，并签字确认。

备注：实务工作中，出纳要养成每日及时登记《现金日记账》和《银行存款日记账》并及时移交单据的习惯。

三、月末工作

金陵钱多多家具有限公司 2021 年 12 月月末工作目录

业务号	业务概述	出纳需填写或盖章的单据	背景单据
业务 37	12 月 31 日，出纳编制《库存现金盘点表》	库存现金盘点表	
业务 38	次年 01 月 01 日，出纳编制《银行存款余额调节表》	银行存款余额调节表	银行对账单
业务 39	次年 01 月 01 日，出纳对上个月的日记账进行结账	现金日记账 银行存款日记账	
业务 40	次年 01 月 01 日，出纳编制《资金报告表》	资金报告表	

◆业务 37◆

12 月 31 日，出纳用实地盘点法盘点库存现金。盘点的金额为：100 元 50 张，50 元 18 张，20 元 1 张，10 元 1 张，1 元 1 张。

请根据现金盘点金额及《现金日记账》的期末余额，填写《库存现金盘点表》。

◆业务 38◆

请根据本期的《银行存款日记账》、网银系统打印的《银行对账单》，填写《银行存款余额调节表》。

◆业务 39◆

请对 12 月份的《银行存款日记账》、《现金日记账》进行结账与对账。

◆业务40◆

请根据本期的《银行存款日记账》、《现金日记账》，填写《资金报告表》。

前言

一、会计信息化证概述

1. 会计信息化证是什么？

会计信息化证（全称：会计信息化应用能力考试）分为财务会计信息化证、管理会计信息化证、财务/审计/税务主管信息化证，由中国电子企业协会智能财务分会与中国国际贸易促进委员会商业行业委员会联合颁发，作为会计人员岗位技术能力水平的有效证明，是满足财政部对会计信息化改革下会计岗位新要求的证书。会计信息化证是真正会计工作的上岗证。

2. 为什么报考会计信息化证？

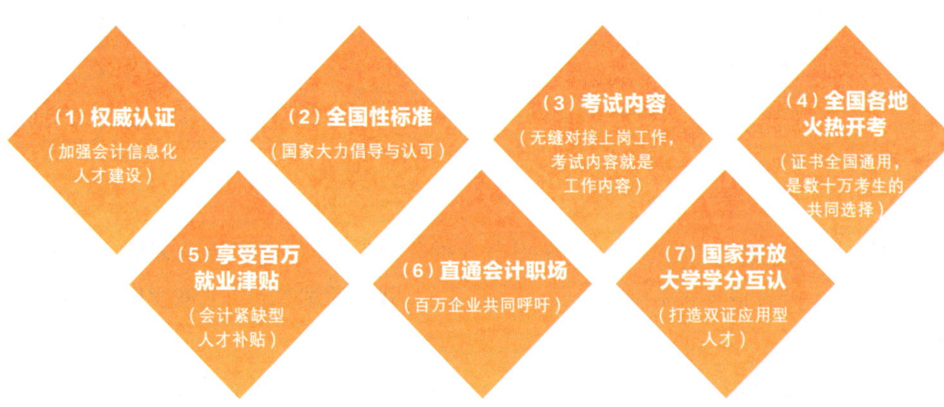

职业教育国家学分银行建设是"职教20条"提出的重大改革任务。受教育部委托，国家开放大学全面推进职业教育国家学分银行的建设。2020年1月1日，会计信息化证正式加入国家开放大学学分银行体系"学习成果互认联盟"，学习者可凭积累学分抵免6~20学分。

国家开放大学部处函件

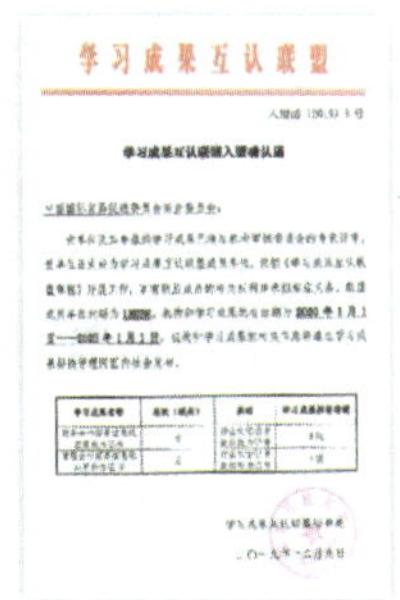
学习成果互认联盟

二、财务会计信息化证实训课程

《APOIT 实训系列课程》充分融合全国各地 10000 多家财税公司、事务所的会计真账实操经验，全仿真模拟真实票据和会计业务，还原会计工作的真实场景，学习过程就是工作过程，学完即可上岗！

1. 情景胜任式学习模式，快速匹配企业招聘要求

基于数万家企业客户与财税企业的实务内容，本课程线下业务册全仿真模拟真实票据和经济业务，线上配套全仿真账务、本省报税系统、三大网银实训系统，无缝对接实务工作，使学生在完成特定业务的过程中获得技能与经验，满足企业新会计人的上岗要求，快速就业。

2. 陪伴式实习，提升学习的效率与效果

开票　网上报税　每日一面　情景再现

通过 AI 大数据，实习过程动态跟踪学员的胜任力提升，匹配职业导师专业辅导、工作情景再现、每日一面职场经验传递、会计信息化证模拟考试、简历辅导、模拟面试等陪伴式教学服务，让学习体验与效果大幅度提升。

APOIT 实训课程紧跟时代潮流，依据国家标准白皮书，对课程进行全面升级，加入“人工智能应用”全新模块，不仅是胜任会计岗位，更是守住会计岗位，做新时代下企业需要的会计人才。

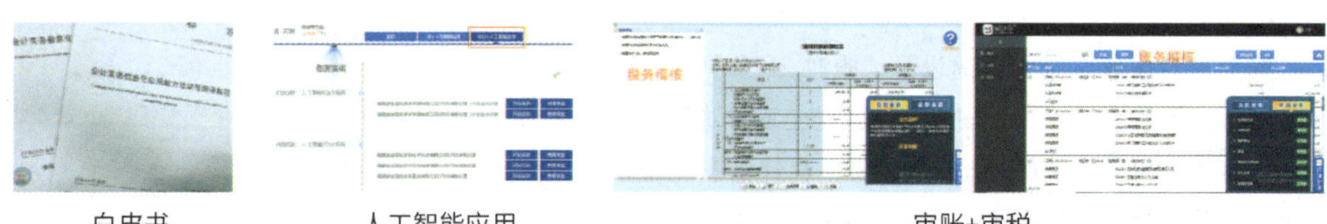

白皮书　人工智能应用　审账+审税

三、管理会计信息化证实训课程

APOIT 标准管理会计岗位实训课程，源于企业管理会计五大岗位实操内容，结合浪潮、上海财经大学、厦门大学等多方管理会计研究成果，采用双线教学方式，通过名师精讲 + 沙盘岗位实战练习相结合，让学员快速认知管理会计，提升工作思维与职场竞争力。

独创全仿真管理会计实战课程，包括：五大岗位实战、线上沙盘实战、财务共享中心实训平台、厦大名师精讲。

基于中交、中铁、上海建工、大连造船、中农发等企业管理者的战略与预算工作，匹配线上沙盘案例实战，全面模拟企业的战略与预算过程及其结果，让学生站在管理的角度理解和认识战略与预算，全面提升学员的战略管理与预算管理能力。

基于浪潮集团、中国铁塔、恒瑞制药、太阳纸业等企业的成本控制、营运管理、投融资决策与绩效管理工作，匹配线上沙盘案例实战，全面模拟企业经营过程及其结果，让学生站在管理的角度理解和认识经营决策，全面提升学员的全局观与资本观。

基于山东国投、顺德控股、国信证券、广东地铁、湖北交投等知名企业管理者报表分析与内部控制工作，匹配线上沙盘案例实战，全面提升学生的管理会计报告分析及内部控制能力，协助管理当局掌握状况，参与财务管理拟定未来策略及执行能力。

课程深度融合管理会计和 Excel 数据分析实战应用，以管理会计的视角，讲述财务人员运用 Excel 的进阶功能，案例基于企业真实职场情景，涵盖管理会计实务工作中所必需的“成本管理、往来账款管理、销售与生产管理、资产管理、报表合并、全面预算”等板块，快速提升会计工作效率和 Excel 数据分析能力。

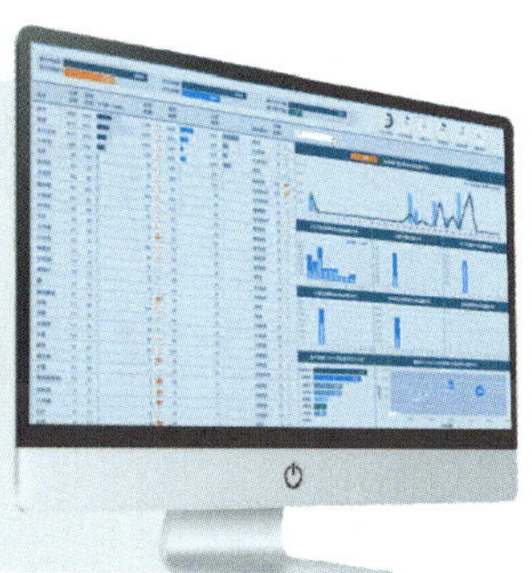

四、财务 / 审计 / 税务主管信息化证实训课程

在企业数字化转型的背景下，中小型企业迫切需要具备更高洞察能力、更准确预测能力，可以更高效地处理各种信息的财务主管。数字化财务主管岗位实训班以企业岗位为核心，提升数字化时代下财务主管的综合能力，使他们成为行业中不可缺少的人才。

1. 情景胜任式实习：快速提升岗位胜任力

基于数万家企业的实务工作内容，数字化财务主管岗位实训还原真实工作场景，实战导师与职业导师双线教学，通过全仿真岗位实训，快速积累工作经验，提升岗位胜任力，学习过程就是工作过程。

2. 陪伴式学习和成长：上万家企业岗位推荐 / 定向培养 / 简历直达

通过 AI 大数据，实时跟踪学员的胜任力提升。发布海量求职资源，上万家企业岗位推荐，专业导师辅导，为学员匹配合适的岗位招聘信息，实现精准就业职推，根据学员所在省市推荐当地头部企业招聘，名师指导提升面试通过率，为学员的职业提升保驾护航。

3. 全仿真岗位测评：入选会计人才库

完成数字化财务主管岗位实训班学习后，参与全仿真财务主管岗位测评，测评结果就是工作结果，成绩优秀者入选会计信息化紧缺人才库。

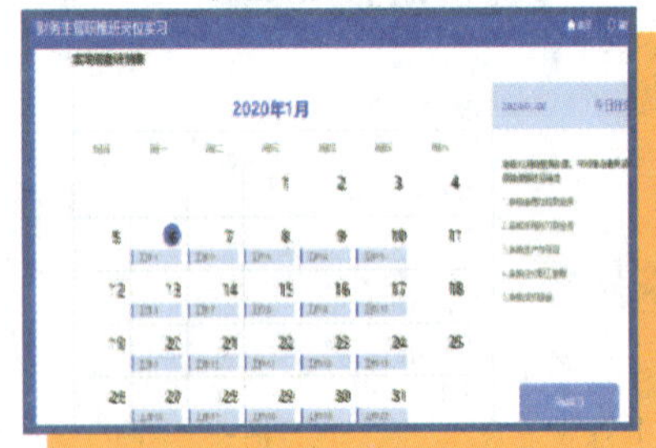

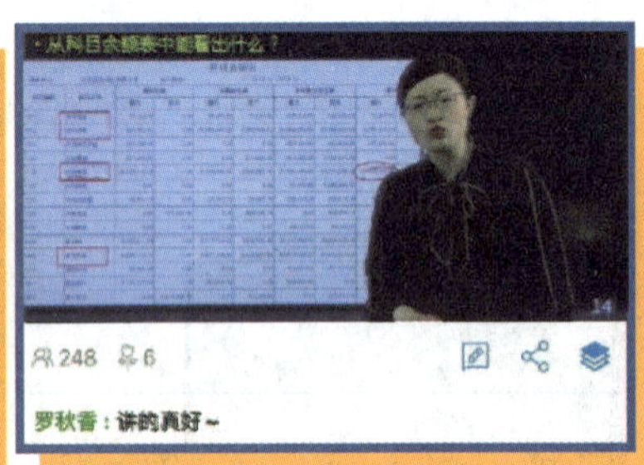

数字化会计新手岗位实训

工作业务册（下） 新设企业财税一体化（小规模）

会计信息化证考试研究中心 编 |  监制

国家一级出版社
全国百佳图书出版单位

图书在版编目（CIP）数据

数字化会计新手岗位实训 / 会计信息化证考试研究中心编. -- 厦门 ：厦门大学出版社，2021.3(2023.1 重印)
ISBN 978-7-5615-8149-0

Ⅰ. ①数… Ⅱ. ①会… Ⅲ. ①会计学－岗位培训－教材 Ⅳ. ①F230

中国版本图书馆 CIP 数据核字(2021)第 049166 号

出版发行 厦门大学出版社
社　　址 厦门市软件园二期望海路 39 号
邮政编码 361008
总 编 办 0592-2182177　0592-2181406(传真)
营销中心 0592-2184458　0592-2181365
网　　址 http://www.xmupress.com
邮　　箱 xmup@xmupress.com
印　　刷 厦门市明亮彩印有限公司

开本 889mm×1194mm　1/16
印张 40
字数 1 050 千字
版次 2021 年 3 月第 1 版
印次 2023 年 1 月第 7 次印刷
定价 398.00 元

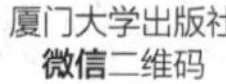
厦门大学出版社
微信二维码

厦门大学出版社
微博二维码

编　委　会

目录

Content

会计岗位实训说明及新设企业会计工作导航图

《新设企业账税一体化(小规模)实训》以金陵华新商贸有限公司为会计主体,设计了从2021年11月设立登记到12月新设企业账税一体化的完整经济业务。实训中所用到的各种原始凭证、记账凭证、账簿及会计报表等,均以最新会计准则、财税政策为依据,按实务工作中会计人员核算使用的真实"证账表"格式设计制作并彩色印刷。参训者以线下《工作业务册》为载体,同时配套线上APOIT会计实务课程,全方位体验会计工作的全过程。

本实训新设企业账税一体化(小规模)训练应用方式如下:

(1)结合本地区实际情况,通过训练掌握新设企业注册登记工作方法与流程;

(2)掌握新设企业的账务处理与税务处理;

(3)掌握小规模纳税人企业的账务处理与税务处理。

业务简要说明:请结合目录列表的顺序进行学习——先掌握工商登记、银行开户、税务报到等注册登记流程,再进行账务处理、纳税申报。

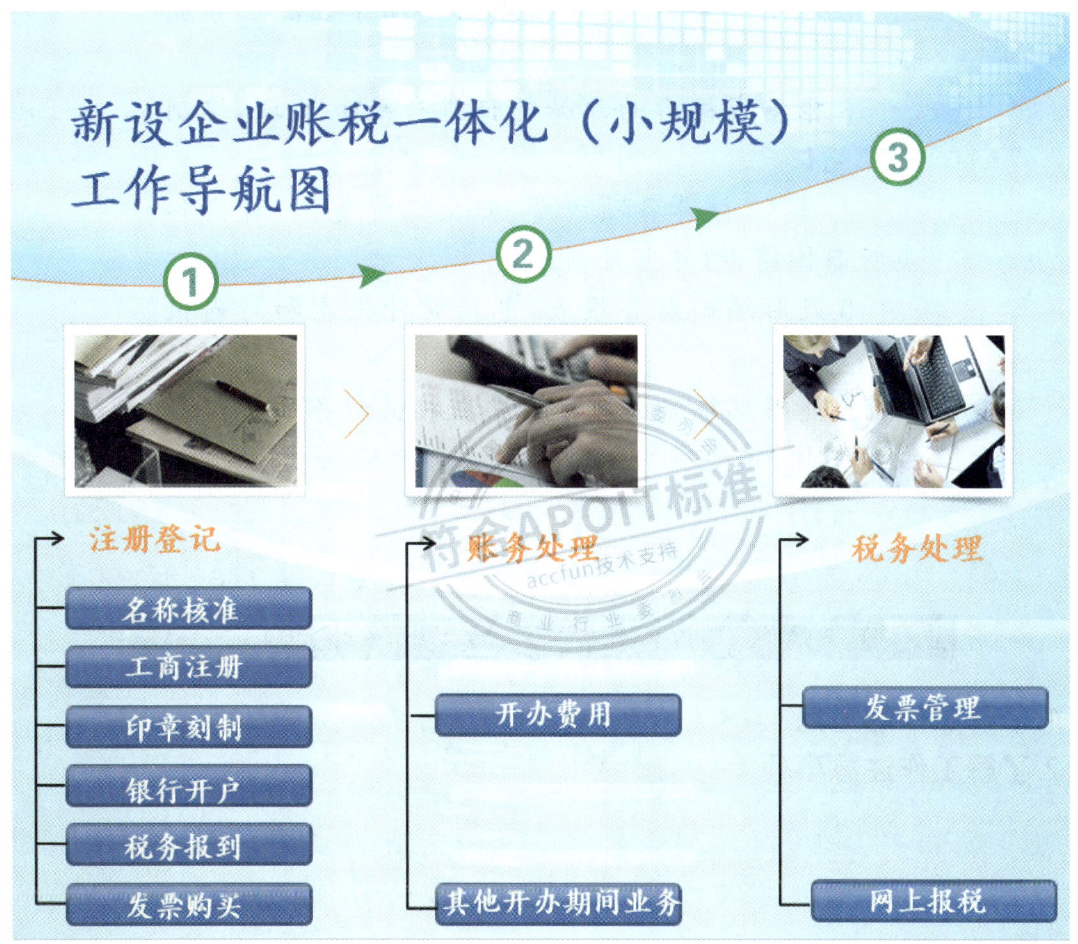

一、岗位职责及企业相关信息

(一)岗位职责

会计助理岗位职责

1.办理新设企业注册登记相关事项包括：名称核准、工商注册、印章刻制、银行开户、税务报到和发票购买。

2.建立财务制度，审核原始凭证等经济业务凭证。

3.根据审核后的原始凭证进行账务处理，编制记账凭证。

4.月末，核算各项税费、归集工资费用、计提各类折旧摊销、结转当月损益。

5.及时编制财务报表，包括对外报表和对内报表。

6.能够熟练完成日常开票及相关税务的申报和缴纳工作。

1.了解工作的重点

2.了解工作注意事项

(二)企业组织架构

(三)企业主要人员分布

序号	部门	职位	姓名
1	总经办	总经理/采购	李明
2	财务部	会计	陈莉
3	行政部	行政/出纳/仓管	李琳
4	销售部	销售	林乐

二、注册登记

公司设立时,需要办理的相关证照大致如下:工商行政管理局印发的工商营业执照、公安局备案的印章、银行发放的基本存款账户信息以及其他与企业经营相关的资格证书。

金陵华新商贸有限公司注册登记业务说明		
流程名称	**具体办理流程**	**费用**
名称核准	现场或网上申请名称核准→柜台或者线上办理	
工商注册	现场或网上申请设立登记→柜台或者线上办理	
印章刻制	现场或网上申请印章刻制→柜台或者线上办理	
银行开户	银行开户	开户费
税务报到	税种登记→签订三方协议	
发票购买	票种核定→防伪税控盘购买→发票购买	税控盘及技术维护费
温馨提示:实务中各地注册登记流程及所需资料略有差异,具体请咨询当地工商局、银行、税务局。		

(一)工商注册

1.申请名称核准

登录当地市场监督管理局官网,在“办事大厅”内选择“设立登记”进行信息填写。

2.设立登记

当设立网上申请审批通过后,进入监督管理局官网,导出所需材料,联系股东签字。或者选择全程网办,在线填写信息,直接提交审核。

(1)商事主体名称预先核准申请书范本

商事主体名称预先核准申请书

注:请仔细阅读本申请书《填写说明》,按要求填写。

☑商事主体设立名称预先核准　□商事主体变更名称预先核准					
申请名称	喵窝(XX)商贸有限公司				
集团名称 (申请集团名称的填写)		集团简称 (申请集团简称的填写)			
备选名称	1. XX市喵窝商贸有限公司				
	2. 喵喵(XX)商贸有限公司				
	3. XX市喵喵商贸有限公司				
变更前名称		注册号/统一社会信用代码			
住所	XX市湖里区祥店里幸福二城				
投资总额(外资)	万元	币种(外资)			
注册资本(金)	1000万元	币种(外资)			
类型	有限责任公司(自然人投资或控股)				
经营范围	一般项目:家具销售。(除依法须经批准的项目外,凭营业执照依法自主开展经营活动)。				
投资人名称或姓名	证照号码	国别(地区)(外资)	币种(外资)	出资额(万元)(外资)	出资比例(外资)
李××	35020419XXXXXXXXXX				
张××	35020419XXXXXXXXXX				
黄××	35020419XXXXXXXXXX				
□已核准名称项目调整(字号、投资人除外)					
已核准名称		通知书文号			
拟调整项目	原申请内容	拟调整内容			

<table>
<tr><td colspan="4">□已核准名称延期</td></tr>
<tr><td>已核准名称</td><td></td><td>通知书文号</td><td></td></tr>
<tr><td>原有效期</td><td></td><td>有效期延至</td><td>___年___月___日</td></tr>
<tr><td colspan="4">指定代表或者共同委托代理人</td></tr>
<tr><td>指定代表或委托代理人/经办人姓名</td><td>陆××</td><td>移动电话</td><td>1351987XXXX</td></tr>
<tr><td>授权期限</td><td colspan="3">自 20XX 年 XX 月 XX 日至 20XX 年 XX 月 XX 日</td></tr>
<tr><td colspan="4">授权权限 1、同意☑ 不同意□ 核对登记材料中的复印件并签署核对意见；
2、同意☑ 不同意□ 修改有关表格的填写错误；
3、同意☑ 不同意□ 领取《商事主体名称预先核准通知书》</td></tr>
<tr><td colspan="4">教学专用
姓名 陆XX
性别 女 民族 汉
出生 19XX 年 XX 月 XX 日
住址 XX市湖里区华北路395号201室
公民身份号码 35020419XXXXXXXXXX
陆XX与原件一致
教学专用
中华人民共和国
居民身份证
签发机关 XX市公安局
有效期限 2014.12.15-2024.12.15</td></tr>
<tr><td>申请人
签字或盖章</td><td colspan="3">李××　张××　黄××

20XX 年 XX 月 XX 日</td></tr>
<tr><td>备注</td><td colspan="3"></td></tr>
</table>

(2)商事主体名称网上预先核准通知书范本

商事主体名称网上预先核准通知书

登记内名预核字[2019]第 2082019000000000 号

根据《XXXXX 商事登记条例》第十三条及相关法律法规规定，同意网上预先核准下列 3 个投资人出资，注册资本（金） 1000 万（人民币），住所设在 XX 市湖里区祥店里幸福第二城 的商事主体名称为： 喵窝（XX）商贸有限公司 ；商事主体类型：有限责任公司(自然人投资或控股) ；行业及行业代码：家具零售

序号	投资人姓名或名称	证照号码
1	李××	35020419XXXXXXXXXX
2	张××	35020419XXXXXXXXXX
3	黄××	35020419XXXXXXXXXX

网上预先核准的商事主体名称保留至 20XX 年 XX 月 XX 日，保留期间，申请人可凭本通知书及设立登记申请材料到商事登记机关直接办理设立登记。若无法在保留期间完成设立登记，请在保留期内提交名称预先核准申请的书面材料至商事登记机关领取《商事主体名称预先核准通知书》

XXXXXXXXX 市场监督管理处

核准日期：20XX 年 XX 月 XX 日

地址：XX 湖里区火炬路火炬广场 XXX 号

电话：571XX05

注：1. 预先核准的商事主体名称在本通知书规定的保留期后自动失效。

2. 名称预先核准时不审查投资人资格和商事主体设立条件，投资人资格和商事主体设立条件在商事主体登记时审查。申请人不得以商事主体名称已核为由抗辩商事主体登记机关对投资人资格和商事主体设立条件的审查。商事主体登记机关也不得以商事主体名称已核为由不予审查就准予商事主体登记。

3. 设立登记时，申请人应当将此通知书及名称预先核准申请书面材料提交商事主体登记机关。

(3)商事主体名称自主申报表范本

商事主体名称自主申报表

商事主体名称	喵窝（XX）商贸有限公司
住　　所	XX市湖里区祥店里幸福第二城
类　　型	有限责任公司(自然人投资或控股)

承诺书

股东拟自主申报上述商事主体名称，承诺如下：

1、遵循诚实信用原则，尊重社会公德，自主申报的相关材料真实合法，不侵犯他人企业的名称权、商标权或其他知识产权，不损害他人的合法权益。

2、申报人已通过网上名称自主申报系统查询并充分了解上述申报名称的相同及相似的情况，若出现名称近似纠纷时，申请人遵循民事纠纷解决原则进行处理，申请人对自主申报的名称承担相应的法律责任。

3、如登记机关发现商事主体提供虚假材料、名称违反法律法规或规章规定、明显违背社会主义道德风尚以及容易引人误解，股东自觉服从登记机关规范指导，重新依法申报。

全体股东（签署）：

股东：李XX
张XX
黄XX

20XX 年 XX 月 XX 日

备　　注	

(4)双告知承诺书范本

承诺书

XXX 市场监督管理处（登记机关名称）：

喵窝（XX）商贸有限公司（企业名称）郑重承诺：登记机关已告知相关审批事项和审批部门。在领取营业执照后，本企业将及时到审批部门办理审批手续，在取得行政审批前不从事相关经营活动。如有超出登记经营范围从事后置审批事项经营的需要，也将先行办理经营范围变更登记和相应审批手续，未取得相关审批前不从事相关经营活动。

如有违反上述承诺内容情形发生的，愿自行承担相应的法律责任。

签字：

李××

20XX 年 XX 月 XX 日

注：1、《承诺书》只在企业设立和经营范围变更时填写。

2、申请人为公司、非公司企业法人、非公司外商投资企业的，由法定代表人签字，设立时由拟任法定代表人签字；申请人为外国（地区）企业在中国境内从事生产经营活动的，由有权签字人签字；申请人为合伙企业、外商投资合伙企业的，由全体合伙人或委托执行事务合伙人签字；申请人为个人独资企业的，由投资人签字。变更登记时还须加盖公章，外国（地区）企业在中国境内从事生产经营活动除外。

3、有限责任公司和股份有限公司的分公司、非公司企业法人分支机构由隶属企业的法定代表人签字，营业单位由隶属单位的法定代表人签字，个人独资企业分支机构由隶属企业投资人签字，合伙企业分支机构由合伙企业执行事务合伙人或委派代表签字。设立、变更登记时还须加盖隶属企业（单位）公章，外国（地区）企业在中国境内从事生产经营活动除外。

(5)股东身份证复印件采集表范本

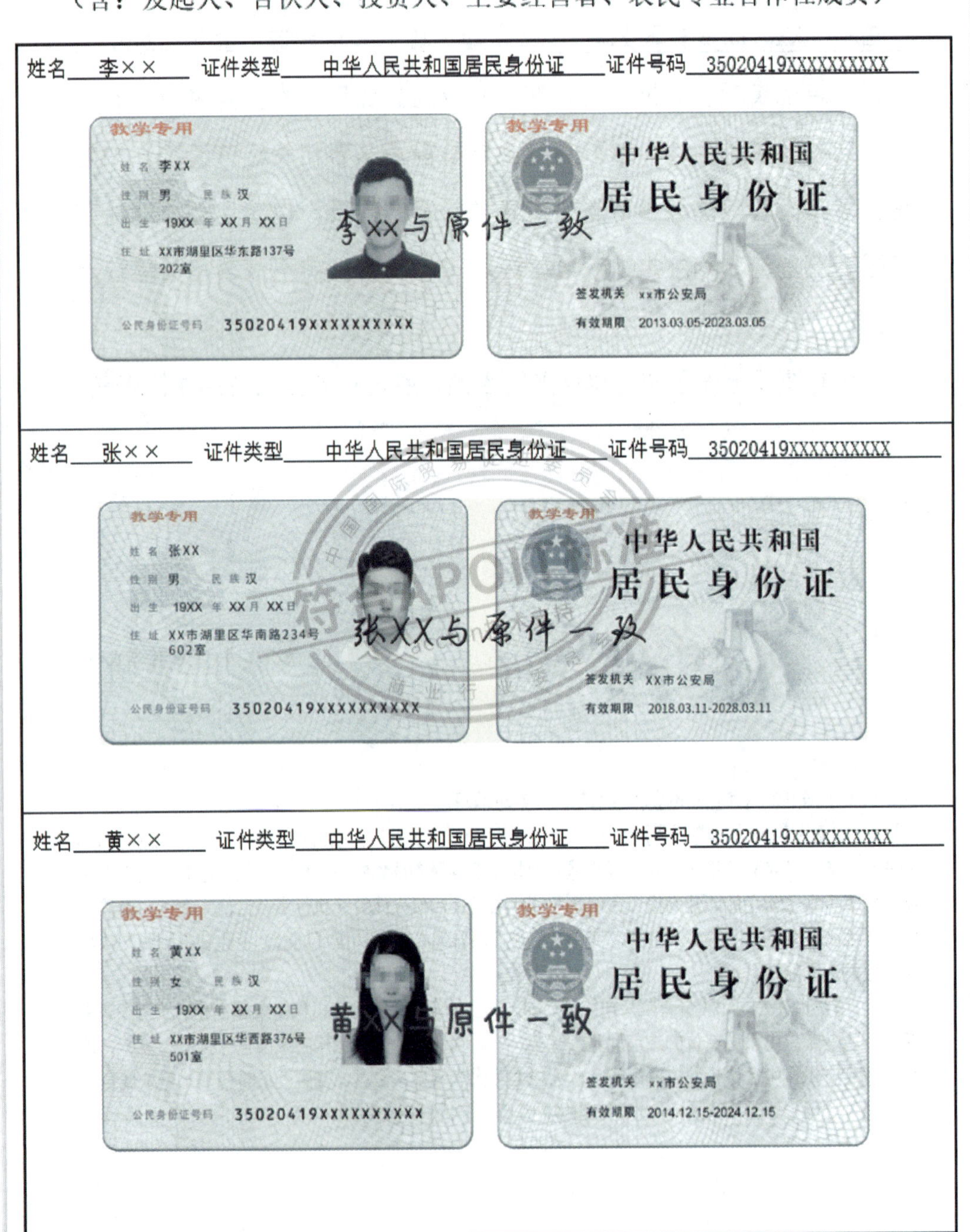

股东身份证复印件采集表

（含：发起人、合伙人、投资人、主要经营者、农民专业合作社成员）

姓名 李×× 　证件类型 中华人民共和国居民身份证 　证件号码 35020419XXXXXXXXXX

教学专用
姓名 李XX
性别 男　民族 汉
出生 19XX 年 XX 月 XX 日
住址 XX市湖里区华东路137号 202室
公民身份证号码 35020419XXXXXXXXXX

教学专用
中华人民共和国
居民身份证
签发机关 xx市公安局
有效期限 2013.03.05-2023.03.05

李XX与原件一致

姓名 张×× 　证件类型 中华人民共和国居民身份证 　证件号码 35020419XXXXXXXXXX

教学专用
姓名 张XX
性别 男　民族 汉
出生 19XX 年 XX 月 XX 日
住址 XX市湖里区华南路234号 602室
公民身份证号码 35020419XXXXXXXXXX

教学专用
中华人民共和国
居民身份证
签发机关 XX市公安局
有效期限 2018.03.11-2028.03.11

张XX与原件一致

姓名 黄×× 　证件类型 中华人民共和国居民身份证 　证件号码 35020419XXXXXXXXXX

教学专用
姓名 黄XX
性别 女　民族 汉
出生 19XX 年 XX 月 XX 日
住址 XX市湖里区华西路376号 501室
公民身份证号码 35020419XXXXXXXXXX

教学专用
中华人民共和国
居民身份证
签发机关 xx市公安局
有效期限 2014.12.15-2024.12.15

黄XX与原件一致

(6)年报承诺书范本

年 报 承 诺 书

喵窝(XX)商贸有限公司（商事主体名称）郑重承诺：本商事主体已知悉《企业信息公示暂行条例》、《XX经济特区商事登记条例》等法规规定，承诺每年6月30日前通过“XX市商事主体登记及信用信息公示平台”（网址：http:/.[illegible].gov.cn）如实公示上一年年度报告。

如有违反上述承诺内容情形发生的，愿自行承担相应的法律责任。

按时年报是商事主体的法定职责和义务。

签字(盖章)：

李XX

20XX年XX月XX日

联络人是否为本商事主体人员☑是☐否（填否需填写任职商事主体相关信息）

任职商事主体名称：＿＿＿＿＿＿ 统一社会代码：＿＿＿＿＿＿

承诺人	联系电话1	联系电话2	联系电话3	微信号	电子邮箱
商事主体	1351596XXXX				
法定代表人（负责人）	1351596XXXX				XXXXX@XXX.com
联络人	1351596XXXX				

注：1、《年报承诺书》只在商事主体设立、法定代表人（负责人）变更和联络人备案时填写。

2、设立时，申请人为公司、非公司企业法人、非公司外商投资企业的由拟任法定代表人签字；申请人为外国（地区）企业在中国境内从事生产经营活动的，由有权签字人签字；申请人为合伙企业、外商投资合伙企业的，由全体合伙人或委托执行事务合伙人签字；申请人为个人独资企业的，由投资人签字；申请人为有限责任公司和股份有限公司的分公司、非公司企业法人分支机构由隶属企业的法定代表人签字；申请人为营业单位由隶属单位的法定代表人签字；申请人为个人独资企业分支机构由隶属企业投资人签字；申请人为合伙企业分支机构由合伙企业执行事务合伙人或委派代表签字。

3、变更登记、备案时加盖商事主体公章。

(7)经营场所承诺书范本

经营场所承诺书

喵窝（XX）商贸有限公司 拟以位于 XX市湖里区祥店里幸福第二城的房屋（面积：100 平方米）备案作为本商事主体的经营场所。

本商事主体及全体投资人郑重承诺如下：

1.本商事主体已取得所申报地址作为本商事主体经营场所的合法使用权，详细地址表述真实无误；

2.如所申报的经营场所法定用途属于住宅的，已知悉并遵守《中华人民共和国物权法》七十七条“业主不得违反法律、法规以及管理规约，将住宅改变为经营性用房。业主将住宅改变为经营性用房的，除遵守法律、法规以及管理规约外，应当经有利害关系的业主同意”的规定；

3.如依照法律、法规的规定，本商事主体在该地址从事的生产经营活动应当取得规划、环保、公安、消防、文化、卫生和其他相关行政许可机关批准的，本商事主体将依法向相关行政许可机关提出申请，并经批准后方才开展相应的经营活动。

承诺人：李××（盖章） 黄××（盖章） 张××（盖章）

20XX年XX月XX日

备注：

1.本文书适用于商事主体办理经营场所备案。

2.企业、农民专业合作社设立登记时备案的，本承诺书由全体投资人签署（投资人为自然人的由本人签字，投资人为企业的由该企业加盖公章）；申请变更备案登记时，由企业、农民专业合作社加盖公章；个体工商户由个体工商户经营者签字；非法人分支机构申请设立登记或经营场所备案登记时，由隶属企业加盖公章。

(8)公司登记(备案)申请书范本

公司登记（备案）申请书

☑基本信息（必填项）			
名　称	喵窝（XX）商贸有限公司 (集团母公司需填写：集团名称：　集团简称：　)		
统一社会信用代码（设立登记不填写）			
住　所	XX市湖里区祥店里幸福第二城		
联系电话	222XXXX	邮政编码	XXXXXX
☑设立（仅限设立登记填写）			
法定代表人姓　名	李××	公司类型	☑有限责任公司☐股份有限公司 ☐外资有限责任公司☐外资股份有限公司
注册资本	1000　万元（币种：☑人民币☐其他）		
经营场所	XX市湖里区祥店里幸福第二城		
投资总额（外资公司填写）	万元（币种：）		
设立方式（股份公司填写）	☐发起设立 ☐募集设立	营业期限/经营期限	☐长期☑50年
申领执照	☑申领纸质执照其中：副本 X 个（电子执照系统自动生成，纸质执照自行勾选）		
经营范围（根据XX市商事主体登记及信用信息公示平台（www [illegible] ov.cn）上"商事主体经营范围自助生成器"勾选生成的经营范围填写）	一般项目：家具销售。（除依法须经批准的项目外，凭营业执照依法自主开展经营活动）。 （申请人须根据企业自身情况填写《"多证合一"政府部门共享信息表》相关内容。）		

注：1、本申请书适用于内资、外资公司申请设立、变更、备案。

2、申请书应当使用A4纸。依本表打印生成的，使用黑色墨水钢笔或签字笔签署；手工填写的，使用黑色墨水钢笔或签字笔工整填写、签署。

<table>
<tr><th colspan="3">□变更（仅限变更登记填写，只填写与本次申请有关的事项）</th></tr>
<tr><td>变更事项</td><td>原登记内容</td><td>变更后登记内容</td></tr>
<tr><td></td><td></td><td></td></tr>
<tr><td></td><td></td><td></td></tr>
<tr><td></td><td></td><td></td></tr>
<tr><td colspan="3">注：变更事项包括名称、住所、法定代表人（姓名）、注册资本、公司类型、有限责任公司股东（股东姓名或者名称）、股份有限公司发起人的姓名或者名称。
申请公司名称变更，在名称中增加“集团或（集团）”字样的，应当填写集团名称、集团简称（无集团简称的可不填）。</td></tr>
</table>

<table>
<tr><th colspan="5">□备案（仅限备案登记填写）</th></tr>
<tr><td>事项</td><td colspan="4">□董事□监事□经理□章程□章程修正案□联络人□外国投资者法律文件送达接受人</td></tr>
<tr><td rowspan="2">清算组
(清算委员会)</td><td>成　员</td><td colspan="3"></td></tr>
<tr><td>负责人</td><td></td><td>联系电话</td><td></td></tr>
<tr><td>其他备案事项</td><td colspan="2">原备案内容</td><td colspan="2">申请变更备案内容</td></tr>
<tr><td></td><td colspan="2"></td><td colspan="2"></td></tr>
<tr><td></td><td colspan="2"></td><td colspan="2"></td></tr>
<tr><td></td><td colspan="2"></td><td colspan="2"></td></tr>
<tr><td colspan="5">注：其他备案事项包括经营范围、经营场所、营业期限/经营期限、出资时间、出资方式、投资总额（限外资公司）。</td></tr>
</table>

<table>
<tr><th colspan="2">☑指定代表/委托代理人（必填项）</th></tr>
<tr><td>委托权限</td><td>1、同意☑不同意□核对登记材料中的复印件并签署核对意见；
2、同意☑不同意□修改企业自备文件的错误；
3、同意☑不同意□修改有关表格的填写错误；
4、同意☑不同意□领取营业执照和有关文书；
5、同意☑不同意□委托中国邮政速递物流股份有限公司XX市分公司领取并通过EMS邮寄送达营业执照和有关文书。</td></tr>
</table>

<table>
<tr><td></td><td colspan="5">6、同意☑不同意☐委托申请刻制和领取公章</td></tr>
<tr><td>固定电话</td><td>200XXXX</td><td>移动电话</td><td>1351987XXXX</td><td>指定代表/委托代理人签字</td><td>陆××</td></tr>
<tr><td colspan="6">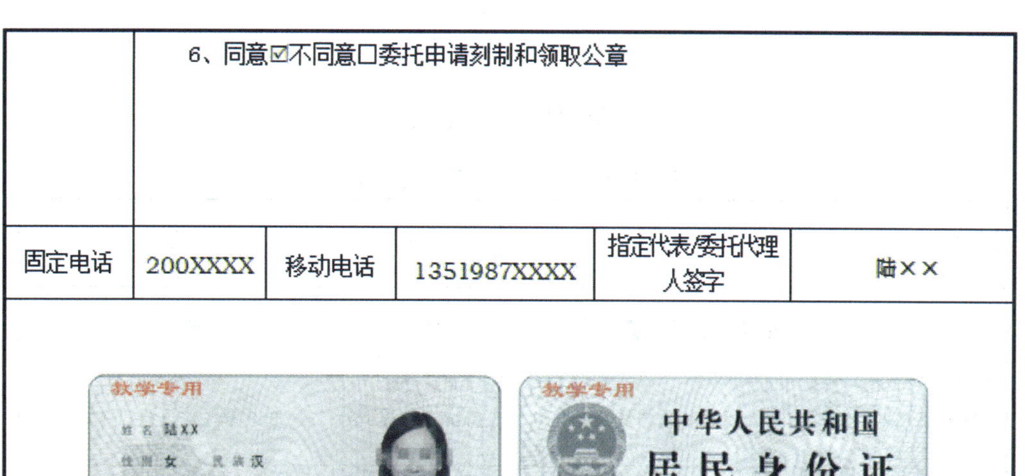
</td></tr>
<tr><td colspan="6">全体股东签字或盖章（仅限内资、外资有限责任公司设立登记）：

李××（盖章）、张××（盖章）、黄××（盖章）</td></tr>
<tr><td colspan="6">☑申请人承诺（必填项）</td></tr>
<tr><td colspan="6">本申请人和签字人承诺提交的材料文件和填报的信息真实有效，并承担相应的法律责任。
法定代表人签字（限设立、变更及清算组备案以外的备案）：
李××

清算组负责人签字（限清算组备案）：
公司盖章
年　月　日</td></tr>
</table>

注：自然人由本人签字，境内法人和其他组织加盖公章，境外法人和其他组织由有权签字人签字。

(9)法定代表人信息范本

法定代表人信息

本表适用于设立及变更法定代表人填写。

姓　名	李××	国别（地区）	中国
职　务	☑董事长 □执行董事 □经理	产生方式	选举
身份证件类型	中华人民共和国居民身份证	身份证件号码	35020419XXXXXXXXXX
固定电话	220XXXX	移动电话	1351596XXXX
住 所	XX 市湖里区祥店里幸福第二城	电子邮箱	XXXXX@XXX.com

拟任法定代表人签字：李××

20XX 年 XX 月 XX 日

(10)股东(发起人)出资情况范本

股东（发起人）、外国投资者出资情况

本表适用于设立、注册资本或有限责任公司股东（股东姓名或者名称）变更、出资时间或出资方式备案填写。

单位：万元（币种：☑人民币　□其他________

股东（发起人）、外国投资者 名称或姓名	国别（地区）	证件类型	证件号码	认缴出资额	实缴出资额	出资（认缴）时间	出资方式	出资比例
李××	中国	中华人民共和国居民身份证	35020419XXXXXXXXX	510	0	20XX年XX月XX日	货币	51%
张××	中国	中华人民共和国居民身份证	35020419XXXXXXXXX	390	0	20XX年XX月XX日	货币	39%
黄××	中国	中华人民共和国居民身份证	35020419XXXXXXXXX	100	0	20XX年XX月XX日	货币	10%

(11)联络人信息范本

联络人信息

本表适用于设立及联络人备案填写。

姓　　名	陆××	固定电话	220XXXX
移动电话	1351987XXXX	电子邮箱	XXXXX@XXX.com
身份证件类型	中华人民共和国居民身份证	身份证件号码	35020419XXXXXXXXXX
联系地址	XX 市湖里区华北路 395 号 201 室	邮编	XXXXXX

注：1、根据《XXXXX 商事登记条例》的规定，商事主体联络人负责向社会公众披露依法应当公开的本商事主体信息，接受有关行政部门的调查询问。联络人应当提供境内地址及境内移动电话。

2、移动电话必填，固定电话、电子邮箱选填。

(12)董事、监事、经理信息范本

董事、监事、经理信息

本表适用于设立及备案董事、监事、经理填写。

(担任法定代表人的董事长、执行董事、经理不重复填写)

姓名 李××　国别（地区） 中国　身份证件类型 中华人民共和国居民身份证

身份证件号码 35020419XXXXXXXXXX　职务 董事长　产生方式 选举

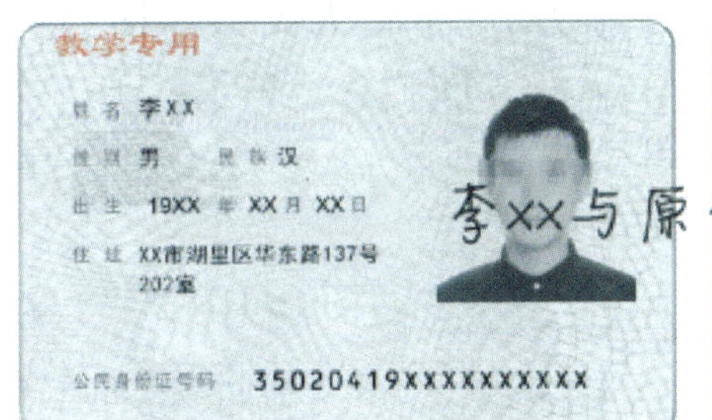

注：1、"职务"指董事长（执行董事）、董事、经理、监事会主席、监事。上市股份有限公司设置独立董事的应在"职务"栏内注明。

2、"产生方式"按照章程规定填写，董事、监事一般应为"选举"或"委派"；经理一般应为"聘任"。中外合资（合作）企业应当明确上述人员的委派方。

姓名 张××　国别（地区） 中国　身份证件类型 中华人民共和国居民身份证

身份证件号码 35020419XXXXXXXXXX　职务 监事　产生方式 聘任

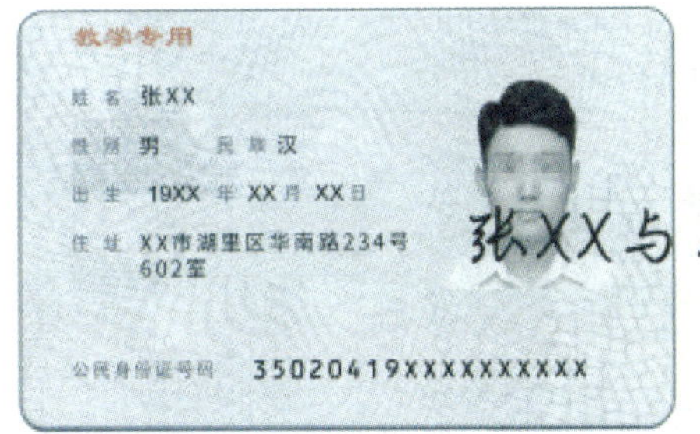

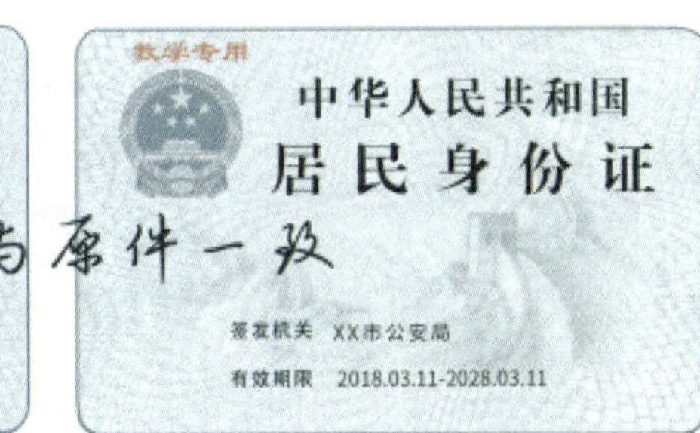

注：1、"职务"指董事长（执行董事）、董事、经理、监事会主席、监事。上市股份有限公司设置独立董事的应在"职务"栏内注明。

2、"产生方式"按照章程规定填写，董事、监事一般应为"选举"或"委派"；经理一般应为"聘任"。中外合资（合作）企业应当明确上述人员的委派方。

姓名<u>　黄××　</u>国别（地区）<u>　中国　</u>身份证件类型<u>　中华人民共和国居民身份证　</u>

身份证件号码<u>　35020419XXXXXXXXXX　</u>职务<u>　经理　</u>产生方式<u>　聘任　</u>

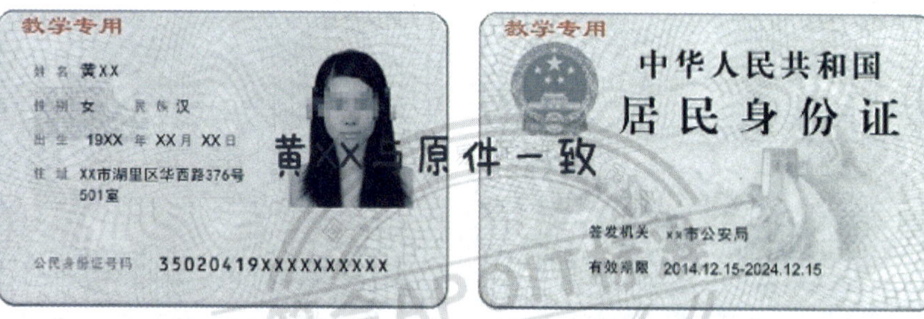

注：1、“职务”指董事长（执行董事）、董事、经理、监事会主席、监事。上市股份有限公司设置独立董事的应在“职务”栏内注明。

2、“产生方式”按照章程规定填写，董事、监事一般应为“选举”或“委派”；经理一般应为“聘任”。中外合资（合作）企业应当明确上述人员的委派方。

(13)股东会决议范本

（示范文本）

股东会决议

喵窝（XX）商贸有限公司于二〇XX年XX月XX日在XX市湖里区祥店里幸福第二城召开首次股东会会议。本次股东会由出资最多的股东李XX召集和主持。出席本次股东会会议的有股东黄XX和股东张XX。股东会会议一致通过并决议如下：

一、选举李XX、张XX、黄XX为 喵窝（XX）商贸有限公司首届董事会成员。
二、选举张XX为 喵窝（XX）商贸有限公司监事。
三、决定公司法定代表人由董事长担任。
四、通过公司章程。

股东：李XX（盖章）
股东：张XX（盖章）
股东：黄XX（盖章）
二〇XX年XX月XX日

备注：1.该股东会决议（示范文本）适用于有限公司的首次股东会决议；
2.该有限公司设董事会及监事。

(14)董事会决议范本

（示范文本）

董事会决议

喵窝（XX）商贸有限公司于二〇XX年XX月XX日在XX市湖里区祥店里幸福第二城召开首次董事会会议。出席会议的人员是 喵窝（XX）商贸有限公司首次股东会选举产生的董事会成员：李××、黄××、张××。

董事会一致通过并决议如下：

1.选举李××为公司董事长。

2.聘任黄××为公司经理。

3.聘任张××为公司监事。

喵窝（XX）商贸有限公司
董事会成员（签名）：
李×× 、黄××、张××
二〇XX年XX月XX日

备注：该董事会决议（示范文本）适用于有限责任公司首次董事会决议。

(15)公司章程范本(部分章节)

(有限责任公司章程参考文本——设董事会、监事)

喵窝(XX)商贸有限公司章程

为维护公司、股东的合法权益,规范公司的组织和行为,依据《XX经济特区商事登记条例》及其他有关法律、法规的规定,制订本章程。

第一章　公司名称和住所

第一条　公司名称:**喵窝(XX)商贸有限公司**(以下简称“公司”)

第二条　公司住所:X市湖里区祥店里幸福第二城

第三条　公司以住所作为法律文书送达地址。公司经营场所如与住所不一致,应按相关规定及时办理经营场所备案或申请分支机构登记。

第二章　公司经营范围

第四条　公司经营范围:家具零售。

第五条　公司应当在章程规定的经营范围内从事经营活动。公司可以改变经营范围,但应办理备案登记。

第六条　公司经营范围中包含属于法律、法规规定须取得相关许可证件方可从事经营活动的,应当在取得相关许可证件后从事经营活动。

第三章　公司注册资本

第七条　公司注册资本:人民币1000万元　。

第八条　公司注册资本为在商事登记机关登记的全体股东认缴的出资额,股东以其认缴的出资额对公司承担责任。

第九条　公司变更注册资本,应当自变更决议作出之日起三十日内向商事登记机关申请变更登记。

第十条　公司可以向商事登记机关申请实收资本备案,申请备案应当提交相应的验资证明。

第四章　股东的姓名或者名称

第十一条　股东的姓名或者名称如下:

股东:李XX;

股东:张XX;

股东:黄XX;

第五章 股东认缴出资情况

第十二条 股东认缴出资额、出资方式、出资期限

股东：李XX

认缴出资额：510万元

出资比例：51%

出资方式：以货币出资

出资期限：所认缴的注册资本分期于公司成立之日起X年内缴足。

股东：张XX

认缴出资额：390万元

出资比例：39%

出资方式：以货币出资

出资期限：所认缴的注册资本分期于公司成立之日起X年内缴足。

股东：黄XX

认缴出资额：100万元

出资比例：10%

出资方式：以货币出资

出资期限：所认缴的注册资本分期于公司成立之日起X年内缴足。

（备注：股东认缴出资额、出资方式、出资期限可自行约定）

第十三条　公司成立后，应向已缴纳出资的股东签发出资证明书。

出资证明书应当载明下列事项：

（一）公司名称；

（二）公司成立日期；

（三）公司注册资本；

（四）股东的姓名或者名称、缴纳的出资额和出资日期；

（五）出资证明书的编号和核发日期。

出资证明书由公司盖章。

第十四条　公司应当置备股东名册，记载下列事项：

（一）股东的姓名或者名称及住所；

（二）股东的出资额；

（三）出资证明书编号。

记载于股东名册的股东，可以依股东名册主张行使股东权利。

第十五条 公司应当将股东的姓名或者名称及其出资额向公司登记机关登记。

清算组在清理公司财产、编制资产负债表和财产清单后，发现公司财产不足清偿债务的，应当依法向人民法院申请宣告破产。

第五十三条 公司清算结束后，清算组应当制作清算报告，报股东会或者人民法院确认，并应当自公司清算结束之日起30日内向原公司登记机关申请注销登记，公告公司终止。

第十四章 其他事项

第五十四条 公司应当指定联络人，负责向社会披露应当公开的公司信息，接受有关行政部门询问调查。联络人信息应当向商事登记机关备案，联络人变动的，应向商事登记机关重新备案。

第五十五条 公司股东应当遵守法律、行政法规和公司章程，依法行使股东权利，不得滥用股东权利损害公司或者其他股东的利益；不得滥用公司法人独立地位和股东有限责任损害公司债权人的利益。

公司股东滥用股东权利给公司或者其他股东造成损失的，应当依法承担赔偿责任。

公司股东滥用公司法人独立地位和股东有限责任，逃避债务，严重损害公司债权人利益的，应当对公司债务承担连带责任。

第五十六条 公司的控股股东、实际控制人、董事、监事、高级管理人员不得利用其关联关系损害公司利益。

违反前款规定，给公司造成损失的，应当承担赔偿责任。

第五十七条 在公司中，根据中国共产党章程的规定，设立中国共产党的组织，开展党的活动。公司应当为党组织的活动提供必要条件。

第五十八条 公司章程或者章程修正案经股东会通过后生效。股东会通过的章程或者章程修正案，应当报商事登记机关备案。

第五十九条 公司章程未规定的其他事项，适用有关法律、法规规定。

股东：李XX（盖章）

股东：张XX（盖章）

股东：黄XX（盖章）

二〇XX年XX月XX日

(16)“多证合一”政府部门共享信息表范本

“多证合一 ”政府部门共享信息表

以下内容为企业设立必填项

财务负责人信息（必填）			
姓　名	李××	固定电话	220XXXX
移动电话	1351596XXXX	电子邮箱	XXXXX@XXX.com
身份证件类型	中华人民共和国居民身份证	身份证件号码	35020419XXXXXXXXXX

其他信息（必填）	
核算方式	☑独立核算自负盈亏　☐独立核算统负盈亏　☐非独立核算　☐其他
领用发票及办理社保业务	☑是　☐否
从业人数	x 人

以下内容企业设立根据实际需要选填

银行开户预约服务					
预约开户银行					
经办人姓名		身份证号		手机	

(17)指定代表或者共同委托代理人授权委托书范本

指定代表或者共同委托代理人授权委托书

申 请 人 ：李 XX、张 XX、黄 XX

指定代表或者委托代理人 ：陆 XX

委托事项及权限 ：

1、办理＿＿＿喵窝（XX）商贸有限公司＿＿＿（企业名称）的

☐名称预先核准 ☑ 设立 ☐变更 ☐注销 ☐备案 ☐撤销变更登记

☐股权出质（☐设立 ☐变更 ☐注销 ☐撤销）☐其他＿＿＿＿手续。

2、同意 ☑ 不同意☐核对登记材料中的复印件并签署核对意见；

3、同意 ☑ 不同意☐修改企业自备文件的错误；

4、同意 ☑ 不同意☐修改有关表格的填写错误；

5、同意 ☑ 不同意☐领取营业执照和有关文书。

指定或者委托的有效期限：自 20XX 年 XX 月 XX 日至 20XX 年 XX 月 XX 日

指定代表或委托代理人或者经办人信息	签　字：陆 XX
	固定电话：200XXXX
	移动电话：1351987XXXX

（指定代表或委托代理人、具体经办人身份证明复印件粘贴处）

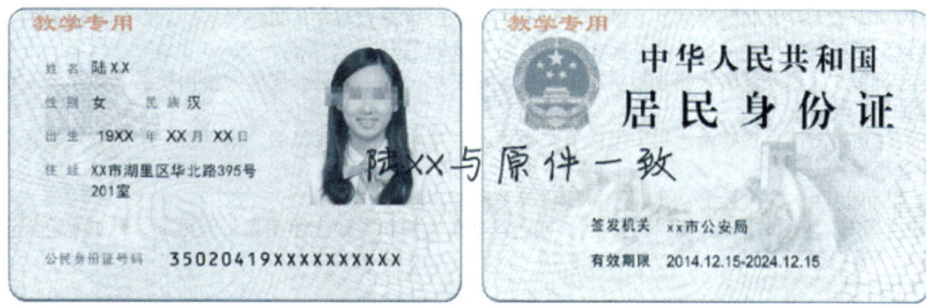

李 XX、张 XX、黄 XX

（申请人签字或盖章）

20XX 年 XX 月 XX 日

(18)住所(经营场所)租赁合同范本

住所（营业场所）租赁合同

出租方：　XX房地产开发有限公司　（以下简称甲方）
承租方：　喵窝（XX）商贸有限公司　（以下简称乙方）
签订时间：20XX 年 XX 月 XX 日
签订地点：X 市湖里区祥店里幸福第二城

根据《中华人民共和国合同法》及有关法律法规的规定，甲乙双方在平等、自愿、协商一致的基础上订立本合同，就房屋租赁事项达成如下协议。

第一条　租赁房屋（场所）坐落在 X 市湖里区祥店里幸福第二城，建筑面积为 100 平方米。

第二条　租赁房屋（场所）法定用途：经营场所。

第三条　租赁期限：从 20XX 年 XX 月 XX 日至 20XX 年 XX 月 XX 日（规定为 1 年以上 20 年以内）。

第四条　租赁用途：乙方租赁该房屋作为＿＿＿＿＿＿（备注：拟新设或者变更企业的名称）住所（或生产、经营场所）使用。

第五条　月租金为 X 仟 X 佰 元人民币（大写），租金的支付期限及方式：（如：乙方按每 XX 月的月初 XX 日前一次性向甲方支付租金，租金直接汇入甲方帐户，开户银行：XX 银行 XX 支行，帐号：35XXXXXXXXXXXXXX）。

租金变动条款：＿＿＿＿＿＿＿＿＿＿＿＿（如第一年租金为＿＿＿元人民币，以后每年度递增百分之＿＿%）。

第六条　定金（或押金）：乙方在签订本合同后＿＿日内须向甲方支付＿＿＿元人民币（大写）作为定金（或押金）。

第七条　乙方负责支付出租房屋的水费、电费、煤气费、电话费、闭路电视收视费、卫生费、物业管理费，并承担延期支付费用、违规操作等造成的违约责任；甲方承担租赁期间的房产税、出租所得税及附加费、水电表立户费，但因乙方水电管理使用不善造成的损失和维修费用，由乙方承担。

租赁期间，防火安全，门前三包，综合治理及安全、保卫等工作，乙方应服从当地有关部门规定执行，若因此造成甲方财产等损失，乙方应承担全部责任。

第八条　房屋租赁期间，甲方保证并承担下列责任：

1. 上述房屋符合出租房屋使用要求；
2. 上述房屋手续齐全，属于合法建筑；
3. 上述房屋未被登记为其他企业或个体工商户的营业场所；
4. 查验承租方是否办理营业执照，发现承租方未办理营业执照从事经营活动，应及时向市场监管部门反映；
5. 根据《中华人民共和国消防法》的规定，所出租的房屋符合乙方从事经营活动时对消防条件的要求；
6. 如需出卖或抵押上述房屋，甲方应提前＿＿个月通知乙方；
7. 甲方负责对房屋及其附着物承担正常的房屋维修费用，因甲方延误房屋维修而使乙方或第三人遭受损失的，甲方负责赔偿；
8. 交房之前甲方应负责结清出租房屋的有关费用（包括水电费、煤气费、电话费、闭路电视收视费、卫生费、物业管理费）；
9. 租赁期间，甲方未经乙方同意，不得擅自改变房屋现状；
10. 租赁期内，出租方因拖欠政府的税费，或因其他债务纠纷导致出租房屋受到限制，影响承租人正常使用的，甲方应负责赔偿；
11. 其他约定：＿＿＿＿＿＿＿＿＿＿＿＿＿＿。

第九条　房屋租赁期内，乙方保证并承担下列责任：

1. 乙方如将本租赁场所作为歌舞厅、影剧院、宾馆、饭店、商场、集贸市场等公众聚集的场所，保证在使用或者开业前，向当地公安消防机构申报，经消防安全检查合格后，才投入使用或者开业；
2. 如需对房屋进行改装或增扩设备时，应征得甲方书面同意，但费用由乙方自理；
3. 因使用不当而使房屋或设备损坏的，乙方负责赔偿；
4. 乙方应对甲方正常的房屋检查和维修给予协助；
5. 乙方应在租赁期届满时把房屋交给甲方，如需继续承租上述房屋，应提前＿＿天与甲方协商，双方另签订合同，若未签订续租合同而乙方继续使用房屋，甲方又没有提出异议的，租赁合同继续有效，但租赁期限为不定期；

6.乙方应负责缴纳出租房屋租赁期限内所发生的费用（包括水电费、煤气费、电话费、闭路电视收视费、卫生费、物业管理费）；

7.未经甲方同意，乙方不得改变房屋用途，不得擅自分割或转租。

8.乙方应遵守物业管理部门制定的各项管理规章制度；

9.乙方不得在本房屋从事超越核准的经营范围的经营活动；

10.乙方变更营业场所，应在迁出本房屋之前办结住所（营业场所）变更登记手续；

11.其它约定：____________________________。

第十条　出租方允许承租方对租赁的房屋（场所）进行正常的装修或改善增设他物，如承租方有权对租赁房屋的内部进行装修、隔断等，但经公安消防机构审核的建筑工程消防设计需要变更的，应当报经原审核的公安消防机构进行消防验收；未经验收或者经验收不合格的，不得投入使用。

承租方未经出租方同意，不得私自改变、拆除租赁房屋的结构，或变更用途。承租方若将承租的房屋（场所）转租给第三人，须经出租方同意。

租赁期满，租赁房屋内可移动的装修物品归乙方，不可移动装修物品无偿归甲方所有。

第十一条　乙方有下列行为之一的，甲方有权终止合同，收回房屋，因此而造成损失的，由乙方负责赔偿：

1.将承租的房屋擅自转租给第三人的；

2.将承租房屋擅自转让、转借他人或擅自调换使用的；

3.擅自拆改承租房屋结构或改变用途，损坏房屋的；

4.不交付或者不按约定交付租金连续达____天或累计达____天以上的；

5.因租赁房屋所欠各项费用达（大写）__________元以上；

6.违反本合同约定，不承担维修责任致使房屋或设备严重损坏的；

第十二条　承租方在出租房屋从事超越经营范围等违法活动或为他人的违法活动提供场所便利条件的，甲方一旦发现或经有关部门通知，应立即终止合同，收回房屋，因此而造成损失的，由乙方负责赔偿。

第十三条　甲方有下列行为之一的，乙方有权终止合同，由甲方双倍返还定金（或押金），并承担由此产生的责任。

1.甲方延迟交付出租房屋____天以上；

2.甲方不承担维修责任，致使乙方无法正常使用或造成人身伤害、财产损失；

3.出租房屋权属不清，造成乙方无法继续承租；

4.未经乙方同意，擅自改变房屋现状；

5.以欺诈手段骗取定金或租金。

第十四条　违约责任：

1.出租方未按时或未按要求维修出租房屋造成承租方人身受到伤害或财物毁损的，负责赔偿损失。

2.承租方逾期交付租金的，除应及时如数补交外，还应当支付占所欠租金___%的滞纳金。

3.承租方违反合同，擅自转租造成出租房屋（场所）毁坏的，应负损害赔偿责任。

4.承租方因住所（营业场所）变更或终止经营活动需终止本合同时，必须按规定办理住所变更登记或注销登记并向出租方出示相关证明材料方可终止合同。否则，视为续租，承租方必须按原约定的租金标准继续向出租方支付租金。

5.其他约定：____________________________。

第十五条　因不可抗力的原因，致使承租的房屋或设备损坏的，双方互不承担责任。如因不可归责的原因，致使租赁房屋部分或全部损毁、灭失的，承租方可以要求减少租金或不支付租金；因租赁房屋部分或全部毁损、灭失，致使不能实现合同目的的，承租方可以要求解除合同。

第十六条　提前终止合同。

租赁期间，任何一方提出终止合同，需提前___天书面通知对方，经双方协调后签订终止合同书，在终止合同书生效前，本合同仍有效。

如因国家建设、不可抗力因素导致甲方必须终止合同时，一般应提前___天书面通知乙方，因此给乙方造成的经济损失甲方不予赔偿。

第十七条　合同期满，承租方应当在____天内返还租赁的房屋（场所），租金应在租赁期限到期时由甲方一次性归还乙方（不计利息）。

租赁期限届满前，如乙方要求继续租赁，则须提前___天书面向甲方提出，甲方在合同期满前___天内向乙方正式书面答复，在同等情况下，应优先租给乙方，租金参照当时周围同档次房屋的租金价格。如果续租，双方应重新签订租赁合同。

第十八条　合同期满的房屋交接约定：甲乙双方应在合同期满后___天内，按以下约定条款交接：

1.装修清场约定：乙方应负责将房屋恢复原装修状况（或保留租期届满时的装修状况，或在期满前___天与甲方协商后另定交接条件：________________）。

2.定金（或押金）约定：乙方向甲方交房时，甲方应将定金（或押金）无息退还乙方，如乙方有欠缴的租金及其他未结清的费用，则甲方可将定金（或押金）折抵后剩余部分退还乙方。

3.遗留物约定：甲方向乙方交房____天后，或乙方向甲方交房____天后，一方有权任意处置另一方的遗留物。

4.变更或注销登记约定：乙方应向甲方出示已办结住所变更登记的证明；如终止经营，应向甲方出示已办结企业注销登记的证明。

5.其他约定：________________________________。

第十九条　本合同经甲乙双方签字之日起生效。因合同部分条款无效、被撤消或者终止的，不影响合同中独立存在的有关解决争议方法的条款的效力。

第二十条　本合同在履行过程中如发生争议，由双方当事人协商解决；协商不成的，任何一方均有权依法向人民法院起诉。

第二十一条　本合同未尽事项，双方可签订补充协议，补充协议与本合同具有同等法律效力。

第二十二条　本合同及其补充协议中未规定的事项，均遵照《中华人民共和国合同法》及有关法律、法规和政策执行。

第二十三条　本合同一式__3__份，甲乙双方各执__1__份，送登记主管机关备案一份。

出租方（盖章、签字）：XX房地产开发有限公司　　承租方（盖章、签字）：喵窝（XX）商贸有限公司

地址：X市湖里区祥店里幸福第二城　　地址：X市湖里区祥店里幸福第二城

联系电话：　　联系电话：

__20XX__年__XX__月__XX__日　　__20XX__年__XX__月__XX__日

注意事项：

1.出租方应当拥有房屋的所有权（或使用权，或处分权），承租方是指拟设立的企业或拟变更住所（营业场所）的企业。

2.承租方为拟设立的企业的，由拟任法定代表人签字或者全体股东签字，承租方为拟变更住所（营业场所）的企业的，由企业加盖公章。签名不能用私章或签字章代替；签名应当用黑色或蓝黑色钢笔、毛笔或签字笔，尽量不与正文脱离单独另用纸签名。

3.凡有下划线的，应当进行填写；要求作选择性填写的，应按规定作选择填写，正式行文时应将提示内容、本注意事项及其他无关内容删除。

4.要求用A4纸、四号（或小四号）的宋体（或仿宋体）打印，可双面打印；多页的，应打上页码，加盖骑缝章；内容涂改无效，复印无效。

3.申请办理

(1)柜台办理

申请人根据要求提交完整且正确的资料给柜台(工商局)。

(2)网上办理

申请人可选择“全程电子化流程”进行网上办理,在线上填写信息,直接提交审核。选择网上办理方式,需要先在手机下载"登记注册身份验证"APP,进行实名认证。办理完成后,选择营业执照领取方式,可选择邮寄到企业或者自行到柜台领取。

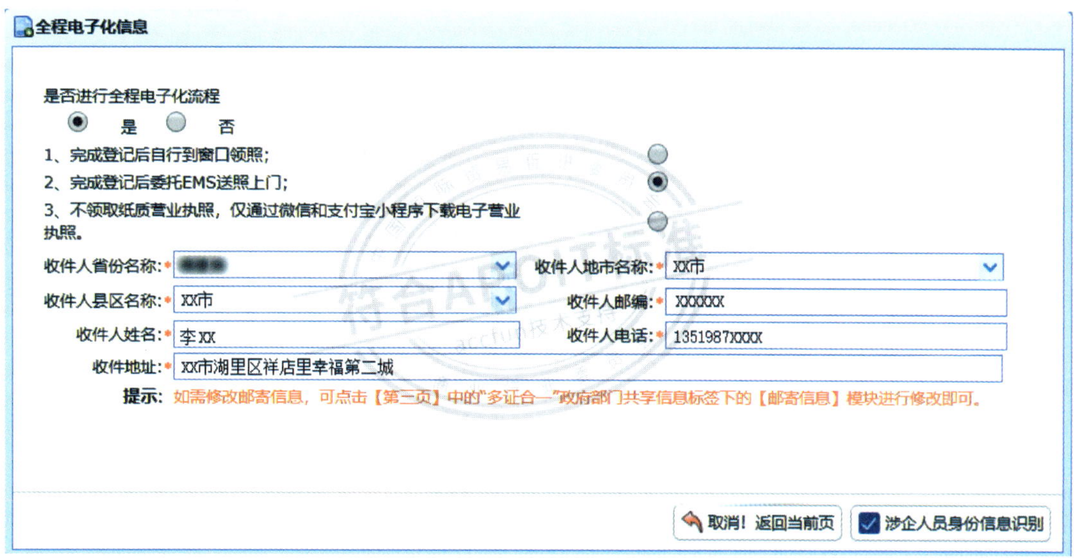

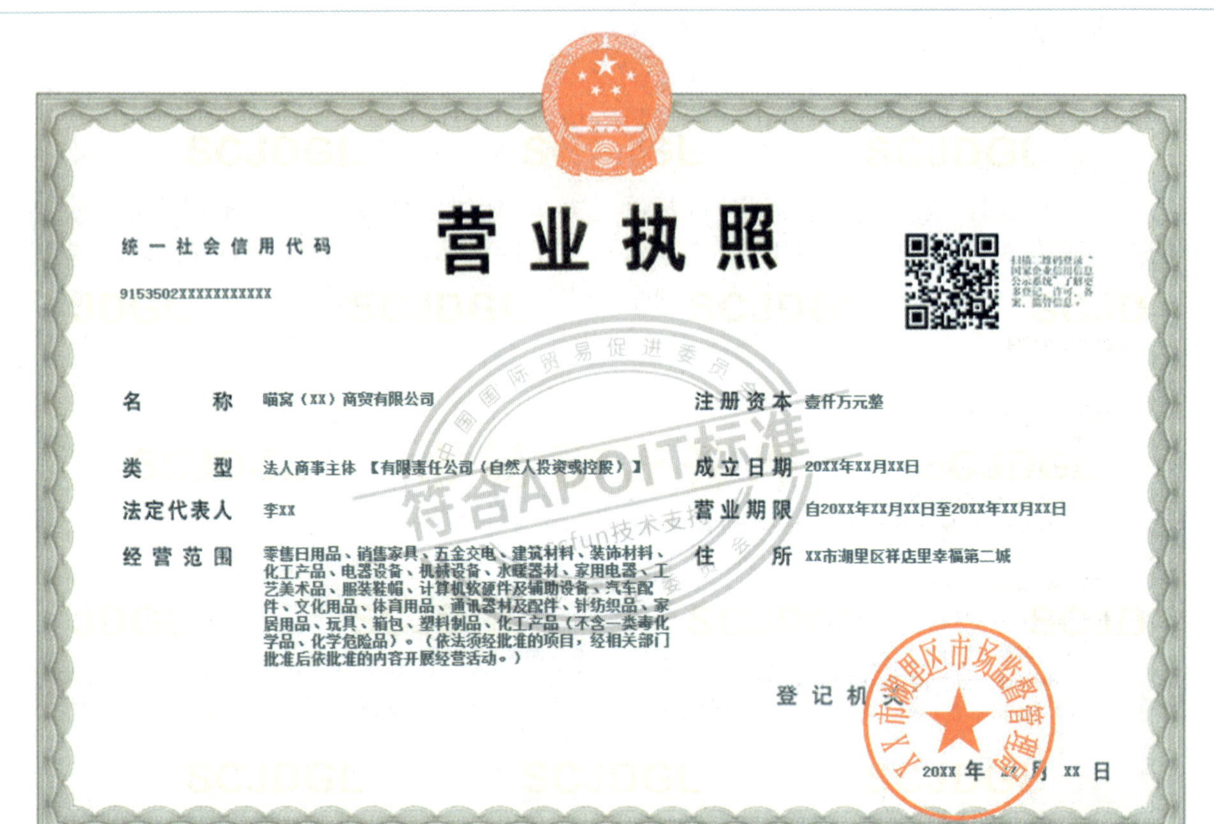

营业执照

统一社会信用代码

9153502XXXXXXXXXXX

名　　称　喵窝（XX）商贸有限公司

注册资本　壹仟万元整

类　　型　法人商事主体 【有限责任公司（自然人投资或控股）】

成立日期　20XX年XX月XX日

法定代表人　李XX

营业期限　自20XX年XX月XX日至20XX年XX月XX日

经营范围　零售日用品、销售家具、五金交电、建筑材料、装饰材料、化工产品、电器设备、机械设备、水暖器材、家用电器、工艺美术品、服装鞋帽、计算机软硬件及辅助设备、汽车配件、文化用品、体育用品、通讯器材及配件、针纺织品、家居用品、玩具、箱包、塑料制品、化工产品（不含一类毒化学品、化学危险品）。（依法须经批准的项目，经相关部门批准后依批准的内容开展经营活动。）

住　　所　XX市湖里区祥店里幸福第二城

登记机关　XX市湖里区市场监督管理局

20XX 年 XX 月 XX 日

国家企业信用信息公示系统网址：http://wsgs.jlaic.gov.cn/creditpa

国家市场监督管理总局监制

1.取出《商事主体名称预先核准申请书》

请从新设企业账税一体化(小规模)物料包中取出一张《商事主体名称预先核准申请书》及李琳的身份证复印件,并参考以下资料进行填写。

申请名称:金陵华新商贸有限公司
备选名称:金陵华美商贸有限公司
金陵美新商贸有限公司
金陵新美商贸有限公司
住所:金陵市玄武区上地路5号
注册资本:50万元
类型:有限责任公司(自然人投资或控股)
经营范围:家具销售
投资人:李明 身份证:510205198103243054
投资人:陈华 身份证:510205198406212192
指定代表或委托代理人/经办人姓名:李琳 手机号码:18385850000
授权日期:2021年11月01日至2021年12月31日

2.取出《公司登记(备案)申请书》

请从新设企业账税一体化(小规模)物料包中取出一张《公司登记(备案)申请书》参考以下资料进行填写。

名称:金陵华新商贸有限公司
住所:金陵市玄武区上地路5号
经营场所:金陵市玄武区上地路5号
电话:0688-2342511 邮编:258800
法定代表:李明 公司类型:有限责任公司
注册资本:50万元 经营范围:家具销售
经营期限:50年 申请执照副本:1个

3.取出《指定代表或者共同委托代理人授权委托书》

请从新设企业账税一体化(小规模)物料包中取出一张《指定代表或者共同委托代理人授权委托书》及李琳的身份证复印件参考以下资料进行填写。

申请人:李明、陈华
指定代表或者委托代理人:李琳 手机号码:18385850000
商事主体名称:金陵华新商贸有限公司
授权日期:2021年11月01日至2021年12月31日

4.取出《股东（发起人）、外国投资者出资情况》

请从新设企业账税一体化（小规模）物料包中取出一张《股东（发起人）、外国投资者出资情况》参考以下资料进行填写。

股东(发起人)、外国投资者名称或姓名:李明/陈华
国别(地区):中国
证件类型:中华人民共和国居民身份证
证件号码:510205198103243054/510205198406212192
出资(认缴)时间:2050 年 12 月 31 日　　出资方式:货币
认缴出资额:30 万元/20 万元　　实缴出资额:0
出资比例:60%/40%

(二)印章刻制

1.申请印章刻制

公安局网络公章刻制申请表范本如下：

XX市公安局网络公章刻制申请表

申请序号　* X X X X X X *

申请单位名称	中文　喵窝（XX）商贸有限公司		单位类型	02
	英文		成立时间	20XX年 XX 月XX日
法人代表	李××	身份证号	3 5 0 2 0 4 1 9 X X X X X X X X X X	
单位地址	XX市湖里区祥店里幸福第二城		邮政编码	XXXXXX
联系电话	1351596XXXX	执照（批文）号码	9153502XXXXXXXXXXX	
税务登记证号	9153502XXXXXXXXXXX	代码证号		

申请刻制公章全称	材质	数量	备注
喵窝（XX）商贸有限公司	塑橡	1	
喵窝（XX）商贸有限公司财务专用章	铜	1	
喵窝（XX）商贸有限公司发票专用章	塑橡	1	

申请理由	新公司成立。 法定代表人签名：李××　　单位盖章：20XX年XX月XX日		
主管部门意见		公安局审批	
经办人	陆XX	身份证号	3 5 0 2 0 4 1 9 X X X X X X X X X X
核对无误（申请人签字确认）：李××		联系电话：	1351987XXXX

备注：1.单位类型指：党政机关、人大、政协（01），企业单位（02），事业单位（03），社会团体（04），民办非企业单位（05），其它（99）。

2.印章材质有：铜、光敏、回墨、塑橡，客户请到现场确认印章材质。

申请日期：20xx年 xx 月 xx 日　　（请用钢笔、水笔填写）

2.柜台办理（法人须到场）

(1)公安局网络公章刻制申请表

(2)《营业执照》及复印件

(3)法人身份证原件及复印件

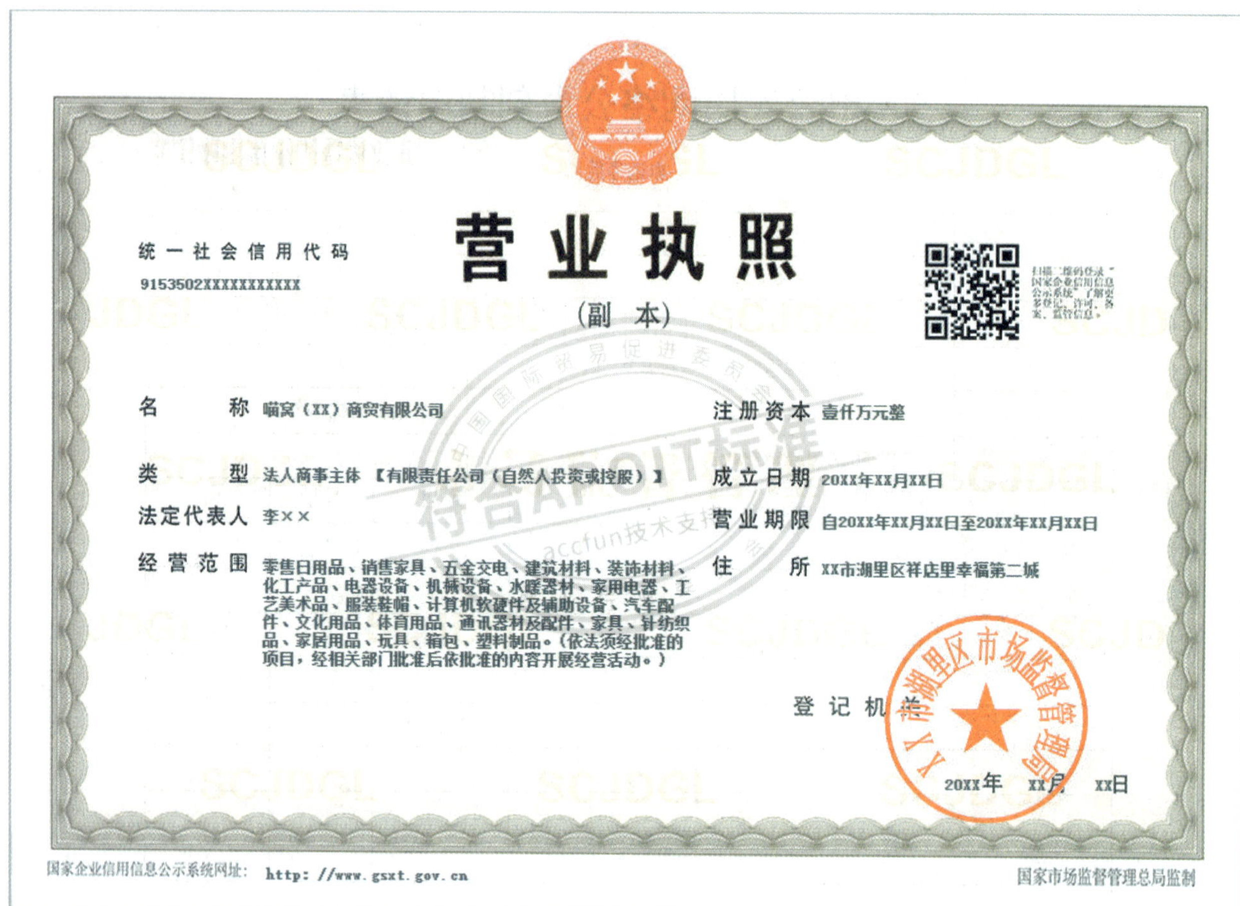

营业执照

(副　本)

统一社会信用代码 9153502XXXXXXXXXXX

名　　称 喵窝（XX）商贸有限公司

注册资本 壹仟万元整

类　　型 法人商事主体 【有限责任公司（自然人投资或控股）】

成立日期 20XX年XX月XX日

法定代表人 李××

营业期限 自20XX年XX月XX日至20XX年XX月XX日

经营范围 零售日用品、销售家具、五金交电、建筑材料、装饰材料、化工产品、电器设备、机械设备、水暖器材、家用电器、工艺美术品、服装鞋帽、计算机软硬件及辅助设备、汽车配件、文化用品、体育用品、通讯器材及配件、家具、针纺织品、家居用品、玩具、箱包、塑料制品。（依法须经批准的项目，经相关部门批准后依批准的内容开展经营活动。）

住　　所 XX市湖里区祥店里幸福第二城

登记机关 XX市湖里区市场监督管理局

20XX年　XX月　XX日

国家企业信用信息公示系统网址：http://www.gsxt.gov.cn　　国家市场监督管理总局监制

统一社会信用代码
9153502XXXXXXXXXXX

营业执照

（副　本）

扫描二维码登录"国家企业信用信息公示系统"了解更多登记、许可、备案、监管信息。

名　　称　喵窝（XX）商贸有限公司

注册资本　壹仟万元整

类　　型　法人商事主体　【有限责任公司（自然人投资或控股）】

成立日期　20XX年XX月XX日

法定代表人　李××

营业期限　自20XX年XX月XX日至20XX年XX月XX日

经营范围　零售日用品、销售家具、五金交电、建筑材料、装饰材料、化工产品、电器设备、机械设备、水暖器材、家用电器、工艺美术品、服装鞋帽、计算机软硬件及辅助设备、汽车配件、文化用品、体育用品、通讯器材及配件、家具、针纺织品、家居用品、玩具、箱包、塑料制品。（依法须经批准的项目，经相关部门批准后依批准的内容开展经营活动。）

住　　所　XX市湖里区祥店里幸福第二城

登记机关　XX市湖里区市场监督管理局

20XX年　XX月　XX日

国家企业信用信息公示系统网址：　http: //www.gsxt.gov.cn

国家市场监督管理总局监制

教学专用

姓名 李XX

性别 男　民族 汉

出生 19XX 年 XX 月 XX 日

住址 XX市湖里区华东路137号
202室

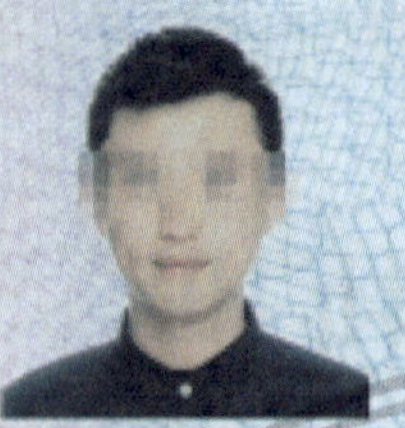

公民身份证号码 35020419XXXXXXXXXX

教学专用

姓名 李XX

性别 男　民族 汉

出生 19XX 年 XX 月 XX 日

住址 XX市湖里区华东路137号
202室

公民身份证号码 35020419XXXXXXXXXX

教学专用

中华人民共和国
居民身份证

签发机关 xx市公安局

有效期限 2013.03.05-2023.03.05

教学专用

中华人民共和国
居民身份证

签发机关 xx市公安局

有效期限 2013.03.05-2023.03.05

取出《金陵市公安局网络公章刻制申请表》

请从新设企业账税一体化(小规模)物料包中取出一张《金陵市公安局网络公章刻制申请表》参考以下资料进行填写。

申请单位名称:金陵华新商贸有限公司　　单位类型:02

成立时间:2021 年 12 月 01 日

法人代表:李明　　身份证:510205198103243054

单位地址:金陵市玄武区上地路 5 号　　邮政编码:258800

联系电话:18359348888

执照(批文)号码:91510039532735702G

申请刻制公章:金陵华新商贸有限公司(塑橡)1 枚

金陵华新商贸有限公司财务专用章(铜)1 枚

金陵华新商贸有限公司发票专用章(塑橡)1 枚

经办人:李琳　　联系电话:18385850000

身份证:510205199001091349

(三)银行开户

1.开户所需材料(法人须到场)

(1)《营业执照》正本及复印件

(2)公章、财务章、法人私章

(3)法人身份证原件及复印件

(4)银行结算账户申请书(银行领取)

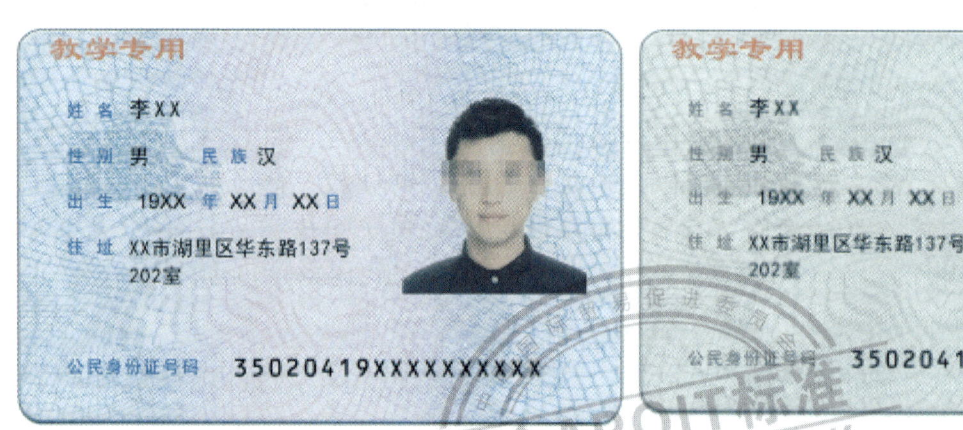

ICBC 中国工商银行 开立单位银行结算账户申请书

存款人名称	喵窝（XX）商贸有限公司			电话	1351596XXXX
地址	XX市湖里区祥店里幸福第二城			邮编	XXXXXX
存款人类别	企业法人			组织机构代码	XXXXXXXX-X
法定代表人(√) 单位负责人( )	姓名	李××	证件种类	身份证	
	证件号码	35020419XXXXXXXXXX			
行业分类	A( ) B( ) C( ) D( ) E( ) F(√) G( ) H( ) I( ) J( ) K( ) L( ) M( ) N( ) O( ) P( ) Q( ) R( ) S( ) T( )				
注册资金	人民币（本位币）		地区代码	XXXXX	
经营范围	零售日用品、销售家具、五金交电、建筑材料、装饰材料、化工产品、电器设备、机械设备、水暖器材、家用电…				
证明文件种类	工商营业执照		证明文件编号	9153502XXXXXXXXXXX	
税务登记证(国税或地税)编号	国税登记证：9153502XXXXXXXXXXX		地税登记证：9153502XXXXXXXXXXX		
关联企业	关联企业的信息填列在"关联企业登记表"上。				
账户性质	基本(√)　一般( )　专用( )　临时( )				
资金性质			有效期至	年　月　日	
以下为存款人上级法人或主管单位信息：					
上级法人或主管单位名称			组织机构代码		
基本存款账户开户许可证核准号					
法定代表人( ) 单位负责人( )	姓名				
	证件种类				
	证件号码				
以下栏目由开户银行审核后填写：					
开户银行名称	工行XX湖里支行营业厅		开户银行代码	308393033XXX	
账户名称	喵窝（XX）商贸有限公司		账号	622202380301329XXXX	
基本存款账户开户许可证核准号			开户日期		

本存款人申请开立单位银行结算账户，并承诺所提供的开户资料真实、有效。 存款人（公章） [印章：喵窝（XX）商贸有限公司 9153502XXXXXXXXX] 法定代表人或负责人（签章） [印章：李×印] 20XX年 XX月 XX日	开户银行审核意见： [印章：陈龙印] [印章：陈莹印] 经办人（签章） [印章：中国工商银行股份有限公司XX湖里支行 业务专用章 (01)] 银行（签章） 20XX年 XX月 XX日	财政部门审核意见（仅限财政预算单位）： 年　月　日	人民银行审核意见：（非核准类账户除外） 经办人（签章） 人民银行（签章） 年　月　日

填写时请阅读背面的"填写说明"

第三联 开户单位留存

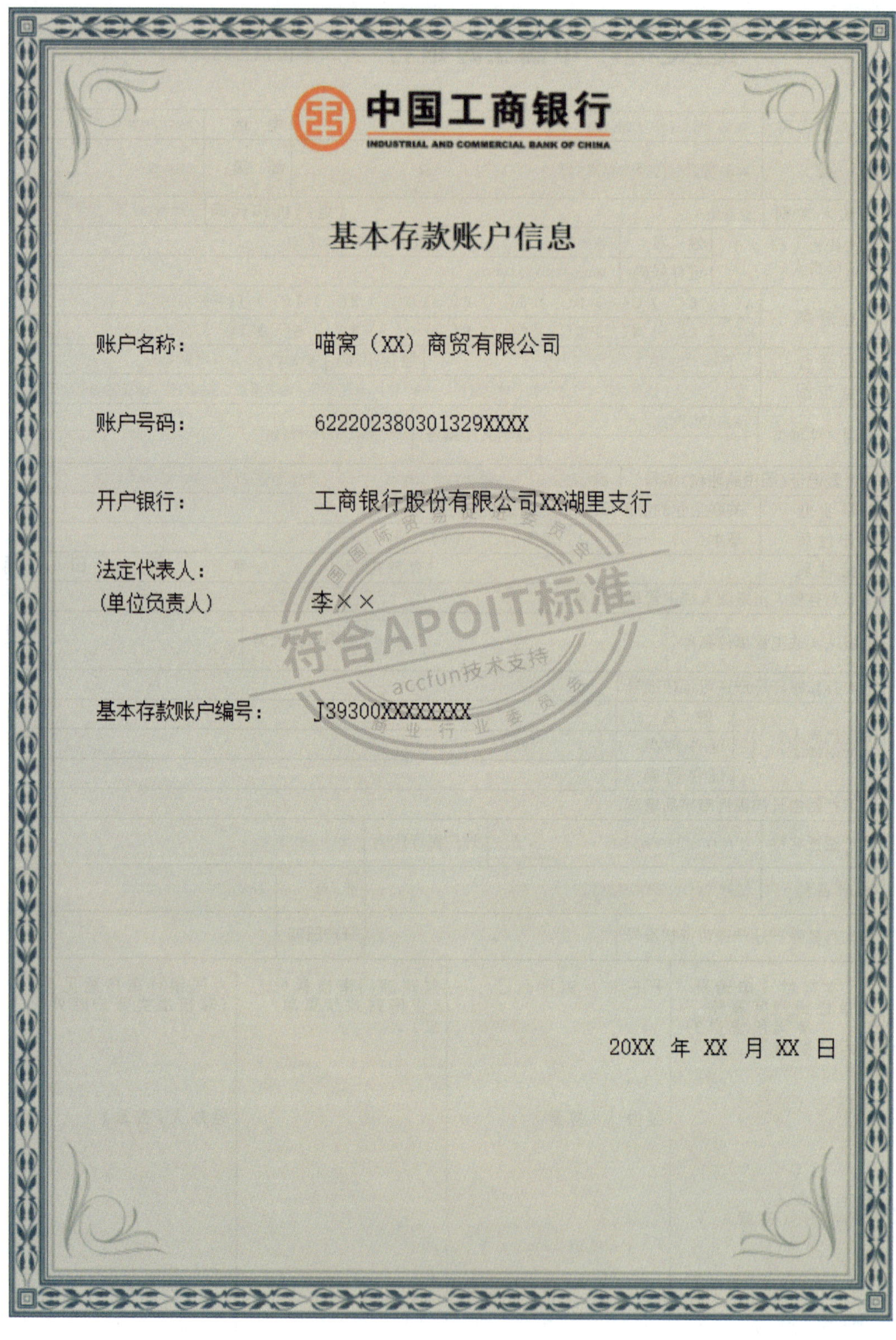
中国工商银行
INDUSTRIAL AND COMMERCIAL BANK OF CHINA

基本存款账户信息

账户名称：　喵窝（XX）商贸有限公司

账户号码：　622202380301329XXXX

开户银行：　工商银行股份有限公司XX湖里支行

法定代表人：
（单位负责人）　李××

基本存款账户编号：　J39300XXXXXXXX

20XX 年 XX 月 XX 日

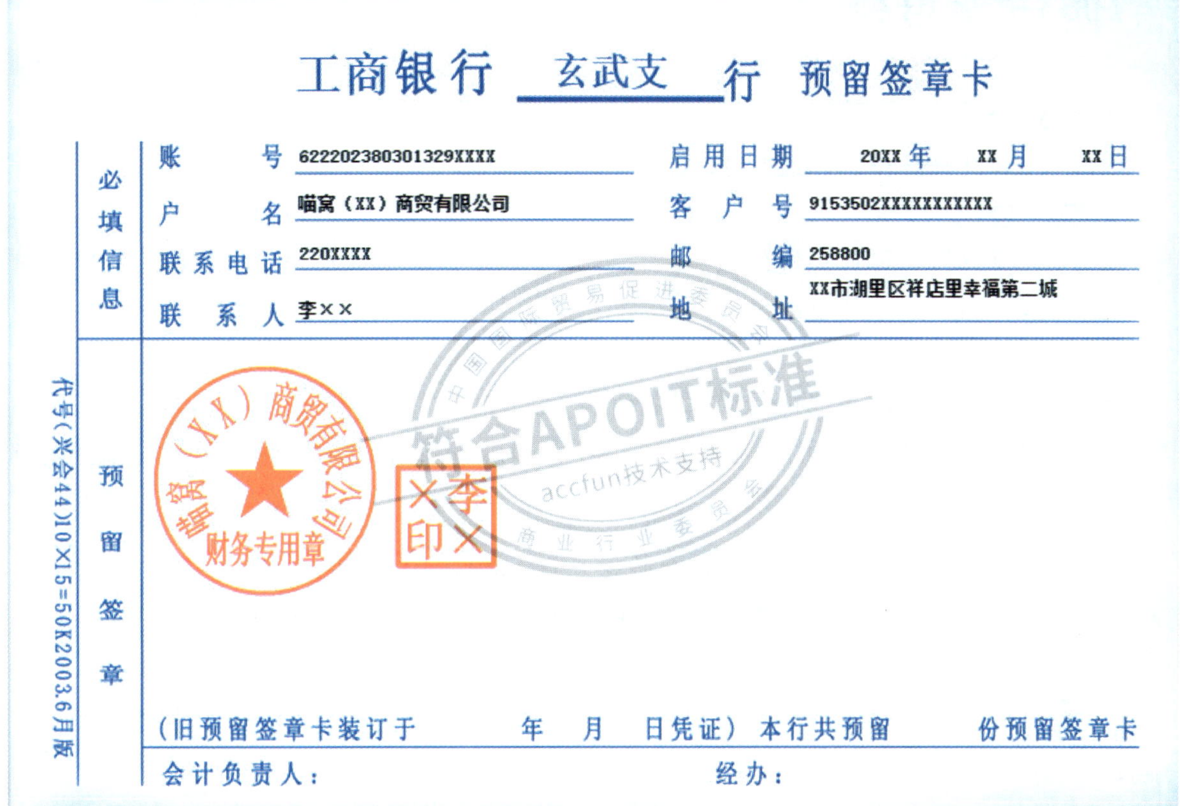

工商银行 玄武支 行 预留签章卡

必填信息			
账号	622202380301329XXXX	启用日期	20XX 年 XX 月 XX 日
户名	喵窝（XX）商贸有限公司	客户号	9153502XXXXXXXXXXX
联系电话	220XXXX	邮编	258800
联系人	李××	地址	XX市湖里区祥店里幸福第二城

预留签章

(旧预留签章卡装订于　　年　月　日凭证）本行共预留　　份预留签章卡

会计负责人：　　　　经办：

代号(兴会44)10×15=50K2003.6月版

(四)税务报到

1.税务登记

设立登记时已进行税务登记

2.税种登记

携带所需材料，到税务局确认信息

(1)《营业执照》副本及复印件

(2)公章

确认信息之后，登录当地税务局官网，进行网上注册

填好基本信息之后，点击“提交申请”会弹出“网上办税”声明的弹框，核对基本信息及相关内容。

纳税人存款账户账号报告表

纳税人名称	喵窝（XX）商贸有限公司	纳税人识别号	9153502XXXXXXXXXXX
帐户性质：		基本存款账户 *	
银行开户登记证号：		*	
发放日期：		*	
银行所在行政区划：		请选择 *	
银行行别：		1.银行的"银行行别"应选择"城市商业银行" 2.农村商业银行股份有限公司"银行行别"应选择"农村信用合作社" 请选择.. *	
开户银行：		请选择.. *	
账户名称：		喵窝（XX）商贸有限公司 *	
账户：		*	
开户日期：		*	
币种：		人民币元	
首选缴税账户标识：		请选择.. *存在多个银行帐户的，只能选择一个作为首选	

提交申请

3.三方协议所需材料

(1)公章

(2)法人私章

(3)委托扣款协议书

当前位置 ： 其他服务事项 >网签三方协议　　返回首页

授权税务机关代缴税款协议书

协议书编号协议号：1350257020020XXXXXXXXX

纳税人代码	9153502XXXXXXXXXXX	税务登记证号码	9153502XXXXXXXXXXX
纳税人名称	喵窝（XX）商贸有限公司	征收机关代码	1350XXXXXXX
法定代表人	李XX	联系电话	1351596XXXX
注册地址	XX市湖里区祥店里幸福第二城		
管征局			
厦门税务信息：			
开户银行名称		开户银行行号	
缴税（费）专用账号名称		清算行行号	
厦门税务缴税（费）专用账号	搜	请先点击"搜"，选择要签约的账户，再"制作协议"。如尚无银行账户信息，需先作存款账户报告。	

制作协议　打印已制作的协议书　返回

委托扣款协议书

甲方（纳税人/缴费人）：喵窝（xx）商贸有限公司

统一社会信用代码（纳税人识别号）：9153502XXXXXXXXXXX

账户名称：喵窝（xx）商贸有限公司

账户账号：62220238030132 9XXXX

乙方（金融机构）:工商银行股份有限公司 xx 湖里支行

清算银行行号：308393033XXX

开户银行行号：308393033XXX

丙方（税务机关）：国家税务总局 xx 市湖里区税务局（xx 税务 1350XXXXXXX）

协议书编号协议号：1350257020020XXXXXXXXX

为了简化办税程序，方便纳税人完成缴税（费）义务，确保税款安全，提高税款征收入库效率，经协商，甲、乙、丙三方现就有关事项达成如下协议：

一、本协议同时作为甲方授权丙方的《委托扣款协议书》和甲方授权乙方的《委托扣款协议书》，由乙方提供实时扣缴税款（包括基金、费，下同）服务。甲方实行网上扣款的，乙方根据甲方发起的应缴税款电子信息将税款从甲方指定的缴税联户中扣缴，实时将扣缴税款信息传至丙方和甲方：甲方实行办税服务厅扣款的，乙方根据丙方发起的应缴税款电子信息将税款从甲方指定的缴税账户中扣缴，实时将扣缴税款信息传至丙方。

二、缴税（费）账户一经确定，原则上不得变更，甲方变更名称、账户、法定代表人姓名或变更经营地址、改变主管税务机关时，应在办理有关涉税事项的 5 个工作日前，向乙方、丙方同时提出变更申请，并重新签订《协议书》。甲方必须注意保管缴税（费）账户的密码以及网上申报登录密码，因密码泄露造成的损失由甲方承担。

三、甲方应保证在办理每一项缴款的涉税事项时，缴税（费）内有足够存款余额。因甲方缴税（费）账户资金余额不足或未按法定期限申报造成乙方无法及时划缴税（费）款应征的税款不能依期足额入库的，一切责任由甲方承担，丙方将按《中华人民共和国税收征收管理法》和其他法律法规的有关规定处理。如甲方为实行定期定额征收方式的纳税人，丙方在纳税例征期内自动向乙方发起扣款请求，划缴税款成功后视同甲方当期纳税申报。

四、各项税款划缴成功后，乙方根据接收的甲方电子缴款书信息打印《电子缴税付款凭证》，《电子缴税付款凭证》一式两联，第一联作乙方记账凭证，第二联加盖银行收收讫章交甲方作付款回单，《电子缴税付款凭证》作为甲方缴纳税款的会计核算凭证。

五、乙方未按规定开具《电子缴税付款凭证》，其法律责任由乙方承担，因电脑故障、自然灾害、电力中断、通讯故障或其他不可抗力造成乙方不能及时打印凭证的，乙方应予免责，但乙方应及时采取补救措施。

六、除国家法律法规另有规定外，本协议将长期有效。甲方如注销税务登记，本协议即自行终止。甲方有正当理由需解除协议时，应提前通知乙方、丙方，并向丙方申报新的纳税方式。

七、在协议有效期内发生纠纷，甲、乙、丙应协商解决，经协商后仍不能解决的，相关当事人可根据有关法律、法规申请复议、仲裁或诉讼。

八、本协议一式三份，从签订盖章之日起生效，甲、乙、丙方各执一份，均具同等法律效力。

甲方：	乙方：	丙方：
（纳税人公章或签名） （个人账户持有人签名）	（银行公章）	（税务机关公章） 
甲方法人代表：（签章）		
20XX 年 XX 月 XX 日	年　月　日	20XX 年 XX 月 XX 日

(五)发票购买

1.票种核定

(1)申请增值税专用发票

携带营业执照副本及公章,去税务局柜台认定增值税。

待认定完毕后,登录当地税务局网页进行无纸化办税。点击进入"首次申请增值税专用发票",上传经办人正反面身份证和发票印模。

待办事宜 × 申请事项 × 纳税人领用发票票种核定表 ×

申请信息区

纳税人识别号	9153502XXXXXXXXXXX	纳税人名称	喵宾(XX)商贸有限公司
纳税人经办人	陆××	申请日期	20XX-XX-XX
是否外埠纳税人	否	外出经营有效期起	
外出经营有效期止		定额发票月累计购票金额	
是否使用增值税发票系统升级版	否	接收短信号码	

发票经办人

添加 删除

发票经办人	电话号码	证件类型	证件号码
查询无结果			

纳税人票种核定申请

添加 删除

发票名称	操作类型	每月购票最高数量(份)	每次购票最高数量(份)	纳税人持票最高数量(份)	开具最大金额	购票方式

附送资料

	资料名称	是否必报	是否查验		操作
1	领购发票经办人身份证明原件(正反两面)	是	否		浏览… 常用资料选择
2	领票人身份证明(正反两面)	否	否		浏览… 常用资料选择
3	外出经营活动税收管理证明	否	否		浏览… 常用资料选择
4	领票人身份证明复印件	否	否		浏览… 常用资料选择
5	发票专用章印模	是	否		浏览… 常用资料选择
6	税务行政许可申请表	是	否		浏览… 常用资料选择
7	增值税专用发票最高开票限额申请单	是	否		浏览… 常用资料选择
8	纳税人领用发票票种核定表	否	否		浏览… 常用资料选择
9	企业实体吸纳就业失业人员认定证明	否	否		浏览… 常用资料选择
10	税务登记证副本	否	否		浏览… 常用资料选择

校验　保存　提交　关闭

在附送资料处下载并填写“增值税专用发票最高开票限额申请单”和“税务行政许可申请表”后，拍照上传，等待征管系统审核通过。

增值税专用发票最高开票限额申请单

<table>
<tr><td rowspan="8">申请事项（由纳税人填写）</td><td>纳税人名称</td><td>喵宾（XX）商贸有限公司</td><td>纳税人识别号</td><td>9153502XXXXXXXXXXX</td></tr>
<tr><td>地　　址</td><td>X 市湖里区祥店里幸福第二城</td><td>联系电话</td><td>131596XXX</td></tr>
<tr><td>购票人信息</td><td colspan="3">陆 XX，35020419XXXXXXXXXX，1351987XXXX</td></tr>
<tr><td rowspan="2">申请增值税专用发票（增值税税控系统）最高开票限额</td><td colspan="3">☑初次　　□变更　　（请选择一个项目并在□内打“√”）</td></tr>
<tr><td colspan="3">□一亿元　□一千万元　□一百万元
☑十万元　□一万元　□一千元
（请选择一个项目并在□内打“√”）</td></tr>
<tr><td rowspan="2">申请货物运输业增值税专用发票（增值税税控系统）最高开票限额</td><td colspan="3">□初次　　□变更　　（请选择一个项目并在□内打“√”）</td></tr>
<tr><td colspan="3">□一亿元　□一千万元　□一百万元
□十万元　□一万元　□一千元
（请选择一个项目并在□内打“√”）</td></tr>
<tr><td colspan="4">申请理由：经营需要

经办人（签字）：　陆 XX　　　　　　纳税人（印章）：
20XX 年 XX 月 XX 日　　　　　　　　20XX 年 XX 月 XX 日</td></tr>
<tr><td rowspan="4">区县税务机关意见</td><td colspan="2">发票种类</td><td colspan="2">批准最高开票限额</td></tr>
<tr><td colspan="2">增值税专用发票（增值税税控系统）</td><td colspan="2"></td></tr>
<tr><td colspan="2">货物运输业增值税专用发票（增值税税控系统）</td><td colspan="2"></td></tr>
<tr><td colspan="4">经办人（签字）：　　　批准人（签字）：　　　税务机关（印章）：
年　月　日　　　　年　月　日　　　　年　月　日</td></tr>
</table>

注：本申请表一式两联：第一联由申请纳税人留存；第二联由区县税务机关留存。

税务行政许可申请表

申请日期：20XX 年 XX 月 XX 日

<table>
<tr><td rowspan="5">申请人</td><td colspan="2">申请人名称</td><td colspan="5">喵窝（XX）商贸有限公司</td></tr>
<tr><td colspan="2">统一社会信用代码（纳税人识别号）</td><td colspan="5">9153502XXXXXXXXXXX</td></tr>
<tr><td colspan="2">地址及邮政编码</td><td colspan="5">XX 市湖里区祥店里幸福第二城，XXXXXX</td></tr>
<tr><td>经办人</td><td>陆 XX</td><td>身份证件号码</td><td>35020419XXXXXXXXXX</td><td>联系电话</td><td colspan="2">1351987XXXX</td></tr>
<tr><td>委托代理人</td><td></td><td>身份证件号码</td><td></td><td>联系电话</td><td colspan="2"></td></tr>
<tr><td>申请事项</td><td colspan="7">□企业印制发票审批
□对纳税人延期缴纳税款的核准
□对纳税人延期申报的核准
□对纳税人变更纳税定额的核准
☑增值税专用发票（增值税税控系统）最高开票限额审批
□对采取实际利润额预缴以外的其他企业所得税预缴方式的核定</td></tr>
<tr><td>申请材料</td><td colspan="7">除提供经办人身份证件（ □ ）外，应根据申请事项提供以下相应材料：
一、企业印制发票审批
□1.《印刷经营许可证》或《其他印刷品印制许可证》
□2. 生产设备、生产流程及安全管理制度
□3. 生产工艺及产品检验制度
□4. 保存、运输及交付相关制度
二、对纳税人延期缴纳税款的核准
<table>
<tr><td rowspan="3">申请延期缴纳税款情况</td><td>税种</td><td>税款所属时期</td><td>应纳税额</td><td>申请延期缴纳税额</td><td>申请延期缴纳期限</td></tr>
<tr><td></td><td></td><td></td><td></td><td></td></tr>
<tr><td></td><td></td><td></td><td></td><td></td></tr>
<tr><td>当期货币资金余额</td><td colspan="5">人民币（大写） ¥</td></tr>
<tr><td>当期应付职工工资支出预算</td><td colspan="2"></td><td colspan="2">当期社会保险费支出预算</td><td></td></tr>
<tr><td>人员工资支出情况</td><td colspan="2"></td><td colspan="2">社会保险费支出情况</td><td></td></tr>
</table>
</td></tr>
</table>

申请材料

申请理由（可另附页）	
申请人承诺	

（因不可抗力，导致纳税人发生较大损失，正常生产经营活动受到较大影响的，须在“申请理由”栏次中对不可抗力情况进行说明，并在“申请人承诺”栏次填写：“以上情况属实，特此承诺。”）

□所有银行存款账户的对账单

三、对纳税人延期申报的核准

申请延期申报情况	税种	税款所属时期	规定申报期限	申请延期申报的期限
申请理由（可另附页）				

四、对纳税人变更纳税定额的核准

□申请变更纳税定额的相关证明材料

五、增值税专用发票（增值税税控系统）最高开票限额审批

☑增值税专用发票最高开票限额申请单

六、对采取实际利润额预缴以外的其他企业所得税预缴方式的核定

□按照月度或者季度的实际利润额预缴确有困难的证明材料

委托代理人提出申请的，还应当提供代理委托书（□）、代理人身份证件（□）。

收件人：　　　　　　　　　　收件日期：　　年　　月　　日

编　号：

审核通过后,在“纳税人票种核定申请”处点击增加,选择“增值税专用发票”。

(2)申请普通发票

申请增值税电子普通发票,在“首次申请普通发票”处进入。

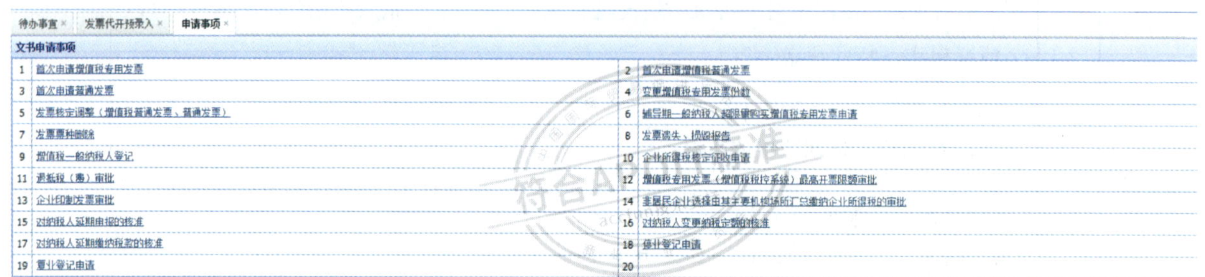

在“纳税人票种核定申请”处点击增加,选择“增值税电子普通发票”。

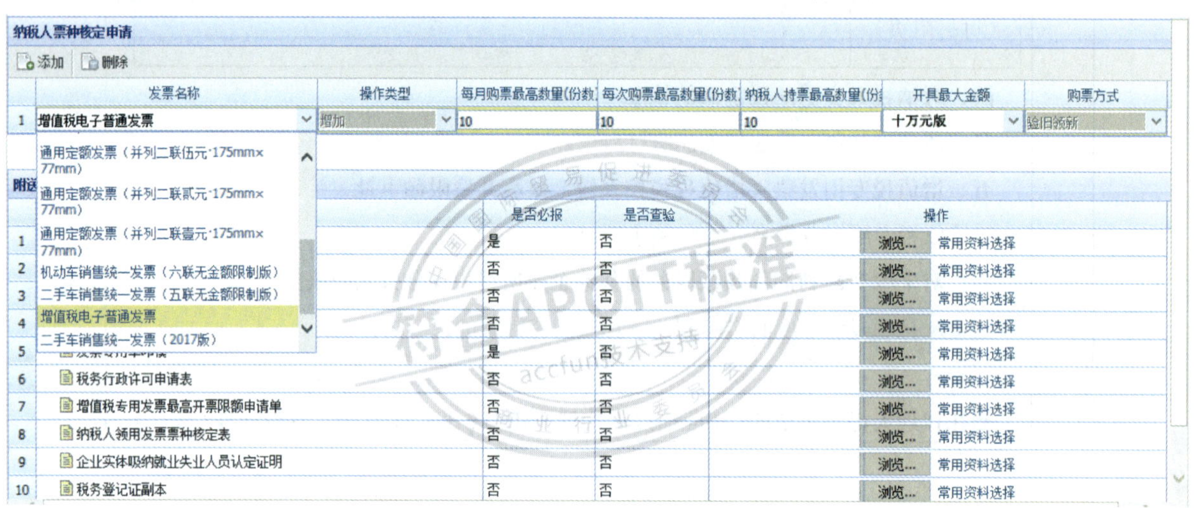

发票印模:

2.购买税控盘

发票申请通过审批后，可到相应的税控设备企业购买税控盘(480 元)，然后携带公章，到税务局柜台申请通过并领用发票。

3.领取发票

(1)防伪税控盘

(2)经办人身份证原件

(3)《发票领用簿》

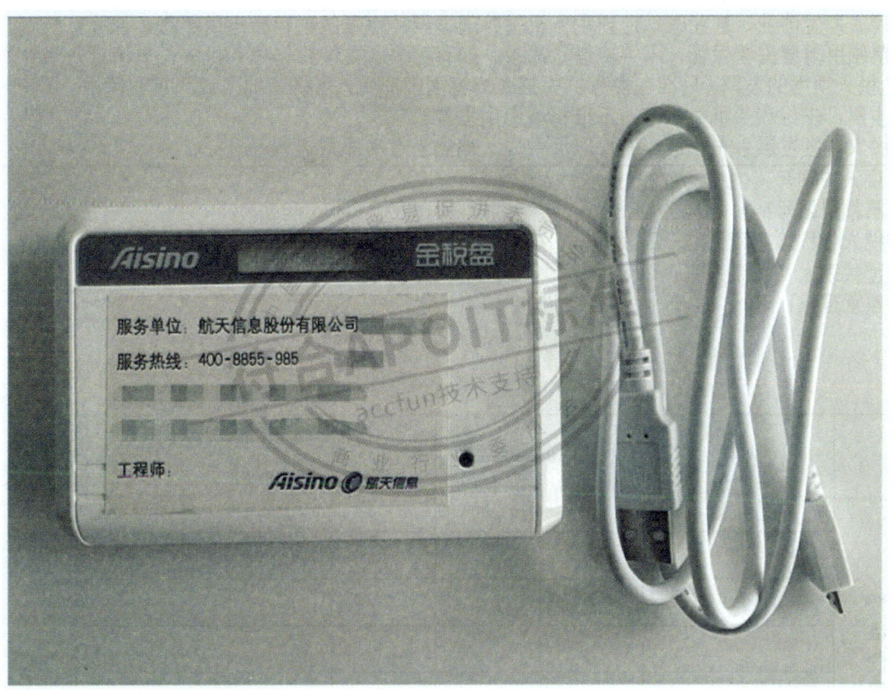

发票领用簿

国家税务总局监制

使用说明

1.本“ 领用簿”为纳税人向税务机关办理领用发票手续的凭证。

2.核准使用发票情况、发票领用、缴销、挂失等记录均由税务机关填写。

3.纳税人发生变更税务登记机关、变更领用发票种类及注销税务登记的，应到税务机关办理发票领用簿的换发、注销手续。

4.纳税人发生停业、复业时，应到税务机关办理发票领用簿的封存、启用手续。

5.发票领用簿要妥善保管，不得转借、涂改。如有丢失，立即报告税务机关，申请挂失后补发。

6. 纳税人领用的发票，只准在税务机关核准的范围内使用，不得跨地区或跨行业使用、不得转借、虚开发票；未经税务机关批准，不准拆本使用发票。

7.纳税人发生发票丢失、被盗的，应于丢失、被盗当日书面报告税务机关。

纳税人识别号：9153502XXXXXXXXXXX
发票领用簿号码：NO.0004146
纳税人名称：喵窝（XX）商贸有限公司　　纳税人（签章）
法定代表人（负责人）：李××
发票管理人：李××

税务机关（签章）
20XX 年 XX 月 XX 日

核准使用发票情况	发票种类	发票代码	发票名称	单位	限领数量		备注
					每次限领 / 每月限领		
					数量	票面金额	
	领票方式：□批量供应□验旧领新□交旧领新□其他			须提供发票担保的，是否已经提供担保人或交纳保证金： □是 □否			

发票领用记录

年		发票代码	发票名称	单位	数量	字轨	起讫号码	售票人	领票人
月	日								

发票缴销、挂失记录

年		发票代码	发票名称	缴销	挂失	单位	数量	字轨	起讫号码	经办人
月	日									

发票违章记录

使用说明

1.本领用簿依据《发票管理办法》设置。
2.适用范围：纳税人领用发票时使用。
3.单位：本、份或元。
4.本领用簿为195mm×330mm竖式。

1.取出《增值税专用发票最高开票限额申请单》

请从新设企业账税一体化(小规模)物料包中取出一张《增值税专用发票最高开票限额申请单》参考以下资料进行填写。

纳税人明名称:金陵华新商贸有限公司

纳税人识别号:91510039532735702G

地址:金陵市玄武区上地路5号　　联系电话:0688－2342511

购票人信息:李琳　　联系电话:18385850000

身份证:510205199001091349

申请事项:初次申请增值税专用发票(增值税税控系统)最高开票限额

申请理由:经营需要

2.取出《税务行政许可申请表》

请从新设企业账税一体化(小规模)物料包中取出一张《税务行政许可申请表》参考以下资料进行填写。

申请人名称:金陵华新商贸有限公司

统一社会信用代码:91510039532735702G

地址及邮政编码:金陵市玄武区上地路5号　258800

购票人信息:李琳　　联系电话:18385850000

身份证:510205199001091349

申请事项:初次申请增值税专用发票(增值税税控系统)最高开票限额

三、建立财务制度

由于本公司是新设企业，企业的规模相对较小，因而公司将根据《小企业会计准则》建立财务制度。

参考如下相同类型企业的财务制度，初步建立本公司的财务制度。

(一)库存现金管理制度

库存现金管理制度(1)

1.公司财务部库存现金限定期限(3至5天)控制在核定限额0.5万元以内，不得超限额存放现金。

2.严格执行现金盘点制度，做到日清月结，保证现金的安全。现金遇有长短款，应及时查明原因，报告单位领导，并追究相关人员的责任。

3.不准白条抵库。

4.不准私自挪用、占用和借用公司现金。

5.到银行提取或送存现金(金额达1万元以上)的时候，需由两名人员同时前往。

库存现金管理制度(2)

6.出纳要妥善保管保险箱内存放的现金和有价证券，私人财物不得存放于保险箱。

7.出纳必须随时接受单位领导的检查、监督。

8.出纳必须严格遵守、执行上述各条规定。

(二)银行存款管理制度

银行存款管理制度(1)

1.必须遵守中国人民银行的规定，办理银行基本账户和一般账户的开户和公司各种银行结算业务。

2.必须认真贯彻执行《中华人民共和国票据法》等相关的结算管理制度。

3.公司应按每个银行开户账号建立一本银行存款日记账，出纳应及时将公司银行存款日记账与银行对账单逐笔进行核对。会计于次月初编制《银行存款余额调节表》。

银行存款管理制度(2)

4.空白银行支票与预留印鉴必须实行分管。由出纳登记支票使用情况，逐笔记录签发支票的用途、使用单位、金额、支票号码等。

(三)债权债务核算制度

债权债务核算制度

1.应收账款的管理：企业为加强对应收账款的管理，在总分类账的基础上，按客户的名称设置明细分类账，详细、序时地记载与各客户的往来情况，同时定期与客户进行核对。

2.应付账款是指公司因购买商品和接受劳务而发生的负债，按照实际发生额入账，并按债权人设置明细账核算增减情况。应付职工薪酬核算根据有关规定应付给职工的各种薪酬，按工资、员工福利、社保费、住房公积金等进行明细核算。月末将本月工资进行分配，分别计入相关成本费用账户。

(四)存货核算制度

存货核算制度(1)

1.会计设立原材料、库存商品、周转材料等数量金额式明细账,记录库存商品的收发情况,并结出其结存数量。

2.购入库存商品时,按买价加运输费、运输途中的合理损耗、入库前的挑选整理费用按规定应计入成本的税金以及其他费用,作为实际成本。但为了简化核算,本公司购销过程发生的运输费用直接进入当期损益,通过"销售费用"核算。

存货核算制度(2)

3.库存商品的发出按全月一次加权平均法,一律以出库单的形式出库,在出库单上一般须注明产品名称、数量、领用部门等。

4.每月月末及年终需对库存商品进行盘点,务必做到账、表、物三者相符。在盘点中发现的盘盈、盘亏、損毁、变质等情况,应及时查明原因。若因管理不善造成的或无法查明原因的盘盈盘亏,经相关领导审批后,计入当期损益。

(五)固定资产核算制度

固定资产核算制度(1)

1.固定资产在取得时,按取得时的成本入账,取得时的成本包括买价、相关税费、运输和保险等相关费用,以及为使固定资产达到预定可使用状态前所必要的支出。

2.按固定资产的折旧年限,将固定资产划分为电子设备、办公设备。

3.固定资产的预计使用期限:电子设备使用3年;办公设备使用5年。

4.公司对固定资产采用年限平均法(即直线法)计提折旧,按月计提固定资产的折旧,本月增加的固定资产从下月起计提折旧,本月减少的固定资产当月仍计提折旧,从下

固定资产核算制度(2)

月起停止计提折旧。其中,企业持有的单位价值不超过5000元的固定资产,购入时计入资产,月末一次性计入当期成本费用,不再分年度计算折旧。

5.固定资产的管理由财务部和总经办共同负责,财务部设立固定资产明细账,行政部建立固定资产卡片及固定资产管理台账,定期对账。

6.每年年终,由财务部牵头,组织使用部门对固定资产进行盘点,编制盘点表。

(六)费用审批制度

费用审批制度(1)

1.因公出差、经总经理批准借支公款，应在回单位后七天内结清，不得拖欠。

2.费用报销无论金额大小均由总经理审批。

3.借款人必须按规定填写“借款单”，注明借款事由、借款金额，出纳应对借款事项专门设置台账进行跟踪管理。

4.手续完整、填写无误的，出纳凭审批后的单据付款。

5.正常的办公费用开支，必须有正式发票且印章齐全，经手人签名。

费用审批制度(2)

6.报销单填写必须完整，原始单据必须真实、合法，签章必须符合以上相关规定，出纳才给予报销。

(七)税费核算制度

税费核算制度(1)

1.本企业为增值税小规模纳税人，增值税征收率为3%，按季申报。

2.根据财税〔2021〕11号文件规定，增值税小规模纳税人，按月申报，月销售额不超过15万元(含15万元，下同)；按季申报，季度销售额不超过45万元的，按照上述文件规定免征增值税。

3.根据财税〔2012〕15号文件规定，增值税纳税人初次购买增值税税控系统专用设备(包括分开票机)支付的费用，可凭购买增值税税控系统专用设备取得的增值税专用发票，在增值税应纳税额中全额抵减(抵减额为价税合计额)，不足抵减的可结转下期继续抵

税费核算制度(2)

减。增值税纳税人非初次购买增值税税控系统专用设备支付的费用，由其自行负担，不得在增值税应纳税额中抵减。

4.财税〔2019〕13号文件规定由省、自治区、直辖市人民政府根据本地区实际情况，以及宏观调控需要确定，对增值税小规模纳税人可以在50%的税额幅度内减征资源税、城市维护建设税、房产税、城镇土地使用税、印花税(不含证券交易印花税)、耕地占用税和教育费附加、地方教育附加。本企业附加税包括城市维护建设税、教育费附加、地方教育附加，分别按实际缴纳增值税的7%、3%、2%计算。

税费核算制度(3)

5.全面试行营业税改征增值税后，“营业税金及附加”科目名称调整为“税金及附加”科目，该科目核算企业经营活动发生的消费税、城市维护建设税、资源税、教育费附加及房产税、土地使用税、车船使用税、印花税等相关税费；月末计提税金时，借：税金及附加，贷：应交税费——××税；下月初银行扣缴税金时，借：应交税费——××税，贷：银行存款。

6.本企业个人所得税按规定扣缴，免征额为5000元(无外籍员工)，按月申报。

税费核算制度(4)

7.本企业分别按购销合同(含税)的万分之三计算，按财产租赁合同(含税)的千分之一计算，按资金账簿记载金额的万分之五减半计算，按权利、许可证照数量每件5元计算，按季申报印花税。

8.本期企业所得税按查账征收，企业所得税基本税率为25%，采用按季预缴、年末汇算清缴。

说明：为了更好的与工作无缝对接，实训过程如相关税务政策更新，以最新税务政策为准。

(八)所有者权益核算制度

所有者权益核算制度

1.实收资本核算投资者投入的资本。

2.本年利润核算公司当期实现的净利润(或发生的净亏损)，年度终了，应将本年收入和支出相抵后结出的本年实现的净利润，转入“利润分配”科目。

3.利润分配核算公司利润的分配(或亏损的弥补)和历年分配(或弥补)后的余额。公司在“利润分配”科目下设置“未分配利润”明细科目。

(九)损益核算制度

损益核算制度(1)

1.主营业务收入核算销售商品、提供劳务等主营业务的收入。公司在商品已经发出、劳务已经提供,在同时收讫价款或取得价款权利的凭证时确认收入的实现并开具发票结算。

2.主营业务成本核算公司确认销售商品、提供劳务等主营业务收入时应结转的成本。

3.税金及附加核算企业经营主要业务应负担的城市维护建设税、教育费附加和地方教育附加、印花税等。

损益核算制度(2)

4.销售费用核算公司销售商品过程中发生的各项费用,按运输费、折旧费、工资、社保费、住房公积金、差旅费、业务招待费、广告费等进行明细核算。

5.管理费用核算公司为组织和管理企业生产经营所发生的各项费用。按差旅费、办公费、车辆费、折旧费、工资、社保费、住房公积金、福利费、业务招待费、水电费、保险费、通讯费等进行明细核算。

6.财务费用核算公司为筹集生产经营所需资金而发生的费用,按利息支出、利息收入、手续费等项目设置明细账,进行明细核算。

损益核算制度(3)

7.营业外收入和营业外支出核算与公司生产经营活动无直接关系的各种收入和支出。

8.所得税费用核算公司根据所得税准则确认的应从当期利润总额中扣除的所得税费用,需要在利润表中反映。

9.以前年度损益调整核算公司本年度发生的调整以前年度损益的事项。

(十)开办费用核算制度

开办费用核算制度(1)

1.《企业所得税暂行条例实施细则》第三十四条第二款规定：开办费是指企业在筹建期发生的费用，包括人员工资、办公费、培训费、差旅费、印刷费、注册登记费以及不计入固定资产和无形资产成本的汇兑损益和利息等支出。

2.本企业根据管理需要，为了更好的对企业发生费用进行分析，规定把筹建期发生的刻章费、复印资料费、银行开户费等办理注册登记发生相关费用通过“管理费用——开办费”核算。

开办费用核算制度(2)

3.筹集期间发生的办公费、人工工资、差旅费、房屋租金等开支，不计入“开办费”，而分别计入办公费、职工薪酬、差旅费、房屋租金等具体明细科目核算。

(十一)财务报告

公司财务报告分为月报、季报、半年报、年报，内容上包括资产负债表、利润表、现金流量表。

1.取出《固定资产核算制度》

参考了相同类型企业的财务制度,现在请你尝试建立《固定资产核算制度》。请从新设企业账税一体化(小规模)物料包中取出一张《固定资产核算制度》进行建立。

参考点:单位价值不超过5000元固定资产的规定。

2.取出《费用审批制度》

参考了相同类型企业的财务制度,现在请你尝试建立《费用审批制度》。请从新设企业账税一体化(小规模)物料包中取出一张《费用审批制度》进行建立。

参考点:费用报销流程。

四、进行账务处理

新设企业核算流程：

营业执照：

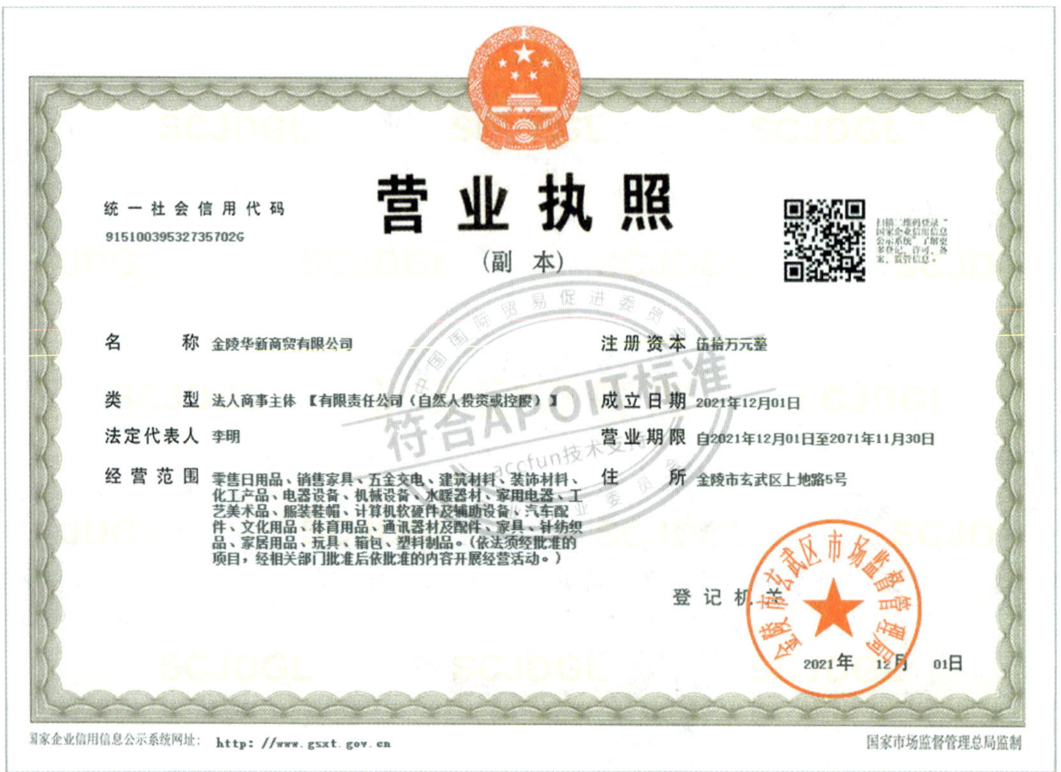
统一社会信用代码
91510039532735702G

营业执照

（副　本）

名　　称　金陵华新商贸有限公司

注册资本　伍拾万元整

类　　型　法人商事主体【有限责任公司（自然人投资或控股）】

成立日期　2021年12月01日

法定代表人　李明

营业期限　自2021年12月01日至2071年11月30日

经营范围　零售日用品、销售家具、五金交电、建筑材料、装饰材料、化工产品、电器设备、机械设备、水暖器材、家用电器、工艺美术品、服装鞋帽、计算机软硬件及辅助设备、汽车配件、文化用品、体育用品、通讯器材及配件、家具、针纺织品、家居用品、玩具、箱包、塑料制品。（依法须经批准的项目，经相关部门批准后依批准的内容开展经营活动。）

住　　所　金陵市玄武区上地路5号

登记机关

2021年12月01日

国家企业信用信息公示系统网址：http://www.gsxt.gov.cn

国家市场监督管理总局监制

银行预留签章卡：

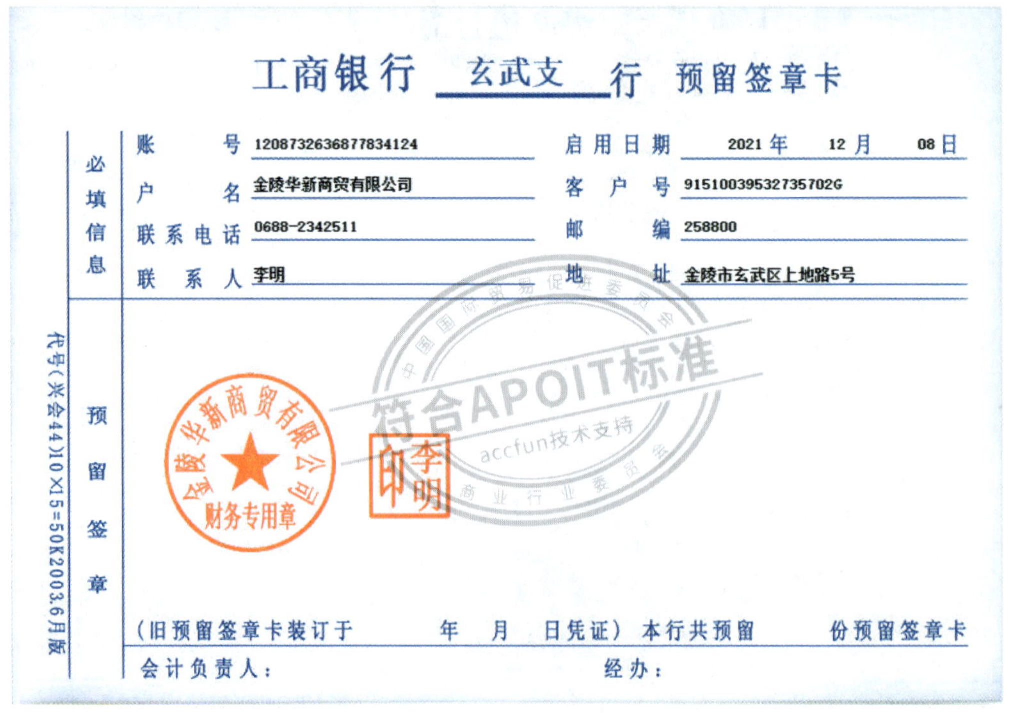
工商银行　玄武支　行　预留签章卡

必填信息

账　号	1208732636877834124	启用日期	2021年 12月 08日
户　名	金陵华新商贸有限公司	客户号	91510039532735702G
联系电话	0688-2342511	邮　编	258800
联系人	李明	地　址	金陵市玄武区上地路5号

预留签章

（旧预留签章卡装订于　年　月　日凭证）本行共预留　份预留签章卡

会计负责人：　　经办：

代号(米会44)10×15=50K2003.6月版

基本存款账户信息：

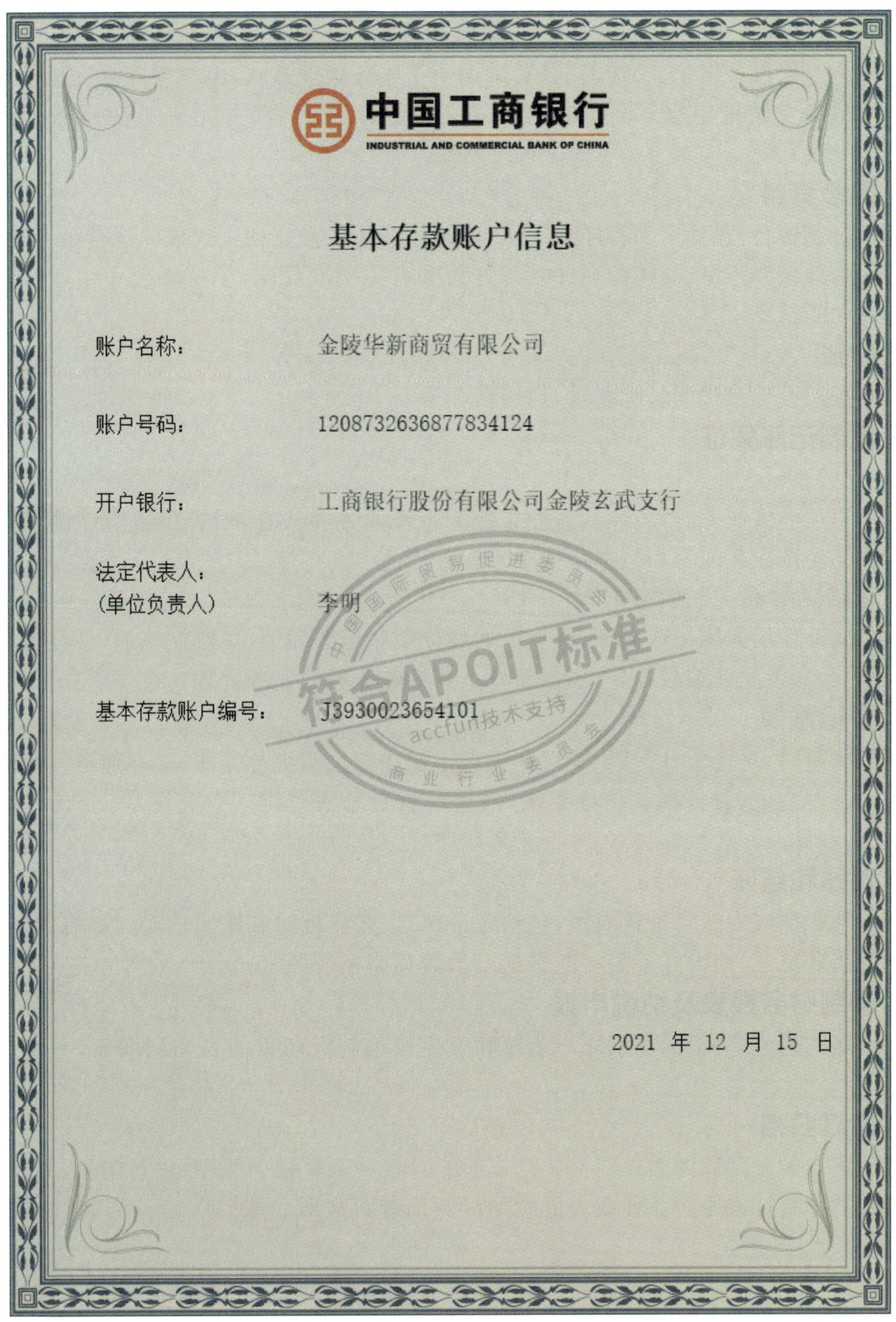
中国工商银行
INDUSTRIAL AND COMMERCIAL BANK OF CHINA

基本存款账户信息

账户名称：金陵华新商贸有限公司

账户号码：1208732636877834124

开户银行：工商银行股份有限公司金陵玄武支行

法定代表人：
(单位负责人)　李明

基本存款账户编号：J3930023654101

2021 年 12 月 15 日

(一)熟悉实操程序

实操程序

新设企业账税一体化(小规模)账套采用手工账务处理方式,由学生独立完成从建账到编制会计报表及纳税申报等各个核算环节的会计工作内容,并完成对会计档案的整理装订。

1.熟悉资料

通读全部资料,熟悉实训程序及要求,以及该公司从设立到正式成立运营的基本情况、所采用的会计核算程序、具体的会计处理方法和有关制度规定,了解该公司生产经营等各种业务活动的情况。

2.建账

严格按照会计工作的实际要求,启用新账簿。

3.填制记账凭证

(1)审核原始凭证

处理每项经济业务时,要注意新设企业的特殊业务并认真审核原始凭证,确保原始凭证所反映的经济业务内容和数据是完全真实准确的。

(2)填制和审核记账凭证

记账凭证使用通用记账凭证,根据原始凭证填制记账凭证,填制完毕后,应仔细审核其账户名称,金额及凭证编号等。(注意新设企业特殊业务的账务处理)

4.登记账簿

登记账簿时,对现金日记账、银行存款日记账和有关明细分类账,应在业务发生时根据记账凭证逐笔登记;对各有关总分类账,根据科目汇总表登记。登完账后,应核对账证记录,确保准确无误。

5.对账和结账

期末结账前应先认真进行对账,包括账证核对、账账核对和账实核对。如有问题,须按规定进行错账更正,结出各个账户的本期发生额和期末余额。

6.编制财务报表及纳税申报

在结账的基础上,根据本期账户余额和发生额编制资产负债表和利润表,并完成纳税申报。

7.装订归档

将已填制的记账凭证加具封面装订成册。对各种账页排列顺序、进行编号,并按总账、明细账的类别装订成册。各种报表也应加具封面装订成册。账、证、表分类装订成册进行归档保管。

(二)经济业务说明

2021 年 12 月发生的经济业务说明

凭证号	业务发生日期	经济业务说明	单据编号
001	2021-12-08	李明垫付刻章费	1－1/4、1－2/4、1－3/4、1－4/4
002	2021-12-08	李明垫付开户费	2－1/1
003	2021-12-08	银行扣取开户费	3－1/2、3－2/2
004	2021-12-08	李明垫付办公室、仓库租金	4－1/2、4－2/2
005	2021-12-08	李明垫付电脑、打印机费用	5－1/4、5－2/4、5－3/4、5－4/4
006	2021-12-15	李明垫付电话网费	6－1/2、6－2/2
007	2021-12-15	注册资本款项入资	7－1/2、7－2/2
008	2021-12-18	支付税控盘及维护费	8－1/3、8－2/3、8－3/3
009	2021-12-19	报销李明垫付筹备期所有费用	9－1/2、9－2/2
010	2021-12-20	采购货物，款未付	10－1/3、10－2/3、10－3/3
011	2021-12-22	销售货物，银行收款	11－1/3、11－2/3、11－3/3
012	2021-12-26	销售货物，款未收	12－1/2、12－2/2
013	2021-12-28	销售货物，银行收款	13－1/4、13－2/4、13－3/4、13－4/4
014	2021-12-30	销售货物，款未收	14－1/3、14－2/3、14－3/3
015	2021-12-31	结转销售成本	15－1/5、15－2/5、15－3/5、15－4/5、15－5/5
016	2021-12-31	计提 12 月份工资	16－1/1
017	2021-12-31	计提 12 月份固定资产折旧	17－1/1
018	2021-12-31	处理 12 月份增值税减免税额	18－1/1
019	2021-12-31	计提 12 月份附加税费	19－1/1
020	2021-12-31	计提 12 月份所得税	20－1/1
021	2021-12-31	结转本期损益	21－1/1
022	2021-12-31	年度利润结转	
023	2021-12-31	提取法定盈余公积	
024	2021-12-31	结转法定盈余公积	

◆业务 01◆

教学专用　　1-1/4

报 销 单

填报日期：2021 年 12 月 08 日　　单据及附件共 3 张

姓名	李明	所属部门	总经办	报销形式	
				支票号码	

报销项目	摘要	金额	备注
开办费	刻章费	680.00	款项由李明垫付
开办费	交通费	76.00	
合计		¥756.00	
金额大写：⊗拾 ⊗万 ⊗仟 柒佰 伍拾 陆元 零角 零分		原借款： 元	应退款： 元 应补款： 元

总经理：　　财务经理：　　部门经理：　　会计：陈莉　　出纳：　　报销人：李明

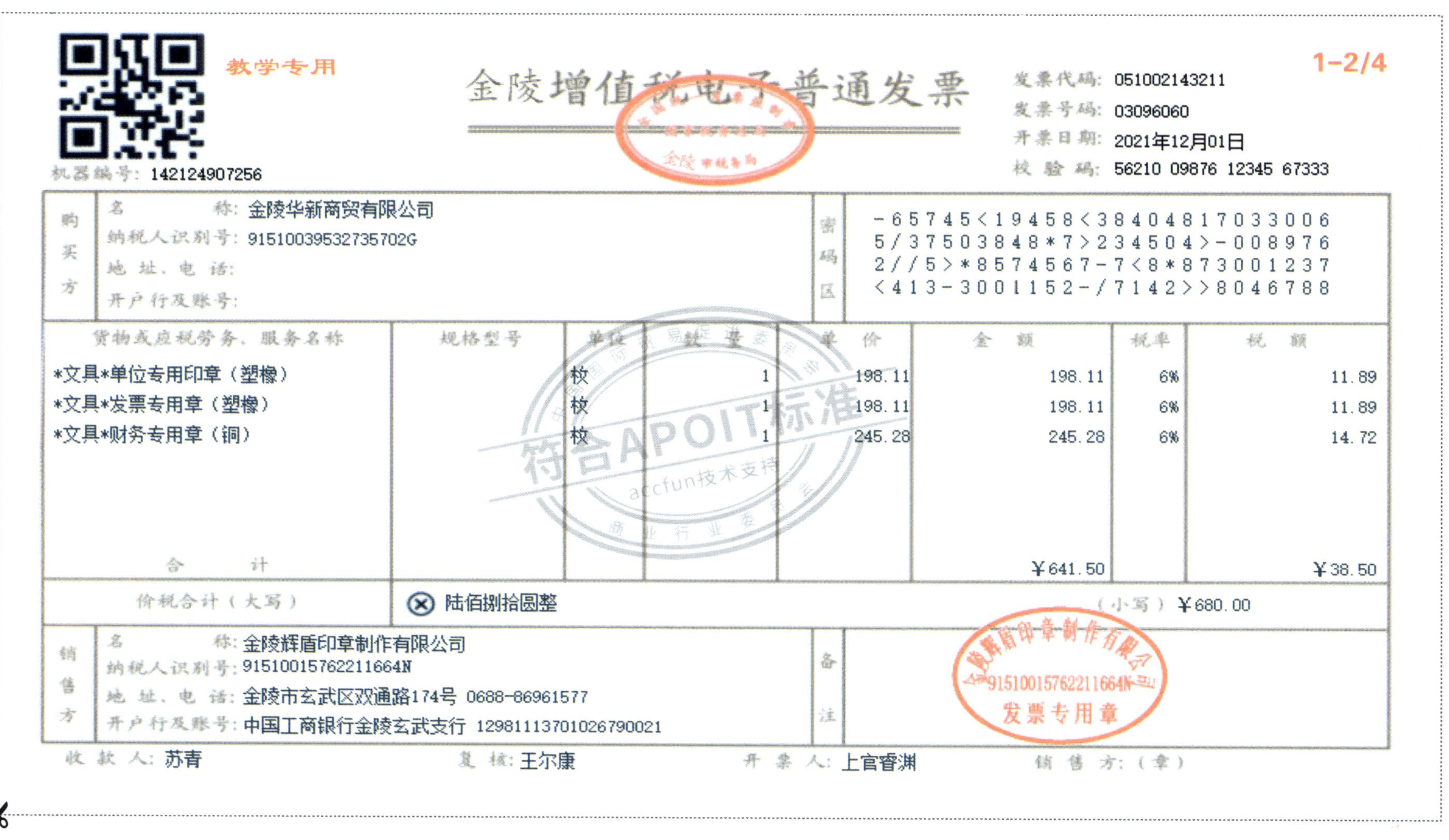

教学专用　　1-2/4

金陵增值税电子普通发票

机器编号：142124907256

发票代码：051002143211
发票号码：03096060
开票日期：2021年12月01日
校验码：56210 09876 12345 67333

购买方	名称：金陵华新商贸有限公司 纳税人识别号：91510039532735702G 地址、电话： 开户行及账号：	密码区	-65745<19458<38404817033006 5/37503848*7>234504>-008976 2//5>*8574567-7<8*87300123 7 <413-3001152-/7142>>8046788

货物或应税劳务、服务名称	规格型号	单位	数量	单价	金额	税率	税额
*文具*单位专用印章（塑橡）		枚	1	198.11	198.11	6%	11.89
*文具*发票专用章（塑橡）		枚	1	198.11	198.11	6%	11.89
*文具*财务专用章（铜）		枚	1	245.28	245.28	6%	14.72
合计					¥641.50		¥38.50
价税合计（大写）	⊗陆佰捌拾圆整				（小写）¥680.00		

销售方	名称：金陵辉盾印章制作有限公司 纳税人识别号：91510015762211664N 地址、电话：金陵市玄武区双通路174号 0688-86961577 开户行及账号：中国工商银行金陵玄武支行 1298111370102679002 1	备注	金陵辉盾印章制作有限公司 91510015762211664N 发票专用章

收款人：苏青　　复核：王尔康　　开票人：上官睿渊　　销售方：（章）

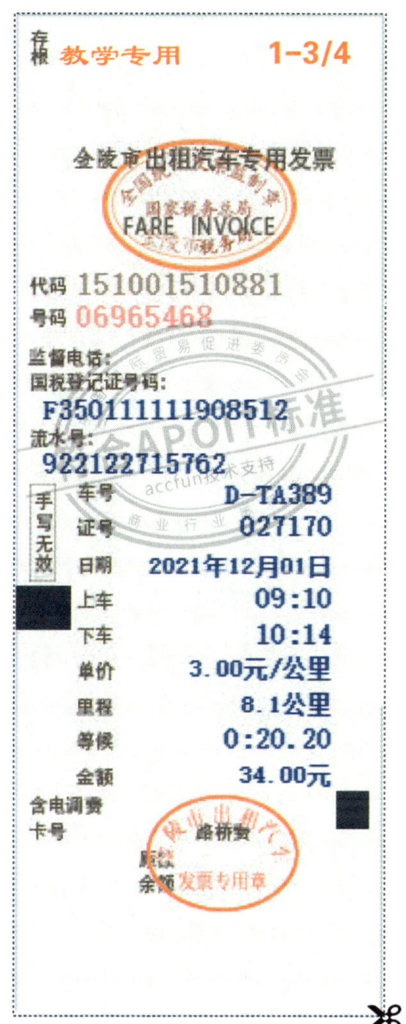

存根 教学专用 1-3/4

金陵市出租汽车专用发票

FARE INVOICE

代码 151001510881

号码 06965468

监督电话:

国税登记证号码:

F350111111908512

流水号:

922122715762

手写无效

车号	D-TA389
证号	027170
日期	2021年12月01日
上车	09:10
下车	10:14
单价	3.00元/公里
里程	8.1公里
等候	0:20.20
金额	34.00元

含电调费

卡号

路桥费

原额

余额

存根 教学专用 1-4/4

金陵市出租汽车专用发票

FARE INVOICE

代码 151001510881

号码 06965457

监督电话:

国税登记证号码:

F350111230911111

流水号:

922122715753

手写无效

车号	D-TA222
证号	027155
日期	2021年12月01日
上车	11:35
下车	12:40
单价	3.00元/公里
里程	10.6公里
等候	0:36.20
金额	42.00元

含电调费

卡号

路桥费

原额

余额

◆业务 02◆

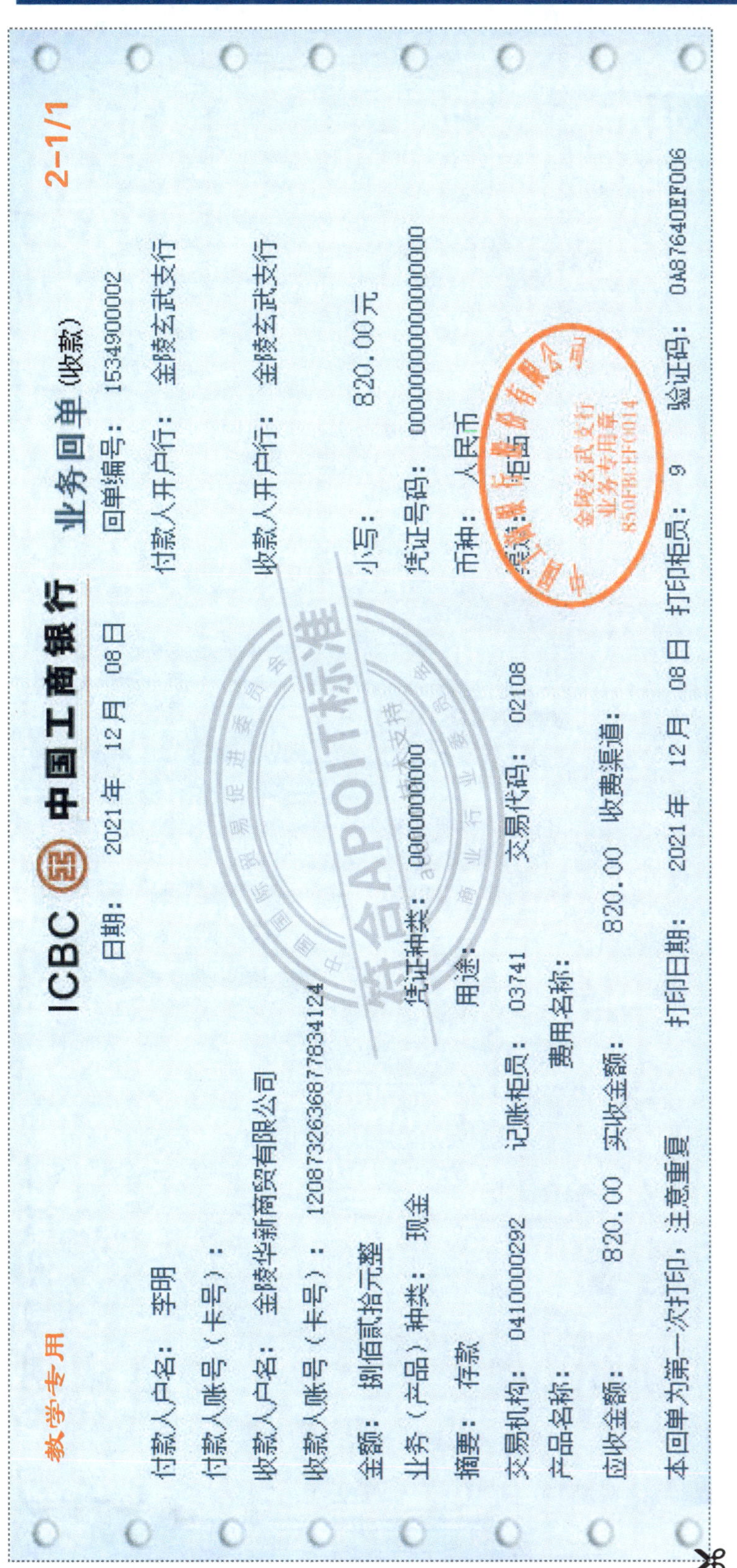

教学专用　　2-1/1

ICBC 中国工商银行　**业务回单**（收款）

日期：2021年 12月 08日　　回单编号：15349000002

付款人户名：李明　　付款人开户行：金陵玄武支行

付款人账号（卡号）：

收款人户名：金陵华新商贸有限公司　　收款人开户行：金陵玄武支行

收款人账号（卡号）：1208732636877834124

金额：捌佰贰拾元整　　小写：820.00元

业务（产品）种类：现金　　凭证种类：0000000000　　凭证号码：000000000000000000

摘要：存款　　用途：　　币种：人民币

交易机构：0410000292　　记账柜员：03741　　交易代码：02108　　渠道：柜面

产品名称：　　费用名称：

应收金额：820.00　　实收金额：820.00　　收费渠道：

本回单为第一次打印，注意重复　　打印日期：2021年 12月 08日　　打印柜员：9　　验证码：0A87640EF006

中国工商银行股份有限公司 金陵玄武支行 业务专用章 850FBCEF0014

◆业务03◆

3-1/2

教学专用

ICBC 中国工商银行 业务回单（付款）

日期：2021年12月08日　回单编号：1532132001

付款人户名：金陵华新商贸有限公司　付款人开户行：金陵玄武支行

付款人账号（卡号）：1208732636877834124

收款人户名：　收款人开户行：

收款人账号（卡号）：

金额：叁佰元整　小写：300.00元

业务（产品）种类：对公收费　凭证种类：000000000　凭证号码：000000000000000

摘要：对公开户优惠套餐　用途：　币种：人民币

交易机构：0410000234　记账柜员：03755　交易代码：02102　渠道：

产品名称：　费用名称：

应收金额：300.00　实收金额：300.00　收费渠道：

本回单为第一次打印，注意重复　打印日期：2021年12月08日　打印柜员：9　验证码：0A87640EF006

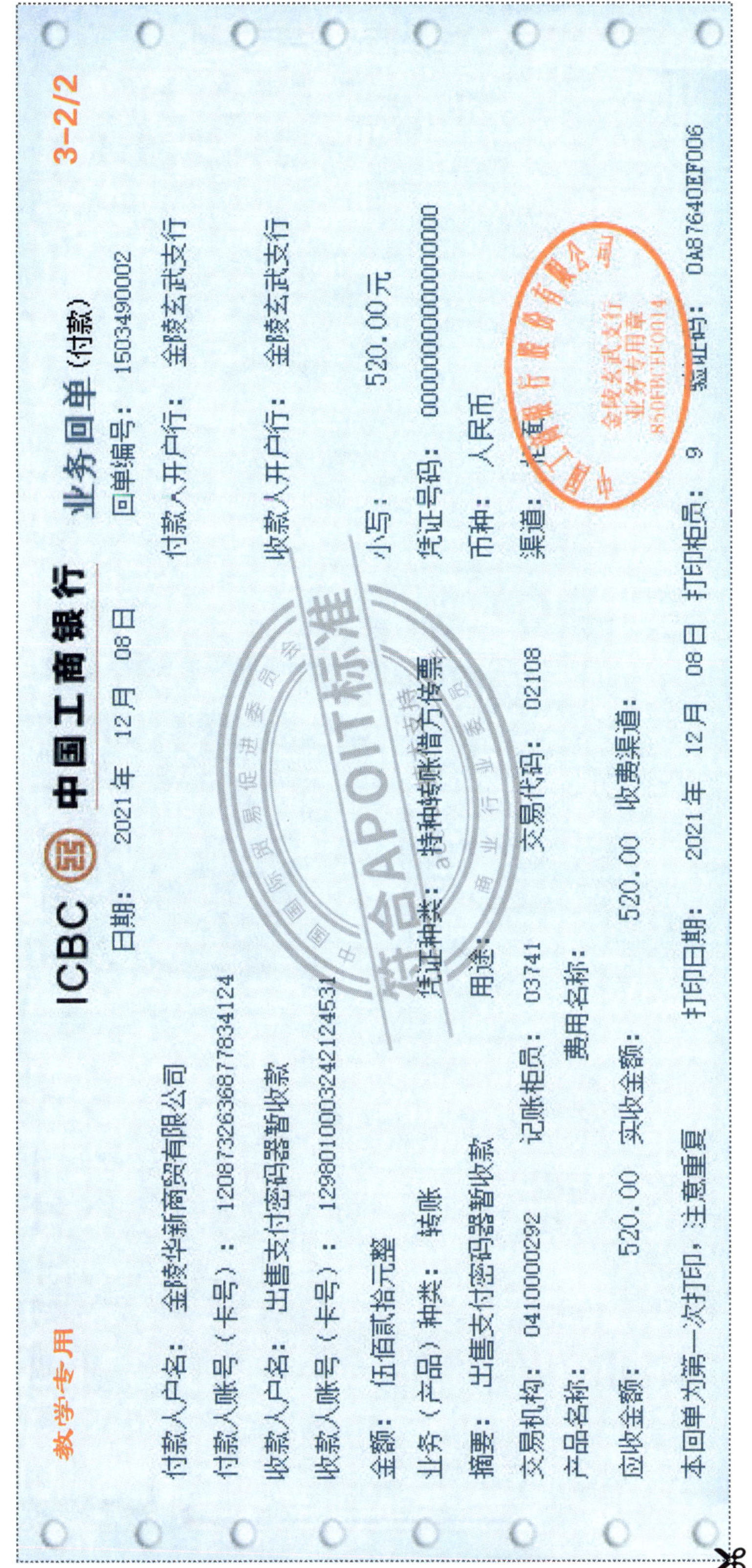

教学专用 3-2/2

ICBC 中国工商银行 业务回单（付款）

日期：2021年12月08日 回单编号：1503490002

付款人户名：金陵华新商贸有限公司 付款人开户行：金陵玄武支行

付款人账号（卡号）：1208732636877834124

收款人户名：出售支付密码器暂收款 收款人开户行：金陵玄武支行

收款人账号（卡号）：1298010003242124531

金额：伍佰贰拾元整 小写：520.00元

业务（产品）种类：转账 凭证种类：特种转账借方传票 凭证号码：000000000000000000

摘要：出售支付密码器暂收款 用途： 币种：人民币

交易机构：0410000292 记账柜员：03741 交易代码：02108 渠道：柜面

产品名称： 费用名称：

应收金额：520.00 实收金额：520.00 收费渠道：

本回单为第一次打印，注意重复 打印日期：2021年12月08日 打印柜员：9 验证码：0A87640EF006

◆ 业务 04 ◆

教学专用　　　　4-1/2

报 销 单

填报日期：2021 年 12 月 08 日　　　　单据及附件共 1 张

姓名	李明	所属部门	总经办	报销形式		
				支票号码		
报销项目		摘要		金额		备注
房租		报销房屋租金		4980.00		款项由李明垫付
合计				¥4980.00		
金额大写：⊗拾 ⊗万 肆仟 玖佰 捌拾 零元 零角 零分				原借款： 元		应退款： 元 应补款： 元

总经理：　财务经理：　部门经理：　会计：陈莉　出纳：　报销人：李明

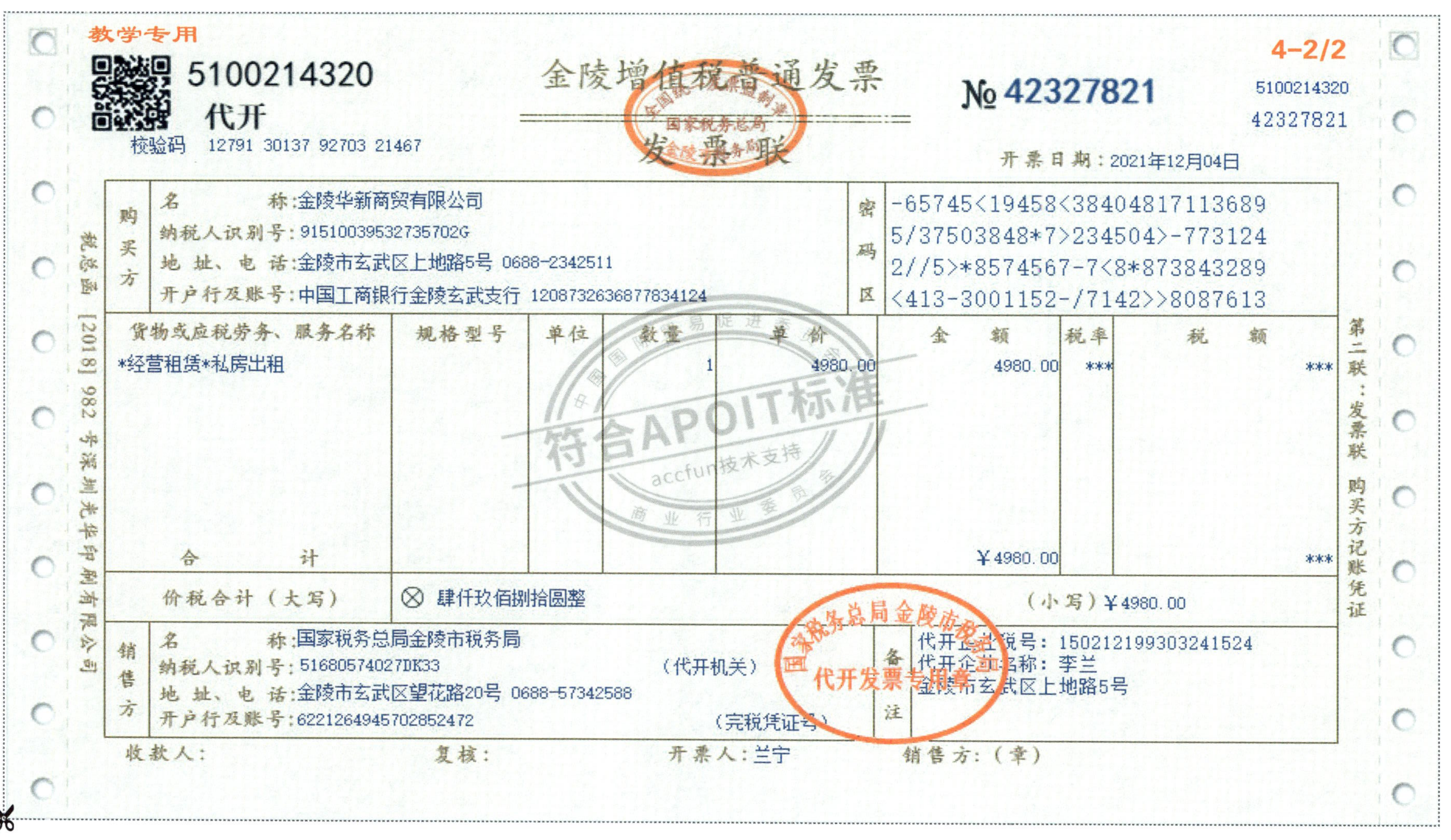

教学专用

4-2/2

5100214320　代开

校验码 12791 30137 92703 21467

金陵增值税普通发票

发票联

№ 42327821　　5100214320　42327821

开票日期：2021年12月04日

购买方	名称:金陵华新商贸有限公司 纳税人识别号:91510039532735702G 地址、电话:金陵市玄武区上地路5号 0688-2342511 开户行及账号:中国工商银行金陵玄武支行 1208732636877834124	密码区	-65745<19458<38404817113689 5/37503848*7>234504>-773124 2//5>*8574567-7<8*873843289 <413-3001152-/7142>>8087613

货物或应税劳务、服务名称	规格型号	单位	数量	单价	金额	税率	税额
*经营租赁*私房出租			1	4980.00	4980.00	***	***
合计					¥4980.00		***
价税合计（大写）	⊗肆仟玖佰捌拾圆整				（小写）¥4980.00		

销售方	名称:国家税务总局金陵市税务局（代开机关） 纳税人识别号:51680574027DK33 地址、电话:金陵市玄武区望花路20号 0688-57342588 开户行及账号:6221264945702852472（完税凭证号）	备注	代开企业税号：150212199303241524 代开企业名称：李兰 金陵市玄武区上地路5号

收款人：　　复核：　　开票人：兰宁　　销售方：（章）

第二联：发票联 购买方记账凭证

税总函[2018]982号深圳光华印刷有限公司

业务 05

教学专用　　　　5-1/4

报　销　单

填报日期：2021 年　12 月　08 日　　　　单据及附件共　1　张

姓名	李明	所属部门	总经办	报销形式	
				支票号码	

报销项目	摘　要	金　额	备　注
电子设备	购买电脑	2000.00	款项由李明垫付
电子设备	购买打印机	2800.00	
合　计		¥4800.00	
金额大写：⊗拾　⊗万　肆仟　捌佰　零拾　零元　零角　零分		原借款：　元	应退款：　元 应补款：　元

总经理：　　财务经理：　　部门经理：　　会计：陈莉　　出纳：　　报销人：李明

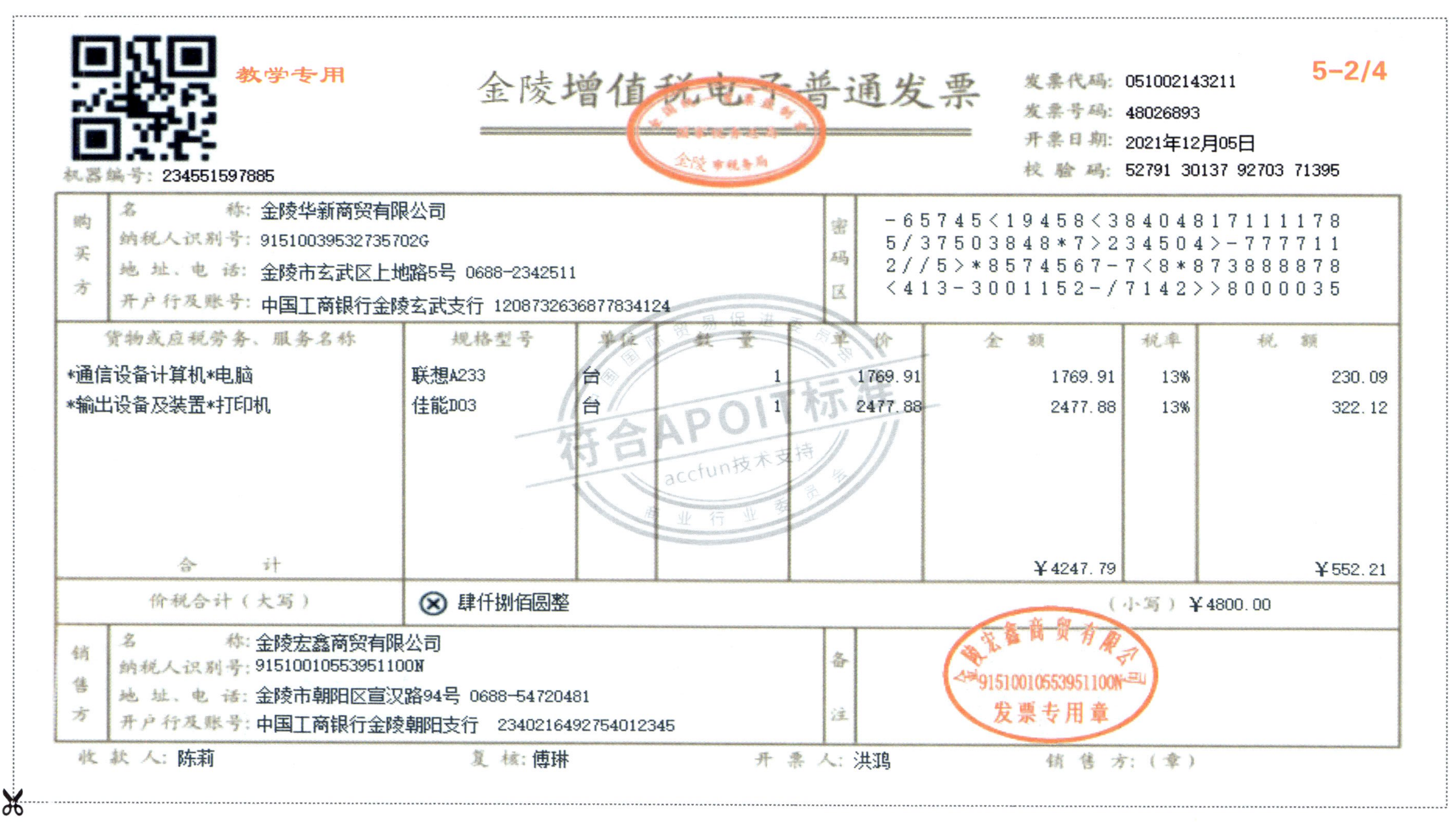

5-2/4

教学专用

金陵增值税电子普通发票

机器编号：234551597885

发票代码：051002143211
发票号码：48026893
开票日期：2021年12月05日
校验码：52791 30137 92703 71395

购买方	名称：金陵华新商贸有限公司 纳税人识别号：91510039532735702G 地址、电话：金陵市玄武区上地路5号 0688-2342511 开户行及账号：中国工商银行金陵玄武支行 1208732636877834124	密码区	-65745<19458<38404817111178 5/3750384 8*7>234504>-777711 2//5>*857 4567-7<8*8738 88878 <413-3001152-/7142>>8000035

货物或应税劳务、服务名称	规格型号	单位	数量	单价	金额	税率	税额
*通信设备计算机*电脑	联想A233	台	1	1769.91	1769.91	13%	230.09
*输出设备及装置*打印机	佳能D03	台	1	2477.88	2477.88	13%	322.12
合计					¥4247.79		¥552.21
价税合计（大写）	⊗肆仟捌佰圆整				（小写）¥4800.00		

销售方	名称：金陵宏鑫商贸有限公司 纳税人识别号：91510010553951100N 地址、电话：金陵市朝阳区宣汉路94号 0688-54720481 开户行及账号：中国工商银行金陵朝阳支行 2340216492754012345	备注	

收款人：陈莉　　复核：傅琳　　开票人：洪鸿　　销售方：（章）

教学专用　　5-3/4

固定资产验收单

2021 年 12 月 05 日

资产编号	171201	资产名称	电脑	型号规格	联想A233
供应商名称	金陵宏鑫商贸有限公司				
购入日期	2021年12月05日	安装完成日期	2021年12月05日		
金额大写	贰仟元整	小写	¥2000.00		
验收结果	合格	验收日期	2021年12月05日		
采购部门	总经办	资产管理人	李明		
使用部门	总经办	财务审核	陈莉		

备注：

教学专用　　5-4/4

固定资产验收单

2021 年 12 月 05 日

资产编号	171202	资产名称	打印机	型号规格	佳能D03
供应商名称	金陵宏鑫商贸有限公司				
购入日期	2021年12月05日	安装完成日期	2021年12月05日		
金额大写	贰仟捌佰元整	小写	￥2800.00		
验收结果	合格	验收日期	2021年12月05日		
采购部门	总经办	资产管理人	李琳		
使用部门	行政部	财务审核	陈莉		

备注：

◆业务 06◆

教学专用　　6-1/2

报销单

填报日期：2021 年 12 月 08 日　　单据及附件共 1 张

姓名	李明	所属部门	总经办	报销形式	
				支票号码	

报销项目	摘要	金额	备注
通讯费	电信服务费	300.00	款项由李明垫付
合计		¥300.00	
金额大写：⊗拾 ⊗万 ⊗仟 叁佰 零拾 零元 零角 零分	原借款： 元	应退款： 元 应补款： 元	

总经理：　　财务经理：　　部门经理：　　会计：陈莉　　出纳：　　报销人：李明

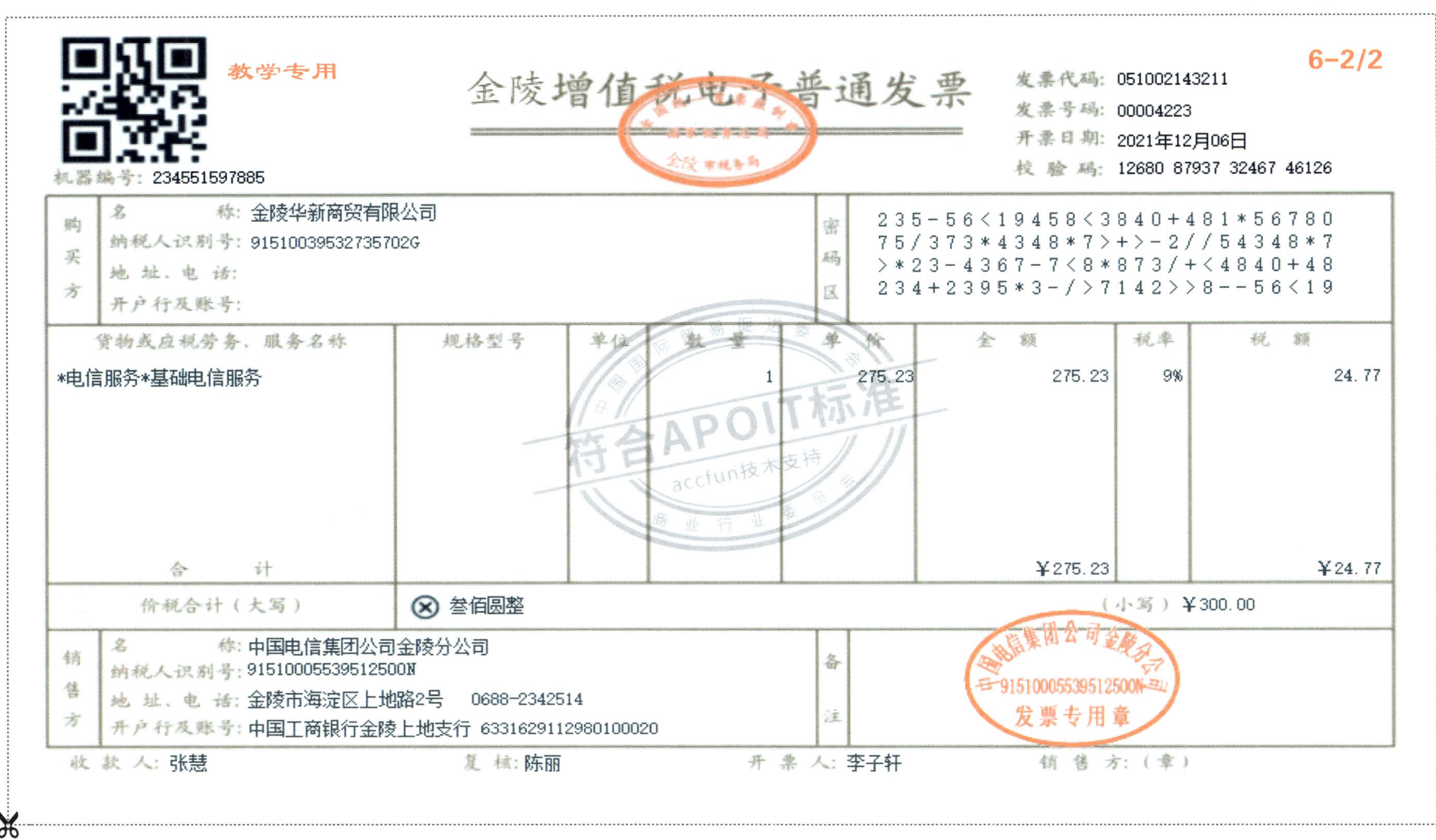

6-2/2

教学专用

金陵增值税电子普通发票

机器编号：234551597885

发票代码：051002143211
发票号码：00004223
开票日期：2021年12月06日
校 验 码：12680 87937 32467 46126

购买方
名　　称：金陵华新商贸有限公司
纳税人识别号：91510039532735702G
地 址、电 话：
开户行及账号：

密码区

```
235-56<19458<3840+481*56780
75/373*4348*7>+>-2//54348*7
>*23-4367-7<8*873/+<4840+48
234+2395*3-/>7142>>8--56<19
```

货物或应税劳务、服务名称	规格型号	单位	数量	单价	金额	税率	税额
*电信服务*基础电信服务			1	275.23	275.23	9%	24.77
合　　计					¥275.23		¥24.77

价税合计（大写）：⊗叁佰圆整　　（小写）¥300.00

销售方
名　　称：中国电信集团公司金陵分公司
纳税人识别号：91510005539512500N
地 址、电 话：金陵市海淀区上地路2号　0688-2342514
开户行及账号：中国工商银行金陵上地支行　6331629112980100020

备注：

收款人：张慧　　复核：陈丽　　开票人：李子轩　　销售方：（章）

◆业务 07◆

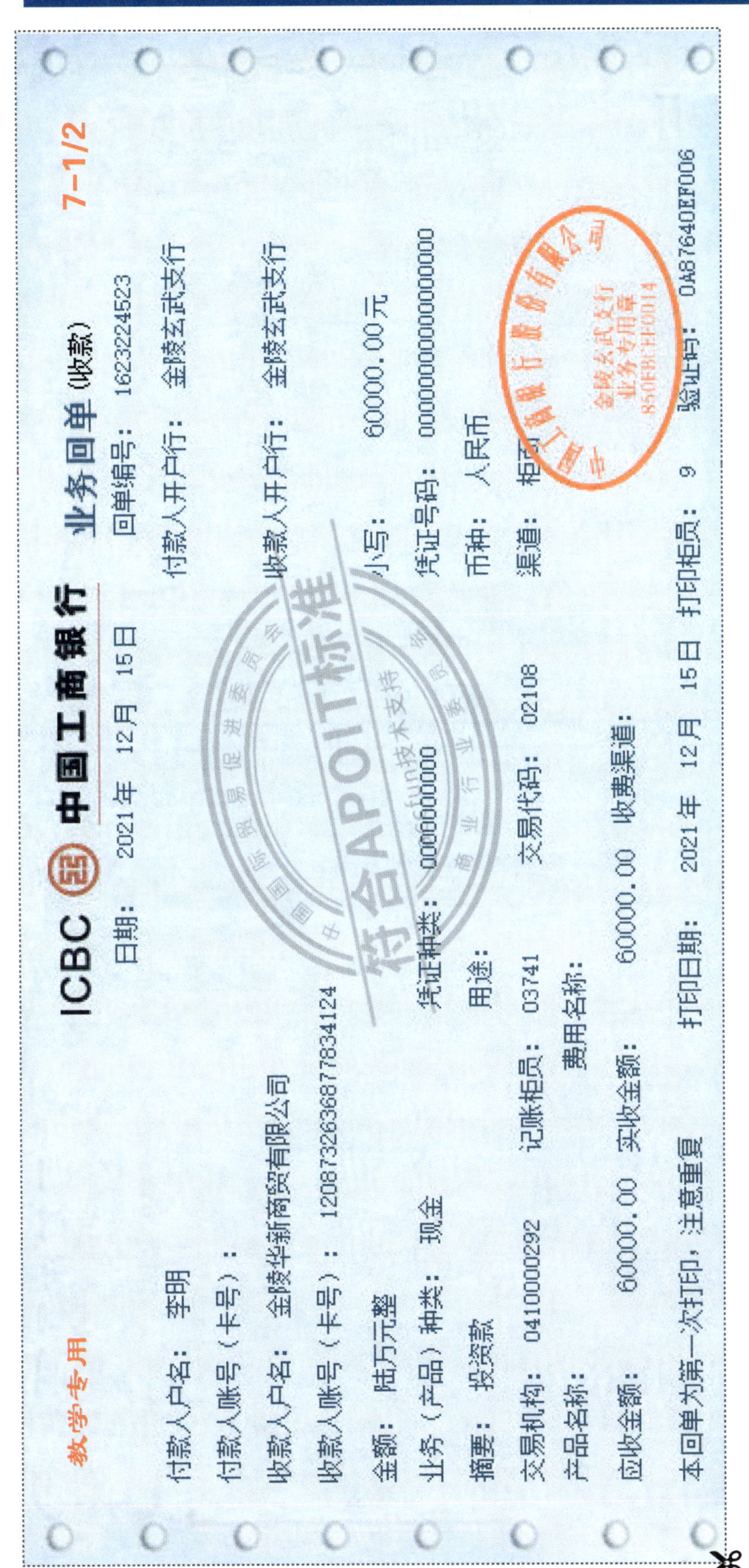

7-1/2

ICBC 中国工商银行　业务回单（收款）

教学专用

日期：2021年 12月 15日　回单编号：1623224523

付款人户名：李明　付款人开户行：金陵玄武支行

付款人账号（卡号）：

收款人户名：金陵华新商贸有限公司　收款人开户行：金陵玄武支行

收款人账号（卡号）：1208732636877834124

金额：陆万元整　小写：60000.00元

业务（产品）种类：现金　凭证种类：0000000000　凭证号码：000000000000000

摘要：投资款　用途：　币种：人民币

交易机构：0410000292　记账柜员：03741　交易代码：02108　渠道：柜面

产品名称：　费用名称：

应收金额：60000.00　实收金额：60000.00　收费渠道：

本回单为第一次打印，注意重复　打印日期：2021年 12月 15日　打印柜员：9　验证码：0A87640EF006

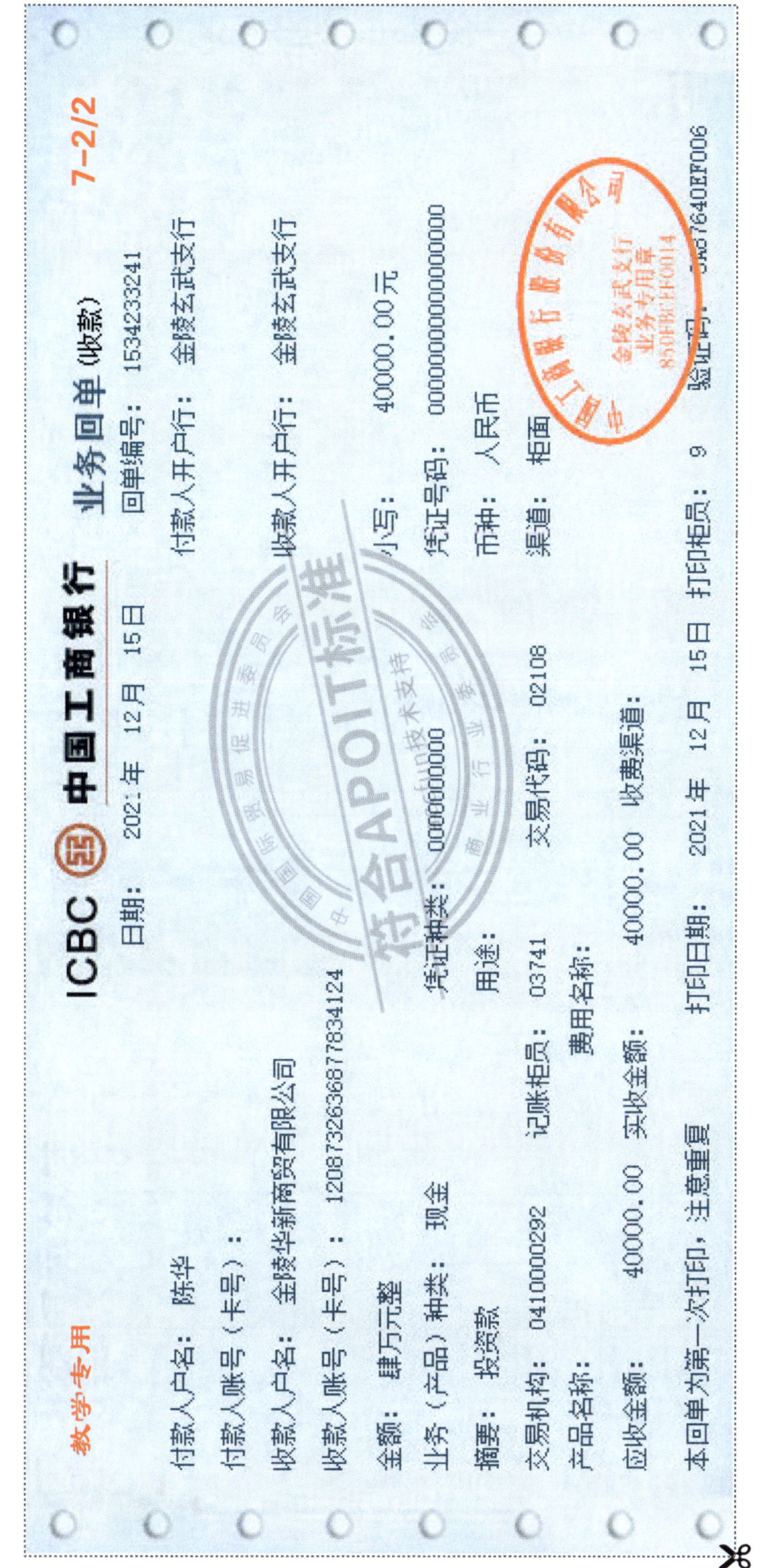

教学专用

ICBC 中国工商银行 业务回单(收款) 7-2/2

日期： 2021年 12月 15日 回单编号： 1534233241

付款人户名： 陈华 付款人开户行： 金陵玄武支行

付款人账号（卡号）：

收款人户名： 金陵华新商贸有限公司 收款人开户行： 金陵玄武支行

收款人账号（卡号）： 1208732636877834124

金额： 肆万元整 小写： 40000.00元

业务（产品）种类： 现金 凭证种类： 0000000000 凭证号码： 0000000000000000

摘要： 投资款 用途： 币种： 人民币

交易机构： 0410000292 记账柜员： 03741 交易代码： 02108 渠道： 柜面

产品名称： 费用名称：

应收金额： 40000.00 实收金额： 40000.00 收费渠道：

本回单为第一次打印，注意重复 打印日期： 2021年 12月 15日 打印柜员： 9 验证码： 5A87640EF006

◆业务08◆

教学专用　　8-1/3

ICBC 中国工商银行　业务回单（付款）

日期：2021年12月18日　　回单编号：1864323123

付款人户名：金陵华新商贸有限公司　　付款人开户行：金陵玄武支行

付款人账号（卡号）：1208732636877834124

收款人户名：金陵航天信息有限公司　　收款人开户行：金陵上地支行

收款人账号（卡号）：1208736856823412780

金额：肆佰捌拾元整　　小写：480.00元

业务（产品）种类：转账　　凭证种类：000000000　　凭证号码：000000000000000000

摘要：税控盘及维护费　　用途：转账　　币种：人民币

交易机构：0410000292　　记账柜员：03741　　交易代码：02108　　渠道：柜面

产品名称：　　费用名称：

应收金额：480.00　　实收金额：480.00　　收费渠道：

本回单为第一次打印，注意重复　　打印日期：2021年12月18日　　打印柜员：9　　验证码：0A87640EF006

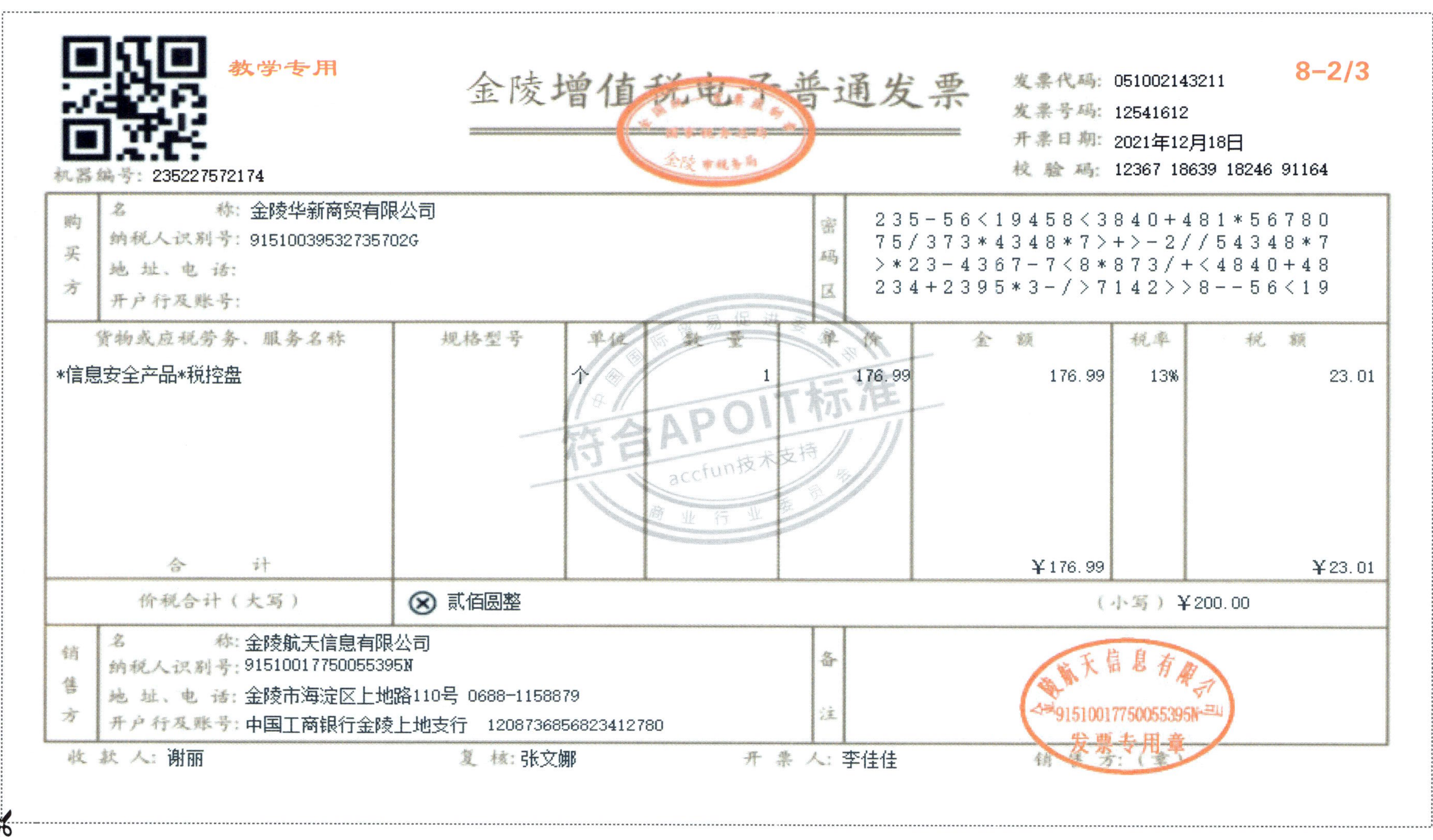

教学专用

金陵增值税电子普通发票

8-2/3

发票代码：051002143211
发票号码：12541612
开票日期：2021年12月18日
校验码：12367 18639 18246 91164

机器编号：235227572174

购买方	名称：金陵华新商贸有限公司 纳税人识别号：91510039532735702G 地址、电话： 开户行及账号：			密码区	235-56<19458<38840+481*56780 75/373*43348*7>+>-2//54348*7 >*23-4367-7<8*873/+<4840+48 234+2395*3-/>7142>>8--56<19		
货物或应税劳务、服务名称	规格型号	单位	数量	单价	金额	税率	税额
*信息安全产品*税控盘		个	1	176.99	176.99	13%	23.01
合计					¥176.99		¥23.01
价税合计（大写）	⊗贰佰圆整				（小写）¥200.00		
销售方	名称：金陵航天信息有限公司 纳税人识别号：91510017750055395N 地址、电话：金陵市海淀区上地路110号 0688-1158879 开户行及账号：中国工商银行金陵上地支行 1208736856823412780			备注			

收款人：谢丽　复核：张文娜　开票人：李佳佳　销售方：（章）

金陵航天信息有限公司 91510017750055395N 发票专用章

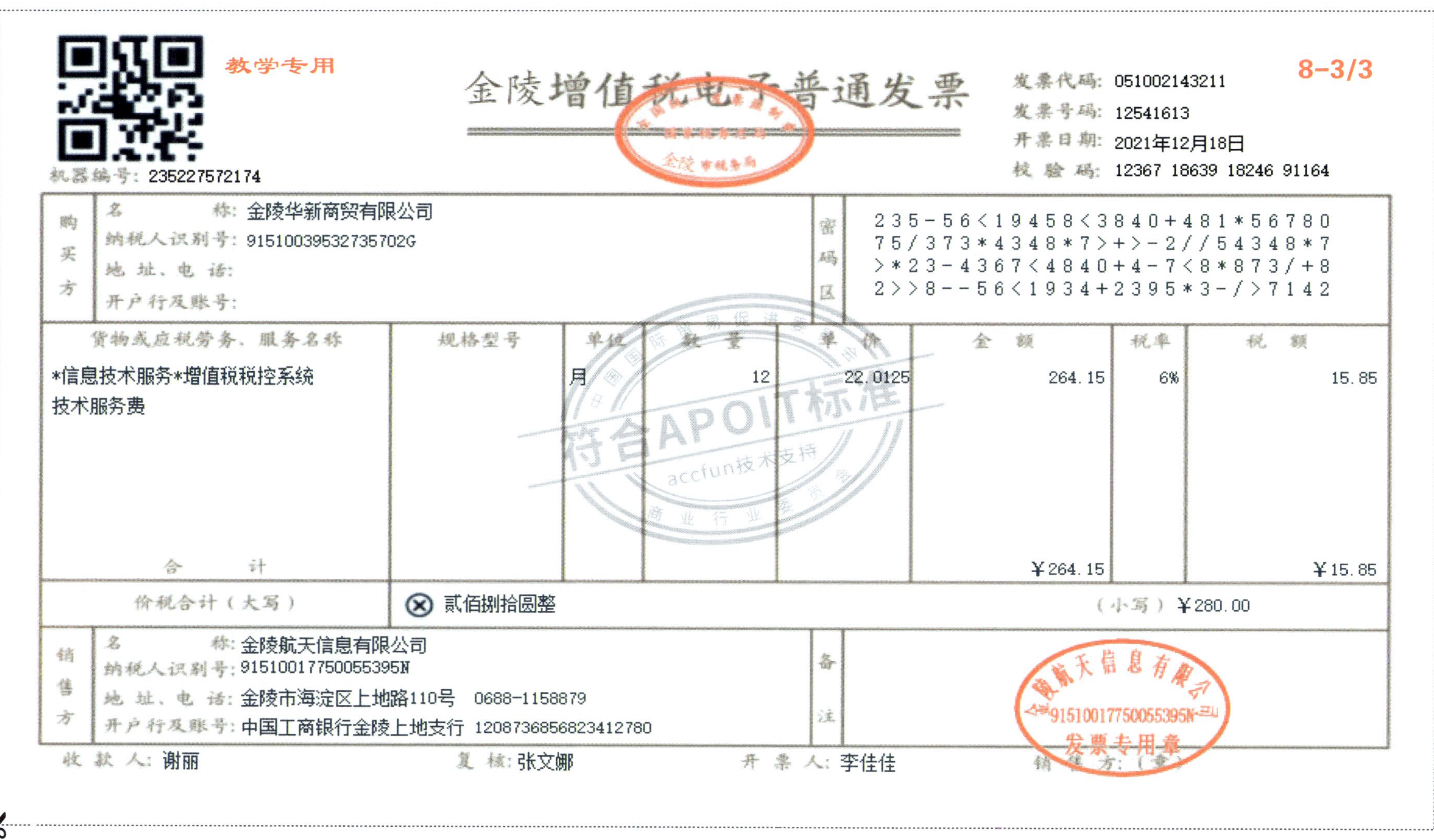

8-3/3

教学专用

金陵增值税电子普通发票

机器编号：235227572174

发票代码：051002143211
发票号码：12541613
开票日期：2021年12月18日
校验码：12367 18639 18246 91164

购买方	名称：金陵华新商贸有限公司 纳税人识别号：91510039532735702G 地址、电话： 开户行及账号：	密码区	235-56<19458<3840+481*56780 75/373*4348*7>+>-2//54348*7 >*23-4367<4840+4-7<8*873/+8 2>>8--56<1934+2395*3-/>7142

货物或应税劳务、服务名称	规格型号	单位	数量	单价	金额	税率	税额
*信息技术服务*增值税税控系统技术服务费		月	12	22.0125	264.15	6%	15.85
合计					¥264.15		¥15.85
价税合计（大写）	⊗贰佰捌拾圆整				（小写）¥280.00		

销售方	名称：金陵航天信息有限公司 纳税人识别号：91510017750055395N 地址、电话：金陵市海淀区上地路110号 0688-1158879 开户行及账号：中国工商银行金陵上地支行 120873685682341278 0	备注	

收款人：谢丽　　复核：张文娜　　开票人：李佳佳　　销售方：（章）

◆业务 09◆

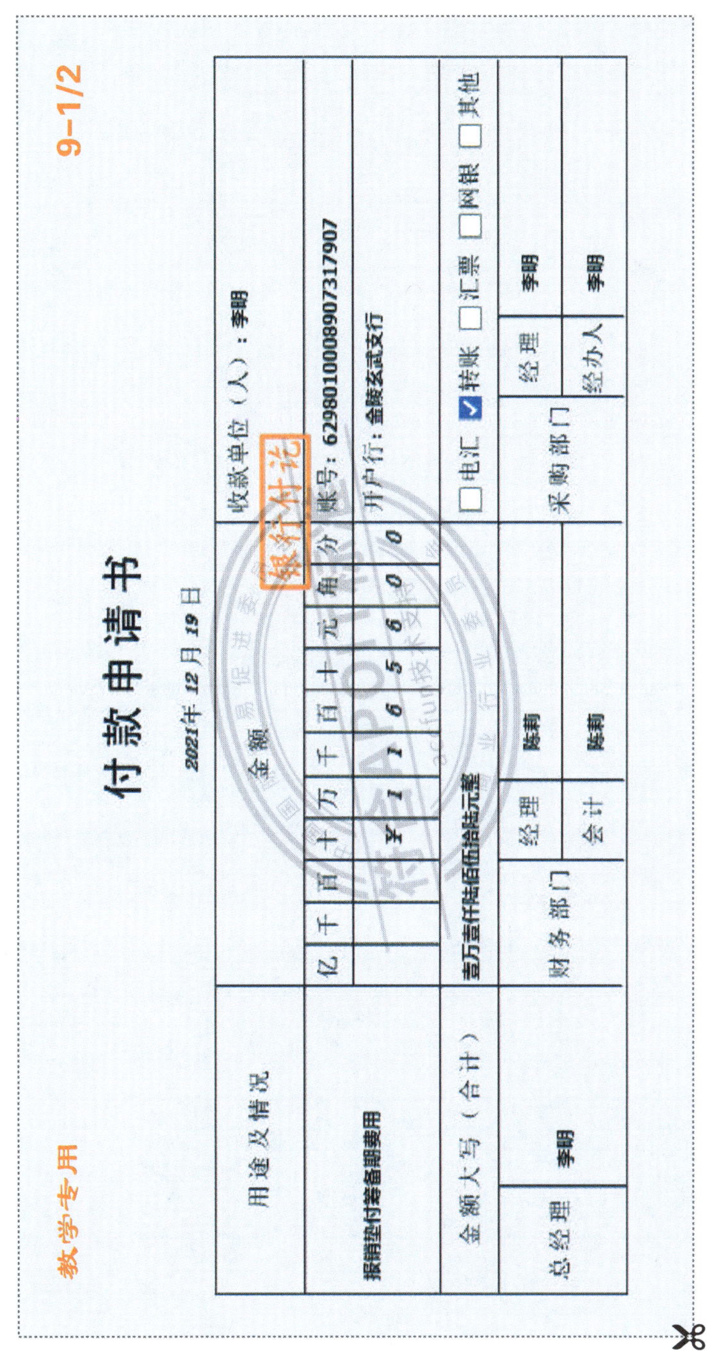

教学专用　　9-1/2

付款申请书

2021年 12 月 19 日

<table>
<tr><td rowspan="2">用途及情况</td><td colspan="11">金额</td><td>收款单位（人）：李明
银行付讫</td></tr>
<tr><td>亿</td><td>千</td><td>百</td><td>十</td><td>万</td><td>千</td><td>百</td><td>十</td><td>元</td><td>角</td><td>分</td><td>账号：6298010008907317907</td></tr>
<tr><td>报销垫付筹备期费用</td><td></td><td></td><td></td><td>¥</td><td>1</td><td>1</td><td>6</td><td>5</td><td>6</td><td>0</td><td>0</td><td>开户行：金陵玄武支行</td></tr>
<tr><td>金额大写（合计）</td><td colspan="11">壹万壹仟陆佰伍拾陆元整</td><td>☐电汇 ☑转账 ☐汇票 ☐网银 ☐其他</td></tr>
</table>

总经理	李明	财务部门	经理	陈莉	采购部门	经理	李明
			会计	陈莉		经办人	李明

教学专用　　9-2/2

ICBC 中国工商银行　业务回单（付款）

日期：2021年 12月 19日　　回单编号：1525231236

付款人户名：金陵华新商贸有限公司　　付款人开户行：金陵玄武支行

付款人账号（卡号）：1208732636877834124

收款人户名：李明　　收款人开户行：金陵玄武支行

收款人账号（卡号）：6298010008907317907

金额：壹万壹仟陆佰伍拾陆元整　　小写：11656.00元

业务（产品）种类：转账　　凭证种类：a0000000　　凭证号码：0000000000000000

摘要：报销垫付筹备期费用　　用途：　　币种：人民币

交易机构：0410000292　　记账柜员：03741　　交易代码：02108　　渠道：

产品名称：　　费用名称：

应收金额：11656.00　　实收金额：11656.00　　收费渠道：

本回单为第一次打印，注意重复　　打印日期：2021年 12月 19日　　打印柜员：9　　验证码：0A87640EF006

◆业务 10◆

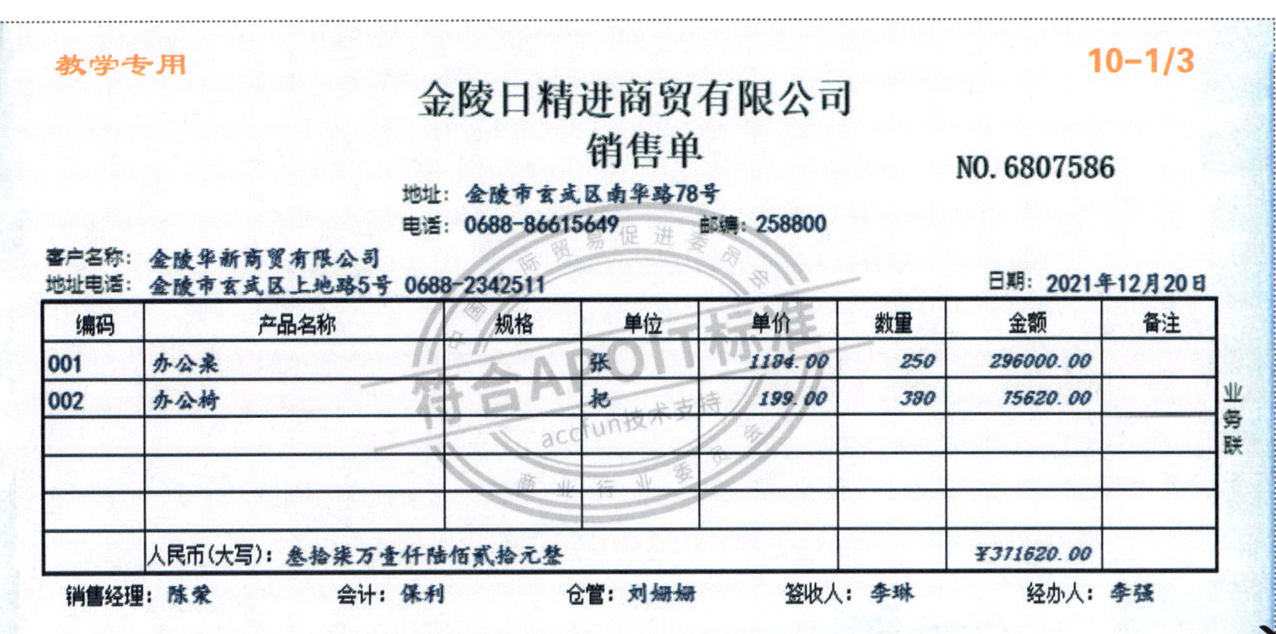

教学专用　　10-1/3

金陵日精进商贸有限公司
销售单

NO. 6807586

地址：金陵市玄武区南华路78号
电话：0688-86615649　邮编：258800

客户名称：金陵华新商贸有限公司
地址电话：金陵市玄武区上地路5号 0688-2342511　　日期：2021年12月20日

编码	产品名称	规格	单位	单价	数量	金额	备注
001	办公桌		张	1184.00	250	296000.00	
002	办公椅		把	199.00	380	75620.00	
	人民币(大写)：叁拾柒万壹仟陆佰贰拾元整					¥371620.00	

销售经理：陈荣　会计：张利　仓管：刘娟娟　签收人：李琳　经办人：李强

业务联

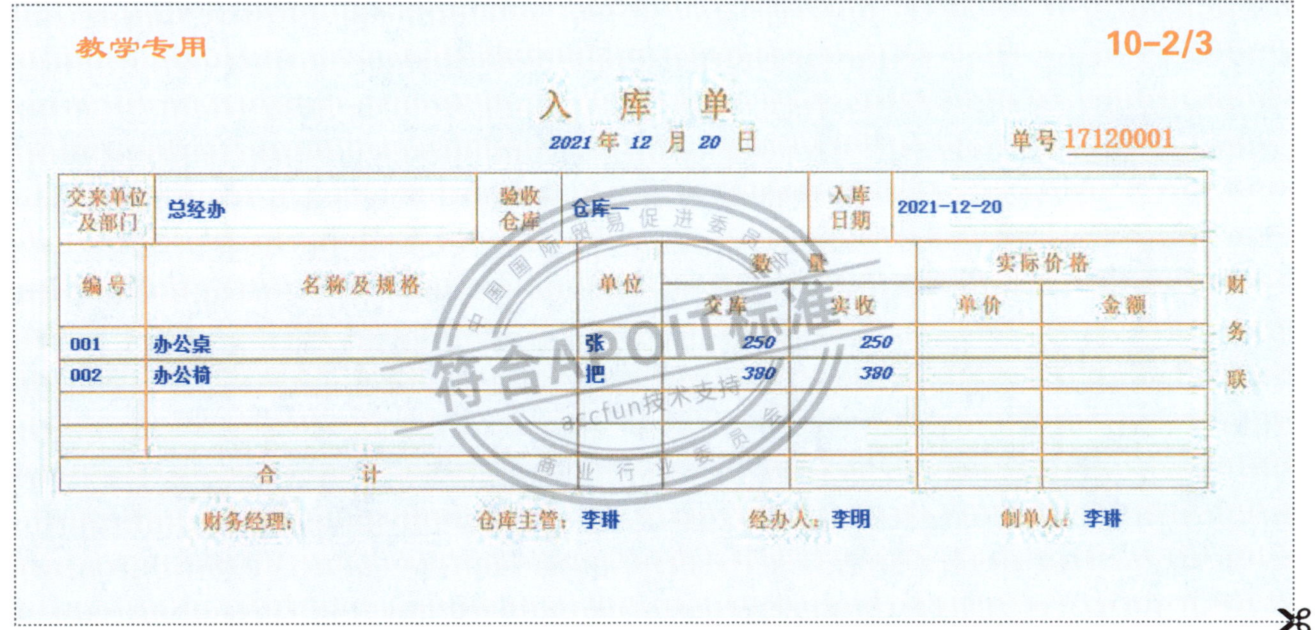

教学专用　　10-2/3

入　库　单

2021 年 12 月 20 日　　单号 17120001

交来单位及部门	总经办	验收仓库	仓库一	入库日期	2021-12-20

编号	名称及规格	单位	数量 交库	数量 实收	实际价格 单价	实际价格 金额
001	办公桌	张	250	250		
002	办公椅	把	380	380		
合计						

财务经理：　仓库主管：李琳　经办人：李明　制单人：李琳

财务联

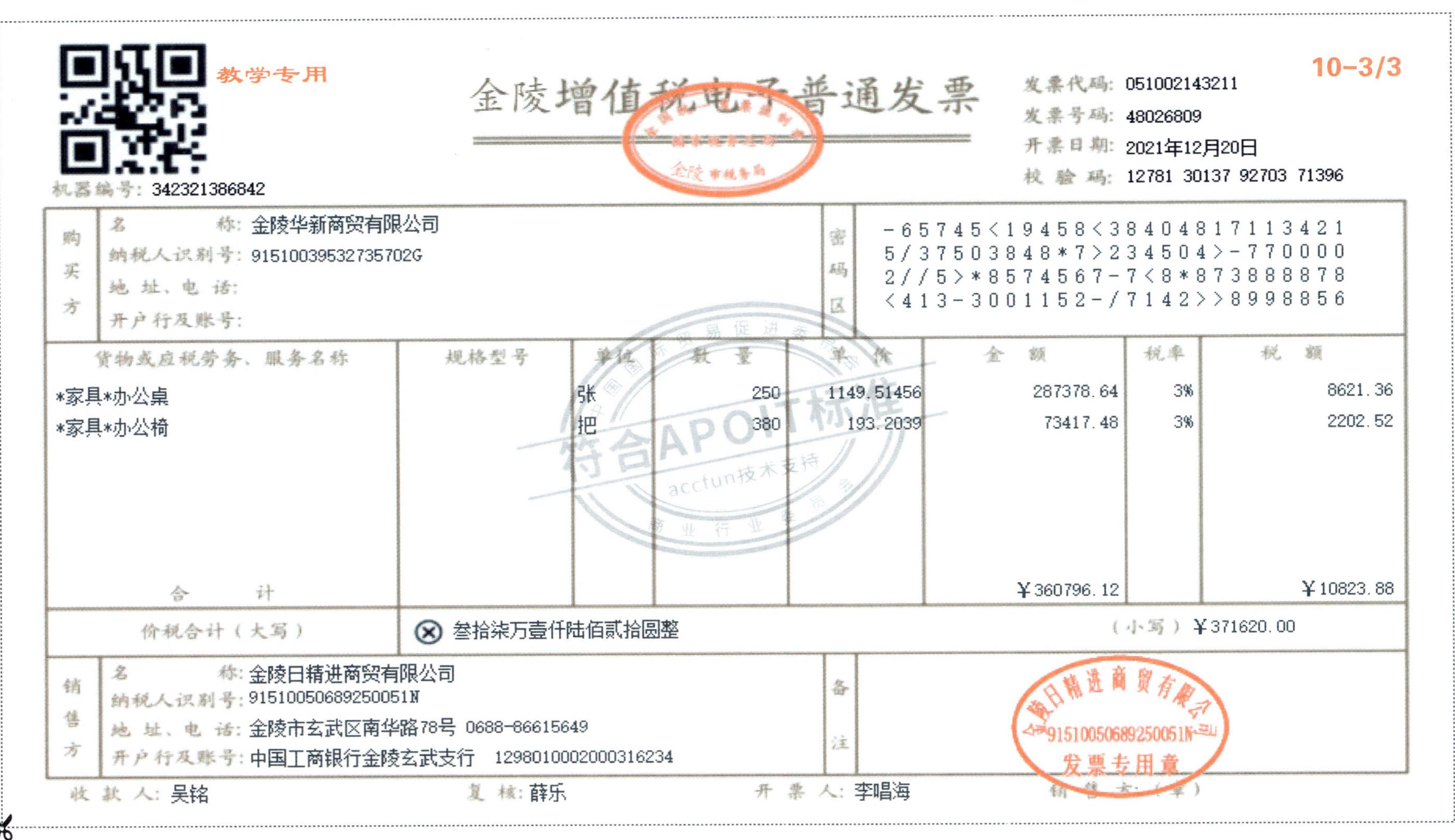

10-3/3

教学专用

金陵增值税电子普通发票

机器编号: 342321386842

发票代码: 051002143211
发票号码: 48026809
开票日期: 2021年12月20日
校验码: 12781 30137 92703 71396

购买方	名称: 金陵华新商贸有限公司 纳税人识别号: 91510039532735702G 地址、电话: 开户行及账号:	密码区	-65745<19458<384048171113421 5/37503848*7>23450 4>-770000 2//5>*8574567-7<8*873888878 <413-30011152-/7142>>8998856

货物或应税劳务、服务名称	规格型号	单位	数量	单价	金额	税率	税额
*家具*办公桌		张	250	1149.51456	287378.64	3%	8621.36
*家具*办公椅		把	380	193.2039	73417.48	3%	2202.52
合计					¥360796.12		¥10823.88
价税合计（大写）	⊗叁拾柒万壹仟陆佰贰拾圆整				（小写）¥371620.00		

销售方	名称: 金陵日精进商贸有限公司 纳税人识别号: 91510050689250051N 地址、电话: 金陵市玄武区南华路78号 0688-86615649 开户行及账号: 中国工商银行金陵玄武支行 1298010002000316234	备注	

收款人: 吴铭　复核: 薛乐　开票人: 李唱海　销售方:（章）

◆业务 11◆

11-1/3

教学专用

金陵华新商贸有限公司

销售单

NO. 1712001

地址：金陵市玄武区上地路5号

电话：0688-2342511　邮编：258800

客户名称：金陵积善行商贸有限公司

地址电话：金陵市玄武区南山路22号 0688-86615833

日期：2021年12月22日

编码	产品名称	规格	单位	单价	数量	金额	备注
001	办公桌		张	1339.00	20	26780.00	
002	办公椅		把	370.80	50	18540.00	
人民币(大写)：肆万伍仟叁佰贰拾元整						¥45320.00	

会计联

销售经理：李明　会计：陈莉　仓管：李琳　签收人：赵强　经办人：林乐

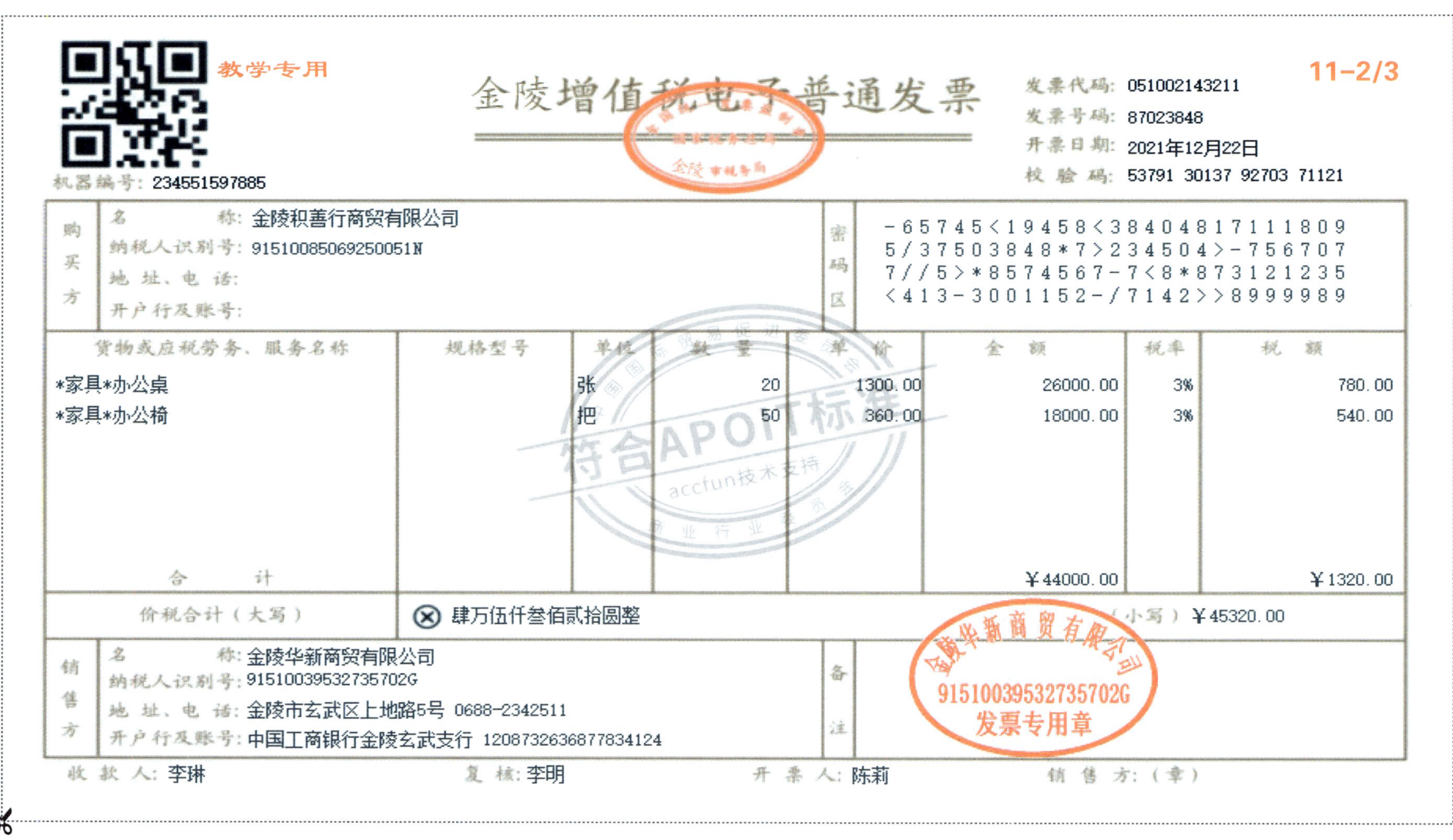

11-2/3

教学专用

金陵增值税电子普通发票

机器编号：234551597885

发票代码：051002143211
发票号码：87023848
开票日期：2021年12月22日
校验码：53791 30137 92703 71121

购买方	名称：金陵积善行商贸有限公司 纳税人识别号：91510085069250051N 地址、电话： 开户行及账号：	密码区	-65745<19458<384048171111809 5/3750384 8*7>234504>-756707 7//5>*8574567-7<8*873121235 <413-3001152-/7142>>8999989

货物或应税劳务、服务名称	规格型号	单位	数量	单价	金额	税率	税额
*家具*办公桌		张	20	1300.00	26000.00	3%	780.00
*家具*办公椅		把	50	360.00	18000.00	3%	540.00
合计					¥44000.00		¥1320.00
价税合计（大写）	⊗肆万伍仟叁佰贰拾圆整				（小写）¥45320.00		

销售方	名称：金陵华新商贸有限公司 纳税人识别号：91510039532735702G 地址、电话：金陵市玄武区上地路5号 0688-2342511 开户行及账号：中国工商银行金陵玄武支行 1208732636877834124	备注	

收款人：李琳　　复核：李明　　开票人：陈莉　　销售方：（章）

金陵华新商贸有限公司
91510039532735702G
发票专用章

教学专用　　11-3/3

ICBC 中国工商银行 业务回单（收款）

日期：2021年12月22日　回单编号：1734214232

付款人户名：金陵积善行商贸有限公司　付款人开户行：金陵玄武支行

付款人账号（卡号）：1208700131210366361

收款人户名：金陵华新商贸有限公司　收款人开户行：金陵玄武支行

收款人账号（卡号）：1208732636877834124

金额：肆万伍仟叁佰贰拾元整　小写：45320.00元

业务（产品）种类：结算业务凭证　凭证种类：0000000000　凭证号码：000000000000000000

摘要：货款　用途：转账　币种：人民币

交易机构：0410000292　记账柜员：03741　交易代码：02108　渠道：柜面

产品名称：　费用名称：

应收金额：45320.00　实收金额：45320.00　收费渠道：

本回单为第一次打印，注意重复　打印日期：2021年12月22日　打印柜员：9　验证码：0A87640EF006

◆业务 12◆

教学专用

12-1/2

金陵华新商贸有限公司

销售单

地址：金陵市玄武区上地路5号　邮编：258800

电话：0688-2342511

NO. 1712002

客户名称：金陵欣欣商贸有限公司

地址电话：金陵市玄武区华南北路6号　0688-2344322

日期：2021年12月26日

编码	产品名称	规格	单位	单价	数量	金额	备注
001	办公桌		张	1339.00	40	53560.00	
002	办公椅		把	370.80	70	25956.00	
人民币(大写)：柒万玖仟伍佰壹拾陆元整						￥79516.00	

销售经理：李明　会计：陈莉　仓管：李琳　签收人：吴婉玲　经办人：林乐

会计联

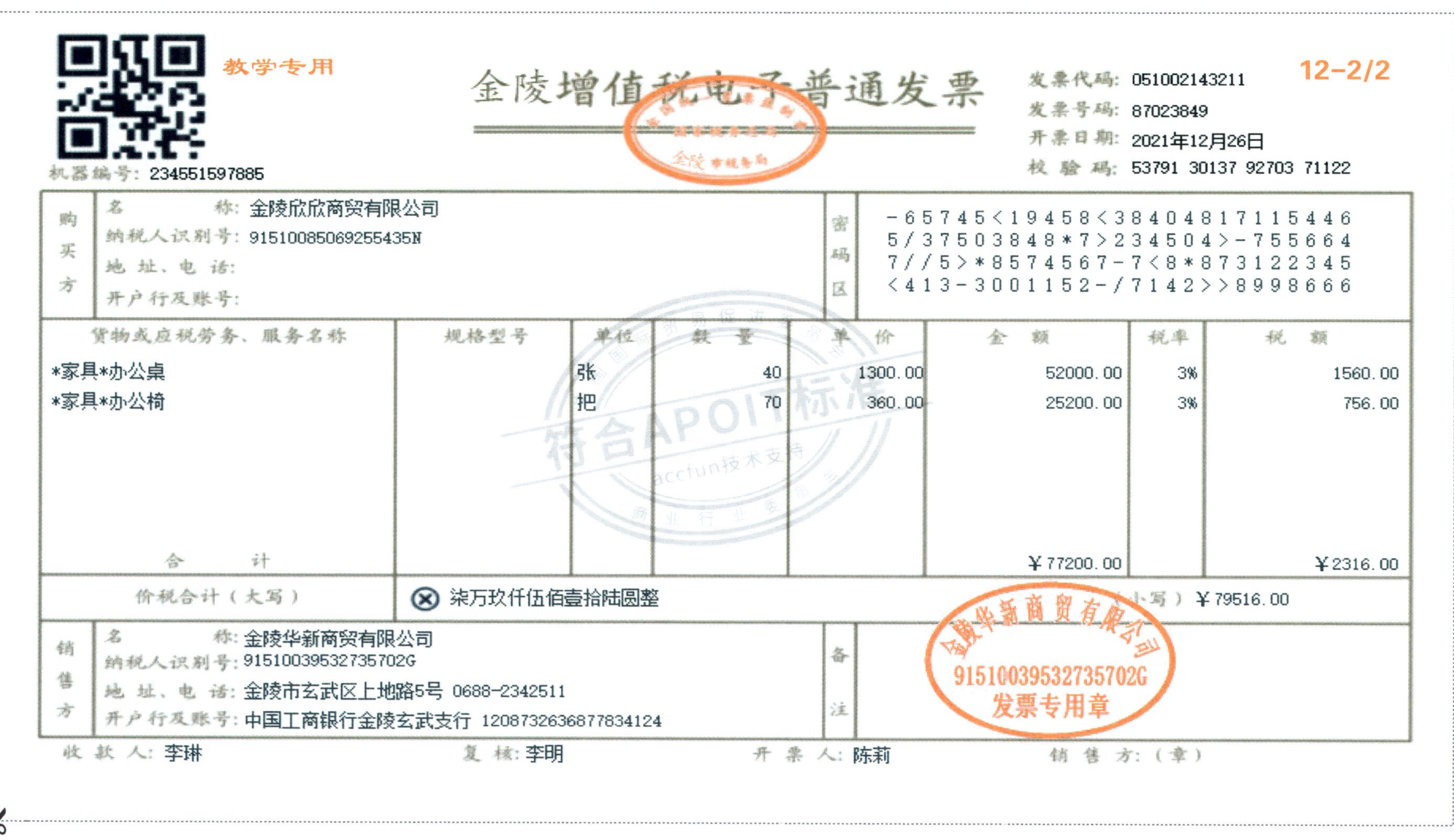

教学专用

金陵增值税电子普通发票

12-2/2

机器编号：234551597885

发票代码：051002143211
发票号码：87023849
开票日期：2021年12月26日
校验码：53791 30137 92703 71122

购买方	名称：金陵欣欣商贸有限公司 纳税人识别号：91510085069255435N 地址、电话： 开户行及账号：	密码区	-65745<19458<38404817115446 5/37503848*7>234504>-755664 7//5>*8574567-7<8*873122345 <413-3001152-/7142>>8998666

货物或应税劳务、服务名称	规格型号	单位	数量	单价	金额	税率	税额
*家具*办公桌		张	40	1300.00	52000.00	3%	1560.00
*家具*办公椅		把	70	360.00	25200.00	3%	756.00
合计					¥77200.00		¥2316.00
价税合计（大写）	⊗柒万玖仟伍佰壹拾陆圆整				（小写）¥79516.00		

销售方	名称：金陵华新商贸有限公司 纳税人识别号：915100395327357O2G 地址、电话：金陵市玄武区上地路5号 0688-2342511 开户行及账号：中国工商银行金陵玄武支行 1208732636877834124	备注	

收款人：李琳　　复核：李明　　开票人：陈莉　　销售方：（章）

◆业务13◆

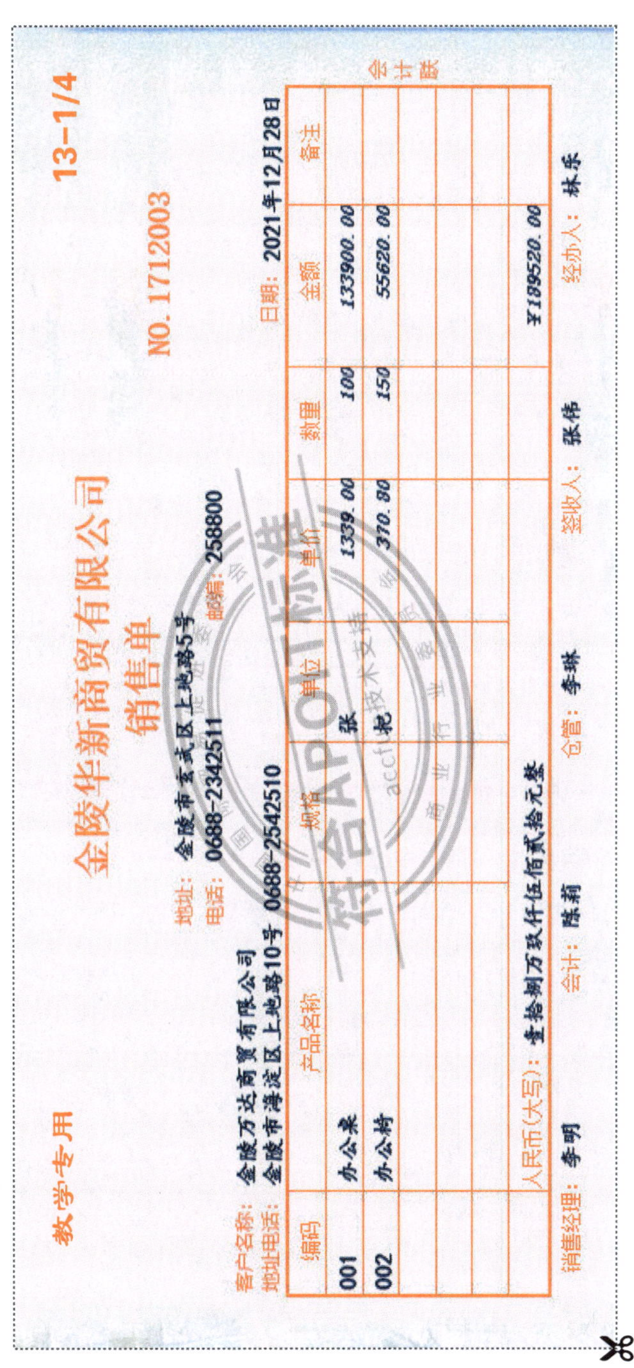

13-1/4

教学专用

金陵华新商贸有限公司
销售单

NO. 1712003

地址：金陵市玄武区上地路5号 邮编：258800

电话：0688-2342511

客户名称：金陵万达商贸有限公司

地址电话：金陵市海淀区上地路10号 0688-2542510

日期：2021年12月28日

编码	产品名称	规格	单位	单价	数量	金额	备注
001	办公桌		张	1339.00	100	133900.00	
002	办公椅		把	370.80	150	55620.00	
人民币(大写)：壹拾捌万玖仟伍佰贰拾元整						¥189520.00	

销售经理：李明　会计：陈莉　仓管：李琳　签收人：张伟　经办人：林乐

会计联

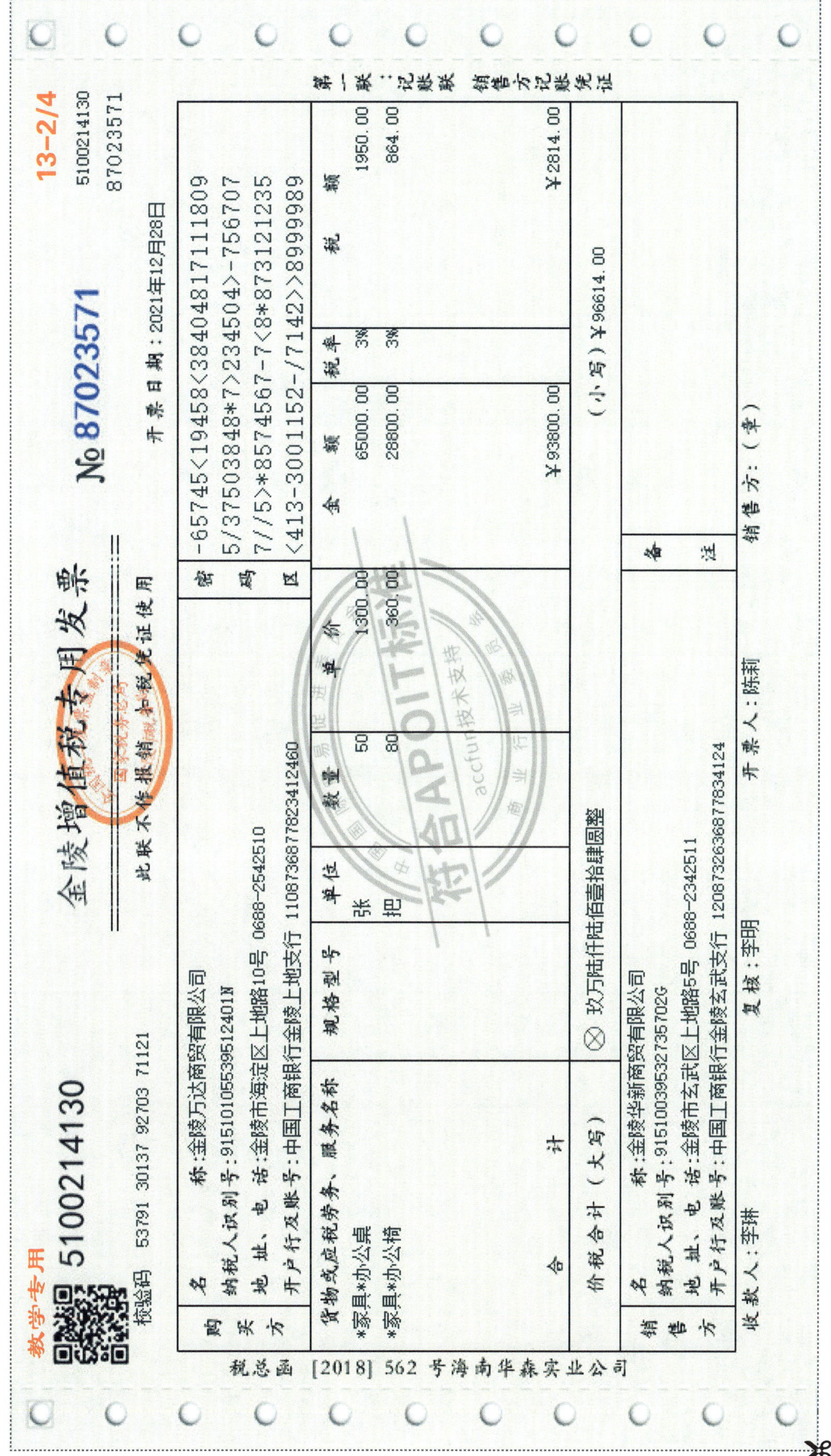

教学专用　13-2/4

5100214130　　金陵增值税专用发票　　№ 87023571　　5100214130 87023571

校验码 53791 30137 92703 71121　　此联不作报销、扣税凭证使用　　开票日期：2021年12月28日

购买方	名　　称:金陵万达商贸有限公司 纳税人识别号:91510105539512401N 地 址、电 话:金陵市海淀区上地路10号 0688-2542510 开户行及账号:中国工商银行金陵上地支行 1108736877823412460	密码区	-65745<19458<38404817111809 5/37503848*7>234504>-756707 7//5>*8574567-7<8*873121235 <413-3001152-/7142>>8999989

货物或应税劳务、服务名称	规格型号	单位	数量	单价	金额	税率	税额
*家具*办公桌		张	50	1300.00	65000.00	3%	1950.00
*家具*办公椅		把	80	360.00	28800.00	3%	864.00
合　计					¥93800.00		¥2814.00
价税合计（大写）	⊗ 玖万陆仟陆佰壹拾肆圆整				（小写）¥96614.00		

销售方	名　　称:金陵华新商贸有限公司 纳税人识别号:91510039532735702G 地 址、电 话:金陵市玄武区上地路5号 0688-2342511 开户行及账号:中国工商银行金陵玄武支行 1208732636877834124	备注	

收款人：李琳　　复核：李明　　开票人：陈莉　　销售方：（章）

第一联：记账联　销售方记账凭证

税总函［2018］562号海南华森实业公司

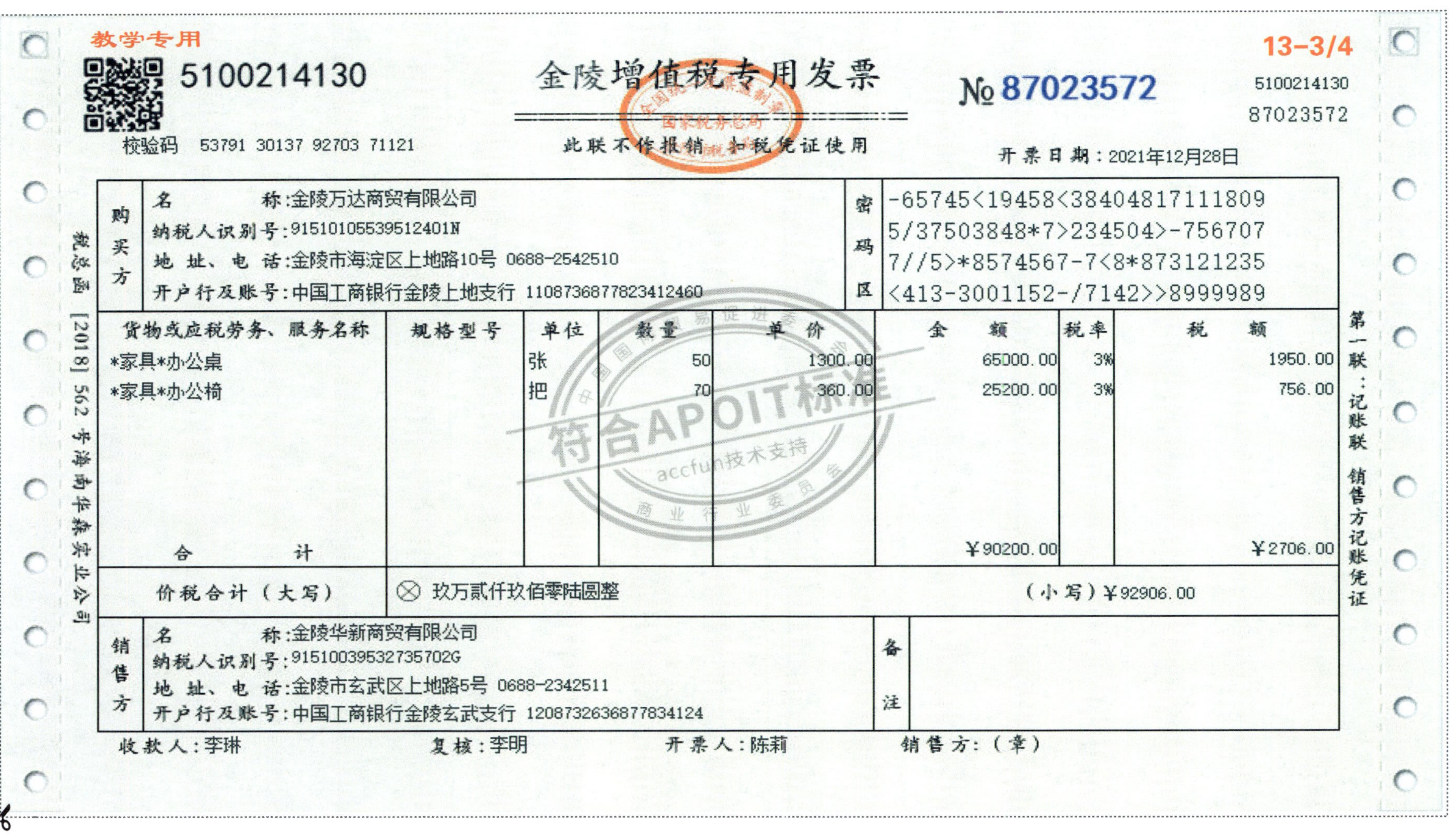

教学专用　　13-3/4

5100214130

金陵增值税专用发票

№ 87023572　　5100214130　87023572

此联不作报销、扣税凭证使用

校验码　53791 30137 92703 71121　　开票日期：2021年12月28日

购买方	名　　称：金陵万达商贸有限公司 纳税人识别号：91510105539512401N 地 址、电 话：金陵市海淀区上地路10号 0688-2542510 开户行及账号：中国工商银行金陵上地支行 1108736877823412460	密码区	-65745<19458<38404817111809 5/37503848*7>234504>-756707 7//5>*8574567-7<8*873121235 <413-3001152-/7142>>8999989

货物或应税劳务、服务名称	规格型号	单位	数量	单价	金额	税率	税额
*家具*办公桌		张	50	1300.00	65000.00	3%	1950.00
*家具*办公椅		把	70	360.00	25200.00	3%	756.00
合　　计					￥90200.00		￥2706.00
价税合计（大写）	⊗ 玖万贰仟玖佰零陆圆整				（小写）￥92906.00		

销售方	名　　称：金陵华新商贸有限公司 纳税人识别号：91510039532735702G 地 址、电 话：金陵市玄武区上地路5号 0688-2342511 开户行及账号：中国工商银行金陵玄武支行 1208732636877834124	备注	

收款人：李琳　　复核：李明　　开票人：陈莉　　销售方：（章）

第一联：记账联　销售方记账凭证

税总函[2018]562号海南华森实业公司

教学专用

ICBC 中国工商银行 业务回单（收款） 13-4/4

日期：2021年 12月 28日　　回单编号：1734214232

付款人户名：金陵万达商贸有限公司　　付款人开户行：金陵上地支行

付款人账号（卡号）：1108736877823412460

收款人户名：金陵华新商贸有限公司　　收款人开户行：金陵玄武支行

收款人账号（卡号）：1208732636877834124

金额：壹拾捌万玖仟伍佰贰拾元整　　小写：189520.00元

业务（产品）种类：结算业务凭证　　凭证种类：000000000　　凭证号码：00000000000000000

摘要：货款　　用途：转账　　币种：人民币

交易机构：0410000292　　记账柜员：03741　　交易代码：02108　　渠道：柜面

产品名称：　　费用名称：

应收金额：189520.00　　实收金额：189520.00　　收费渠道：

本回单为第一次打印，注意重复　　打印日期：2021年 12月 28日　　打印柜员：9　　验证码：0A87640EF006

◆业务 14◆

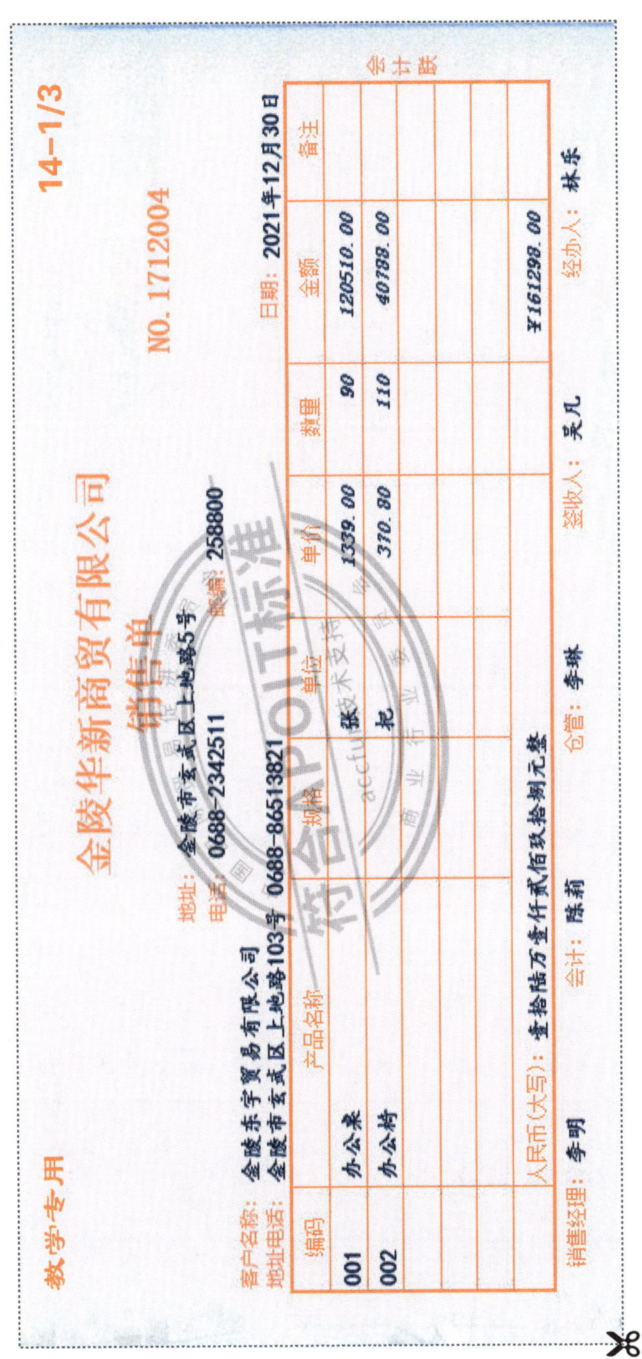

教学专用　　14-1/3

金陵华新商贸有限公司
销售单

地址：金陵市玄武区上地路5号
电话：0688-2342511　邮编：258800

NO. 1712004

客户名称：金陵乐宇贸易有限公司
地址电话：金陵市玄武区上地路103号 0688-86513821
日期：2021年12月30日

编码	产品名称	规格	单位	单价	数量	金额	备注
001	办公桌		张	1339.00	90	120510.00	
002	办公椅		把	370.80	110	40788.00	
人民币(大写)：壹拾陆万壹仟贰佰玖拾捌元整						￥161298.00	

销售经理：李明　会计：陈莉　仓管：李琳　签收人：吴凡　经办人：林乐

会计联

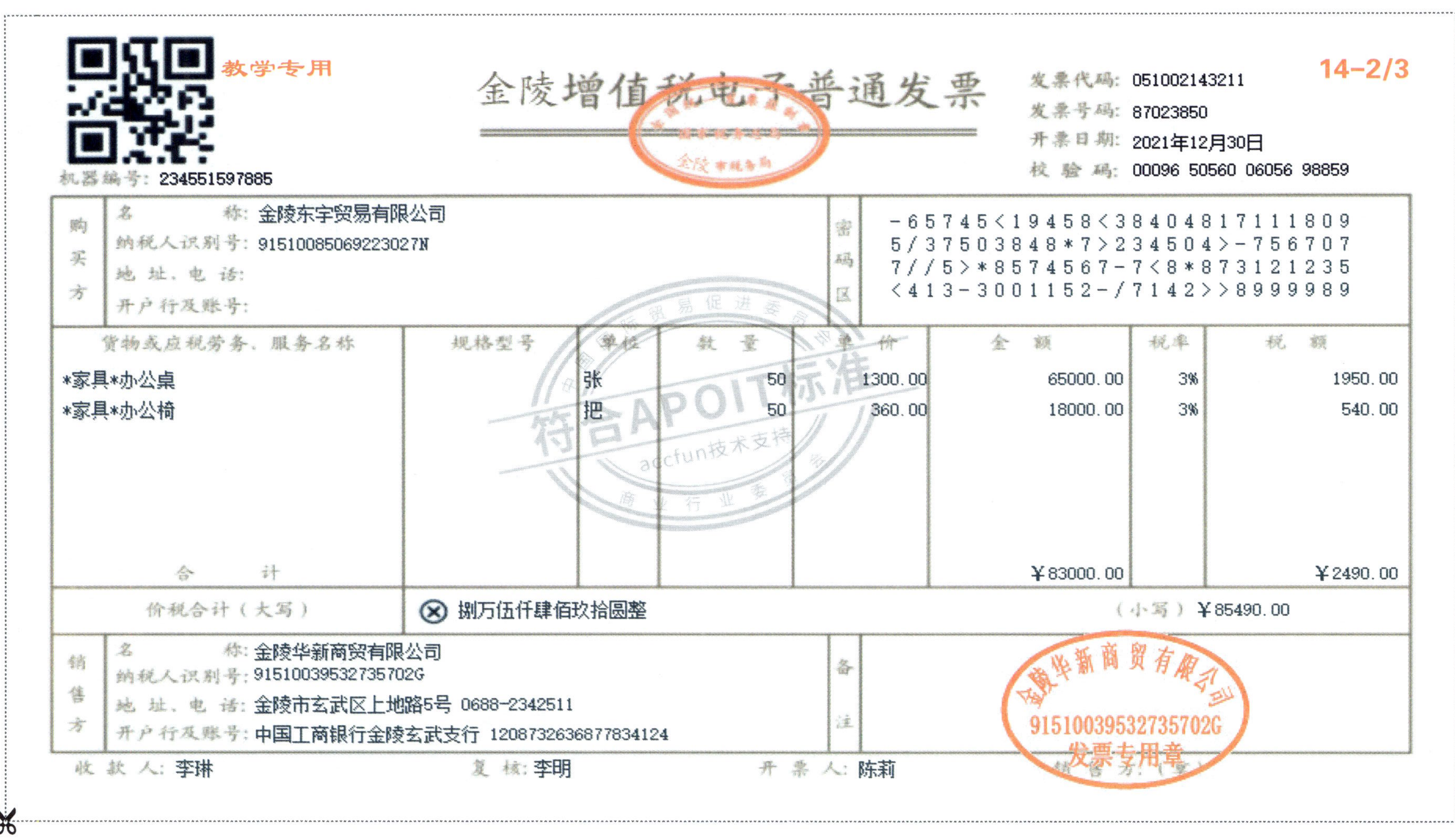

14-2/3

教学专用

金陵增值税电子普通发票

机器编号：234551597885

发票代码：051002143211
发票号码：87023850
开票日期：2021年12月30日
校 验 码：00096 50560 06056 98859

购买方	名　　称：金陵东宇贸易有限公司 纳税人识别号：91510085069223027N 地 址、电 话： 开户行及账号：	密码区	-65745<19458<384048171118O9 5/37503848*7>234504>-756707 7//5>*8574567-7<8*87312123 5 <413-3001152-/7142>>899989

货物或应税劳务、服务名称	规格型号	单位	数量	单价	金额	税率	税额
*家具*办公桌		张	50	1300.00	65000.00	3%	1950.00
*家具*办公椅		把	50	360.00	18000.00	3%	540.00
合　计					¥83000.00		¥2490.00
价税合计（大写）	⊗捌万伍仟肆佰玖拾圆整				（小写）¥85490.00		

销售方	名　　称：金陵华新商贸有限公司 纳税人识别号：91510039532735702G 地 址、电 话：金陵市玄武区上地路5号 0688-2342511 开户行及账号：中国工商银行金陵玄武支行 1208732636877834124	备注	

收款人：李琳　　复核：李明　　开票人：陈莉　　销售方：（章）

金陵华新商贸有限公司 91510039532735702G 发票专用章

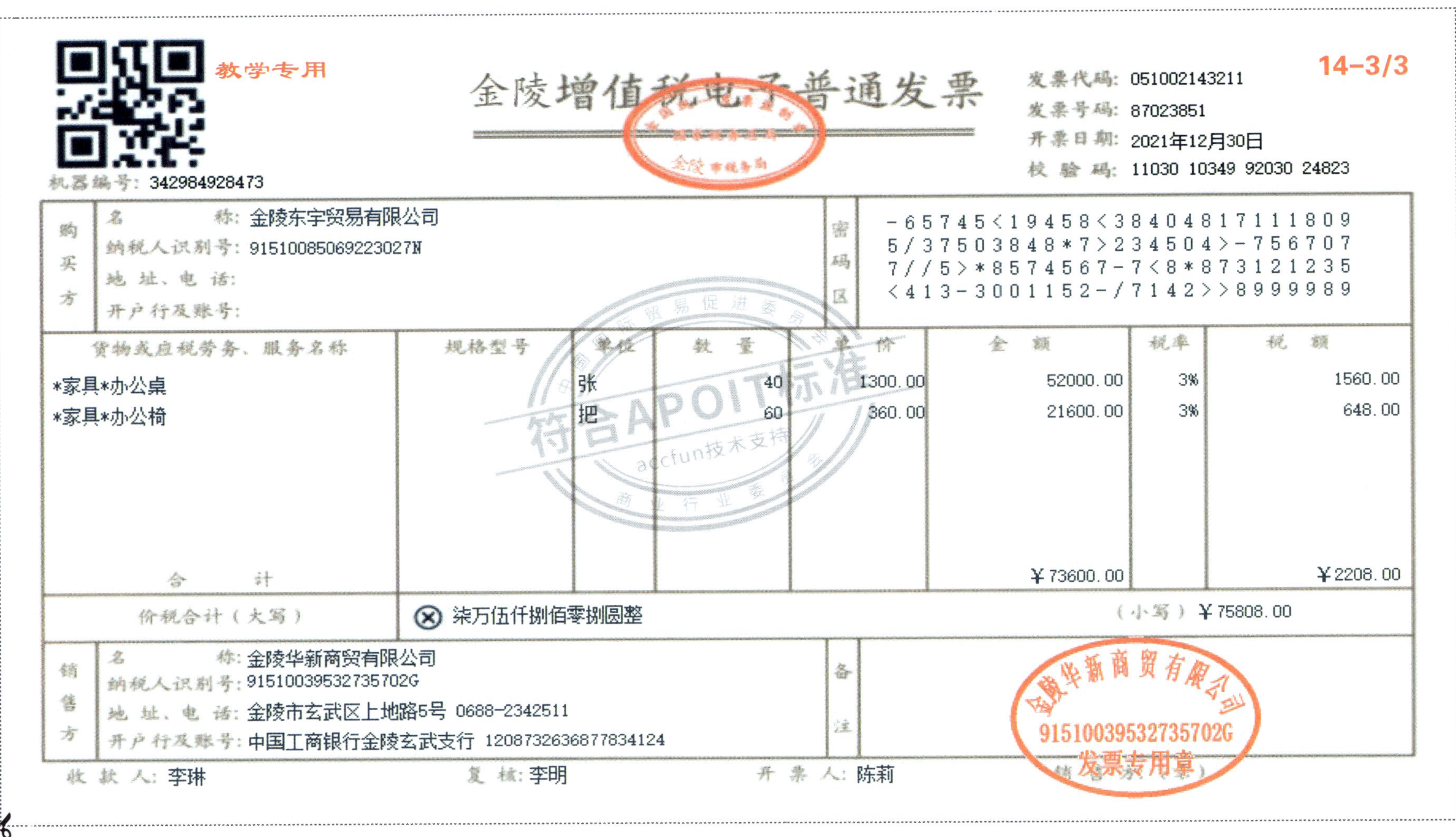

教学专用　　14-3/3

金陵增值税电子普通发票

机器编号：342984928473

发票代码：051002143211
发票号码：87023851
开票日期：2021年12月30日
校验码：11030 10349 92030 24823

购买方	名称：金陵东宇贸易有限公司 纳税人识别号：91510085069223027N 地址、电话： 开户行及账号：	密码区	-65745<19458<38404817111809 5/37503848*7>234504>-756707 7//5>*8574567-7<8*87312123 5 <413-3001152-/7142>>899989

货物或应税劳务、服务名称	规格型号	单位	数量	单价	金额	税率	税额
*家具*办公桌		张	40	1300.00	52000.00	3%	1560.00
*家具*办公椅		把	60	360.00	21600.00	3%	648.00
合计					¥73600.00		¥2208.00
价税合计（大写）	⊗柒万伍仟捌佰零捌圆整				（小写）¥75808.00		

销售方	名称：金陵华新商贸有限公司 纳税人识别号：91510039532735702G 地址、电话：金陵市玄武区上地路5号 0688-2342511 开户行及账号：中国工商银行金陵玄武支行 1208732636877834124	备注	

收款人：李琳　　复核：李明　　开票人：陈莉　　销售方：（章）

业务 15

教学专用　　15-1/5

金陵华新商贸有限公司
销售产品成本计算表

年　月　日　　单位：元

产品名称	期初库存		本期入库		加权平均单价	本期出库	
	数量	金额	数量	金额		数量	金额
合　计							

审核人：　　制表人：

教学专用　　15-2/5

出 库 单

出货单位：金陵华新商贸有限公司　　2021年 12 月 22 日　　单号 1712001

提货单位或领货部门	销售部	销售单号	1712001	发出仓库	仓库一	出库日期	2021-12-22
编号	名称及规格	单位	数量：应发	数量：实发	单价	金额	备注
001	办公桌	张	20	20			
002	办公椅	把	50	50			
合　计							

会计联

部门经理：李珊　　会计：陈莉　　仓库：李珊　　经办人：李珊

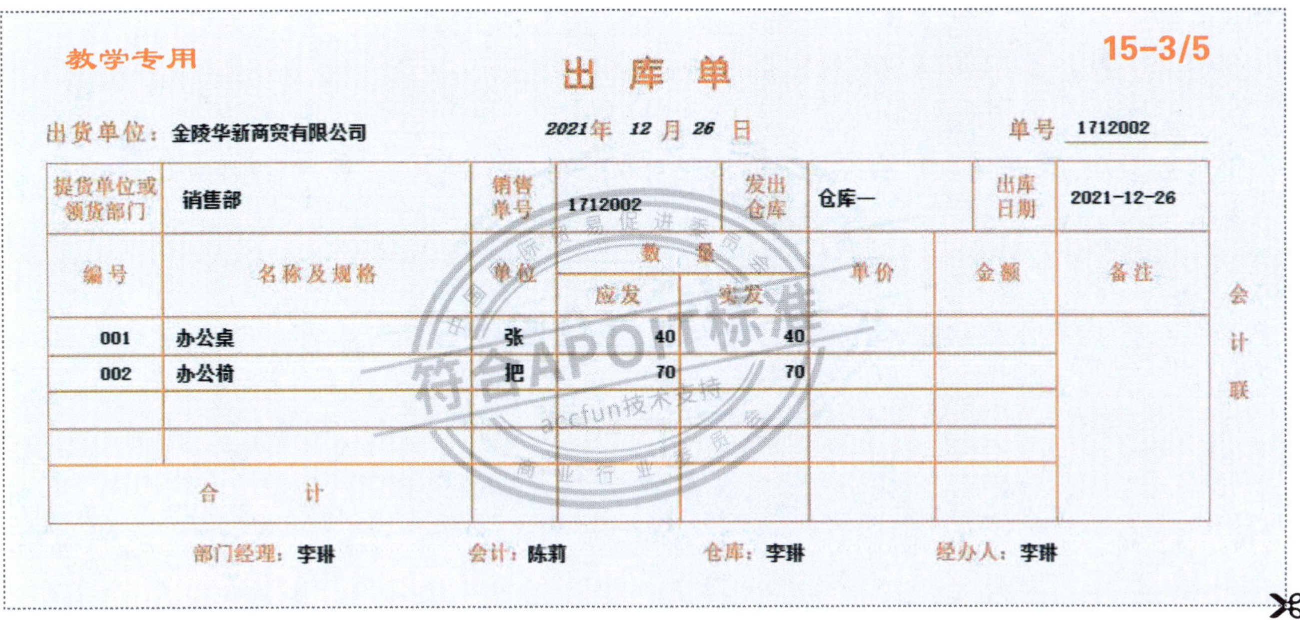

教学专用　　15-3/5

出库单

出货单位：金陵华新商贸有限公司　　2021年 12 月 26 日　　单号 1712002

提货单位或领货部门	销售部	销售单号	1712002	发出仓库	仓库一	出库日期	2021-12-26
编号	名称及规格	单位	数量 应发	数量 实发	单价	金额	备注
001	办公桌	张	40	40			
002	办公椅	把	70	70			
合计							

部门经理：李琳　会计：陈莉　仓库：李琳　经办人：李琳

会计联

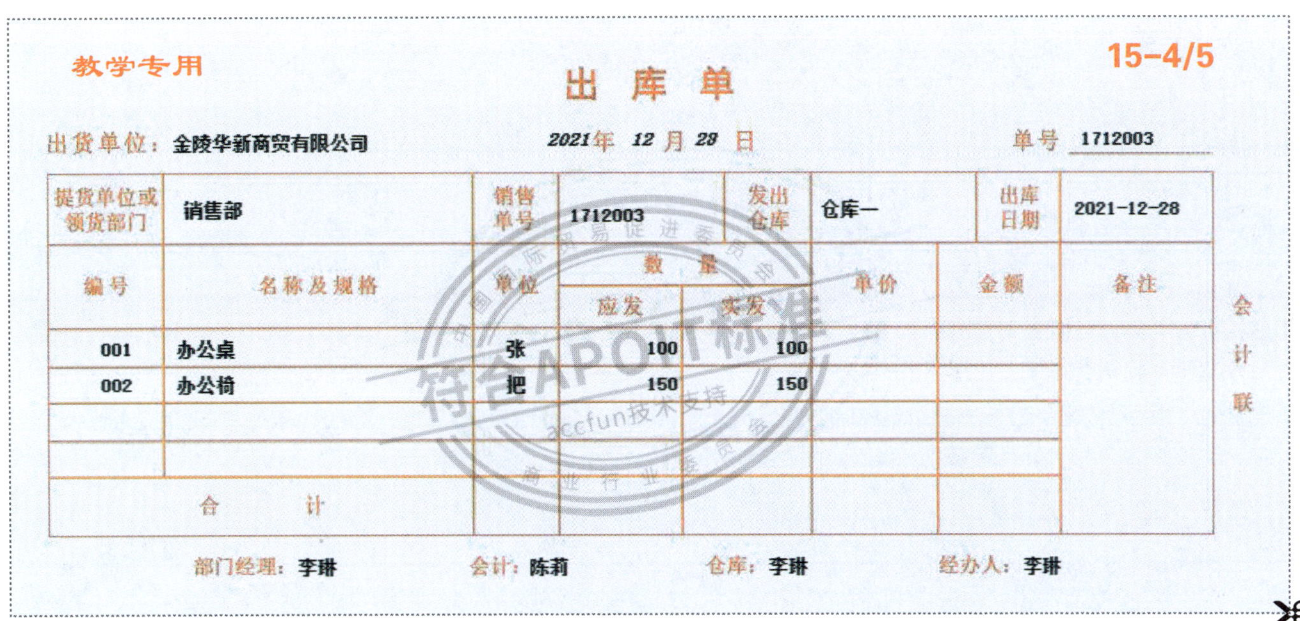

教学专用　　15-4/5

出库单

出货单位：金陵华新商贸有限公司　　2021年 12 月 28 日　　单号 1712003

提货单位或领货部门	销售部	销售单号	1712003	发出仓库	仓库一	出库日期	2021-12-28
编号	名称及规格	单位	数量 应发	数量 实发	单价	金额	备注
001	办公桌	张	100	100			
002	办公椅	把	150	150			
合计							

部门经理：李琳　会计：陈莉　仓库：李琳　经办人：李琳

会计联

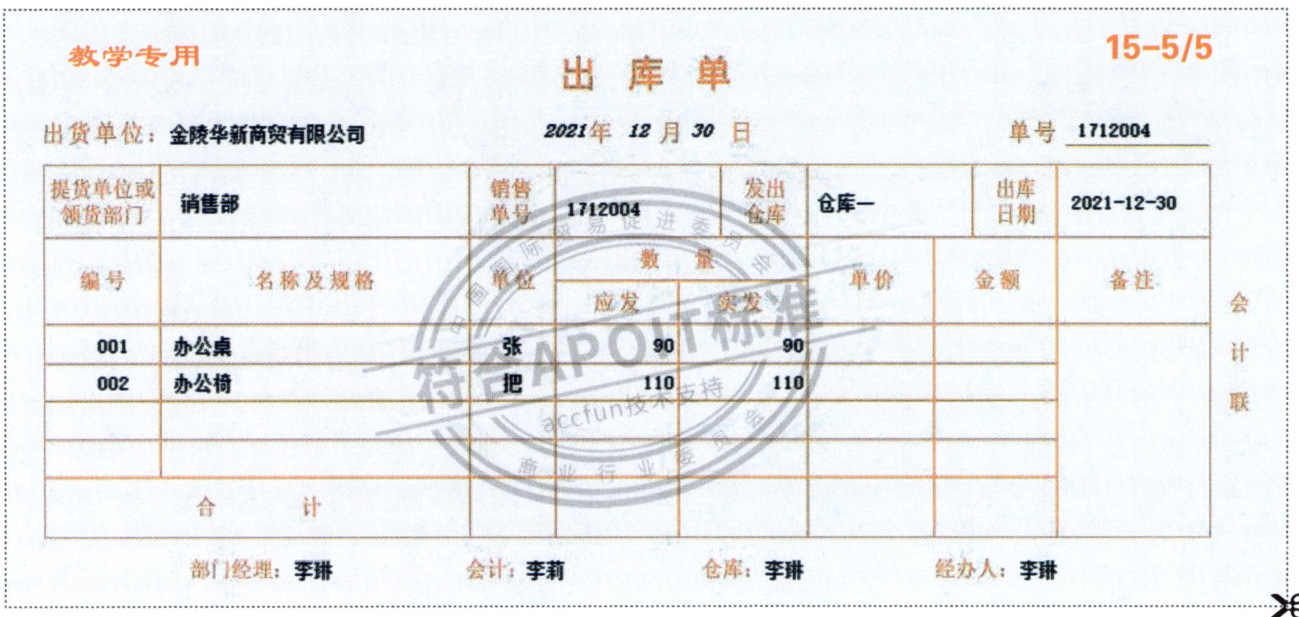

教学专用　　15-5/5

出 库 单

出货单位：金陵华新商贸有限公司　　2021年 12 月 30 日　　单号 1712004

提货单位或领货部门	销售部	销售单号	1712004	发出仓库	仓库一	出库日期	2021-12-30
编号	名称及规格	单位	数量 应发	数量 实发	单价	金额	备注
001	办公桌	张	90	90			
002	办公椅	把	110	110			
合计							

会计联

部门经理：李琳　　会计：李莉　　仓库：李琳　　经办人：李琳

◆业务 16◆

教学专用　　16-1/1

金陵华新商贸有限公司

工资计提表

计酬期间：2021年12月01日至2021年12月31日　计提日期：2021年12月31日　单位：元

部门		姓名	基本工资	加班工资	全勤奖金	其他津贴	工资小计	扣减款项		应发工资	实发工资
								罚款	缺勤		
行政管理部	总经办	李明	3000.00			300.00	3300.00			3300.00	3300.00
	行政部	李琳	2500.00			200.00	2700.00			2700.00	2700.00
	财务部	陈莉	2800.00			200.00	3000.00			3000.00	3000.00
	小计		**8300.00**			**700.00**	**9000.00**			**9000.00**	**9000.00**
销售部		林乐	2800.00			200.00	3000.00			3000.00	3000.00
小计			**2800.00**			**200.00**	**3000.00**			**3000.00**	**3000.00**
合计			**11100.00**			**900.00**	**12000.00**			**12000.00**	**12000.00**

单位负责人：李明　审核人：陈莉　制表人：陈莉

◆业务 17◆

说明：企业持有的单位价值不超过 5000 元的固定资产，购入时计入资产，月末时一次性计入当期成本费用，不再分年度计算折旧。

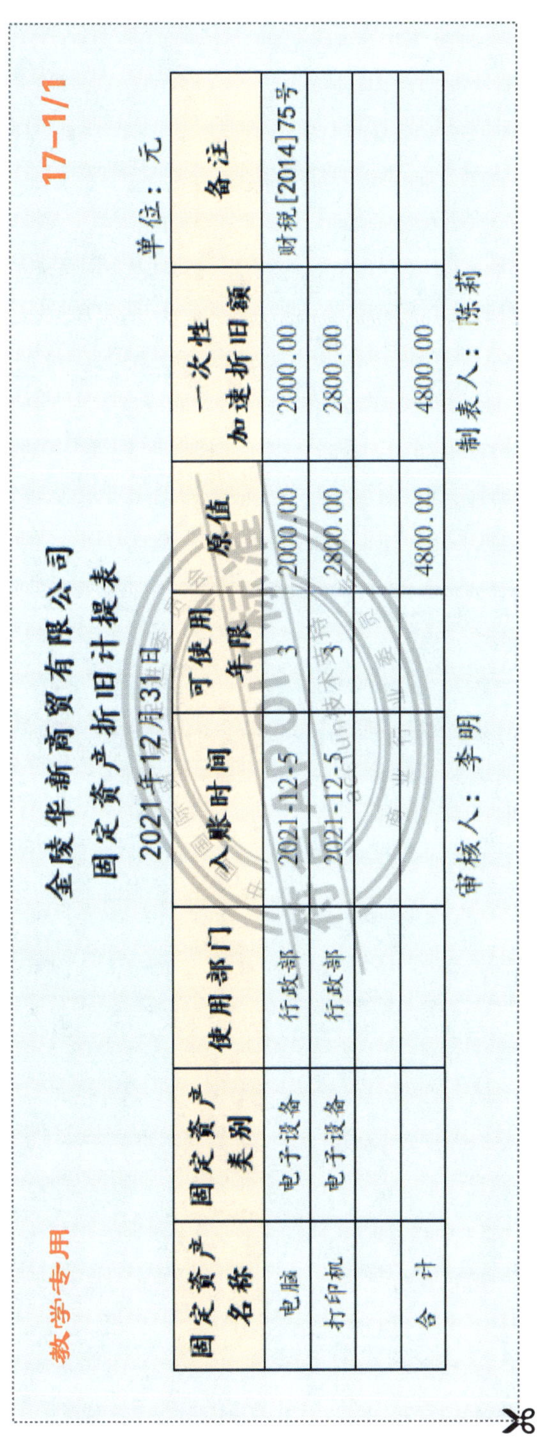

教学专用　　17-1/1

金陵华新商贸有限公司
固定资产折旧计提表
2021年12月31日

单位：元

固定资产名称	固定资产类别	使用部门	入账时间	可使用年限	原值	一次性加速折旧额	备注
电脑	电子设备	行政部	2021-12-5	3	2000.00	2000.00	财税[2014]75号
打印机	电子设备	行政部	2021-12-5	3	2800.00	2800.00	
合　计					4800.00	4800.00	

审核人：李明　　制表人：陈莉

◆ 业务 18 ◆

教学专用　　18-1/1

金陵华新商贸有限公司

增值税及减免税额计提表

年　月　日　　单位：元

本季计税金额	征收率	应纳增值税	减：防伪税控减免增值税	实际应纳或免征增值税	备注
合　计					

审核人：　　制表人：

◆业务 19◆

教学专用　　19-1/1

金陵华新商贸有限公司

附加税费计提表

年　月　日

单位：元

应交税费明细项目	计算依据	金额	税率	应纳税额	备注
城市维护建设税					
教育费附加					
地方教育附加					
合　计					

审核人：　　制表人：

◆业务20◆

教学专用　　20-1/1

金陵华新商贸有限公司

企业所得税计提表

所属期：　年　月　日　　　　单位：元

税种	利润总额	减按12.5%的应纳税所得额	税率	税额
企业所得税				
合　计		——	——	

审核人：　　　　制表人：

◆业务 21◆

教学专用　　21-1/1

金陵华新商贸有限公司

当期损益汇总计算表

年　月　日　　单位：元

项目		本期发生额	项目		本期发生额
当期收益	主营业务收入		当期费用	主营业务成本	
	其他业务收入			其他业务成本	
	营业外收入			税金及附加	
	投资收益			管理费用	
				销售费用	
				财务费用	
				所得税费用	
				资产减值损失	
				营业外支出	
	合　计			合　计	
当期损益（正数为盈利，负数为亏损）					

审核人：　　制表人：

◆业务 22◆

说明:年末结转本年利润。

◆业务 23◆

说明:年末提取法定盈余公积。

◆业务24◆

说明:年末结转法定盈余公积。

附件：银行对账单

教学专用

中国工商银行客户存款对账单

币种：人民币　　单位：元　　2021年　　页号：1

账号：1208732636877834124　　户名：金陵华新商贸有限公司　　上月余额：0.00

日期	业务产品种类	凭证种类	凭证号	对方户名	摘要	借方发生额	贷方发生额	余额	记账信息
12-8	现金	0	0	李明	存入开户费用		820.00	820.00	3529239035
12-8	对公收费	0	0		对公开户优惠套餐	300.00	0.00	520.00	3529239036
12-8	转账	0	0	出售支付密码器暂收款	购买支付密码器	520.00	0.00	0.00	3529239037
12-15	现金	0	0	李明	投资款	0.00	60000.00	60000.00	3529239038
12-15	现金	0	0	陈华	投资款	0.00	40000.00	100000.00	3529239039
12-18	转账	0	0	金陵航天信息有限公司	税控服务	480.00	0.00	99520.00	3529239040
12-19	转账	0	0	李明	报销垫付筹备期间费用	11656.00	0.00	87864.00	3529239041
12-22	结算业务凭证	0	0	金陵积善行商贸有限公司	货款	0.00	45320.00	133184.00	3529239042
12-28	结算业务凭证	0	0	金陵万达商贸有限公司	货款	0.00	189520.00	322704.00	3529239043

截止：2021年12月31日　　账户余额：322704.00　　保留余额：0.00　　冻结余额：0.00　　透支余额：0.00　　可用余额：322704.00

截至：2021年12月31日　　账户可用余额：322704.00　　打印次数：1　　验证码：　　打印时间：2021年12月31日

五、进行税务处理

普通发票汇总表：

教学专用

普通发票汇总表

制表日期：2022 年 01 月 03 日
所属期间：2021 年 12 月-2021 年 12 月
正数发票清单（2021 年 12 月）
纳税人登记号：91510039532735702G
企业名称：金陵华新商贸有限公司
地址电话：金陵市玄武区上地路 5 号 0683-2342511

★ 发票领用存情况 ★

期初库存份数	10	正数发票份数	4	负数发票份数	0
购进发票份数	0	正数废票份数	0	负数废票份数	0
退回发票份数	0	期末库存份数	6		

★销 项 情 况★
金额单位：元

序号	项目名称	合计	13%	9%	6%	4%	3%	其他
1	销项正废金额	0.00	0.00	0.00	0.00	0.00	0.00	0.00
2	销项正数金额	277800.00	0.00	0.00	0.00	0.00	277800.00	0.00
3	销项负废金额	0.00	0.00	0.00	0.00	0.00	0.00	0.00
4	销项负数金额	0.00	0.00	0.00	0.00	0.00	0.00	0.00
5	实际销售金额	277800.00	0.00	0.00	0.00	0.00	277800.00	0.00
6	销项正废税额	0.00	0.00	0.00	0.00	0.00	0.00	0.00
7	销项正数税额	8334.00	0.00	0.00	0.00	0.00	8334.00	0.00
8	销项负废税额	0.00	0.00	0.00	0.00	0.00	0.00	0.00
9	销项负数税额	0.00	0.00	0.00	0.00	0.00	0.00	0.00
10	实际销项税额	8334.00	0.00	0.00	0.00	0.00	8334.00	0.00

专用发票汇总表：

专用发票汇总表

制表日期：2022 年 01 月 03 日
所属期间：2021 年 12 月-2021 年 12 月
正数发票清单（2021 年 12 月）
纳税人登记号：91510039532735702G
企业名称：金陵华新商贸有限公司
地址电话：金陵市玄武区上地路 5 号 0688-2342511

★ 发票领用存情况 ★

期初库存份数	10	正数发票份数	2	负数发票份数	0
购进发票份数	0	正数废票份数	0	负数废票份数	0
退回发票份数	0	期末库存份数	8		

★销 项 情 况★
金额单位：元

序号	项目名称	合计	13%	9%	6%	4%	3%	其他
1	销项正废金额	0.00	0.00	0.00	0.00	0.00	0.00	0.00
2	销项正数金额	184000.00	0.00	0.00	0.00	0.00	184000.00	0.00
3	销项负废金额	0.00	0.00	0.00	0.00	0.00	0.00	0.00
4	销项负数金额	0.00	0.00	0.00	0.00	0.00	0.00	0.00
5	实际销售金额	184000.00	0.00	0.00	0.00	0.00	184000.00	0.00
6	销项正废税额	0.00	0.00	0.00	0.00	0.00	0.00	0.00
7	销项正数税额	5520.00	0.00	0.00	0.00	0.00	5520.00	0.00
8	销项负废税额	0.00	0.00	0.00	0.00	0.00	0.00	0.00
9	销项负数税额	0.00	0.00	0.00	0.00	0.00	0.00	0.00
10	实际销项税额	5520.00	0.00	0.00	0.00	0.00	5520.00	0.00

请登录线上系统进行网上报税：

【模块一】防伪税控

开具业务 11、12、13、14 的增值税发票。

【模块二】网上报税

申报 12 月份税种。

科目汇总表

年 月 日至 月 日

编号： 附件共 张

凭证号数	第	号至	号共	张
	第	号至	号共	张
	第	号至	号共	张
	第	号至	号共	张

会计科目	总页	借方金额												贷方金额												会计科目	总页	借方金额												贷方金额											
		十	亿	千	百	十	万	千	百	十	元	角	分	十	亿	千	百	十	万	千	百	十	元	角	分			十	亿	千	百	十	万	千	百	十	元	角	分	十	亿	千	百	十	万	千	百	十	元	角	分
合计																										合计																									

财会主管 记账 复核 制表

科目汇总表

年　月　日至　月　日

编号：　　附件共　　张

凭证号数				
	第	号至	号共	张
	第	号至	号共	张
	第	号至	号共	张

会计科目	总页	借方金额												贷方金额												会计科目	总页	借方金额												贷方金额											
		十	亿	千	百	十	万	千	百	十	元	角	分	十	亿	千	百	十	万	千	百	十	元	角	分			十	亿	千	百	十	万	千	百	十	元	角	分	十	亿	千	百	十	万	千	百	十	元	角	分
合计																										合计																									

财会主管　　记账　　复核　　制表

试算平衡表

年　　月　　　　　　　　　　　　　单位：元

科目代码	科目名称	期初余额		本期发生		期末余额	
		借方	贷方	借方	贷方	借方	贷方
合　计							

复核:　　　　　　　　　　　　制表:

试算平衡表

年　　月　　　　　　　　　　　　　　　　单位：元

科目代码	科目名称	期初余额		本期发生		期末余额	
		借方	贷方	借方	贷方	借方	贷方
合　计							

复核：　　　　　　　　　　制表：

资产负债表

会小企01表

编制单位：　　　　　　　　　　年　　月　　日　　　　　　　　单位：

资　产	行次	期末余额	年初余额	负债及所有者权益	行次	期末余额	年初余额
流动资产：				流动负债：			
货币资金	1			短期借款	31		
短期投资	2			应付票据	32		
应收票据	3			应付账款	33		
应收账款	4			预收账款	34		
预付账款	5			应付职工薪酬	35		
应收股利	6			应交税费	36		
应收利息	7			应付利息	37		
其他应收款	8			应付利润	38		
存货	9			其他应付款	39		
其中：原材料	10			其他流动负债	40		
在产品	11			流动负债合计	41		
库存商品	12			非流动负债：			
周转材料	13			长期借款	42		
其他流动资产	14			长期应付款	43		
流动资产合计	15			递延收益	44		
非流动资产：				其他非流动负债	45		
长期债券投资	16			非流动负债合计	46		
长期股权投资	17			负债合计	47		
固定资产原价	18						
减：累计折旧	19						
固定资产账面价值	20						
在建工程	21						
工程物资	22						
固定资产清理	23						
生产性生物资产	24			所有者权益（或股东权益）：			
无形资产	25			实收资本（或股本）	48		
开发支出	26			资本公积	49		
长期待摊费用	27			盈余公积	50		
其他非流动资产	28			未分配利润	51		
非流动资产合计	29			所有者权益（或股东权益）合计	52		
资产总计	30			负债和所有者权益（或股东权益）总计	53		

单位负责人：　　　　　　会计主管：　　　　　　复核：　　　　　　制表：

资产负债表

会小企01表

编制单位：　　　　　　　　　　　　年　月　日　　　　　　　　　　单位：

资　产	行次	期末余额	年初余额	负债及所有者权益	行次	期末余额	年初余额
流动资产：				流动负债：			
货币资金	1			短期借款	31		
短期投资	2			应付票据	32		
应收票据	3			应付账款	33		
应收账款	4			预收账款	34		
预付账款	5			应付职工薪酬	35		
应收股利	6			应交税费	36		
应收利息	7			应付利息	37		
其他应收款	8			应付利润	38		
存货	9			其他应付款	39		
其中：原材料	10			其他流动负债	40		
在产品	11			流动负债合计	41		
库存商品	12			非流动负债：			
周转材料	13			长期借款	42		
其他流动资产	14			长期应付款	43		
流动资产合计	15			递延收益	44		
非流动资产：				其他非流动负债	45		
长期债券投资	16			非流动负债合计	46		
长期股权投资	17			负债合计	47		
固定资产原价	18						
减：累计折旧	19						
固定资产账面价值	20						
在建工程	21						
工程物资	22						
固定资产清理	23						
生产性生物资产	24			所有者权益（或股东权益）：			
无形资产	25			实收资本（或股本）	48		
开发支出	26			资本公积	49		
长期待摊费用	27			盈余公积	50		
其他非流动资产	28			未分配利润	51		
非流动资产合计	29			所有者权益（或股东权益）合计	52		
资产总计	30			负债和所有者权益（或股东权益）总计	53		

单位负责人：　　　　　　　会计主管：　　　　　　　复核：　　　　　　　制表：

利 润 表

会小企02表

编制单位：　　　　　　　　　　　　　　　　年　　月　　　　　　　　　　　　　单位：

项　目	行次	本年累计金额	本期金额
一、营业收入	1		
减：营业成本	2		
税金及附加	3		
其中：消费税	4		
营业税	5		
城市维护建设税	6		
资源税	7		
土地增值税	8		
城镇土地使用税、房产税、车船税、印花税	9		
教育费附加、矿产资源补偿费、排污费	10		
销售费用	11		
其中：商品维修费	12		
广告费和业务宣传费	13		
管理费用	14		
其中：开办费	15		
业务招待费	16		
研究费用	17		
财务费用	18		
其中：利息费用（收入以“-”号填列）	19		
加：投资收益（损失以“-”号填列）	20		
二、营业利润（亏损以“-”号填列）	21		
加：营业外收入	22		
其中：政府补助	23		
减：营业外支出	24		
其中：坏账损失	25		
无法收回的长期债券投资损失	26		
无法收回的长期股权投资损失	27		
自然灾害等不可抗力因素造成的损失	28		
税收滞纳金	29		
三、利润总额（亏损总额以“-”号填列）	30		
减：所得税费用	31		
四、净利润（净亏损以“-”号填列）	32		

单位负责人：　　　　　　会计主管：　　　　　　复核：　　　　　　制表：

利 润 表

会小企02表

编制单位： 年 月 单位：

项 目	行次	本年累计金额	本期金额
一、营业收入	1		
减：营业成本	2		
税金及附加	3		
其中：消费税	4		
营业税	5		
城市维护建设税	6		
资源税	7		
土地增值税	8		
城镇土地使用税、房产税、车船税、印花税	9		
教育费附加、矿产资源补偿费、排污费	10		
销售费用	11		
其中：商品维修费	12		
广告费和业务宣传费	13		
管理费用	14		
其中：开办费	15		
业务招待费	16		
研究费用	17		
财务费用	18		
其中：利息费用（收入以“-”号填列）	19		
加：投资收益（损失以“-”号填列）	20		
二、营业利润（亏损以“-”号填列）	21		
加：营业外收入	22		
其中：政府补助	23		
减：营业外支出	24		
其中：坏账损失	25		
无法收回的长期债券投资损失	26		
无法收回的长期股权投资损失	27		
自然灾害等不可抗力因素造成的损失	28		
税收滞纳金	29		
三、利润总额（亏损总额以“-”号填列）	30		
减：所得税费用	31		
四、净利润（净亏损以“-”号填列）	32		

单位负责人： 会计主管： 复核： 制表：

现金流量表

会小企03表

编制单位:　　　　　　　　　　　　年　　月　　　　　　　　　　单位:

项　　目	行次	本年累计金额	本月金额
一、经营活动产生的现金流量:			
销售产成品、商品，提供劳务收到的现金	1		
收到其他与经营活动有关的现金	2		
购买原材料、商品，接受劳务支付的现金	3		
支付的职工薪酬	4		
支付的税费	5		
支付其他与经营活动有关的现金	6		
经营活动产生的现金流量净额	7		
二、投资活动产生的现金流量:			
收回短期投资、长期债券投资和长期股权投资收到的现金	8		
取得投资收益收到的现金	9		
处置固定资产、无形资产和其他非流动资产收回的现金净额	10		
短期投资、长期债券投资和长期股权投资支付的现金	11		
购建固定资产、无形资产和其他非流动资产支付的现金	12		
投资活动产生的现金流量净额	13		
三、筹资活动产生的现金流量:			
取得借款收到的现金	14		
吸收投资者投资收到的现金	15		
偿还借款本金支付的现金	16		
偿还借款利息支付的现金	17		
分配利润支付的现金	18		
筹资活动产生的现金流量净额	19		
四、现金净增加额	20		
加：期初现金余额	21		
五、期末现金余额	22		

单位负责人:　　　　　　会计主管:　　　　　　复核:　　　　　　制表:

现金流量表

会小企03表

编制单位：　　　　　　　　　　　　年　　月　　　　　　　　　　单位：

项　　目	行次	本年累计金额	本月金额
一、经营活动产生的现金流量：			
销售产成品、商品，提供劳务收到的现金	1		
收到其他与经营活动有关的现金	2		
购买原材料、商品，接受劳务支付的现金	3		
支付的职工薪酬	4		
支付的税费	5		
支付其他与经营活动有关的现金	6		
经营活动产生的现金流量净额	7		
二、投资活动产生的现金流量：			
收回短期投资、长期债券投资和长期股权投资收到的现金	8		
取得投资收益收到的现金	9		
处置固定资产、无形资产和其他非流动资产收回的现金净额	10		
短期投资、长期债券投资和长期股权投资支付的现金	11		
购建固定资产、无形资产和其他非流动资产支付的现金	12		
投资活动产生的现金流量净额	13		
三、筹资活动产生的现金流量：			
取得借款收到的现金	14		
吸收投资者投资收到的现金	15		
偿还借款本金支付的现金	16		
偿还借款利息支付的现金	17		
分配利润支付的现金	18		
筹资活动产生的现金流量净额	19		
四、现金净增加额	20		
加：期初现金余额	21		
五、期末现金余额	22		

单位负责人：　　　　　　会计主管：　　　　　　复核：　　　　　　制表：

前言

一、会计信息化证概述

1. 会计信息化证是什么？

会计信息化证（全称：会计信息化应用能力考试）分为财务会计信息化证、管理会计信息化证、财务/审计/税务主管信息化证，由中国电子企业协会智能财务分会与中国国际贸易促进委员会商业行业委员会联合颁发，作为会计人员岗位技术能力水平的有效证明，是满足财政部对会计信息化改革下会计岗位新要求的证书。会计信息化证是真正会计工作的上岗证。

2. 为什么报考会计信息化证？

职业教育国家学分银行建设是“职教 20 条”提出的重大改革任务。受教育部委托，国家开放大学全面推进职业教育国家学分银行的建设。2020 年 1 月 1 日，会计信息化证正式加入国家开放大学学分银行体系“学习成果互认联盟”，学习者可凭积累学分抵免 6~20 学分。

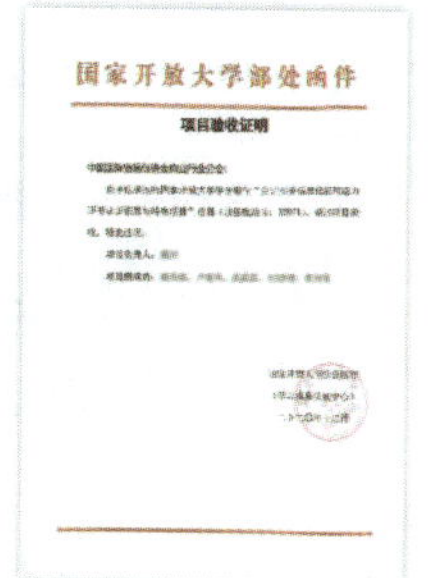
国家开放大学部处函件

项目验收证明

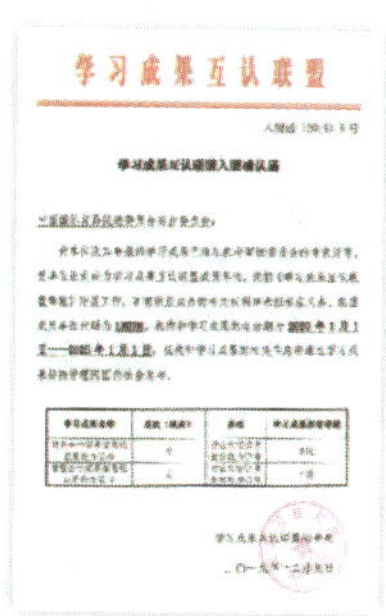
学习成果互认联盟

二、财务会计信息化证实训课程

《APOIT 实训系列课程》充分融合全国各地 10000 多家财税公司、事务所的会计真账实操经验，全仿真模拟真实票据和会计业务，还原会计工作的真实场景，学习过程就是工作过程，学完即可上岗！

1. 情景胜任式学习模式，快速匹配企业招聘要求

基于数万家企业客户与财税企业的实务内容，本课程线下业务册全仿真模拟真实票据和经济业务，线上配套全仿真账务、本省报税系统、三大网银实训系统，无缝对接实务工作，使学生在完成特定业务的过程中获得技能与经验，满足企业新会计人的上岗要求，快速就业。

2. 陪伴式实习，提升学习的效率与效果

开票　网上报税　每日一面　情景再现

通过 AI 大数据，实习过程动态跟踪学员的胜任力提升，匹配职业导师专业辅导、工作情景再现、每日一面职场经验传递、会计信息化证模拟考试、简历辅导、模拟面试等陪伴式教学服务，让学习体验与效果大幅度提升。

APOIT 实训课程紧跟时代潮流，依据国家标准白皮书，对课程进行全面升级，加入“人工智能应用”全新模块，不仅是胜任会计岗位，更是守住会计岗位，做新时代下企业需要的会计人才。

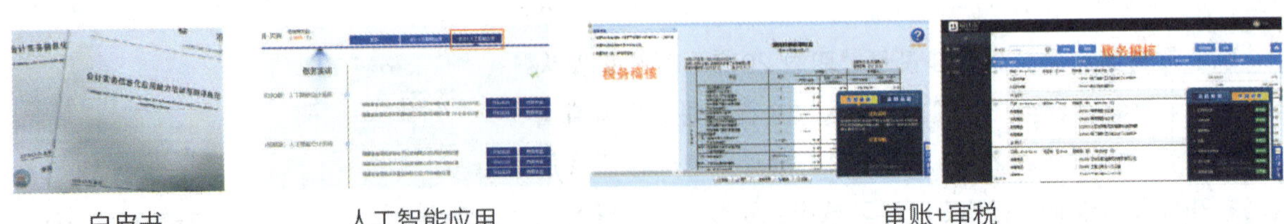

白皮书　人工智能应用　审账+审税

三、管理会计信息化证实训课程

APOIT 标准管理会计岗位实训课程，源于企业管理会计五大岗位实操内容，结合浪潮、上海财经大学、厦门大学等多方管理会计研究成果，采用双线教学方式，通过名师精讲 + 沙盘岗位实战练习相结合，让学员快速认知管理会计，提升工作思维与职场竞争力。

独创全仿真管理会计实战课程，包括：五大岗位实战、线上沙盘实战、财务共享中心实训平台、厦大名师精讲。

基于中交、中铁、上海建工、大连造船、中农发等企业管理者的战略与预算工作，匹配线上沙盘案例实战，全面模拟企业的战略与预算过程及其结果，让学生站在管理的角度理解和认识战略与预算，全面提升学员的战略管理与预算管理能力。

基于浪潮集团、中国铁塔、恒瑞制药、太阳纸业等企业的成本控制、营运管理、投融资决策与绩效管理工作，匹配线上沙盘案例实战，全面模拟企业经营过程及其结果，让学生站在管理的角度理解和认识经营决策，全面提升学员的全局观与资本观。

基于山东国投、顺德控股、国信证券、广东地铁、湖北交投等知名企业管理者报表分析与内部控制工作，匹配线上沙盘案例实战，全面提升学生的管理会计报告分析及内部控制能力，协助管理当局掌握状况，参与财务管理拟定未来策略及执行能力。

课程深度融合管理会计和 Excel 数据分析实战应用，以管理会计的视角，讲述财务人员运用 Excel 的进阶功能，案例基于企业真实职场情景，涵盖管理会计实务工作中所必需的“成本管理、往来账款管理、销售与生产管理、资产管理、报表合并、全面预算”等板块，快速提升会计工作效率和 Excel 数据分析能力。

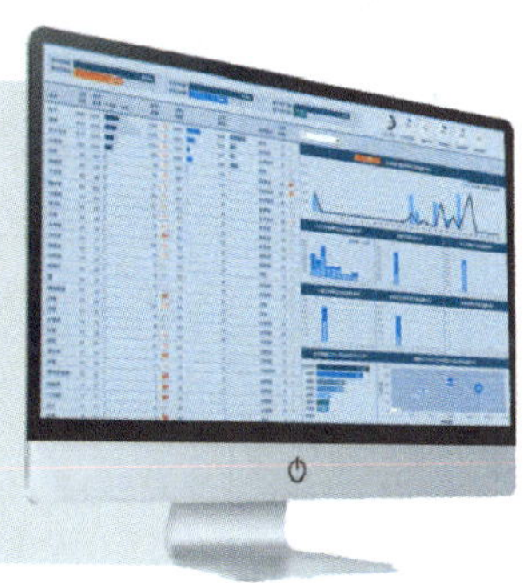

四、财务 / 审计 / 税务主管信息化证实训课程

在企业数字化转型的背景下，中小型企业迫切需要具备更高洞察能力、更准确预测能力，可以更高效地处理各种信息的财务主管。数字化财务主管岗位实训班以企业岗位为核心，提升数字化时代下财务主管的综合能力，使他们成为行业中不可缺少的人才。

1. 情景胜任式实习：快速提升岗位胜任力

基于数万家企业的实务工作内容，数字化财务主管岗位实训还原真实工作场景，实战导师与职业导师双线教学，通过全仿真岗位实训，快速积累工作经验，提升岗位胜任力，学习过程就是工作过程。

2. 陪伴式学习和成长：上万家企业岗位推荐 / 定向培养 / 简历直达

通过AI大数据，实时跟踪学员的胜任力提升。发布海量求职资源，上万家企业岗位推荐，专业导师辅导，为学员匹配合适的岗位招聘信息，实现精准就业职推，根据学员所在省市推荐当地头部企业招聘，名师指导提升面试通过率，为学员的职业提升保驾护航。

3. 全仿真岗位测评：入选会计人才库

完成数字化财务主管岗位实训班学习后，参与全仿真财务主管岗位测评，测评结果就是工作结果，成绩优秀者入选会计信息化紧缺人才库。

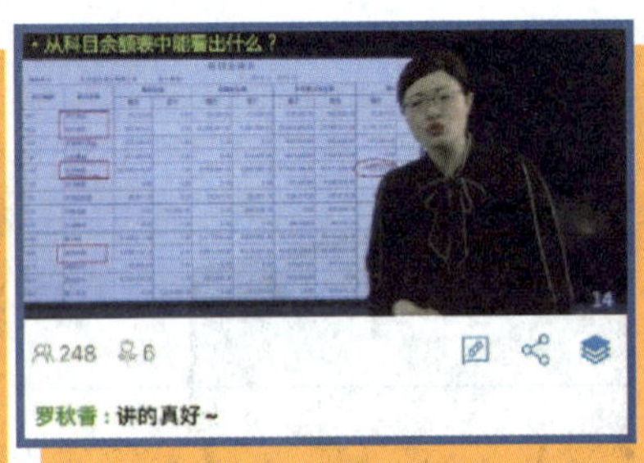

数字化
会计新手岗位实训

工作业务册（中） 资金管理

会计信息化证考试研究中心 编 | 铸远 ZHUYUAN 监制

厦门大学出版社
XIAMEN UNIVERSITY PRESS
国家一级出版社
全国百佳图书出版单位

图书在版编目（CIP）数据

数字化会计新手岗位实训 / 会计信息化证考试研究中心编. -- 厦门 ：厦门大学出版社，2021.3(2023.1 重印)
ISBN 978-7-5615-8149-0

Ⅰ. ①数… Ⅱ. ①会… Ⅲ. ①会计学－岗位培训－教材 Ⅳ. ①F230

中国版本图书馆 CIP 数据核字(2021)第 049166 号

出版发行 厦门大学出版社
社　　址 厦门市软件园二期望海路 39 号
邮政编码 361008
总 编 办 0592-2182177　0592-2181406(传真)
营销中心 0592-2184458　0592-2181365
网　　址 http://www.xmupress.com
邮　　箱 xmup@xmupress.com
印　　刷 厦门市明亮彩印有限公司

开本 889mm×1194mm　1/16
印张 40
字数 1 050 千字
版次 2021 年 3 月第 1 版
印次 2023 年 1 月第 7 次印刷
定价 398.00 元

厦门大学出版社
微信二维码

厦门大学出版社
微博二维码

目录

Content

资金管理岗位实训说明及工作导航图

资金管理贯穿着企业生产经营的全过程，直接影响企业的生存衰亡，资金管理岗是财务工作的关键岗位。为通过实训和学习满足迅速上岗的需要，本业务册取自一家真实企业资金管理岗 2022 年 01 月份完整的业务，全面模拟一个资金管理人员岗前准备、日常工作和月末工作，请结合实务工作中资金管理岗位工作用到的单据和系统完成线上“综合实训”。

该实训仅为 2022 年 01 月份完整一个月业务，与出纳岗位实训 2021 年 12 月业务期末数据关联。

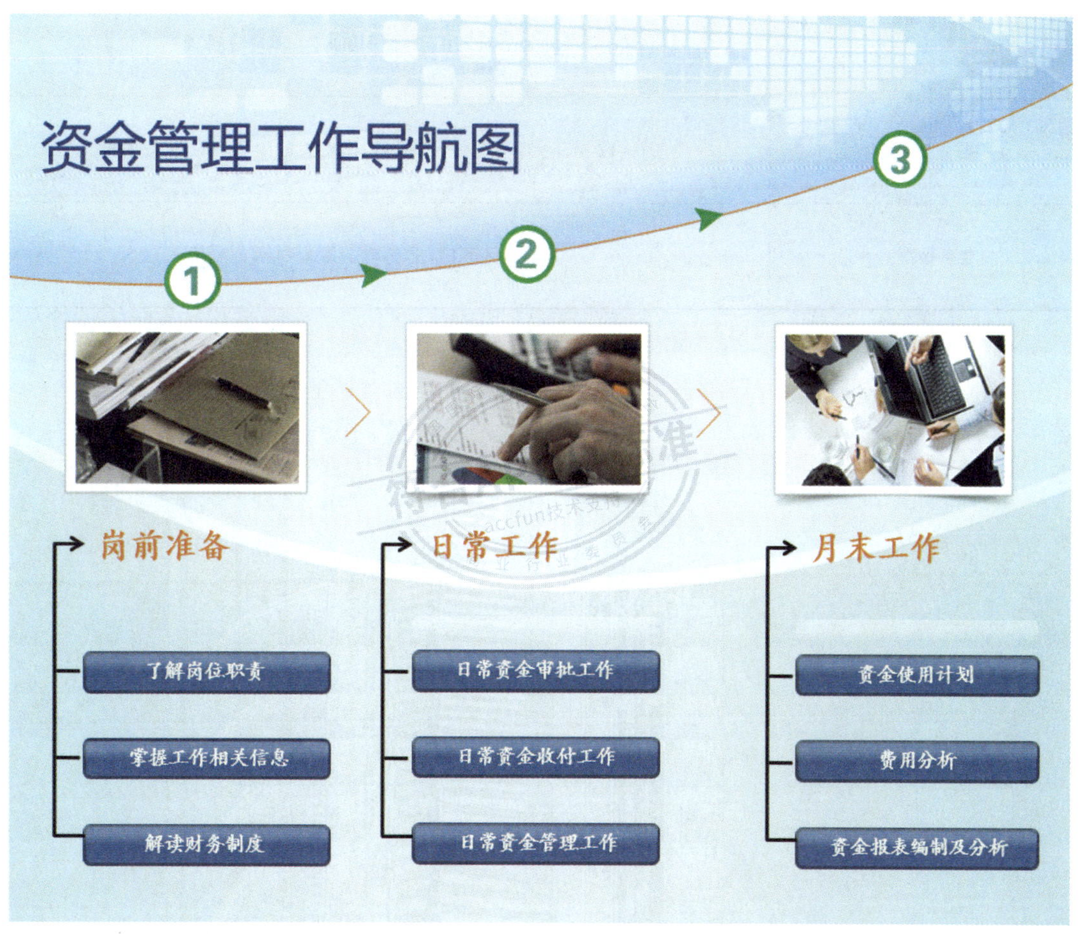

一、岗前准备

资金管理岗正式上岗前必须做好岗前准备，包括了解岗位的基本职责，掌握与工作相关的财务与非财务信息，并且熟悉公司财务制度，保障工作的有效运行。

金陵钱多多家具有限公司岗前准备工作目录

业务号	业务概述
准备 1	12 月下旬，上岗前先经过公司培训，了解资金管理岗岗位职责
准备 2	12 月下旬，上岗前了解与工作相关的财务和非财务信息
准备 3	12 月下旬，上岗前了解公司财务制度

◆准备 01◆ 了解岗位职责

财务经理传递给资金管理岗该职位的岗位职责书，请根据资金管理岗位职责书完成下列事项：

资金管理岗位职责

1.严格执行国家有关财务政策、现金管理规定和银行结算制度，了解并能初步建立资金管控制度。

2.负责办理现金收付和银行结算业务。

3.负责登记现金、银行存款日记账，每月终了应和总账的现金、银行存款核对清楚。

4.负责保管库存现金和各种有价证券、结算凭证、空白支票、收据和有关印章。

5.根据公司内控制度进行严格的费用控制，并分析公司的成本费用。

6.按照公司内控制度进行网上支付，熟悉新型支付结算方式，及时进行银行对账。

7.定期编制资金计划表，分析资金计划的执行情况。

8.准确合理的编制资金报表并能够进行日常资金分析工作，保持现金流的总体均衡。

1. 了解工作的重点

向财务经理了解本公司资金管理岗工作的重点。

2. 了解工作注意事项

向财务经理了解工作需要注意的事项。

◆准备 02 ◆ 掌握相关工作信息

财务经理给资金管理岗介绍工作需掌握的各项财务和非财务信息，请资金管理岗结合资料完成下列事项：

企业法人营业执照（正本）：

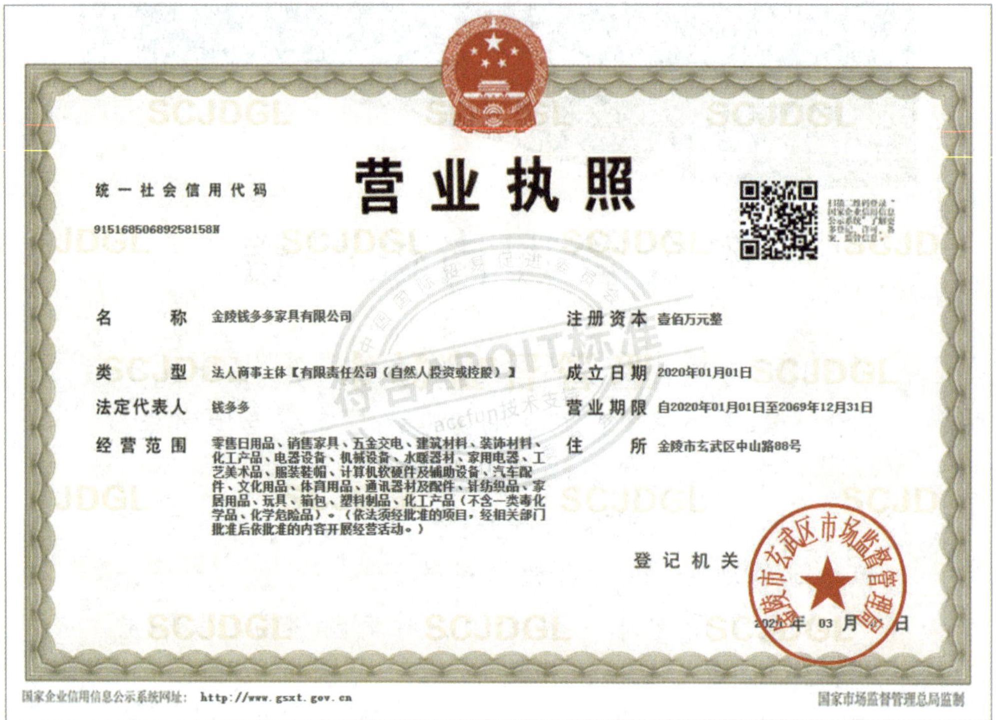

统一社会信用代码
91516850689258158N

营业执照

名　　称　金陵钱多多家具有限公司
注册资本　壹佰万元整
类　　型　法人商事主体【有限责任公司（自然人投资或控股）】
成立日期　2020年01月01日
法定代表人　钱多多
营业期限　自2020年01月01日至2069年12月31日
经营范围　零售日用品、销售家具、五金交电、建筑材料、装饰材料、化工产品、电器设备、机械设备、水暖器材、家用电器、工艺美术品、服装鞋帽、计算机软硬件及辅助设备、汽车配件、文化用品、体育用品、通讯器材及配件、针纺织品、家居用品、玩具、箱包、塑料制品、化工产品（不含一类易毒化学品、化学危险品）。（依法须经批准的项目，经相关部门批准后依批准的内容开展经营活动。）
住　　所　金陵市玄武区中山路88号

登记机关
2020年 03 月 日

国家企业信用信息公示系统网址：http://www.gsxt.gov.cn　　国家市场监督管理总局监制

信息公示平台查询结果图：

国家企业信用信息公示系统(金陵)
National Enterprise Credit Information Publicity System

企业信用信息 | 经营异常名录 | 严重违法失信企业名单
请输入企业名称、统一社会信用代码或注册号

金陵钱多多家具有限公司　存续(在营、开业、在册)
统一社会信用代码：91516850689258158N
法定代表人：钱多多
登记机关：金陵市工商行政管理局
成立日期：2020年01月01日

发送报告　信息分享　信息打印

基础信息 | 行政许可信息 | 行政处罚信息 | 列入经营异常名录信息 | 列入严重违法失信企业名单（黑名单）信息

营业执照信息

- 统一社会信用代码：91516850689258158N
- 企业名称：金陵钱多多家具有限公司
- 类型：有限责任公司（自然人独资）
- 法定代表人：钱多多
- 注册资本：100万元人民币
- 成立日期：2020年01月01日
- 营业期限自：2020年01月01日
- 营业期限至：自2020年01月01日至2069年12月31日
- 登记机关：金陵市玄武区工商局
- 核准日期：2020年01月01日
- 登记状态：存续（在营、开业、在册）
- 住所：金陵市玄武区中山路88号
- 经营范围：零售日用品、销售家具、五金交电、建筑材料、装饰材料、化工产品、电器设备、机械设备、水暖器材、家用电器、工艺美术品、服装鞋帽、计算机软硬件及辅助设备、汽车配件、文化用品、体育用品、通讯器材及配件、针纺织品、家居用品、玩具、箱包、塑料制品、化工产品（不含一类毒化学品、化学危险品）。（依法须经批准的项目，经相关部门批准后依批准的内容开展经营活动。）

基本存款账户信息：

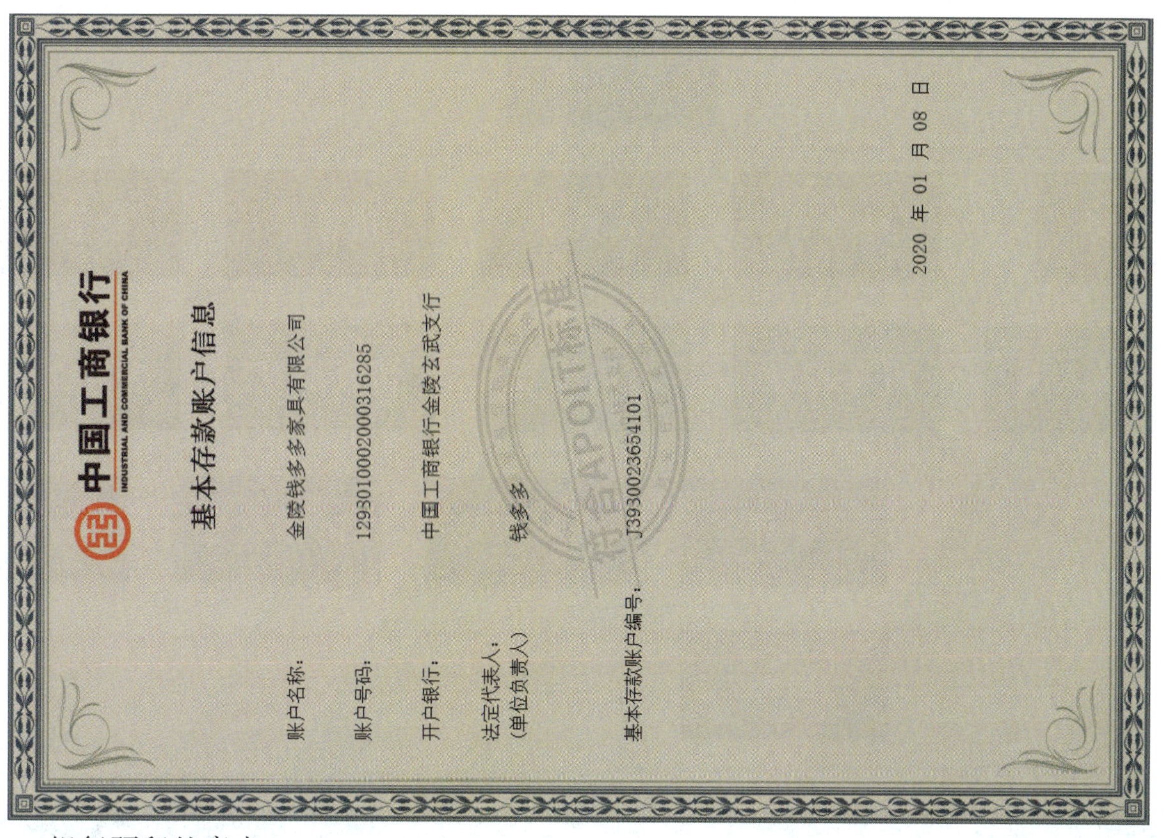

中国工商银行 INDUSTRIAL AND COMMERCIAL BANK OF CHINA

基本存款账户信息

账户名称：金陵钱多多家具有限公司

账户号码：1293010002000316285

开户银行：中国工商银行金陵玄武支行

法定代表人：
(单位负责人)　钱多多

基本存款账户编号：J3930023654101

2020 年 01 月 08 日

银行预留签章卡：

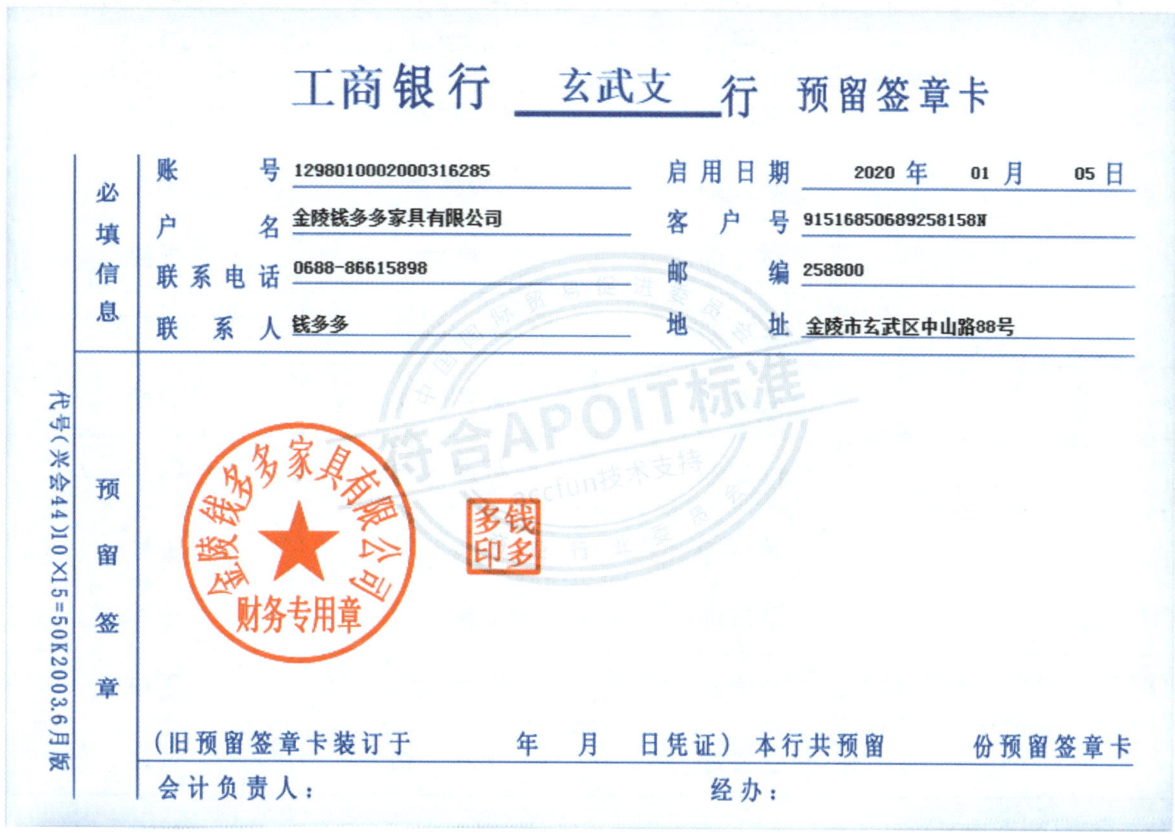

工商银行 玄武支 行 预留签章卡

必填信息			
账　　号	1298010002000316285	启用日期	2020 年 01 月 05 日
户　　名	金陵钱多多家具有限公司	客 户 号	91516850689258158N
联系电话	0688-86615898	邮　　编	258800
联 系 人	钱多多	地　　址	金陵市玄武区中山路88号

预留签章

（旧预留签章卡装订于　　年　月　日凭证）本行共预留　　份预留签章卡

会计负责人：　　　　经办：

代号（兴会44）10×15=50K2003.6月版

公司组织架构：

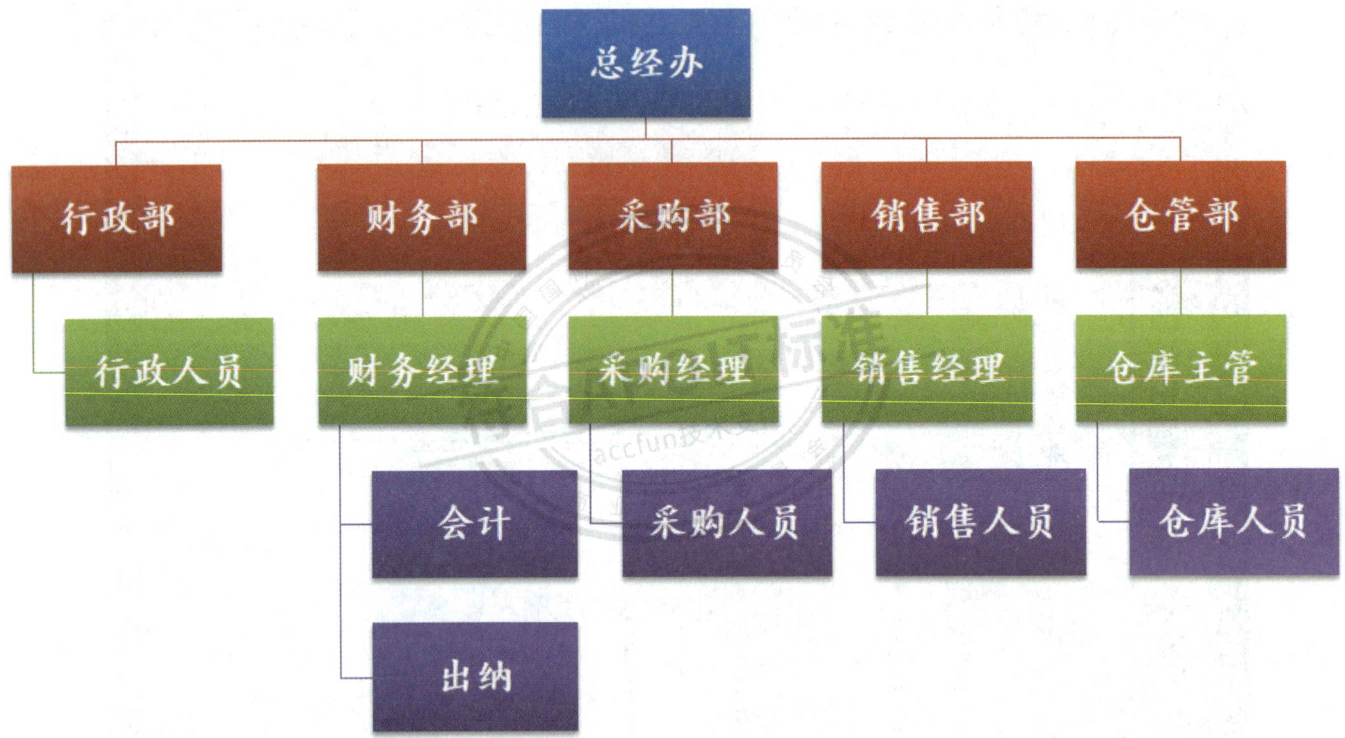

公司人员分布：

序号	部门	职位	姓名
1	总经办	总经理	钱多多
2	财务部	财务经理	张丽
3	财务部	资金岗	李丽
4	财务部	会计	张雯
5	采购部	采购经理	张高丽
6	采购部	采购人员	李奇
7	行政部	行政人员	陈华
8	销售部	销售经理	李林
9	销售部	销售人员	王玲
10	仓管部	仓库主管	周白
11	仓管部	仓库人员	张慧

本公司执行《小企业会计准则》，相关财务制度关键点如下：

(1)库存现金管理制度

库存现金管理制度(一)

1.公司财务部库存现金控制在核定限额1万元以内，不得超限额存放现金。

2.严格执行现金盘点制度，做到日清月结，保证现金的安全。现金遇有长短款，应及时查明原因，报告单位领导，并追究相关人员的责任。

3.不准白条抵库。

4.不得坐支，收支两条线。

5.不准私人挪用和占用公司现金。

6.保险柜的库存现金不得低于3000元，资金管理岗须在财务经理批示下方能取现。

库存现金管理制度(二)

7.到银行提取或送存现金(金额3万元以上)时，须由两名人员同时前往。

8.资金管理岗要妥善保管保险箱内存放的现金和有价证券等；私人财物不得存放保险柜。

9.资金管理岗必须随时接受单位领导的检查、监督。

10.严格现金收支管理，除一般零星日常支出外，其余投资或其他支出都必须通过银行办理转账结算，不得直接兑付现金。

11.库存现金每月抽盘一次。

(2)银行存款管理制度

银行存款管理制度

1.公司应按每个银行开户账号各建立一本银行存款日记账，资金管理岗应及时将公司银行存款日记账与银行对账单逐笔进行核对，会计于次月初编制银行存款余额调节表。

2.所有收付款均须通过OA系统申请，经部门经理审批，再由会计、财务经理以及总经理审批，资金管理岗才能执行付款。

3.所有空白支票、有价证券均必须存放保险柜内，严禁空白支票在使用前先盖上印章。

4.资金管理岗每日要把当天发生的单据及时交给会计人员，并做好交接登记。

(3)费用核算制度

费用核算制度

1.回单位后七天内结清,不得拖欠。

2.金额在1000元以下(含1000元)的,由主管部门经理审批之后交由财务经理复核、审批。金额在1000元以上的,由主管部门经理审核之后交由财务经理复核再由总经理审批。

3.借款人必须按规定通过OA系统提交申请,注明借款事由、借款金额。审批通过后,还需对借款事项专门设置台账进行跟踪管理。借款的归还实行逐笔结清的办法,前面借款尚未结清的,后续不能再进行借款。借款金额在1万元以上的,由经理级别进行申请。

4.审批流程完整、填写无误的,资金管理岗凭审批后的OA系统申请单付款。

5.报销均需通过OA系统提交申请,同时报销单填写必须完整,原始单据必须真实、合法,签章必须符合以上相关规定,资金管理岗才给予报销。

(4)印章管理制度

印章管理制度

1.印章保管人员必须切实负责,不得随意放置或转交他人。如因事离开岗位需移交他人的,可由部门负责人指定专人代替,但必须办理移交手续,并填写移交登记表。为保证资金的绝对安全,财务专用章、公章、法定代表人私章等银行预留印鉴由两人以上分开保管、监督使用。

2.银行预留印鉴为财务专用章和法人章。财务专用章由财务经理保管,公章和法人章由总经理保管。

3.未经批准不得在空白文件上加盖公司印章。

4.除特殊情况不准携带印章外出或外借。

二、日常工作

金陵钱多多家具有限公司 2022 年 01 月工作目录

业务号	业务概述	资金岗需填写的单据或系统	背景单据
业务 1	01 月 01 日,资金岗根据上个月的资金情况和银行理财信息提出本月资金使用计划并进行汇报	资金计划表	应收账款台账、应付账款台账、销售计划表(简表)、采购计划表(简表)、费用支出计划表(简表)、理财产品说明书(3 份)
业务 2	01 月 01 日,资金岗收到 OA 系统收款申请,请登录微信支付系统查询该笔销售款,并完成审批程序	微信支付、OA 系统	OA 系统收款申请、销售单(2 份)
业务 3	01 月 01 日,资金岗收到 OA 系统收款申请,请登录支付宝系统查询该笔货款,并完成审批程序	支付宝、OA 系统	OA 系统收款申请、销售单、增值税专用发票
业务 4	01 月 01 日,资金岗收到 OA 系统收款申请,请登录网银系统查询货款,并完成审批程序	网银系统、OA 系统	OA 系统收款申请、销售单、增值税专用发票
业务 5	01 月 01 日,销售经理提交 OA 系统报销申请并交来出差发票,资金岗协助其完成报销业务	网银系统、OA 系统	OA 系统报销申请、差旅费报销单、增值税电子普通发票(3 份)、飞机票、火车票
业务 6	01 月 01 日,采购经理提交 OA 系统付款申请,请资金岗用网银支付货款	网银系统、OA 系统	OA 系统付款申请、销售单、入库单、增值税专用发票
业务 7	01 月 01 日,资金岗在财务系统中登记本日银行存款日记账,并将相关单据整理移交给会计	银行存款日记账	《现金日记账》(2021 年 12 月份)、《银行存款日记账》(2021 年 12 月份)
业务 8	01 月 01 日,资金岗编制资金日报表并分析	资金日报表	
业务 9	01 月 10 日,资金岗收到 OA 系统收款申请,请登录网银系统查询该笔应收账款,并完成审批程序	网银系统、OA 系统	OA 系统收款申请
业务 10	01 月 10 日,资金岗收到 OA 系统收款申请,请登录网银系统查询该笔员工罚款,并完成审批程序	网银系统、OA 系统	OA 系统收款申请、罚款通知书
业务 11	01 月 10 日,销售人员提交 OA 系统付款申请,请资金岗用网银支付广告费	网银系统、OA 系统	OA 系统付款申请、增值税专用发票
业务 12	01 月 10 日,采购人员提交 OA 系统付款申请,请资金岗用网银支付货款	网银系统、OA 系统	OA 系统付款申请、销售单、入库单、增值税专用发票
业务 13	01 月 10 日,行政人员提交 OA 系统付款申请,请资金岗用网银支付年服务费	网银系统、OA 系统	OA 系统付款申请、网络服务协议、授权委托书、增值税专用发票
业务 14	01 月 10 日,资金岗与 HR 核对数据,核对完毕后自动发送智能工资表,用网银支付员工工资	网银系统	
业务 15	01 月 10 日,行政人员提交 OA 系统付款申请,请资金岗用网银支付第一季度房租	网银系统、OA 系统	OA 系统付款申请、增值税普通发票

续表

业务号	业务概述	资金岗需填写的单据或系统	背景单据
业务16	01月10日,资金岗在财务系统中登记本日银行存款日记账,并将相关单据整理移交给会计	银行存款日记账	
业务17	01月10日,资金岗编制工资分析表并提出建议	工资分析表	工资发放表12月、工资发放表11月
业务18	01月10日,资金岗编制资金日报表并分析	资金日报表	
业务19	01月20日,销售经理报销差旅费,资金岗审核OA系统报销申请及相关单据,若正确请完成报销程序,若有误则不予通过并沟通	网银系统、OA系统	OA系统报销申请、差旅费报销单、出租车发票、增值税电子普通发票(餐饮)、增值税专用发票(住宿)、飞机票
业务20	01月20日,总经理提交OA系统报销申请,资金岗协助其完成业务招待费的报销	网银系统、OA系统	OA系统报销申请、报销单、增值税电子普通发票
业务21	01月20日,采购部报销交通费,资金岗审核OA系统报销申请及相关单据,若正确请完成报销程序,若有误则不予通过并沟通	网银系统、OA系统	OA系统报销申请、报销单、增值税电子普通发票
业务22	01月20日,行政部报销办公用品,资金岗审核OA系统报销申请及相关单据,若正确请完成报销程序,若有误则不予通过并沟通	OA系统	OA系统报销申请、报销单、增值税电子普通发票
业务23	01月20日,销售部人员预支借款,资金岗根据公司制度以及内控要求进行审核,若正确请完成借款程序,若有误则不予通过并沟通	OA系统	OA系统借款申请、借款台账
业务24	01月20日,行政人员提交OA系统付款申请,请资金岗用网银支付水电费	网银系统、OA系统	OA系统付款申请(2份)、增值税专用发票(2份)
业务25	01月20日,银行自动扣缴社保和公积金,请资金岗登录网银系统查询流水记录	网银系统	OA系统付款申请(2份)
业务26	01月20日,银行自动扣除账户管理费和网银服务费,资金岗登录网银系统查询流水记录	网银系统	
业务27	01月20日,资金岗在财务系统中登记本日银行存款日记账,并将相关单据整理移交给会计	银行存款日记账	
业务28	01月20日,资金岗编制资金日报表并分析	资金日报表	
业务29	01月31日,资金岗收到OA系统收款申请,请登录网银系统查询该笔预收货款,并完成审批程序	网银系统、OA系统	OA系统收款申请、销售合同
业务30	01月31日,行政人员提交OA系统付款申请,资金岗用网银支付专家咨询服务费	网银系统、OA系统	OA系统付款申请、增值税专用发票
业务31	01月31日,采购人员提交OA系统付款申请,资金岗用网银支付当月汇总的货物运输费	网银系统、OA系统	OA系统付款申请、增值税专用发票、运输对账单
业务32	01月31日,资金岗用网银查询并打印银行对账单	网银系统	
业务33	01月31日,资金岗核对本月OA系统收款申请汇总表与银行对账单,若发现差异请及时进行沟通	网银系统	OA系统收款申请汇总表
业务34	01月31日,资金岗在财务系统中登记本日银行存款日记账,并将相关单据整理移交给会计	银行存款日记账	
业务35	01月31日,资金岗编制资金日报表并分析	资金日报表	

◆ 业务 01 ◆

教学专用 1-1/8

应收账款台账

编制单位：金陵钱多多家具有限公司 单位：元

客户名称	摘要	开票日期	销货金额	账期天数	应收账款账期日	回款日期	回款金额	备注
金陵鑫之旺商贸有限公司	销售办公桌A-001	2021-11-20	240000.00	60天	2022-01-18			
金陵易能达商贸有限公司	销售办公椅B-001	2021-12-10	270000.00	30天	2022-01-10			
金陵易能达商贸有限公司	销售办公桌A-002	2021-12-20	30000.00	45天	2022-02-02			
北京汇德商贸有限公司	销售办公椅B-003	2021-12-31	100000.00	45天	2022-02-13			

教学专用 1-2/8

应付账款台账

编制单位：金陵钱多多家具有限公司 单位：元

供应商	摘要	购买日期	应付金额	账期天数	应付账款账期日	支付日期	支付金额	备注
金陵日精进商贸有限公司	购买办公桌A-002	2021-12-17	36160.00	45天	2022-02-01			
金陵积善行商贸有限公司	购买办公椅B-002	2021-12-31	27900.00	45天	2022-02-14			

教学专用 1-3/8

销售计划表（简表）

编制部门：销售部 日期：2021年12月31日 单位：元

产品名称	单价	数量	金额	备注
办公桌A-001	1200.00	100	120000.00	
办公桌A-002	900.00	20	18000.00	
办公椅B-001	600.00	100	60000.00	
办公椅B-002	600.00	20	12000.00	
办公椅B-003	452.00	20	9040.00	
合计			219040.00	

复核人：钱多多 编制人：李林

1-4/8

采购计划表（简表）

编制部门：采购部　　日期：2021年12月31日　　单位：元

产品名称	单价	数量	金额	备注
办公桌A-001	226.00	300	67800.00	货款
办公桌A-002	180.80	0	0.00	
办公椅B-001	115.26	500	57630.00	货款
办公椅B-002	93.00	0	0.00	
办公椅B-003	74.40	0	0.00	
合计			125430.00	

复核人：钱多多　　编制人：张高丽

1-5/8

费用支出计划表（简表）

编制部门：财务部　　日期：2021年12月31日　　单位：元

费用类型	计划金额	备注
一、管理费用		
办公费	500.00	
业务招待费	2000.00	
运输费	5000.00	采购部提供数据
水电费	1000.00	
房租	8000.00	
人才招聘费用	1000.00	
工资	33400.00	
医社保	3780.00	
公积金	1800.00	
其他		
管理费用小计	56480.00	
二、销售费用		
差旅费	7000.00	
广告费	6000.00	销售部提供数据
工资	7100.00	
医社保	840.00	
公积金	400.00	
其他		
销售费用小计	21340.00	
三、财务费用		
账户管理费	880.00	
网银服务费	200.00	
其他		
财务费用小计	1080.00	
费用总计	78900.00	

复核人：钱多多　　编制人：张雯

教学专用　中国建设银行-“奔跑7号”理财产品说明书（简版）　1-6/8

本产品为非保本浮动收益型理财产品，不保证本金和收益。产品期限为无固定期限（中国建设银行有权提前终止产品）。本期产品内部风险评级级别为两盏警示灯，风险程度属于较低风险，适用于谨慎型、稳健型、进取型及激进型客户。最不利情况下，基础资产无法回收任何本金和收益，客户将损失全部本金。投资者不得使用贷款、发行债券等筹集的非自有资金投资本产品。请您充分认识投资风险，谨慎投资。

产品要素：	
产品代码	GD07QYHYFR2021112
产品类型	非保本浮动收益型
产品内部风险评级	较低风险
适合客户	机构类客户
产品期限	无固定期限
产品费用	本产品收取的费用为产品托管费、产品销售费、产品管理费、业绩报酬（如有）。
收益率	2.90%
认购日	2022-01-07
起息日	2022-01-08
起点金额	15万元人民币

教学专用　中国银行-“优先1号”理财计划201142期风险揭示书（简版）　1-7/8

理财非存款、产品有风险、投资须谨慎理财产品过往业绩不代表其未来表现，不等于理财产品实际收益，投资须谨慎。

产品要素：	
产品代码	AMZYPWHQ201142
产品类型	固定收益类
风险评级	2 级（中低风险）
适合购买的投资者	经中国银行股份有限公司风险评估，评定为稳健型、平衡型、成长型和进取型的个人客户、机构客户。
产品期限	90天
产品费用	无
收益率	3.40%
认购日	2022-01-08
起息日	2022-01-10
到期日	2022-04-09
起点金额	15万元人民币

教学专用　交通银行-“冲刺1号”理财产品说明书（简版）　1-8/8

理财非存款、产品有风险、投资须谨慎理财产品过往业绩不代表其未来表现，不等于理财产品实际收益，投资须谨慎。

产品要素：	
产品代码	2161201188
产品类型	非保本浮动收益型
风险评级	2R(稳健型)
适合购买的投资者	全部客户
产品期限	60天
产品费用	无
收益率	6.00%
认购日	2022-01-03
起息日	2022-01-05
到期日	2022-03-05
起点金额	80万人民币

1.编制《资金计划表》

请根据 2021 年 12 月份资金使用情况，分析本月计划收入与计划支出情况，编制《资金计划表》，做出本月资金计划。

2.购买各银行理财产品

请根据公司资金情况，向各银行了解相应理财产品信息，判断是否有合适的理财产品可投资。

备注：

公司购买理财产品一般会考虑以下因素：(1)风险为低风险或中低风险；(2)资金可在 3 个月内回款；(3)收益率达到 5%以上。

金陵钱多多家具有限公司下月运营成本预计为 40 万。

◆业务 02◆

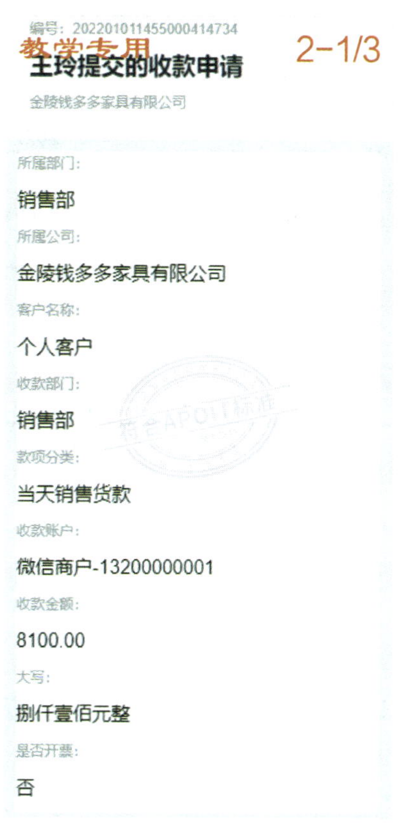

编号：20220101145500041473 4

教学专用　2-1/3

王玲提交的收款申请

金陵钱多多家具有限公司

所属部门：
销售部
所属公司：
金陵钱多多家具有限公司
客户名称：
个人客户
收款部门：
销售部
款项分类：
当天销售货款
收款账户：
微信商户-13200000001
收款金额：
8100.00
大写：
捌仟壹佰元整
是否开票：
否

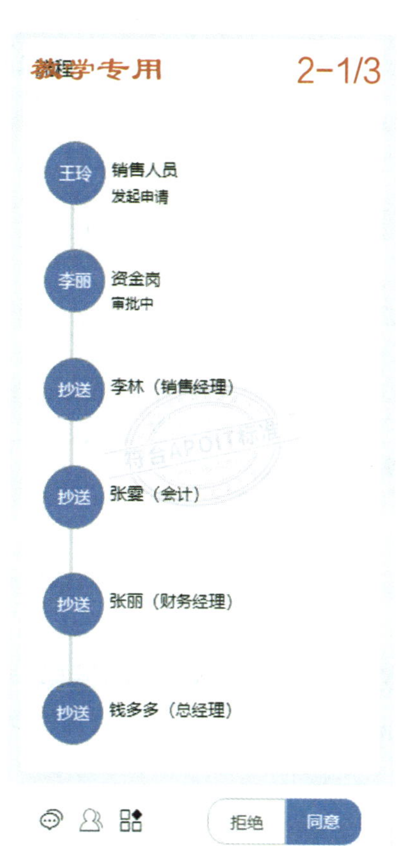

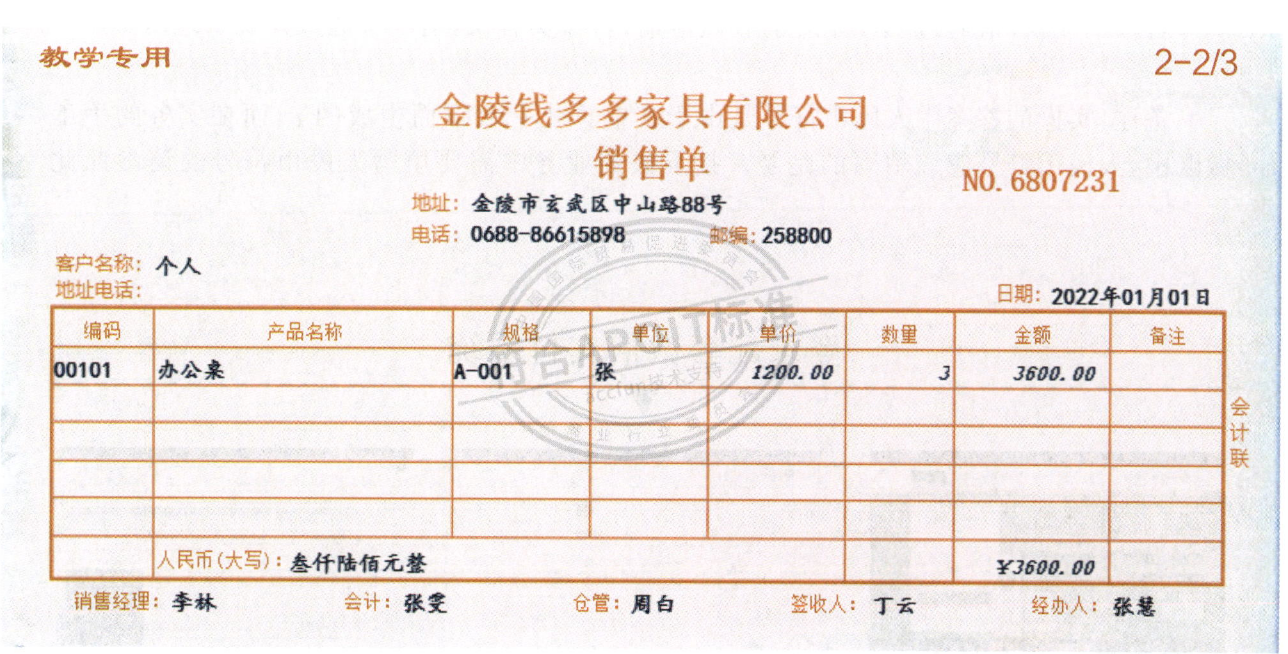

教学专用　2-2/3

金陵钱多多家具有限公司
销售单

NO. 6807231

地址：金陵市玄武区中山路88号
电话：0688-86615898　邮编：258800

客户名称：个人
地址电话：

日期：2022年01月01日

编码	产品名称	规格	单位	单价	数量	金额	备注
00101	办公桌	A-001	张	1200.00	3	3600.00	
	人民币（大写）：叁仟陆佰元整					¥3600.00	

会计联

销售经理：李林　会计：张雯　仓管：周白　签收人：丁云　经办人：张慧

教学专用　　　　2-3/3

金陵钱多多家具有限公司

销售单

NO. 6807232

地址：金陵市玄武区中山路88号

电话：0688-86615898　　邮编：258800

客户名称：个人

地址电话：

日期：2022年01月01日

编码	产品名称	规格	单位	单价	数量	金额	备注
00102	办公桌	A-002	张	900.00	5	4500.00	
	人民币(大写)：肆仟伍佰元整					¥4500.00	

会计联

销售经理：李林　　会计：张雯　　仓管：周白　　签收人：赵青　　经办人：张慧

1. 登录微信支付系统查询销售款

请根据 OA 系统收款申请以及销售单(单据 2-2～2-3)，登录微信支付系统查询该笔款项。

2. 完成 OA 系统审批

若核实无误，请通过 OA 系统的收款申请；若核实有误，请不予通过并说明理由。

备注：实操的答案中人民币符号是由于在电算化平台下而生成的￥，而在实务的手工做账中，人民币符号应该填写的是¥。接下去的业务中需要填写人民币符号的请参照此题。

登录配套微信支付系统

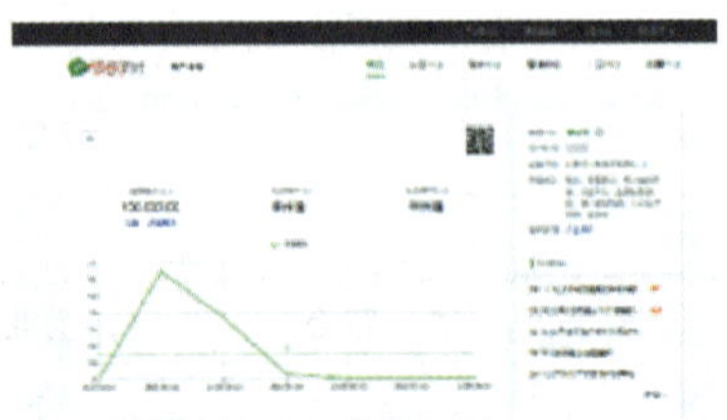

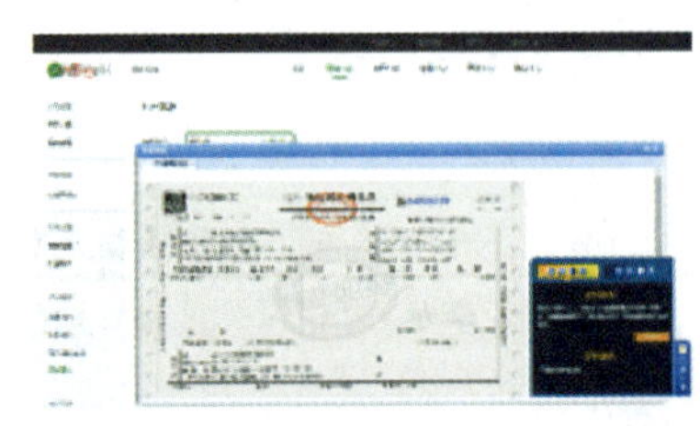

◆业务 03◆

编号：202201011455000414735

教学专用　3-1/3

王玲提交的收款申请

金陵钱多多家具有限公司

所属部门：
销售部

所属公司：
金陵钱多多家具有限公司

客户名称：
金陵日精进商贸有限公司

收款部门：
销售部

款项分类：
货款

收款账户：
支付宝商家-qiandd@aliyun.com

收款金额：
13560.00

大写：
壹万叁仟伍佰陆拾元整

是否开票：
是

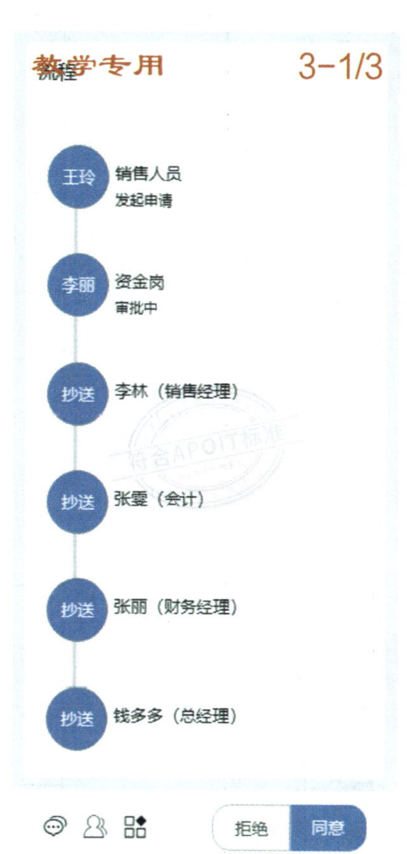

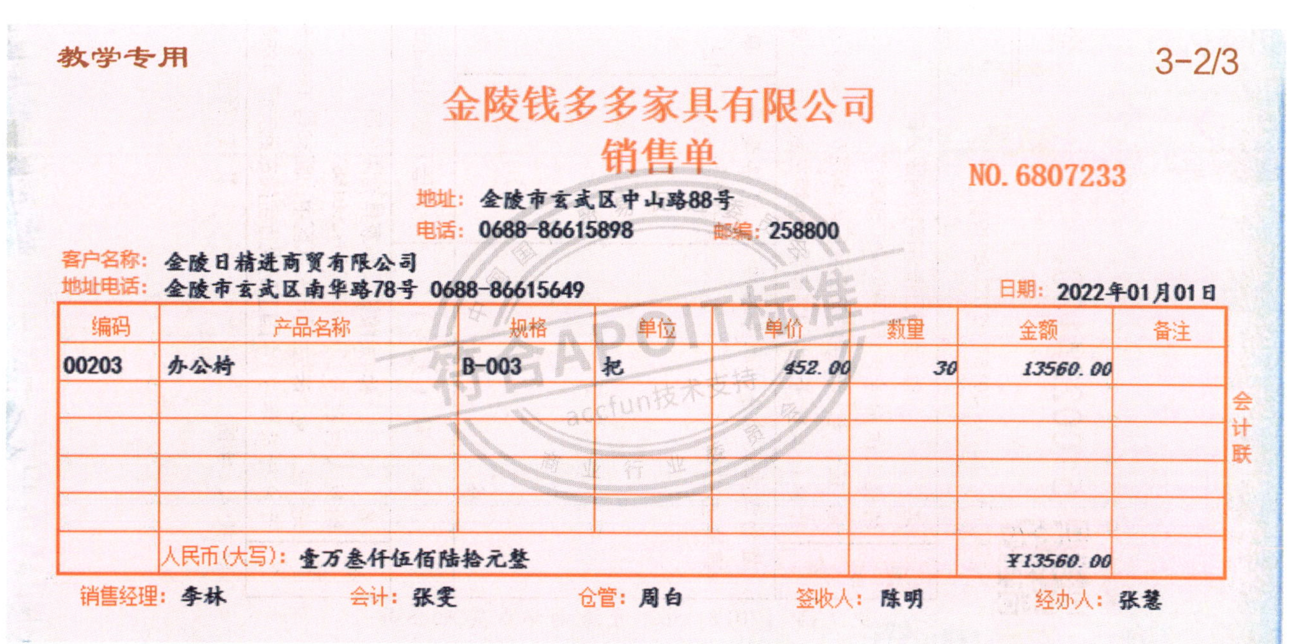
教学专用　3-2/3

金陵钱多多家具有限公司

销售单

NO. 6807233

地址：金陵市玄武区中山路88号

电话：0688-86615898　邮编：258800

客户名称：金陵日精进商贸有限公司

地址电话：金陵市玄武区南华路78号 0688-86615649　日期：2022年01月01日

编码	产品名称	规格	单位	单价	数量	金额	备注
00203	办公椅	B-003	把	452.00	30	13560.00	
	人民币(大写)：壹万叁仟伍佰陆拾元整					¥13560.00	

会计联

销售经理：李林　会计：张雯　仓管：周白　签收人：陈明　经办人：张慧

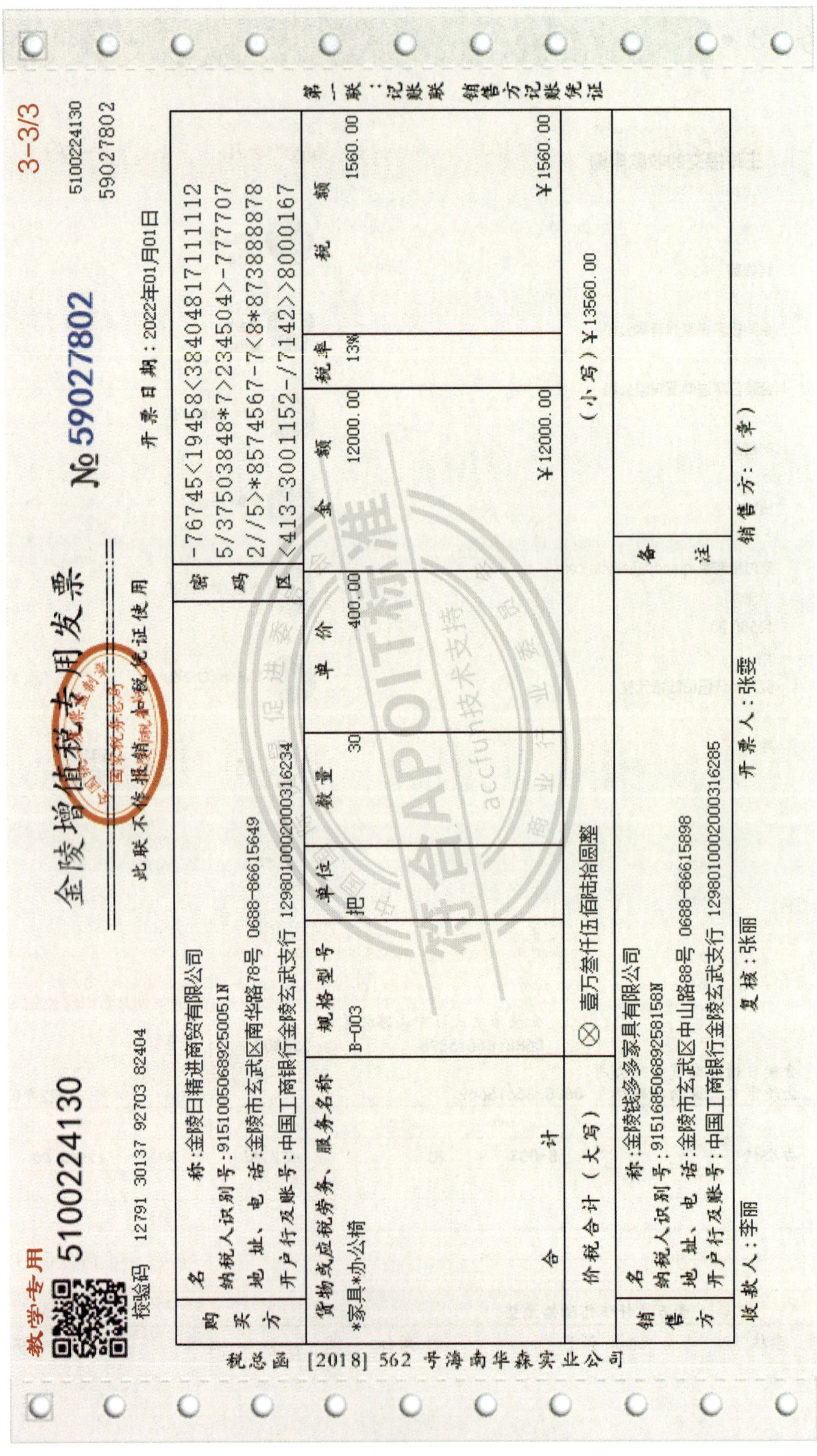

3-3/3

教学专用

5100224130　　**金陵增值税专用发票**　　№ 59027802　　5100224130 59027802

校验码 12791 30137 92703 82404　　此联不作报销、扣税凭证使用　　开票日期：2022年01月01日

购买方	名　　称：金陵日精进商贸有限公司 纳税人识别号：91510050689250051N 地 址、电 话：金陵市玄武区南华路78号 0688-86615649 开户行及账号：中国工商银行金陵玄武支行 1298010002000316234	密码区	-76745<19458<38404817111112 5/37503848*7>234504>-777707 2//5>*8574567-7<8*873888878 <413-3001152-/7142>>8000167

货物或应税劳务、服务名称	规格型号	单位	数量	单价	金额	税率	税额
*家具*办公椅	B-003	把	30	400.00	12000.00	13%	1560.00
合　　计					￥12000.00		￥1560.00
价税合计（大写）	⊗ 壹万叁仟伍佰陆拾圆整				（小写）￥13560.00		

销售方	名　　称：金陵钱多多家具有限公司 纳税人识别号：91516850689258158N 地 址、电 话：金陵市玄武区中山路88号 0688-86615898 开户行及账号：中国工商银行金陵玄武支行 1298010002000316285	备注	

收款人：李丽　　复核：张丽　　开票人：张雯　　销售方：（章）

税总函［2018］562号海南华森实业公司

第一联：记账联　销售方记账凭证

1.登录支付宝系统查询货款

请根据 OA 系统收款申请以及相关票据(单据 3-2～3-3),登录支付宝系统查询该笔款项。

2.完成 OA 系统审批

若核实无误,请通过 OA 系统的收款申请;若核实有误,请不予通过并说明理由。

登录配套线上支付宝系统

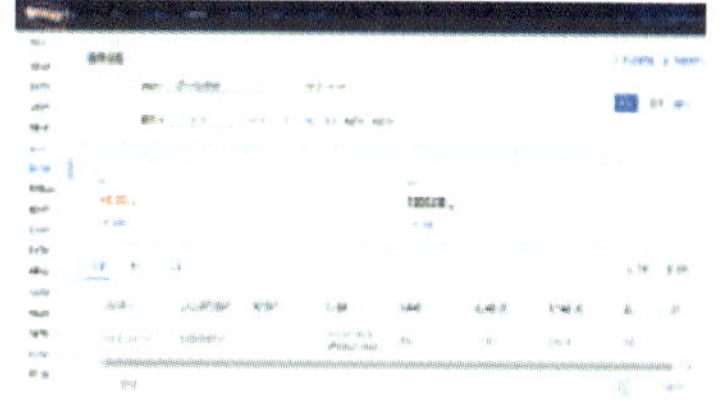

◆业务 04◆

教学专用 4-1/3

编号：20220101145500041830

王玲提交的收款申请

金陵钱多多家具有限公司

所属部门：销售部

所属公司：金陵钱多多家具有限公司

客户名称：金陵易恒商贸有限公司

收款部门：销售部

款项分类：货款

收款账户：1298010002000316285

收款金额：18000.00

大写：壹万捌仟元整

是否开票：是

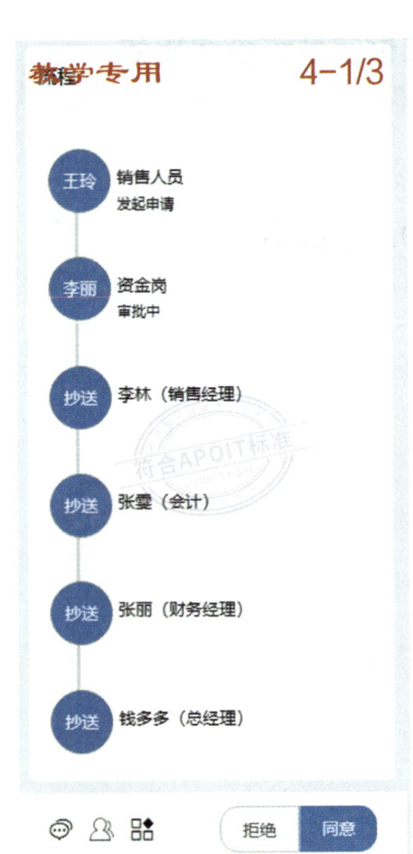
教学专用 4-1/3

流程

王玲 销售人员 发起申请

李丽 资金岗 审批中

抄送 李林（销售经理）

抄送 张雯（会计）

抄送 张丽（财务经理）

抄送 钱多多（总经理）

拒绝 同意

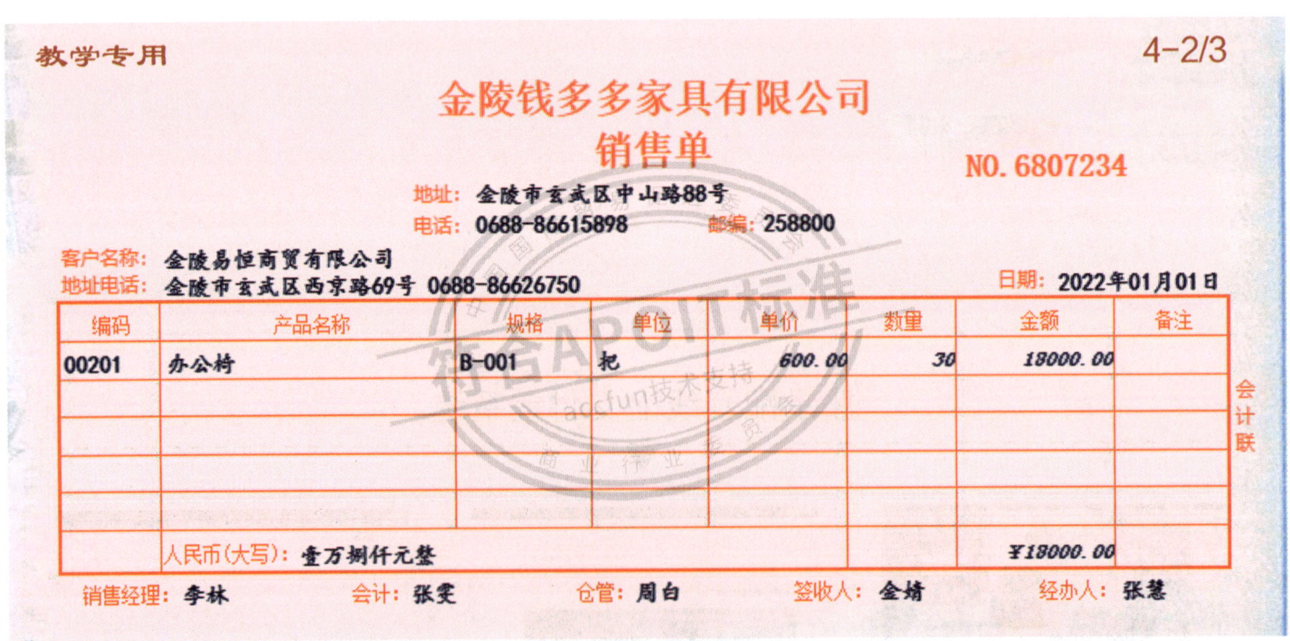
教学专用 4-2/3

金陵钱多多家具有限公司

销售单

NO. 6807234

地址：金陵市玄武区中山路88号

电话：0688-86615898 邮编：258800

客户名称：金陵易恒商贸有限公司

地址电话：金陵市玄武区西京路69号 0688-86626750

日期：2022年01月01日

编码	产品名称	规格	单位	单价	数量	金额	备注
00201	办公椅	B-001	把	600.00	30	18000.00	
	人民币(大写)：壹万捌仟元整					¥18000.00	

会计联

销售经理：李林 会计：张雯 仓管：周白 签收人：金婧 经办人：张慧

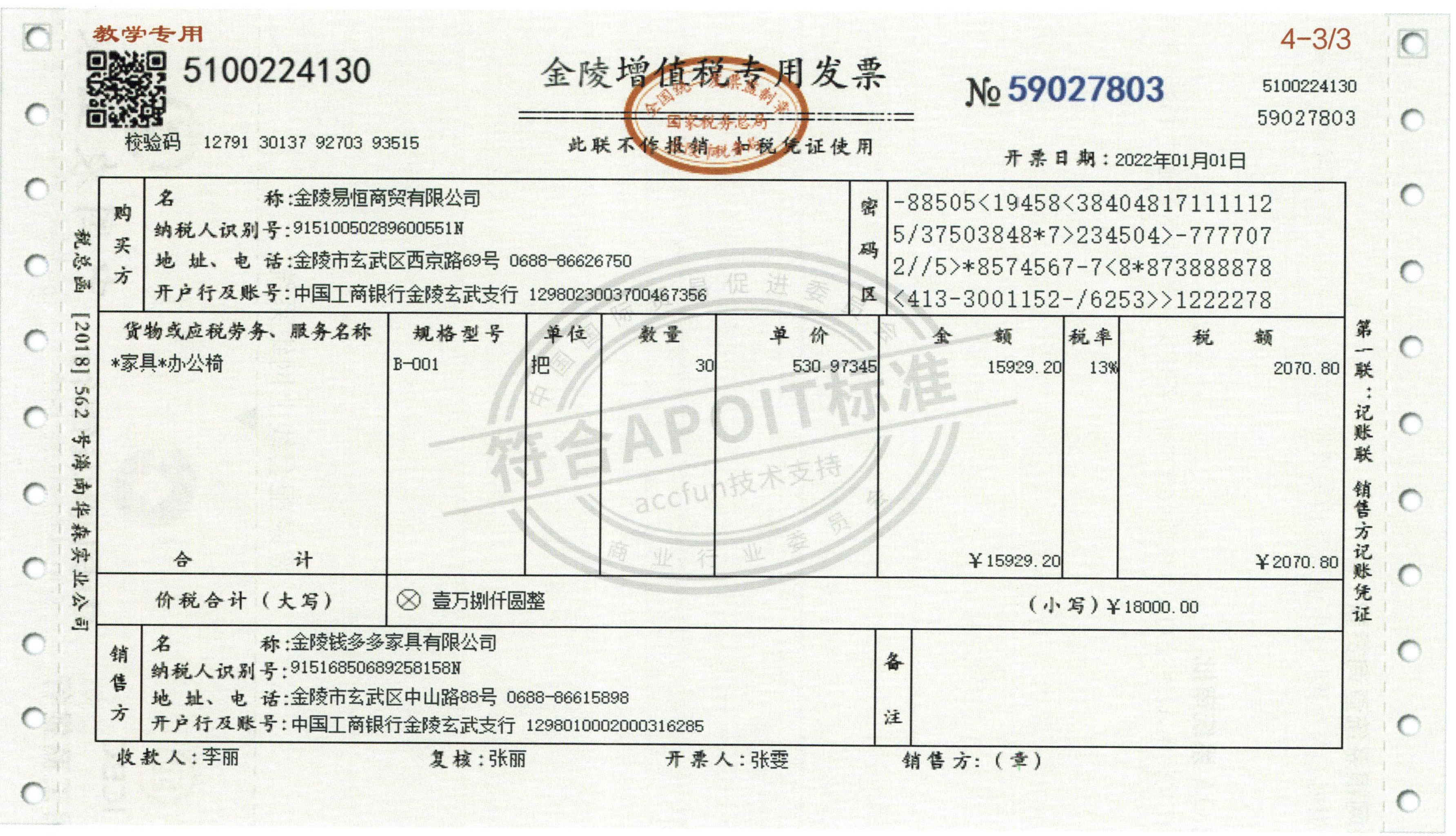

教学专用　　5100224130　　　　　　　　　　　　　　　　4-3/3

金陵增值税专用发票　　　　No 59027803　　　　5100224130
　　　　　　　　　　　　　　　　　　　　　　　　　59027803

校验码 12791 30137 92703 93515

此联不作报销、扣税凭证使用　　　　开票日期：2022年01月01日

购买方	名称：金陵易恒商贸有限公司 纳税人识别号：91510050289600551N 地址、电话：金陵市玄武区西京路69号 0688-86626750 开户行及账号：中国工商银行金陵玄武支行 1298023003700467356	密码区	-88505<19458<38404817111112 5/37503848*7>234504>-777707 2//5>*8574567-7<8*873888878 <413-3001152-/6253>>1222278

货物或应税劳务、服务名称	规格型号	单位	数量	单价	金额	税率	税额
*家具*办公椅	B-001	把	30	530.97345	15929.20	13%	2070.80
合计					¥15929.20		¥2070.80
价税合计（大写）	⊗壹万捌仟圆整				（小写）¥18000.00		

销售方	名称：金陵钱多多家具有限公司 纳税人识别号：91516850689258158N 地址、电话：金陵市玄武区中山路88号 0688-86615898 开户行及账号：中国工商银行金陵玄武支行 1298010002000316285	备注	

收款人：李丽　　复核：张丽　　开票人：张雯　　销售方：（章）

第一联：记账联　销售方记账凭证

税总函［2018］562号海南华森实业公司

1.登录网银系统查询货款

请根据OA系统收款申请以及相关票据(单据4-2～4-3),登录网银系统查询该笔货款。

2.完成OA系统审批

若核实无误,请通过OA系统的收款申请;若核实有误,请不予通过并说明理由。

登录配套线上网银系统

◆ 业务 05 ◆

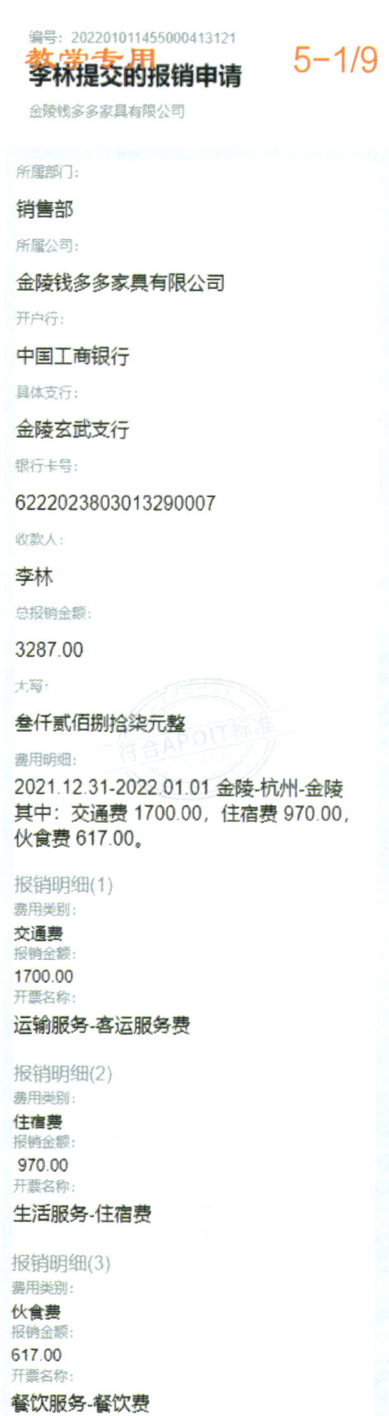
编号：202201011455000413121
教学专用　5-1/9
李林提交的报销申请
金陵钱多多家具有限公司
所属部门：
销售部
所属公司：
金陵钱多多家具有限公司
开户行：
中国工商银行
具体支行：
金陵玄武支行
银行卡号：
6222023803013290007
收款人：
李林
总报销金额：
3287.00
大写：
叁仟贰佰捌拾柒元整
费用明细：
2021.12.31-2022.01.01 金陵-杭州-金陵
其中：交通费 1700.00，住宿费 970.00，
伙食费 617.00。
报销明细(1)
费用类别：
交通费
报销金额：
1700.00
开票名称：
运输服务-客运服务费
报销明细(2)
费用类别：
住宿费
报销金额：
970.00
开票名称：
生活服务-住宿费
报销明细(3)
费用类别：
伙食费
报销金额：
617.00
开票名称：
餐饮服务-餐饮费

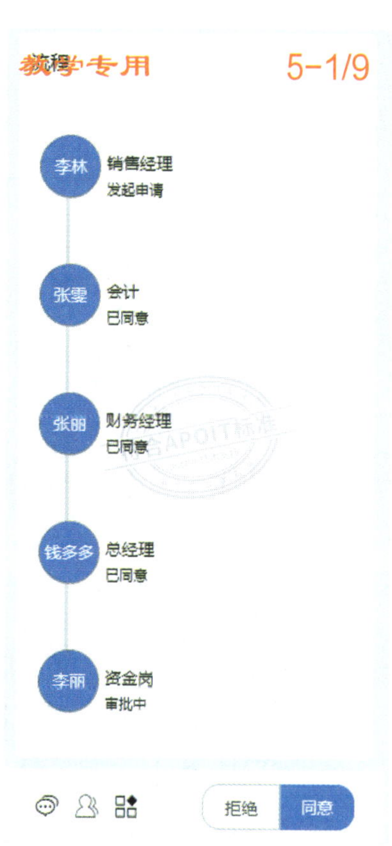

教学专用　　5-2/9

差旅费报销单

填报日期：2022 年 01 月 01日　　单据及附件共 7 张

所属部门				销售部	姓名	李林	出差事由	推介产品
出发		到达		起止地址	交通费	住宿费	伙食费	其他
月	日	月	日					
12	31	12	31	金陵-上海	770.00			
12	31	12	31	上海-杭州	80.00	970.00		
01	01	01	01	杭州-上海	80.00		617.00	
01	01	01	01	上海-金陵	770.00			
合计	大写金额：叁仟贰佰捌拾柒元整			¥ 3,287.00	预支旅费		退回金额	
							补付金额	

总经理：　　财务经理：　　部门经理：　　会计：　　出纳：　　报销人：李林

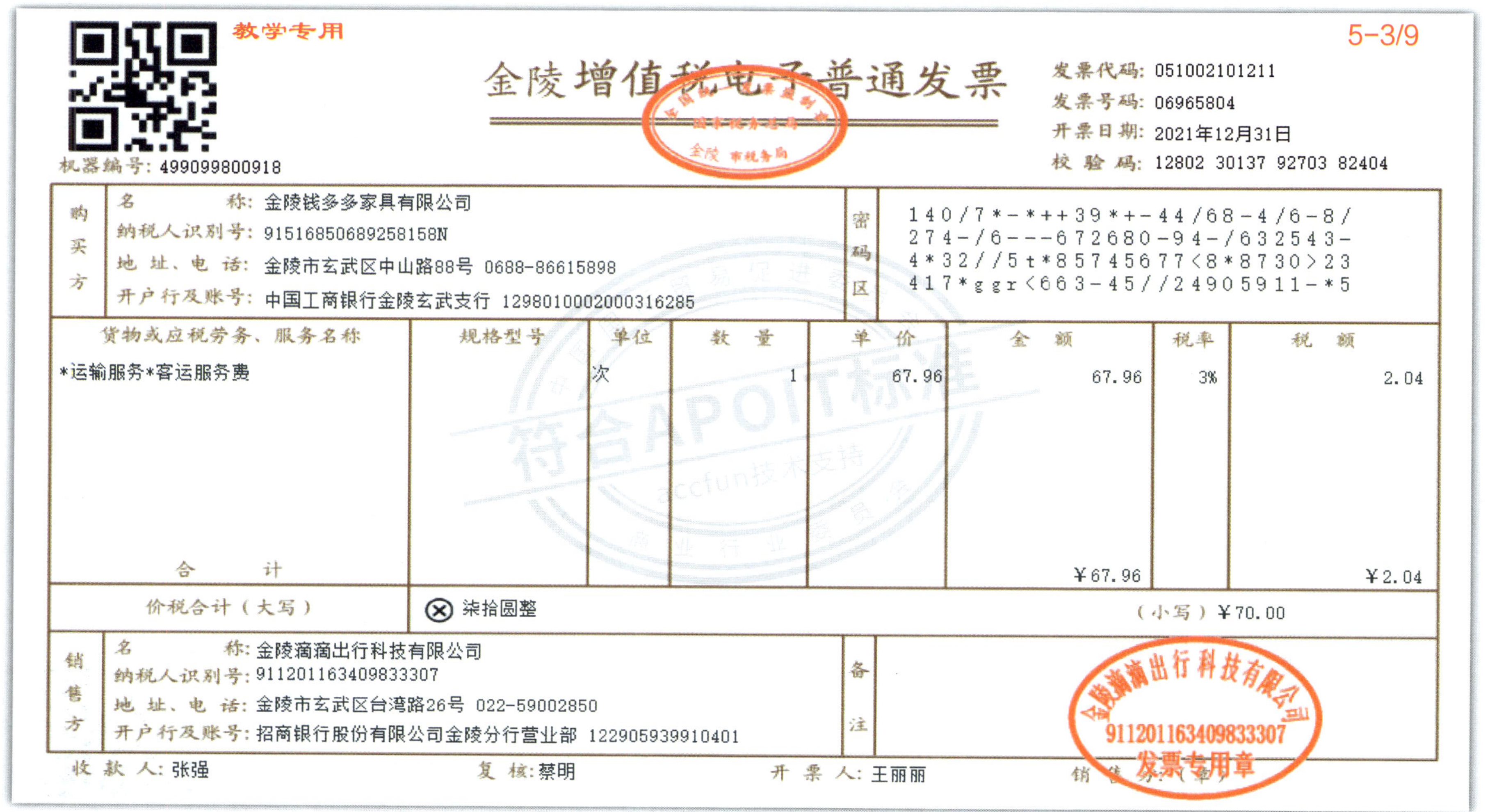

5-3/9

教学专用

机器编号：499099800918

金陵增值税电子普通发票

发票代码：051002101211
发票号码：06965804
开票日期：2021年12月31日
校 验 码：12802 30137 92703 82404

购买方	名　　称：金陵钱多多家具有限公司 纳税人识别号：915168506892581 58N 地址、电话：金陵市玄武区中山路88号 0688-86615898 开户行及账号：中国工商银行金陵玄武支行 1298010002000316285	密码区	140/7*-*++39*+-44/68-4/6-8/ 274-/6---672680-94-/632543- 4*32//5t*8574567 7<8*8730>23 417*ggr<663-45//24905911-*5

货物或应税劳务、服务名称	规格型号	单位	数量	单价	金额	税率	税额
*运输服务*客运服务费		次	1	67.96	67.96	3%	2.04
合　计					¥67.96		¥2.04
价税合计（大写）	⊗柒拾圆整				（小写）¥70.00		

销售方	名　　称：金陵滴滴出行科技有限公司 纳税人识别号：911201163409833307 地址、电话：金陵市玄武区台湾路26号 022-59002850 开户行及账号：招商银行股份有限公司金陵分行营业部 122905939910401	备注	

收款人：张强　　复核：蔡明　　开票人：王丽丽　　销售方：（章）

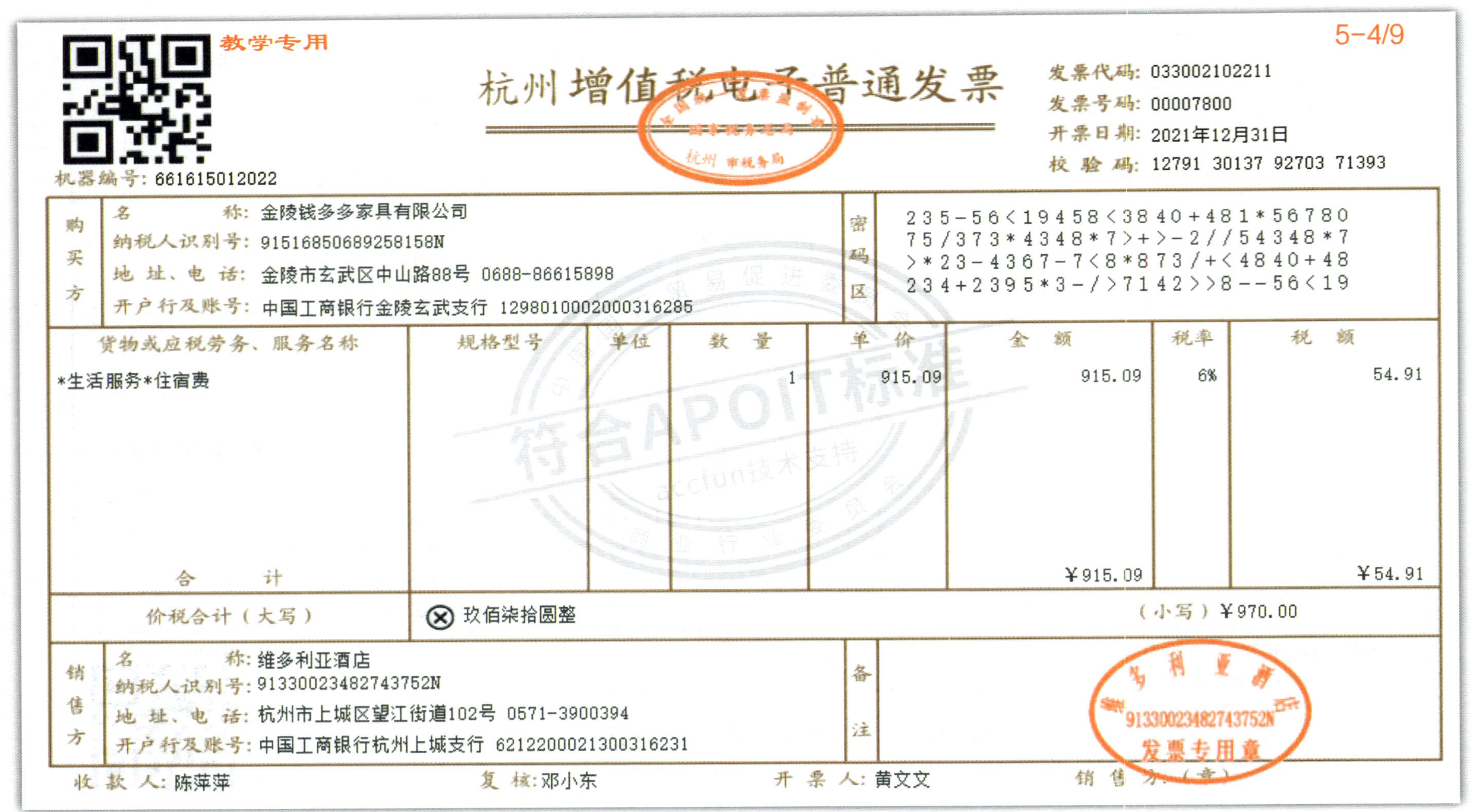

5-4/9

教学专用

杭州增值税电子普通发票

机器编号：661615012022

发票代码：033002102211
发票号码：00007800
开票日期：2021年12月31日
校验码：12791 30137 92703 71393

购买方
名称：金陵钱多多家具有限公司
纳税人识别号：91516850689258158N
地址、电话：金陵市玄武区中山路88号 0688-86615898
开户行及账号：中国工商银行金陵玄武支行 1298010002000316285

密码区
235-56<19458<3840+481*56780
75/373*4348*7>+>-2//54348*7
>*23-4367-7<8*873/+<4840+48
234+2395*3-/>7142>>8--56<19

货物或应税劳务、服务名称	规格型号	单位	数量	单价	金额	税率	税额
*生活服务*住宿费			1	915.09	915.09	6%	54.91
合计					¥915.09		¥54.91
价税合计（大写）	⊗玖佰柒拾圆整				（小写）¥970.00		

销售方
名称：维多利亚酒店
纳税人识别号：91330023482743752N
地址、电话：杭州市上城区望江街道102号 0571-3900394
开户行及账号：中国工商银行杭州上城支行 6212200021300316231

备注：

收款人：陈萍萍　　复核：邓小东　　开票人：黄文文　　销售方：（章）

教学专用

5-5/9

上海增值税电子普通发票

机器编号：286523453412

发票代码：031002209411
发票号码：37031532
开票日期：2022年01月01日
校 验 码：15004 84449 33518 94769

购买方	名称：金陵钱多多家具有限公司 纳税人识别号：91516850689258158N 地址、电话：金陵市玄武区中山路88号 0688-86615898 开户行及账号：中国工商银行金陵玄武支行 1298010002000316285	密码区	345-56<19458<3840+481*56780 75/373*4348*7>+>-2//54348*7 >*23-4367-7<8*873/+<4840+48 234+2395*3-/>7142>>8--56<20

货物或应税劳务、服务名称	规格型号	单位	数量	单价	金额	税率	税额
*餐饮服务*餐饮费			1	599.03	599.03	3%	17.97
合计					¥599.03		¥17.97
价税合计（大写）	⊗陆佰壹拾柒圆整				（小写）¥617.00		

销售方	名称：上海鼎轩餐饮有限公司 纳税人识别号：91310001000010101N 地址、电话：上海市浦东新区花木街道23号 021-6291271 开户行及账号：中国工商银行上海浦东支行 6212261007640900993	备注	

收款人：王宇　　复核：张子宁　　开票人：祝诗诗　　销售方：（章）

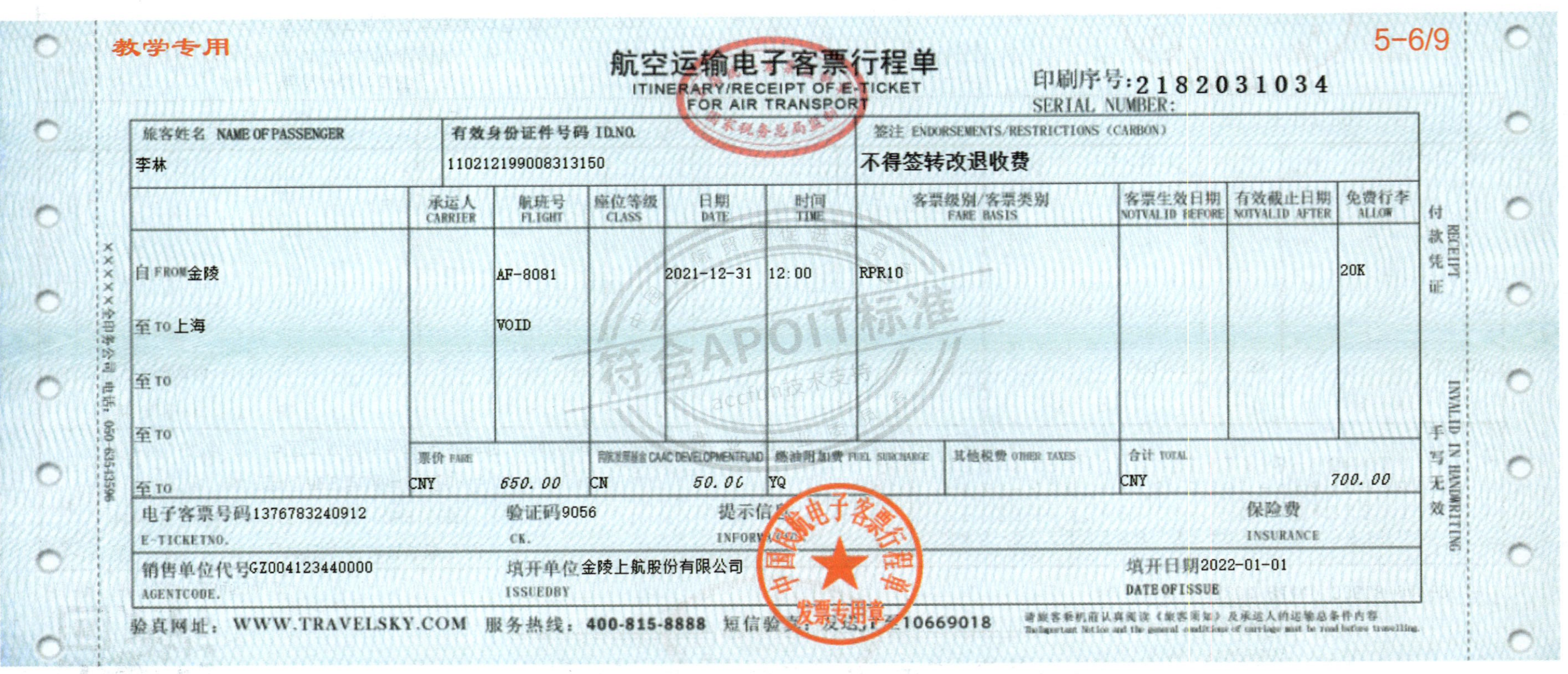

教学专用　　5-6/9

航空运输电子客票行程单
ITINERARY/RECEIPT OF E-TICKET FOR AIR TRANSPORT

印刷序号：2182031034
SERIAL NUMBER:

旅客姓名 NAME OF PASSENGER	有效身份证件号码 ID.NO.	签注 ENDORSEMENTS/RESTRICTIONS (CARBON)
李林	110212199008313150	不得签转改退收费

	承运人 CARRIER	航班号 FLIGHT	座位等级 CLASS	日期 DATE	时间 TIME	客票级别/客票类别 FARE BASIS	客票生效日期 NOTVALID BEFORE	有效截止日期 NOTVALID AFTER	免费行李 ALLOW
自 FROM 金陵		AF-8081		2021-12-31	12:00	RPR10			20K
至 TO 上海		VOID							
至 TO									
至 TO									

至 TO	票价 FARE	民航发展基金 CAAC DEVELOPMENT FUND	燃油附加费 FUEL SURCHARGE	其他税费 OTHER TAXES	合计 TOTAL
	CNY 650.00	CN 50.00	YQ		CNY 700.00

电子客票号码 E-TICKET NO. 1376783240912	验证码 CK. 9056	提示信息 INFORMATION	保险费 INSURANCE

销售单位代号 AGENT CODE. GZ004123440000	填开单位 ISSUED BY 金陵上航股份有限公司	填开日期 DATE OF ISSUE 2022-01-01

验真网址：WWW.TRAVELSKY.COM　服务热线：400-815-8888　短信验真：发送JP至10669018

请旅客乘机前认真阅读《旅客须知》及承运人的运输总条件内容
To important Notice and the general conditions of carriage must be read before travelling.

付款凭证 RECEIPT

手写无效 INVALID IN HANDWRITING

××××××全印务公司 电话：050-63543596

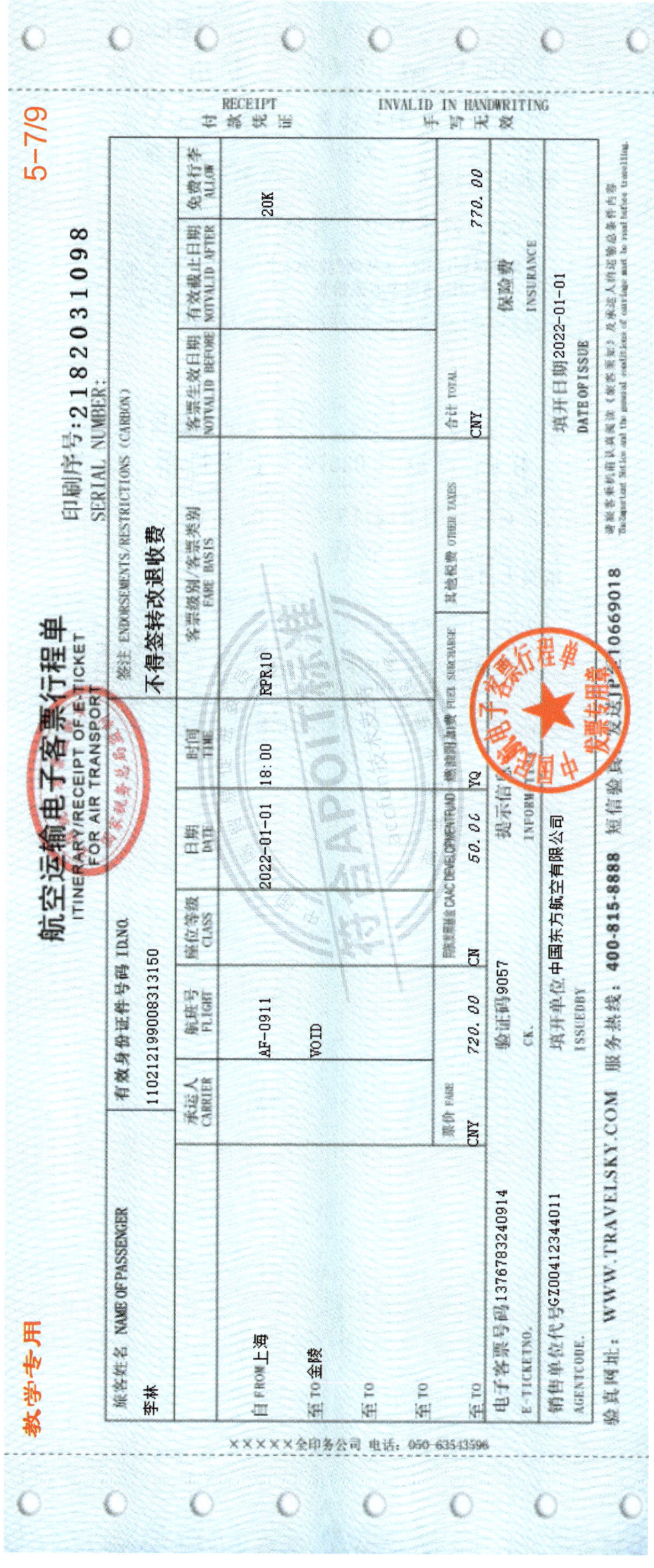

5-7/9

教学专用

航空运输电子客票行程单
ITINERARY/RECEIPT OF E-TICKET FOR AIR TRANSPORT

印刷序号：2182031098
SERIAL NUMBER:

RECEIPT 付款凭证　　INVALID IN HANDWRITING 手写无效

旅客姓名 NAME OF PASSENGER	有效身份证件号码 ID.NO.	签注 ENDORSEMENTS/RESTRICTIONS (CARBON)						
李林	110212199008313150	不得签转改退收费						
	承运人 CARRIER	航班号 FLIGHT	座位等级 CLASS	日期 DATE	时间 TIME	客票级别/客票类别 FARE BASIS	客票生效日期 NOT VALID BEFORE	有效截止日期 NOT VALID AFTER	免费行李 ALLOW
自 FROM 上海		AF-0911		2022-01-01	18:00	RPR10			20K
至 TO 金陵		VOID							
至 TO									
至 TO									
至 TO									

票价 FARE	民航发展基金 CAAC DEVELOPMENT FUND	燃油附加费 FUEL SURCHARGE	其他税费 OTHER TAXES	合计 TOTAL
CNY 720.00	CN 50.00	YQ		CNY 770.00

电子客票号码 E-TICKET NO.	验证码 CK.	提示信息 INFORM	保险费 INSURANCE
1376783240914	9057		

销售单位代号 AGENT CODE	填开单位 ISSUED BY	填开日期 DATE OF ISSUE
GZ00412344011	中国东方航空有限公司	2022-01-01

验真网址：WWW.TRAVELSKY.COM　服务热线：400-815-8888　短信验真：发送JP至10669018

The important Notice and the general conditions of carriage must be read before travelling.

×××××全印务公司　电话：050-63543596

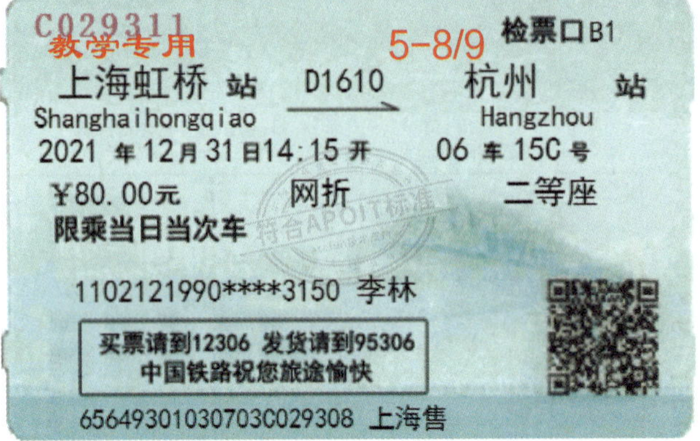
C029311 教学专用 5-8/9 检票口B1

上海虹桥 站 D1610 杭州 站

Shanghaihongqiao → Hangzhou

2021 年12月31日14:15开 06 车 15C 号

¥80.00元 网折 二等座

限乘当日当次车

1102121990****3150 李林

买票请到12306 发货请到95306

中国铁路祝您旅途愉快

65649301030703C029308 上海售

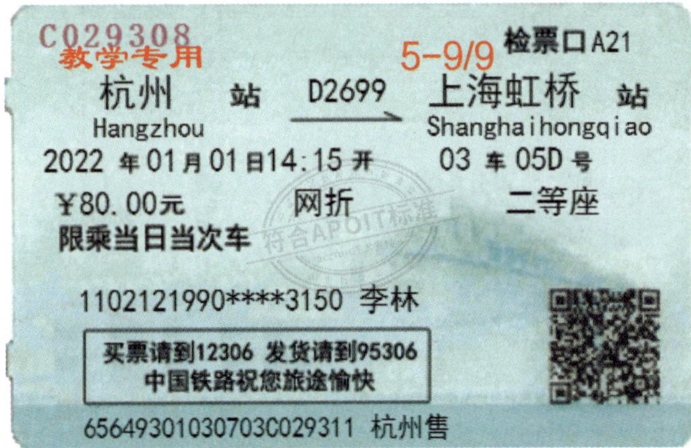
C029308 教学专用 5-9/9 检票口A21

杭州 站 D2699 上海虹桥 站

Hangzhou → Shanghaihongqiao

2022 年01月01日14:15开 03 车 05D 号

¥80.00元 网折 二等座

限乘当日当次车

1102121990****3150 李林

买票请到12306 发货请到95306

中国铁路祝您旅途愉快

65649301030703C029311 杭州售

1.完成 OA 系统审批

请根据取得的票据(单据 5-3～5-9)进行审核。若核实有误,则不予通过并说明理由;若核实无误,通过该审批。

备注:公司员工通过 OA 系统提交报销申请,同时需要将纸质《差旅费报销单》及《报销单据粘贴单》一并交由资金岗进行审批。

2.登录网银系统付款

审批通过后,用网银支付差旅费报销款。

登录配套线上网银系统

◆业务 06◆

编号：202201011455000412021
教学专用
张高丽提交的付款申请
6-1/4
金陵钱多多家具有限公司
所属部门：
采购部
所属公司：
金陵钱多多家具有限公司
付款事由：
支付货款
付款总额：
67800.00
大写：
陆万柒仟捌佰元整
付款方式：
网银
支付日期：
2022-01-01
支付对象：
金陵日精进商贸有限公司
开户行：
中国工商银行金陵玄武支行
账户：
1298010002000316234
附加说明：

教学专用
流程
6-1/4
张高丽 采购经理
发起申请
张壹 会计
已同意
张丽 财务经理
已同意
钱多多 总经理
已同意
李丽 资金岗
审批中
拒绝
同意

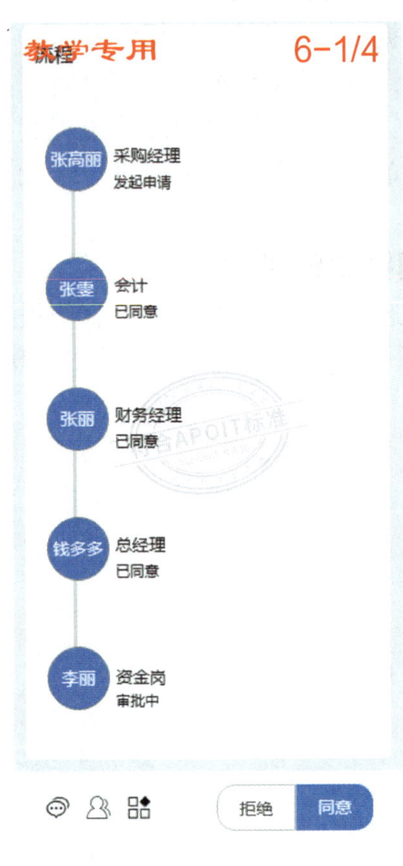

教学专用　　6-2/4

金陵日精进商贸有限公司

销售单

NO. 6807200

地址：金陵市玄武区南华路78号

电话：0688-86615649　　邮编：258800

客户名称：金陵钱多多家具有限公司

地址电话：金陵市玄武区中山路88号 0688-86615898

日期：2022年01月01日

编码	产品名称	规格	单位	单价	数量	金额	备注
00101	办公桌	A-001	张	226.00	300	67800.00	
	人民币(大写)：陆万柒仟捌佰元整					¥67800.00	

业务联

销售经理：吴利　　会计：保利　　仓管：李文　　签收人：张高丽　　经办人：陈成

教学专用　　6-3/4

入 库 单

2022年 01 月 01 日　　单号 30583900

交来单位及部门	采购部	验收仓库	仓库一	入库日期	2022-01-01

编号	名称及规格	单位	数量		实际价格	
			交库	实收	单价	金额
00101	办公桌A-001	张	300	300		
合计						

财务联

财务经理：张丽　　仓库主管：周白　　经办人：张高丽　　制单人：张慧

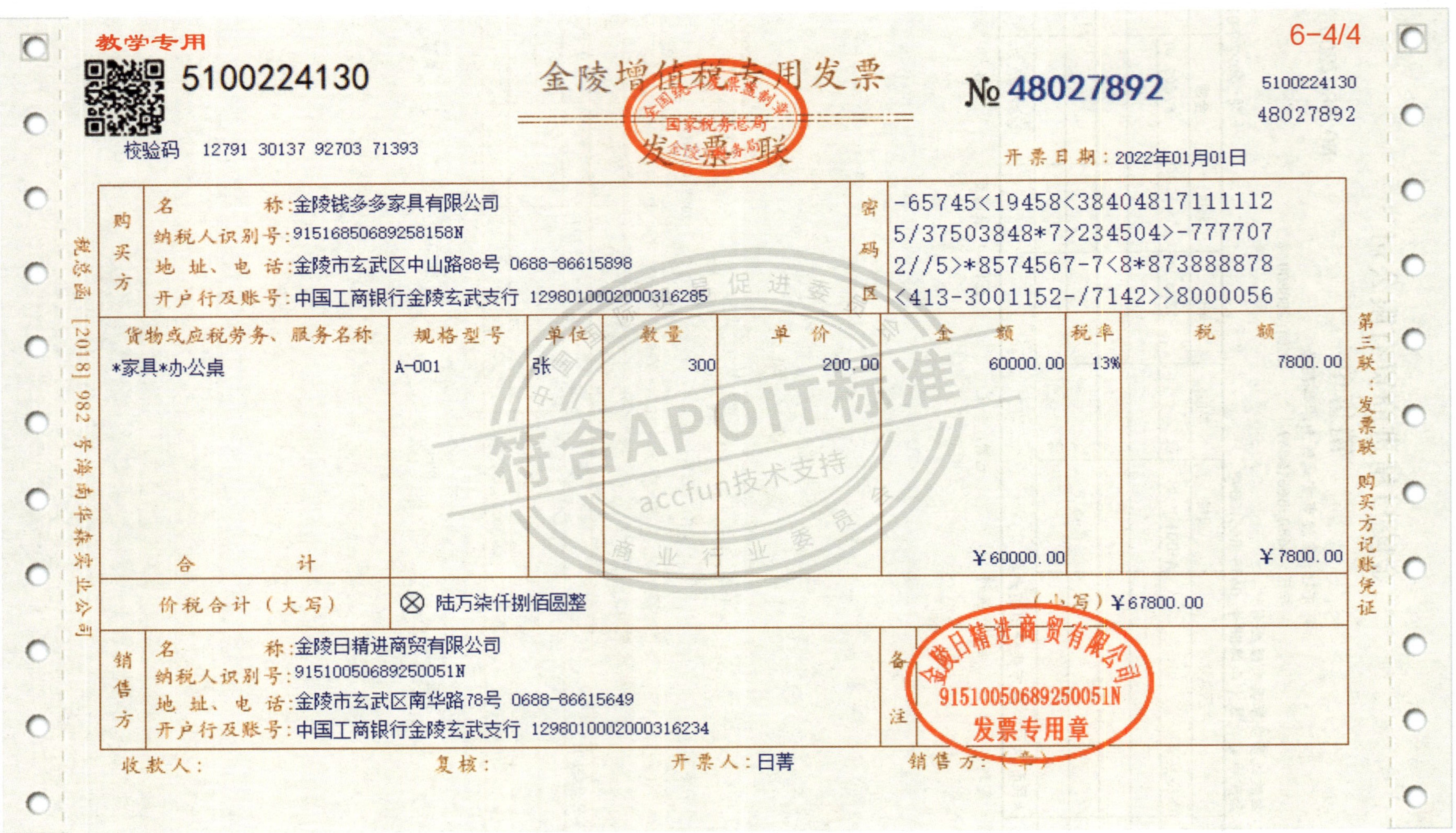

教学专用　　6-4/4

5100224130

金陵增值税专用发票

发票联

№ 48027892

5100224130
48027892

校验码 12791 30137 92703 71393

开票日期：2022年01月01日

购买方	名称：金陵钱多多家具有限公司 纳税人识别号：91516850689258158N 地址、电话：金陵市玄武区中山路88号 0688-86615898 开户行及账号：中国工商银行金陵玄武支行 1298010002000316285	密码区	-65745<19458<38404817111112 5/37503848*7>234504>-777707 2//5>*8574567-7<8*873888878 <413-3001152-/7142>>8000056

货物或应税劳务、服务名称	规格型号	单位	数量	单价	金额	税率	税额
*家具*办公桌	A-001	张	300	200.00	60000.00	13%	7800.00
合　　计					¥60000.00		¥7800.00
价税合计（大写）	⊗ 陆万柒仟捌佰圆整				（小写）¥67800.00		

销售方	名称：金陵日精进商贸有限公司 纳税人识别号：91510050689250051N 地址、电话：金陵市玄武区南华路78号 0688-86615649 开户行及账号：中国工商银行金陵玄武支行 1298010002000316234	备注	

收款人：　　复核：　　开票人：日菁　　销售方：（章）

第三联：发票联　购买方记账凭证

税总函［2018］982号海南华森实业公司

1. 审核 OA 系统付款申请

请根据采购经理提交的 OA 系统付款申请，以及相关票据(单据 6-2～6-4)进行审核。若核实有误，则不予通过并说明理由；若核实无误，通过该审批。

2. 登录网银系统

审批通过后，用网银支付货款。

登录配套线上网银系统

◆业务 07◆

教学专用

现金日记账

7-1/2　第 01 页

2021年 月	日	凭证 种类	凭证 号数	票据号数	摘要	借方	贷方	余额	核对
12	01				承前页	269750000	261750000	800000	□
12	01				收到个人客户预交的定金	200000		1000000	□
12	01				收到收银员交来的当天现金销售货款	1800000		2800000	□
12	01				存现		2000000	800000	□
12	01				取现	1000000		1800000	□
12	01				总经理预支业务招待费		200000	1600000	□
12	01				销售部报销差旅费		321700	1278300	□
12	01				报销会计用品		12600	1265700	□
12	01				本日合计	3000000	2534300	1265700	□
12	20				报销业务招待费并退回余款	80000		1345700	□
12	20				报销销售人员差旅费		231500	1114200	□
12	20				本日合计	80000	231500	1114200	□
12	31				报销销售部差旅费		198000	916200	□
12	31				报销办公用品		23100	893100	□
12	31				销售人员出差借款		300000	593100	□
12	31				本日合计		521100	593100	□
12	31				本月合计	3080000	3286900	593100	□
12	31				本年累计	300550000	294619000	593100	□
12	31				结转下年			593100	□

教学专用

银行存款日记账

第 7-2/2 页

开户行：中国工商银行金陵玄武支行

账　号：12980100020000316285

2021年 月	日	凭证种类	凭证号数	票据号数	摘要	借方	贷方	余额	核对
12	20				承前页	7373180.00	6763642.50	609537.50	□
12	20				本日合计		56312.50	609537.50	□
12	31				网银支付货款		20000.00	589537.50	□
12	31				支付运费款		11000.00	578537.50	□
12	31				支付劳务费用		60000.00	518537.50	□
12	31				收到系统收款回单	226000.00		744537.50	□
12	31				自动扣缴社保		4620.00	739917.50	□
12	31				自动扣缴公积金		2200.00	737717.50	□
12	31				本日合计	226000.00	97820.00	737717.50	□
12	31				本月合计	436400.00	281632.50	737717.50	□
12	31				本年累计	7599180.00	6861462.50	737717.50	□
12	31				结转下年			737717.50	□

1. 登记日记账

2022年01月01日，资金岗在财务系统中登记本日《现金日记账》和《银行存款日记账》。

备注：请使用线上财务系统登记日记账，无需再次填写纸质版日记账。

2. 移交单据

请把本日发生的业务1至业务6有关银行存款业务的单据整理移交给会计。

◆业务08◆

1. 编制《资金日报表》

2022年01月01日，请根据本日发生的业务编制《资金日报表》，并分析本日资金情况。

备注：实务工作中，资金岗要养成编制并分析《资金日报表》、《资金周报表》和《资金月报表》的习惯。

◆ 业务 09 ◆

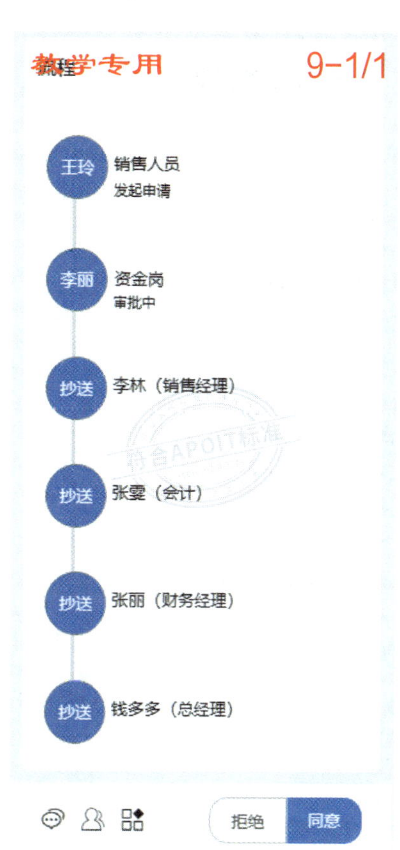

1.登录网银系统查询货款

请根据 OA 系统收款申请，登录网银系统查询该笔应收账款。

2.完成 OA 系统审批

若核实无误，请通过 OA 系统的收款申请；若核实有误，请不予通过并说明理由。

登录配套线上网银系统

◆业务 10◆

教学专用　10-1/2

编号：20220110145500041202б

李奇提交的收款申请

金陵钱多多家具有限公司

所属部门：
采购部
所属公司：
金陵钱多多家具有限公司
客户名称：
李奇
收款部门：
财务部
款项分类：
罚款
收款账户：
129801000200031б285
收款金额：
500.00
大写：
伍佰元整
是否开票：
否

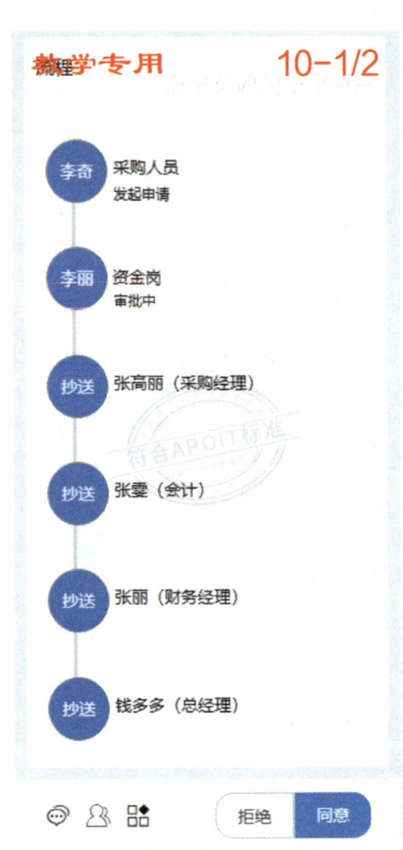

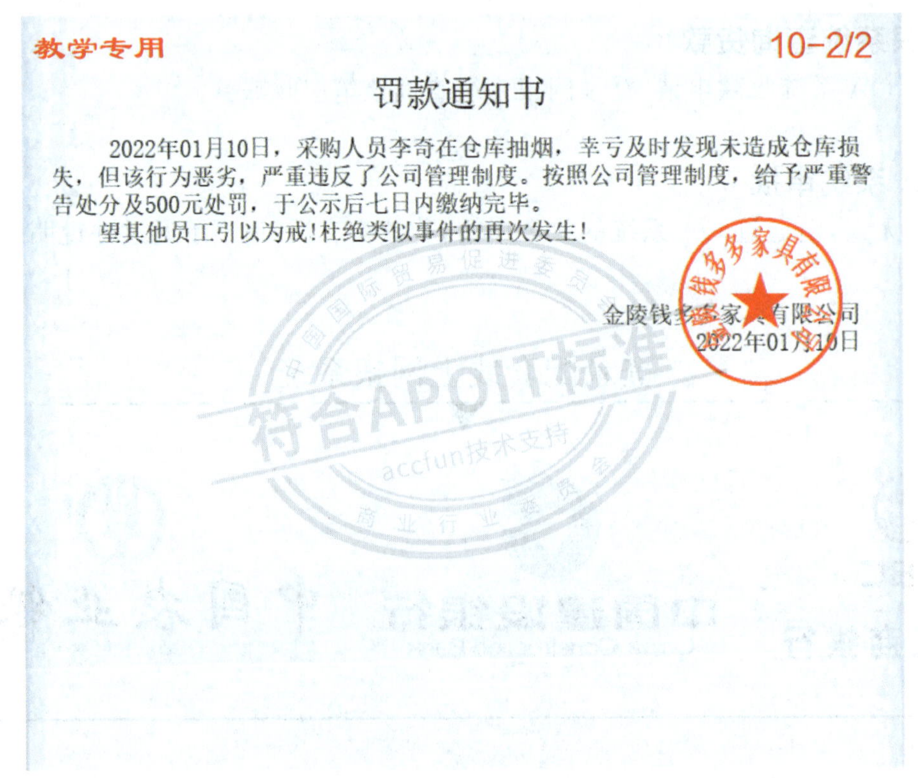
教学专用　10-2/2

罚款通知书

2022年01月10日，采购人员李奇在仓库抽烟，幸亏及时发现未造成仓库损失，但该行为恶劣，严重违反了公司管理制度。按照公司管理制度，给予严重警告处分及500元处罚，于公示后七日内缴纳完毕。

望其他员工引以为戒！杜绝类似事件的再次发生！

金陵钱多多家具有限公司
2022年01月10日

1.登录网银系统查询罚款

请根据 OA 系统收款申请以及罚款通知书(单据 10-2),登录网银系统查询该笔款项。

2. 完成 OA 系统审批

若核实无误,请通过 OA 系统的收款申请;若核实有误,请不予通过并说明理由。

登录配套线上网银系统

◆业务 11◆

编号：202201101455000415846

王玲提交的付款申请

金陵钱多多家具有限公司

所属部门：
销售部
所属公司：
金陵钱多多家具有限公司
付款事由：
支付广告费
付款总额：
6000.00
大写：
陆仟元整
付款方式：
网银
支付日期：
2022-01-10
支付对象：
金陵登高广告有限公司
开户行：
中国工商银行金陵玄武支行
账户：
1298010002000427396
附加说明：

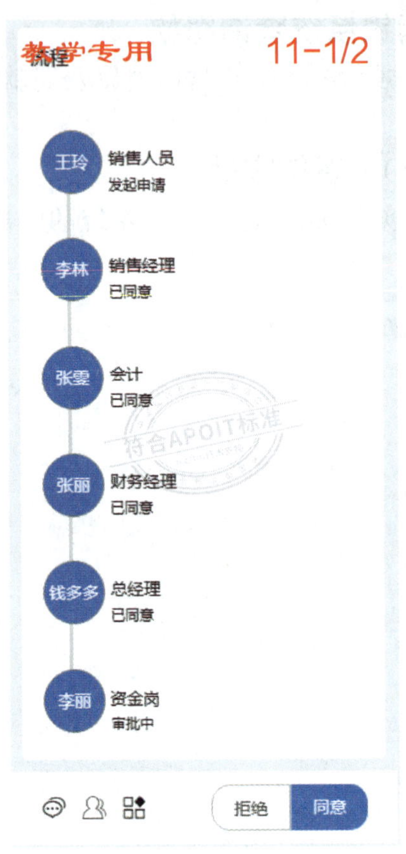

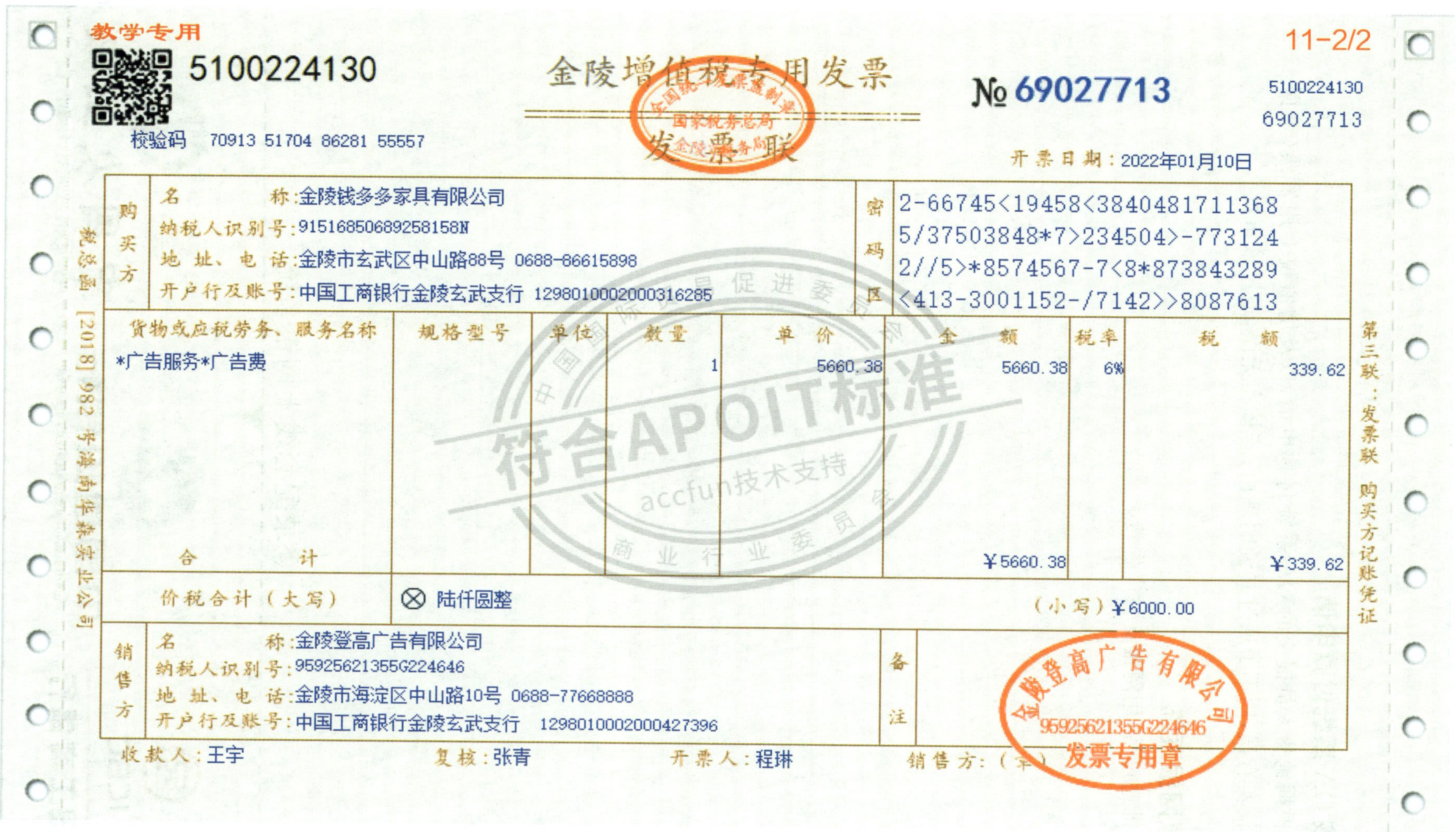

教学专用　11-2/2

5100224130

校验码 70913 51704 86281 55557

金陵增值税专用发票

发票联

№ 69027713　5100224130　69027713

开票日期：2022年01月10日

购买方	名称：金陵钱多多家具有限公司 纳税人识别号：91516850689258158N 地址、电话：金陵市玄武区中山路88号 0688-86615898 开户行及账号：中国工商银行金陵玄武支行 1298010002000316285	密码区	2-66745<19458<3840481711368 5/37503848*7>234504>-773124 2//5>*8574567-7<8*873843289 <413-3001152-/7142>>8087613

货物或应税劳务、服务名称	规格型号	单位	数量	单价	金额	税率	税额
*广告服务*广告费			1	5660.38	5660.38	6%	339.62
合计					¥5660.38		¥339.62
价税合计（大写）	⊗ 陆仟圆整				（小写）¥6000.00		

销售方	名称：金陵登高广告有限公司 纳税人识别号：95925621355G224646 地址、电话：金陵市海淀区中山路10号 0688-77668888 开户行及账号：中国工商银行金陵玄武支行 1298010002000427396	备注	

收款人：王宇　复核：张青　开票人：程琳　销售方：（章）

第三联：发票联　购买方记账凭证

税总函[2018]982号海南华森实业公司

1. 审核 OA 系统付款申请

请根据销售人员提交的 OA 系统付款申请，以及增值税专用发票（单据 11-2）进行审核。若核实有误，则不予通过并说明理由；若核实无误，通过该审批。

2. 登录网银系统

审批通过后，用网银支付广告费。

登录配套线上网银系统

◆业务 12◆

编号：202201101455000415848
教学专用　12-1/4
李奇提交的付款申请
金陵钱多多家具有限公司
所属部门：
采购部
所属公司：
金陵钱多多家具有限公司
付款事由：
支付货款
付款总额：
57630.00
大写：
伍万柒仟陆佰叁拾元整
付款方式：
网银
支付日期：
2022-01-10
支付对象：
金陵积善行商贸有限公司
开户行：
中国建设银行金陵中山支行
账户：
6217000131210366361
附加说明：

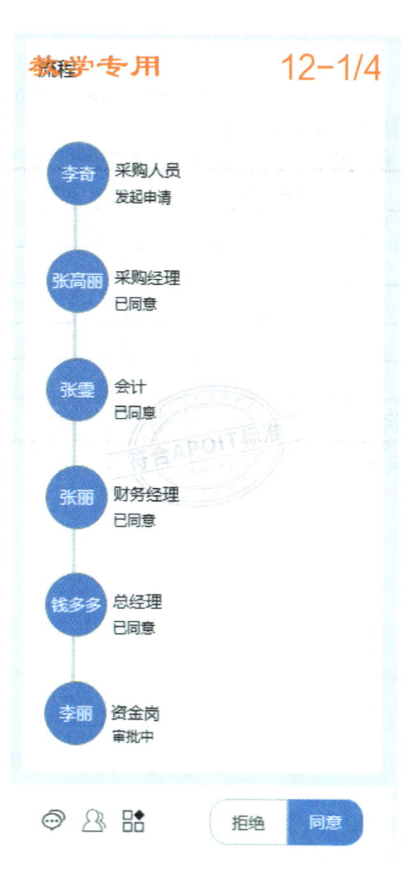

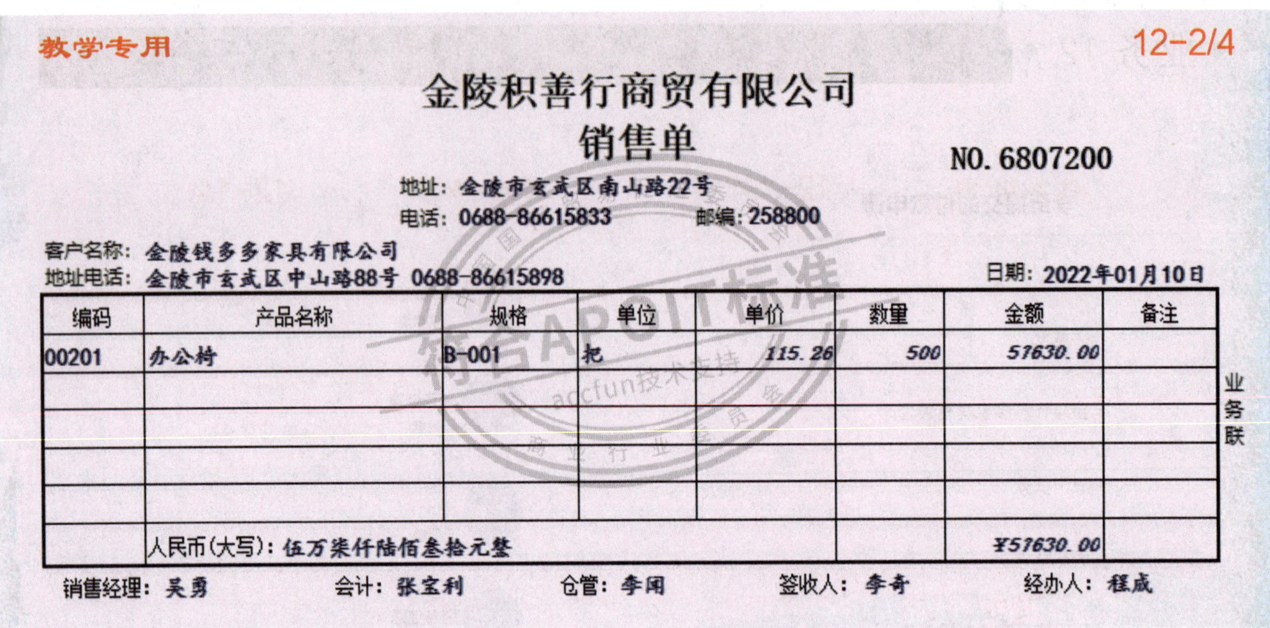

12-2/4

金陵积善行商贸有限公司
销售单

NO. 6807200

地址：金陵市玄武区南山路22号
电话：0688-86615833　邮编：258800

客户名称：金陵钱多多家具有限公司
地址电话：金陵市玄武区中山路88号 0688-86615898　　日期：2022年01月10日

编码	产品名称	规格	单位	单价	数量	金额	备注
00201	办公椅	B-001	把	115.26	500	57630.00	
	人民币(大写)：伍万柒仟陆佰叁拾元整					¥57630.00	

业务联

销售经理：吴勇　会计：张宝利　仓管：李闻　签收人：李奇　经办人：程成

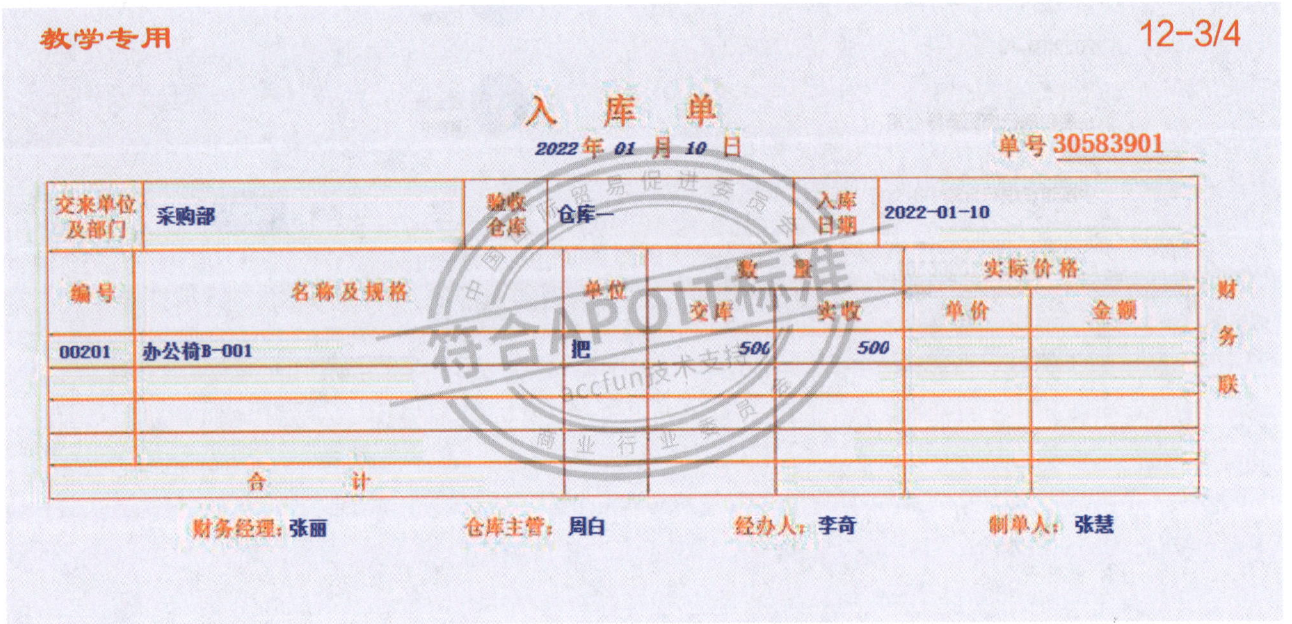

12-3/4

入库单

2022年01月10日　　单号30583901

交来单位及部门	采购部	验收仓库	仓库一	入库日期	2022-01-10

编号	名称及规格	单位	数量		实际价格	
			交库	实收	单价	金额
00201	办公椅B-001	把	500	500		
合计						

财务联

财务经理：张丽　仓库主管：周白　经办人：李奇　制单人：张慧

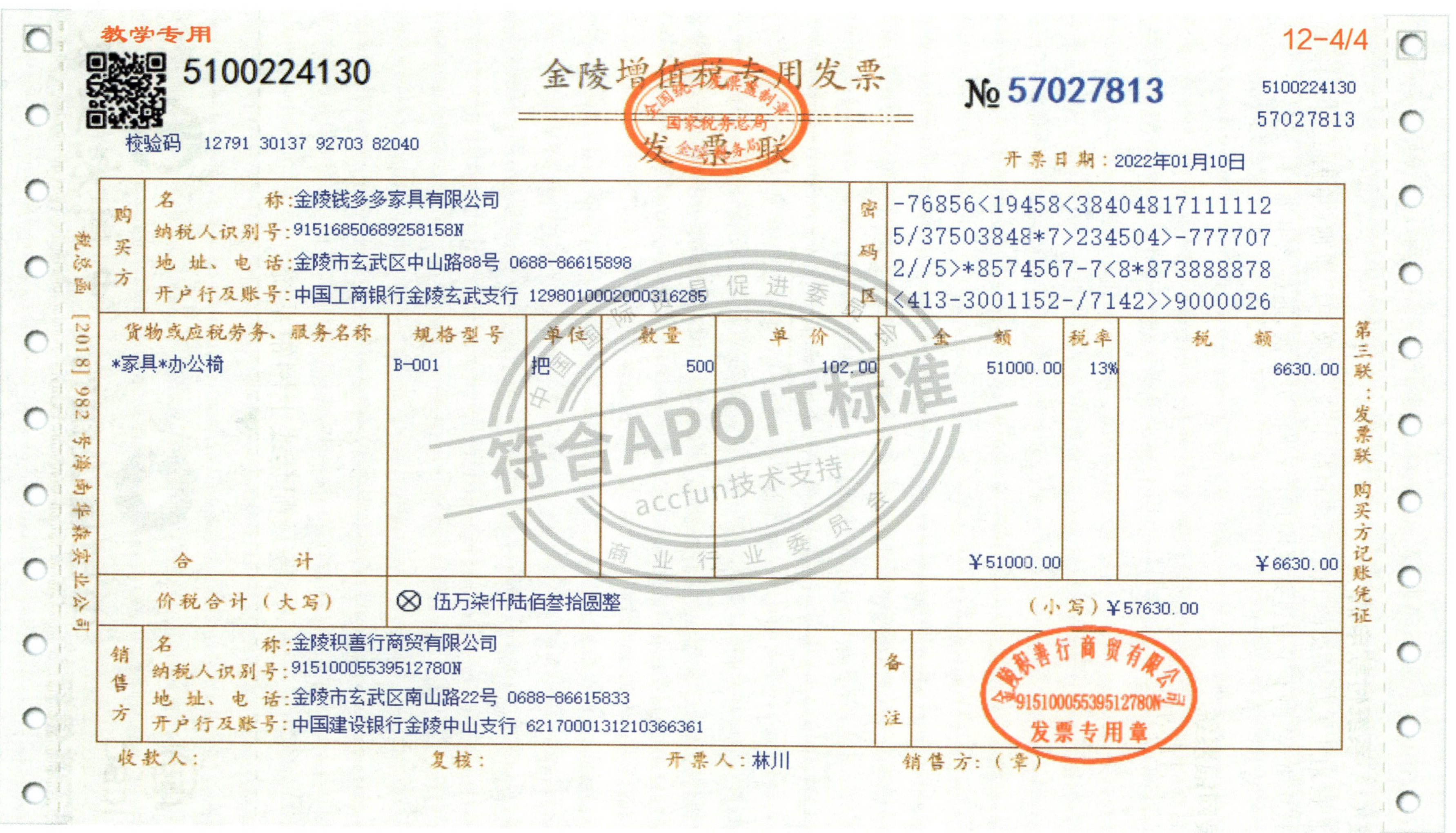

教学专用

12-4/4

5100224130

金陵增值税专用发票

发票联

№ 57027813

5100224130
57027813

校验码 12791 30137 92703 82040

开票日期：2022年01月10日

购买方	名　　称：金陵钱多多家具有限公司 纳税人识别号：91516850689258158N 地 址、电 话：金陵市玄武区中山路88号 0688-86615898 开户行及账号：中国工商银行金陵玄武支行 1298010002000316285				密码区	-76856<19458<38404817111112 5/37503848*7>234504>-777707 2//5>*8574567-7<8*873888878 <413-3001152-/7142>>9000026		
货物或应税劳务、服务名称	规格型号	单位	数量	单价	金额	税率	税额	
*家具*办公椅	B-001	把	500	102.00	51000.00	13%	6630.00	
合　　计					¥51000.00		¥6630.00	
价税合计（大写）	⊗伍万柒仟陆佰叁拾圆整				（小写）¥57630.00			
销售方	名　　称：金陵积善行商贸有限公司 纳税人识别号：91510005539512780N 地 址、电 话：金陵市玄武区南山路22号 0688-86615833 开户行及账号：中国建设银行金陵中山支行 6217000131210366361				备注			

收款人：　　复核：　　开票人：林川　　销售方：（章）

第三联：发票联　购买方记账凭证

税总函［2018］982号海南华森实业公司

1. 审核 OA 系统付款申请

请根据销售人员提交的 OA 系统付款申请，以及相关票据（单据 12-2～12-4）进行审核。若核实有误，则不予通过并说明理由；若核实无误，通过该审批。

2. 登录网银系统

审批通过后，用网银支付货款。

登录配套线上网银系统

◆业务 13◆

编号：202201101455000414714
教学专用　13-1/4
陈华提交的付款申请
金陵钱多多家具有限公司
所属部门：
行政部
所属公司：
金陵钱多多家具有限公司
付款事由：
支付人才网年服务费
付款总额：
1000.00
大写：
壹仟元整
付款方式：
网银
支付日期：
2022-01-10
支付对象：
金陵市人才服务中心
开户行：
中国工商银行金陵玄武支行
账户：
1298021112000317351
附加说明：

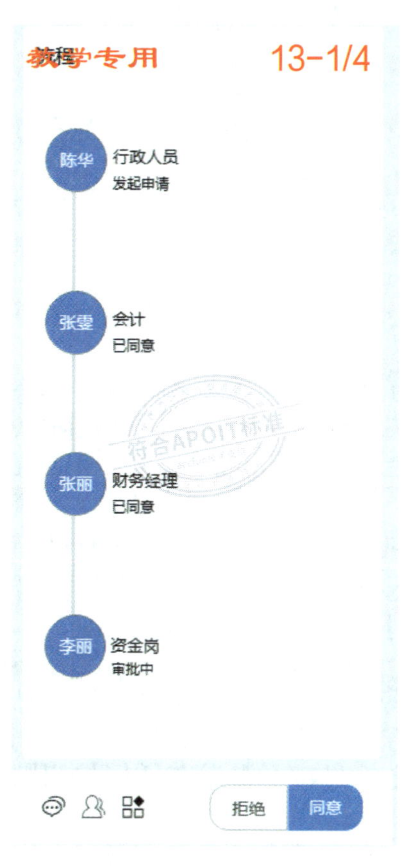

　13-2/4

人才网网络会员协议

甲方：金陵市人才服务中心

乙方：金陵钱多多家具有限公司

甲、乙双方根据《金陵人才市场管理条例》及有关法规政策，经过平等协商达成以下意见：

1. 甲方向乙方提供金陵市人才网会员资格并提供会员帐号一个。乙方须缴纳给甲方年会员费壹仟元整，会员资格由甲、乙双方签定协议当日生效，会员资格有效期为一年。
2. 在会员资格有效期内乙方可在市人事人才网发布招聘信息以及查询人才求职信息。
3. 乙方必须严格遵守《中华人民共和国计算机信息系统安全保护条例》、《中华人民共和国计算机信息网络国际联网管理暂行规定》、《计算机信息网络国际联网安全保护管理办法》等法律法规的规定，认真遵守国家的有关法律、法令和法规，不得利用"金陵市人才网"传播危害国家安全、泄露国家机密，扰乱社会秩序等信息，不得侵犯其他公民的合法权益，不得破坏，扰乱一市人事人才网网络系统的正常运行。乙方若因会员帐号和密码保管不善而导致泄露，被其他单位或个人冒用上报的信息资料，均视为本单位或个人同意上报的正式资料，由此产生的后果全部由乙方自行负责，乙方不得向其他单位和个人转借、转让、共享会员权限、或代发、代查招聘、应聘信息，不得随意将信息资料用于其他商业用途。
4. 乙方发布的各类信息须合法、真实、及时、完整、不得发布任何违反有关法律规定之信息，不得发布任何与招聘目的不相符的信息，并对所发布之信息承担完全责任。
5. 在乙方会员资格有效期内甲方应当优先为乙方招聘企业员工提供服务。
6. 本协议如有未尽事宜，甲，乙双方应协商解决。

甲方（盖章）：金陵市人才服务中心 合同专用章　　乙方（盖章）：金陵钱多多家具有限公司 合同专用章

日期：2022年01月10日　　日期：2022年01月10日

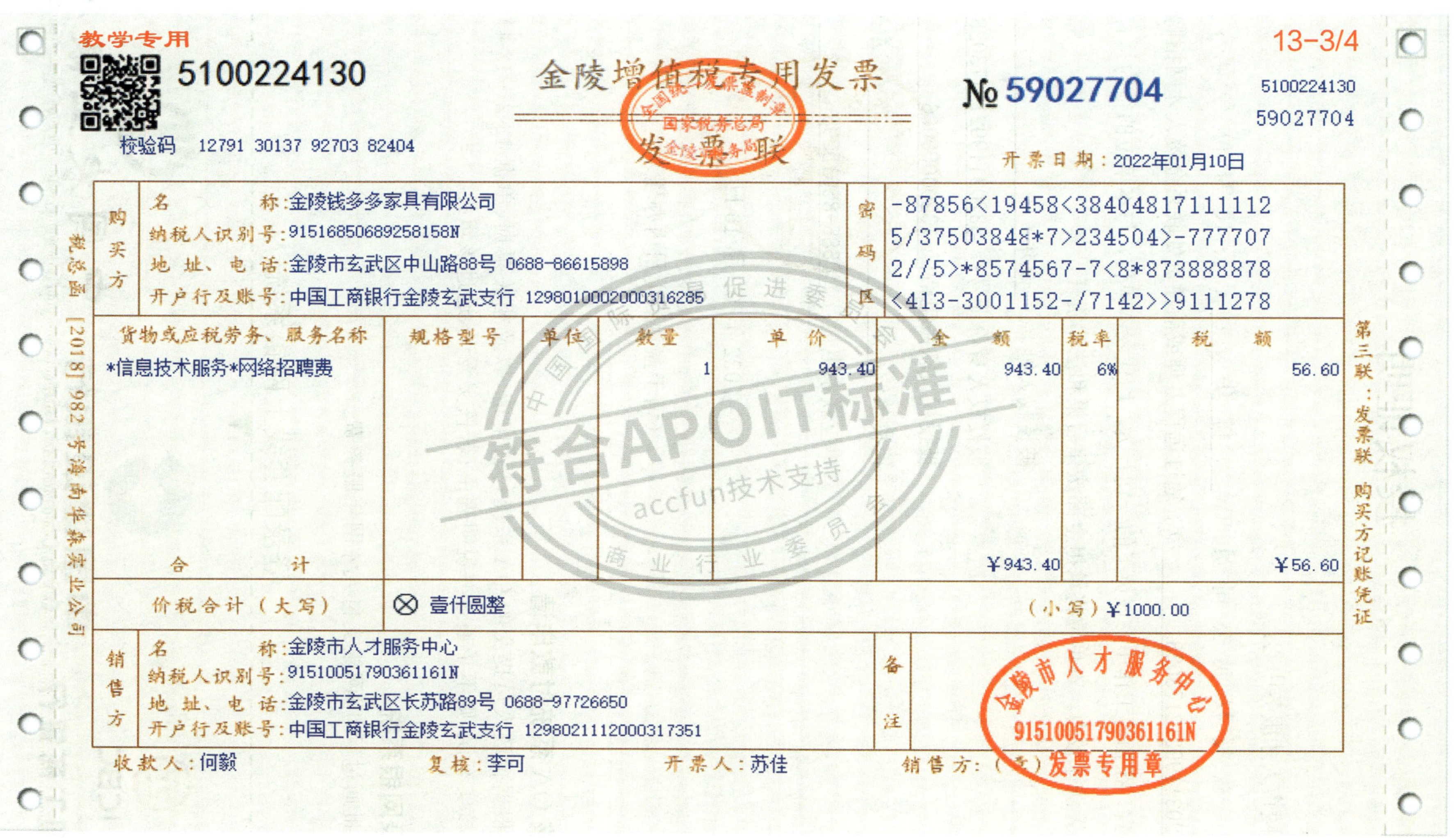

教学专用　13-3/4

5100224130

金陵增值税专用发票

发票联

№ 59027704　　5100224130　59027704

校验码 12791 30137 92703 82404

开票日期：2022年01月10日

购买方	名称：金陵钱多多家具有限公司 纳税人识别号：91516850689258158N 地址、电话：金陵市玄武区中山路88号 0688-86615898 开户行及账号：中国工商银行金陵玄武支行 1298010002000316285	密码区	-87856<19458<38404817111112 5/37503848*7>234504>-777707 2//5>*8574567-7<8*873888878 <413-3001152-/7142>>9111278

货物或应税劳务、服务名称	规格型号	单位	数量	单价	金额	税率	税额
*信息技术服务*网络招聘费			1	943.40	943.40	6%	56.60
合计					¥943.40		¥56.60
价税合计（大写）	⊗ 壹仟圆整				（小写）¥1000.00		

销售方	名称：金陵市人才服务中心 纳税人识别号：91510051790361161N 地址、电话：金陵市玄武区长苏路89号 0688-97726650 开户行及账号：中国工商银行金陵玄武支行 1298021112000317351	备注	

收款人：何毅　　复核：李可　　开票人：苏佳　　销售方：（章）

第三联：发票联　购买方记账凭证

税总函［2018］982号海南华森实业公司

教学专用　　13-4/4

授权证明

金陵市人才服务中心：

兹授权我公司员工 陈华 （公民身份号码：532031199212173028），通过远程办理或前往贵处联系金陵人才网招聘事宜，在招聘工作中，该员工的一切行为，均代表本单位，与本单位的行为具有同等法律效力。本单位将承担全部法律后果和法律责任。

被授权人姓名：陈华

被授权人身份证号：532031199212173028

被授权人联系电话：13200000006

授权单位：（盖章）

单位联系电话：0688-86615898

2022 年 01 月 10 日

（请于盖章后七日内办理）

1. 审核 OA 系统付款申请

请根据行政人员提交的 OA 系统付款申请，以及相关票据（单据 13-2～13-4）进行审核。若核实有误，则不予通过并说明理由；若核实无误，通过该审批。

2. 登录网银系统

审批通过后，用网银支付人才网年服务费。

登录配套线上网银系统

◆业务 14◆

1. 登录网银系统支付工资

2022 年 01 月 10 日，资金岗与 HR 核对数据，审核完毕后自动发送智能工资条，用网银支付员工工资。

教学专用　　14-1/1

金陵钱多多家具有限公司工资发放表

工资所属期限：2021年12月　　单位：元

部门		姓名	基本工资	绩效奖金	加班工资	全勤奖金	其他津贴	工资小计	扣减款项		应发工资	代扣款			实发
									罚款	缺勤		社保	公积金	个税	
管理费用	总经办	钱多多	3500.00	1500.00	0.00	100.00		5100.00			5100.00	200.00	100.00		4800.00
	行政部	陈华	3000.00	500.00	0.00	100.00		3600.00			3600.00	200.00	100.00		3300.00
	财务部	张丽	3500.00	1000.00	0.00	100.00		4600.00			4600.00	200.00	100.00		4300.00
		张雯	3200.00	500.00	100.00	100.00		3900.00			3900.00	200.00	100.00		3600.00
		李丽	3000.00	500.00	0.00	100.00		3600.00			3600.00	200.00	100.00		3300.00
	采购部	李奇	3000.00	500.00	300.00	100.00		3900.00			3900.00	200.00	100.00		3600.00
		张高丽	3000.00	1000.00	0.00	100.00		4100.00			4100.00	200.00	100.00		3800.00
	仓管部	张慧	3000.00	500.00	300.00	100.00		3900.00			3900.00	200.00	100.00		3600.00
		周白	3000.00	500.00	300.00	100.00		3900.00			3900.00	200.00	100.00		3600.00
	小计		28200.00	6500.00	1000.00	900.00		36600.00			36600.00	1800.00	900.00		33900.00
销售费用	销售部	李林	3000.00	1000.00	0.00	100.00		4100.00			4100.00	200.00	100.00		3800.00
		王玲	3000.00	500.00	0.00	100.00		3600.00			3600.00	200.00	100.00		3300.00
	小计		6000.00	1500.00	0.00	200.00		7700.00			7700.00	400.00	200.00		7100.00
合计			**34200.00**	**8000.00**	**1000.00**	**1100.00**		**44300.00**			**44300.00**	**2200.00**	**1100.00**		**41000.00**

单位负责人：钱多多　　复核：张丽　　制单：张雯

登录配套线上网银系统

◆业务 15◆

编号：202201101455000415850

教学专用　15-1/2

陈华提交的付款申请

金陵钱多多家具有限公司

所属部门：
行政部
所属公司：
金陵钱多多家具有限公司
付款事由：
支付第一季度房租
付款总额：
8000.00
大写：
捌仟元整
付款方式：
网银
支付日期：
2022-01-10
支付对象：
李兰
开户行：
中国工商银行金陵中山支行
账户：
6217000520000123026
附加说明：

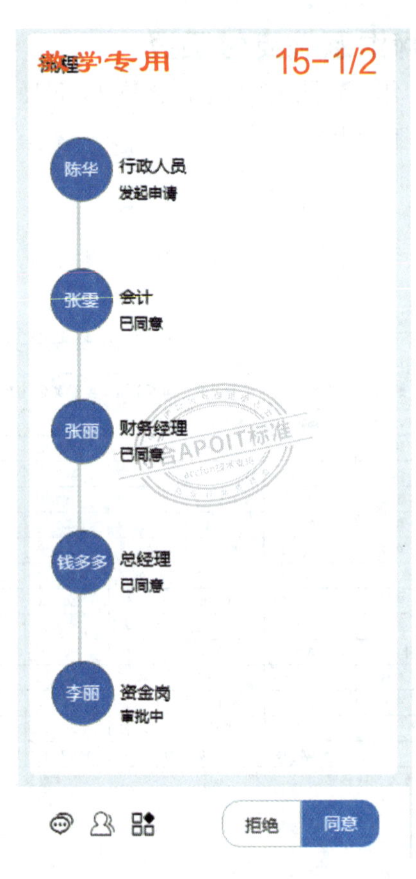

教学专用　15-1/2

流程

陈华 行政人员 发起申请
张雯 会计 已同意
张丽 财务经理 已同意
钱多多 总经理 已同意
李丽 资金岗 审批中

拒绝　同意

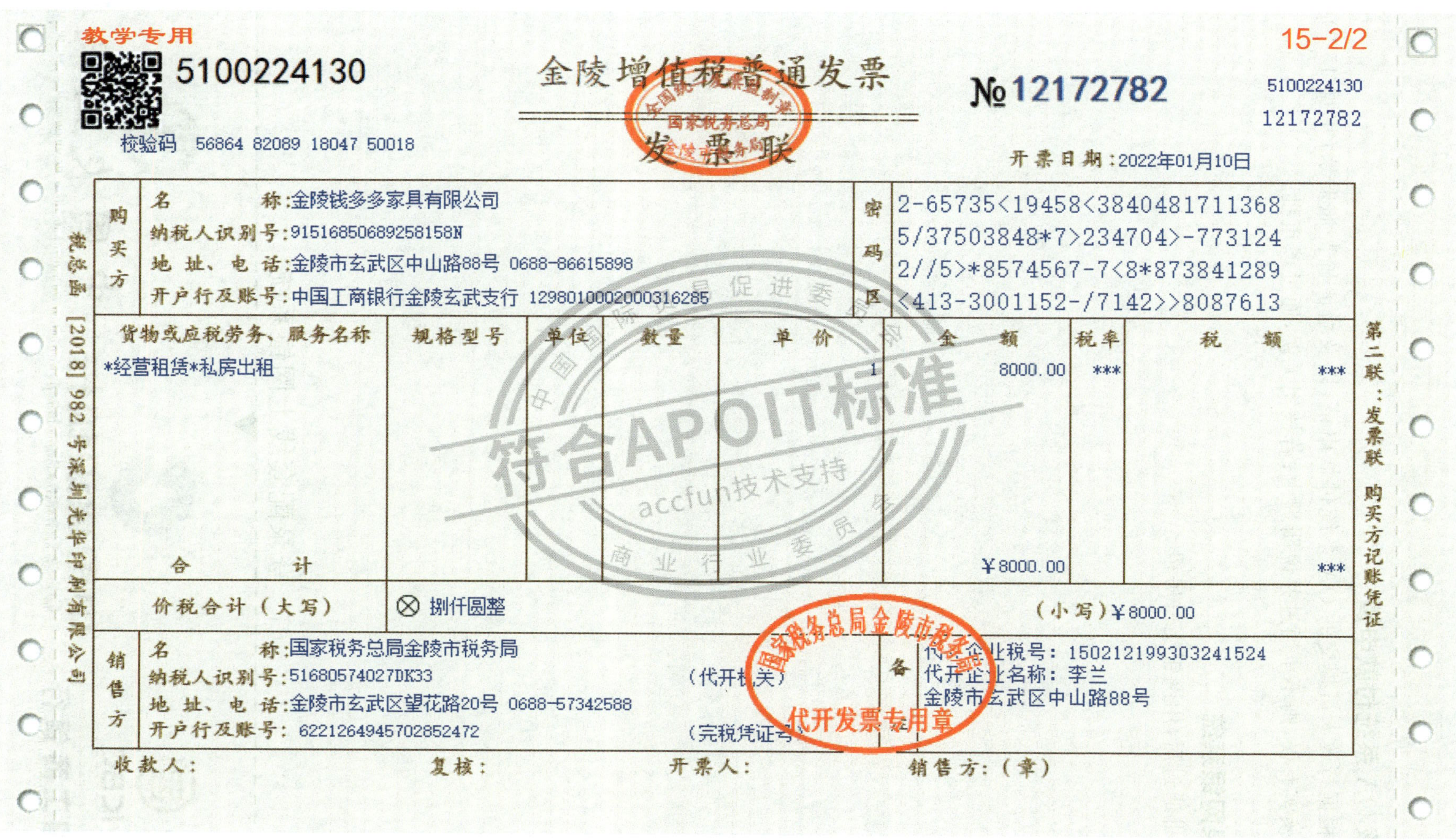

教学专用　　15-2/2

5100224130

校验码 56864 82089 18047 50018

金陵增值税普通发票

发票联

№12172782　　5100224130　12172782

开票日期：2022年01月10日

购买方	名称：金陵钱多多家具有限公司 纳税人识别号：91516850689258158N 地址、电话：金陵市玄武区中山路88号 0688-86615898 开户行及账号：中国工商银行金陵玄武支行 1298010002000316285	密码区	2-65735<19458<3840481711368 5/37503848*7>234704>-773124 2//5>*8574567-7<8*873841289 <413-3001152-/7142>>8087613

货物或应税劳务、服务名称	规格型号	单位	数量	单价	金额	税率	税额
*经营租赁*私房出租			1		8000.00	***	***
合计					¥8000.00		***
价税合计（大写）	⊗捌仟圆整				（小写）¥8000.00		

销售方	名称：国家税务总局金陵市税务局 纳税人识别号：51680574027DK33 地址、电话：金陵市玄武区望花路20号 0688-57342588 开户行及账号：6221264945702852472 （代开机关） （完税凭证号）	备注	代开企业税号：150212199303241524 代开企业名称：李兰 金陵市玄武区中山路88号

收款人：　　复核：　　开票人：　　销售方：（章）

第二联：发票联　购买方记账凭证

税总函［2018］982号深圳光华印刷有限公司

1. 审核 OA 系统付款申请

请根据行政人员提交的 OA 系统付款申请,以及增值税普通发票(单据 15-2)进行审核。若核实有误,则不予通过并说明理由;若核实无误,通过该审批。

2. 登录网银系统

审批通过后,用网银支付房租。

登录配套线上网银系统

◆业务 16◆

1. 登记日记账

2022 年 01 月 10 日，请根据本日发生的业务，在财务系统中登记《银行存款日记账》。

2. 移交单据

请把本日发生的业务 9 至业务 15 有关银行存款业务的单据整理移交给会计。

◆业务 17◆

1. 编制《工资分析表》

2022 年 01 月 10 日，请根据本月和上个月的工资发放情况，编制《工资分析表》并提出建议。

教学专用　　　　　　　　　　　　　　　　　　　　　　　　　　　　　　　17-1/2

金陵钱多多家具有限公司工资发放表

工资所属期限：2021年12月　　　　　　　　　　　　　　　　　　　　单位：元

部门		姓名	基本工资	绩效奖金	加班工资	全勤奖金	其他津贴	工资小计	扣减款项		应发工资	代扣款			实发
									罚款	缺勤		社保	公积金	个税	
管理费用	总经办	钱多多	3500.00	1500.00	0.00	100.00		5100.00			5100.00	200.00	100.00		4800.00
	行政部	陈华	3000.00	500.00	0.00	100.00		3600.00			3600.00	200.00	100.00		3300.00
	财务部	张丽	3500.00	1000.00	0.00	100.00		4600.00			4600.00	200.00	100.00		4300.00
		张雯	3200.00	500.00	100.00	100.00		3900.00			3900.00	200.00	100.00		3600.00
		李丽	3000.00	500.00	0.00	100.00		3600.00			3600.00	200.00	100.00		3300.00
	采购部	李奇	3000.00	500.00	300.00	100.00		3900.00			3900.00	200.00	100.00		3600.00
		张高丽	3000.00	1000.00	0.00	100.00		4100.00			4100.00	200.00	100.00		3800.00
	仓管部	张慧	3000.00	500.00	300.00	100.00		3900.00			3900.00	200.00	100.00		3600.00
		周白	3000.00	500.00	300.00	100.00		3900.00			3900.00	200.00	100.00		3600.00
	小　计		28200.00	6500.00	1000.00	900.00		36600.00			36600.00	1800.00	900.00		33900.00
销售费用	销售部	李林	3000.00	1000.00	0.00	100.00		4100.00			4100.00	200.00	100.00		3800.00
		王玲	3000.00	500.00	0.00	100.00		3600.00			3600.00	200.00	100.00		3300.00
	小计		6000.00	1500.00	0.00	200.00		7700.00			7700.00	400.00	200.00		7100.00
合　计			**34200.00**	**8000.00**	**1000.00**	**1100.00**		**44300.00**			**44300.00**	**2200.00**	**1100.00**		**41000.00**

单位负责人：钱多多　　　　复核：张丽　　　　制单：张雯

教学专用　　　　　　　　　　　　　　　　　　　　　　　　　　　　　　　17-2/2

金陵钱多多家具有限公司工资发放表

工资所属期限：2021年11月　　　　　　　　　　　　　　　　　　　　单位：元

部门		姓名	基本工资	绩效奖金	加班工资	全勤奖金	其他津贴	工资小计	扣减款项		应发工资	代扣款			实发
									罚款	缺勤		社保	公积金	个税	
管理费用	总经办	钱多多	3500.00			100.00		3600.00			3600.00	200.00	100.00		3300.00
	行政部	陈华	3000.00			100.00		3100.00			3100.00	200.00	100.00		2800.00
	财务部	张丽	3500.00			100.00		3600.00			3600.00	200.00	100.00		3300.00
		张雯	3200.00			100.00		3300.00			3300.00	200.00	100.00		3000.00
		李丽	3000.00			100.00		3100.00			3100.00	200.00	100.00		2800.00
	采购部	李奇	3000.00			100.00		3100.00			3100.00	200.00	100.00		2800.00
		张高丽	3000.00			100.00		3100.00			3100.00	200.00	100.00		2800.00
	仓管部	张慧	3000.00			100.00		3100.00			3100.00	200.00	100.00		2800.00
		周白	3000.00			100.00		3100.00			3100.00	200.00	100.00		2800.00
	小　计		28200.00			900.00		29100.00			29100.00	1800.00	900.00		26400.00
销售费用	销售部	李林	3000.00			100.00		3100.00			3100.00	200.00	100.00		2800.00
		王玲	3000.00			100.00		3100.00			3100.00	200.00	100.00		2800.00
	小计		6000.00			200.00		6200.00			6200.00	400.00	200.00		5600.00
合　计			**34200.00**			**1100.00**		**35300.00**			**35300.00**	**2200.00**	**1100.00**		**32000.00**

单位负责人：钱多多　　　　复核：张丽　　　　制单：张雯

◆业务18◆

1. 编制《资金日报表》

2022年01月10日，请根据本日发生的业务编制《资金日报表》，并分析本日资金情况。

◆业务 19◆

编号：202201201455000412110
教学专用　19-1/7
李林提交的报销申请
金陵钱多多家具有限公司
所属部门：
销售部
所属公司：
金陵钱多多家具有限公司
开户行：
中国工商银行
具体支行：
金陵玄武支行
银行卡号：
6222023803013290007
收款人：
李林
总报销金额：
2290.00
大写：
贰仟贰佰玖拾元整
费用明细：
2022.01.15-2022.01.17 金陵-上海-金陵
其中：交通费 1550.00，住宿费 530.00，餐饮费210.00。
报销明细(1)
费用类别：
交通费
报销金额：
1550.00
开票名称：
运输服务-客运服务费
报销明细(2)
费用类别：
住宿费
报销金额：
530.00
开票名称：
住宿服务-住宿费
报销明细(3)
费用类别：
餐饮费
报销金额：
210.00
开票名称：
餐饮服务-餐饮费

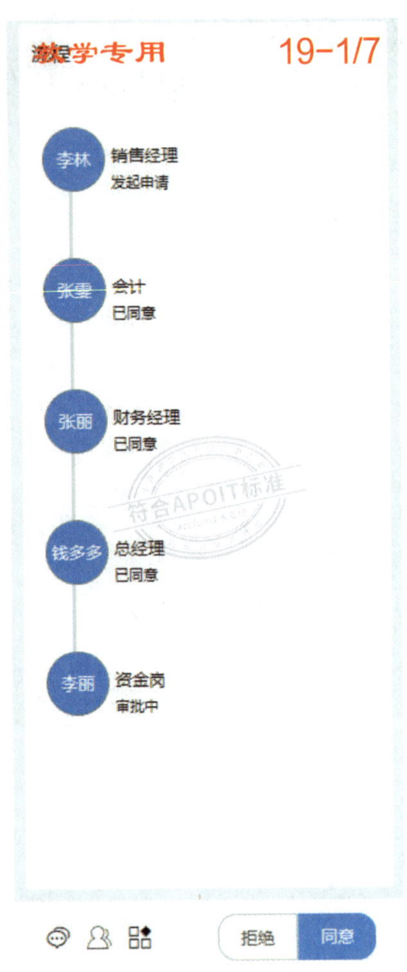

教学专用　　19-2/7

差旅费报销单

填报日期：2022年 01月 20日　　单据及附件共 5 张

所属部门				销售部	姓名	李林	出差事由	推介产品	
出发		到达		起止地址		交通费	住宿费	伙食费	其他
月	日	月	日						
01	15	01	15	金陵-上海		800.00	530.00		
01	17	01	17	上海-金陵		750.00		210.00	
合计	大写金额：贰仟贰佰玖拾元整				¥ 2,290.00	预支旅费		退回金额	
								补付金额	

总经理：　　财务经理：　　部门经理：　　会计：　　出纳：　　报销人：李林

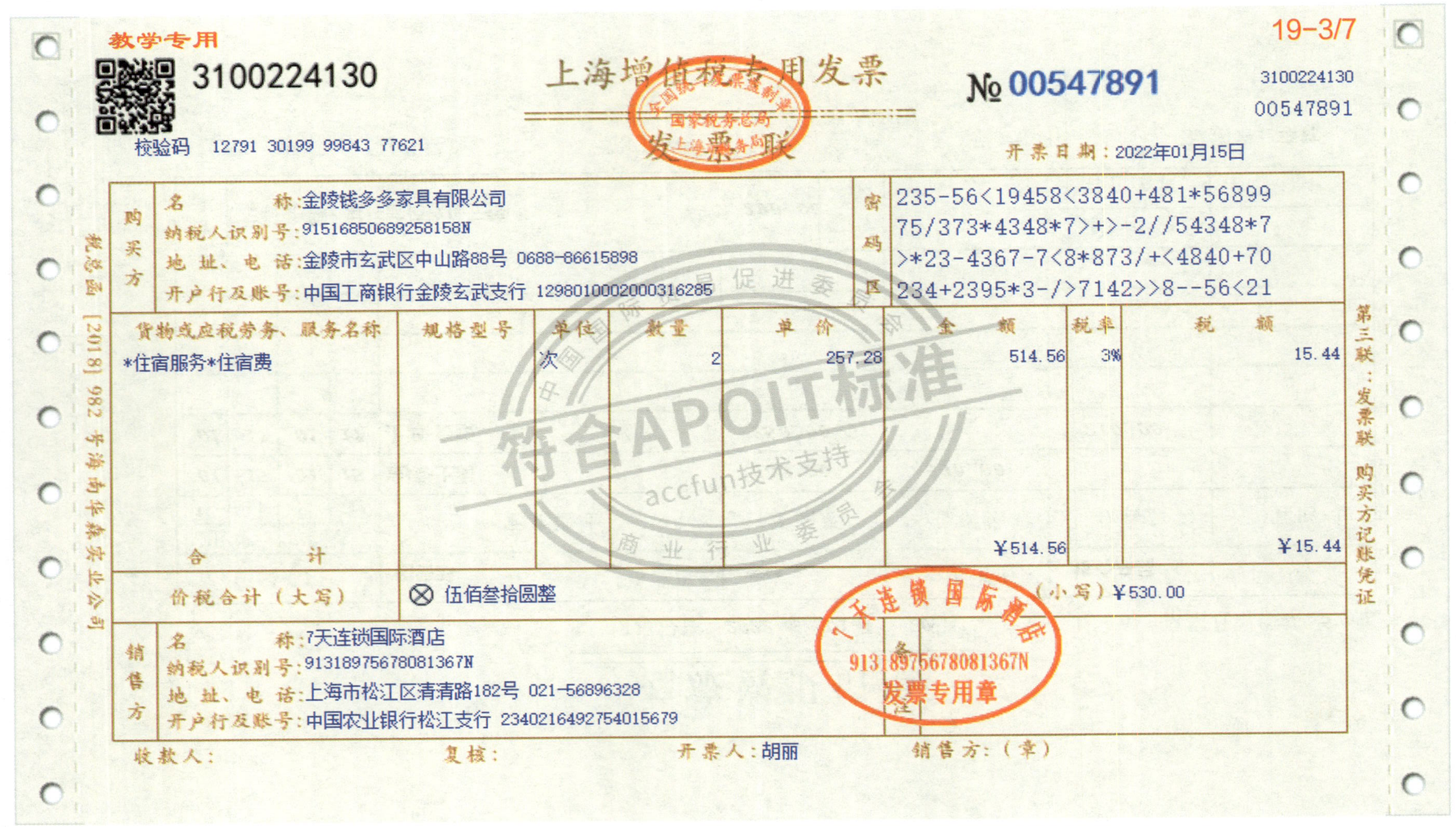

教学专用　　19-3/7

3100224130　　上海增值税专用发票　　№ 00547891　　3100224130 00547891

发票联

校验码 12791 30199 99843 77621　　开票日期：2022年01月15日

购买方	名称：金陵钱多多家具有限公司 纳税人识别号：91516850689258158N 地址、电话：金陵市玄武区中山路88号 0688-86615898 开户行及账号：中国工商银行金陵玄武支行 1298010002000316285	密码区	235-56<19458<3840+481*56899 75/373*4348*7>+>-2//54348*7 >*23-4367-7<8*873/+<4840+70 234+2395*3-/>7142>>8--56<21

货物或应税劳务、服务名称	规格型号	单位	数量	单价	金额	税率	税额
*住宿服务*住宿费		次	2	257.28	514.56	3%	15.44
合计					¥514.56		¥15.44
价税合计（大写）	⊗ 伍佰叁拾圆整				（小写）¥530.00		

销售方	名称：7天连锁国际酒店 纳税人识别号：91318975678081367N 地址、电话：上海市松江区清清路182号 021-56896328 开户行及账号：中国农业银行松江支行 2340216492754015679	备注	

收款人：　　复核：　　开票人：胡丽　　销售方：（章）

第三联：发票联 购买方记账凭证

税总函［2018］982号海南华森实业公司

（印章：全国统一发票监制章 国家税务总局 上海市税务局）

（印章：7天连锁国际酒店 91318975678081367N 发票专用章）

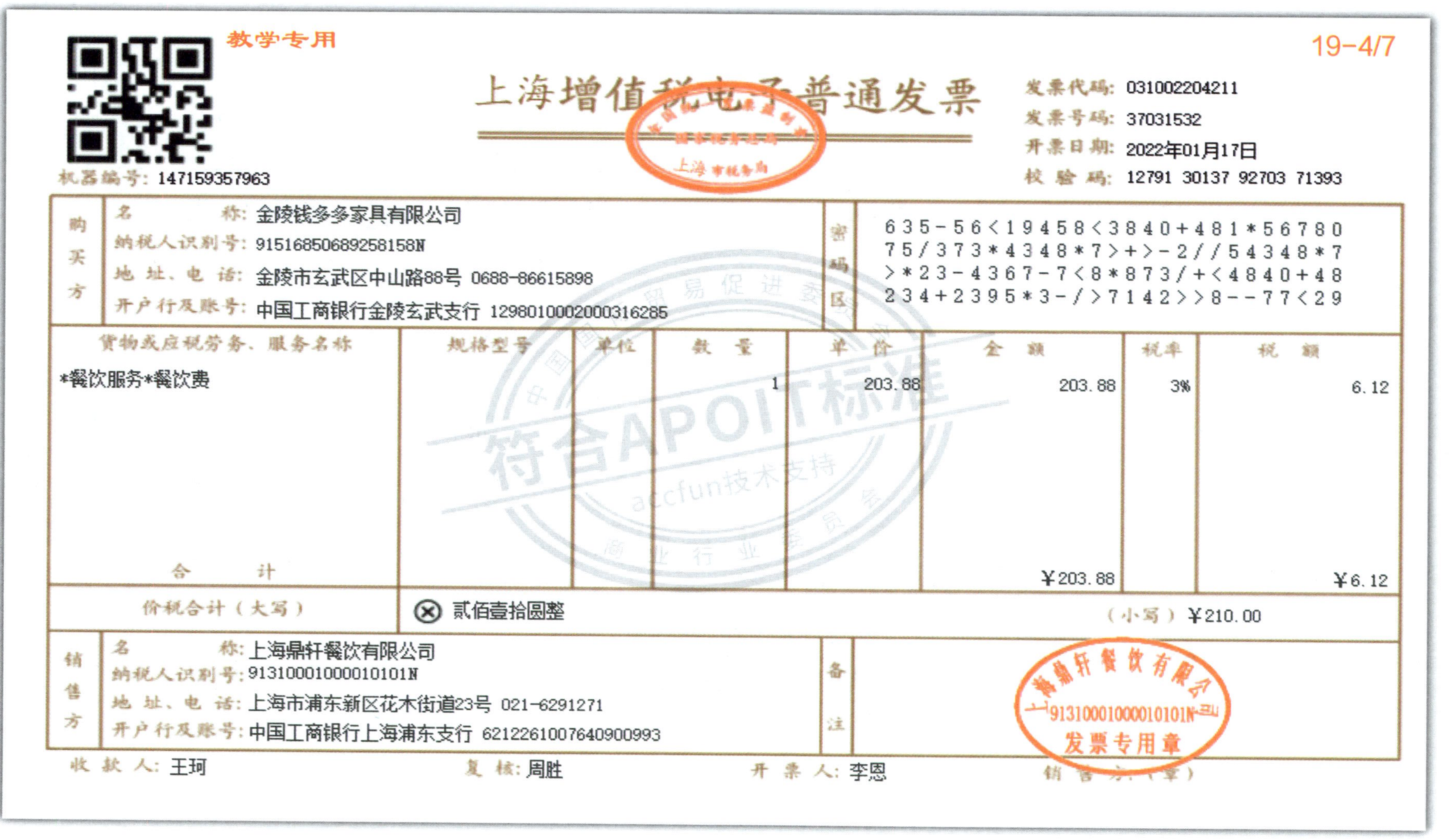

教学专用　　19-4/7

机器编号：147159357963

上海增值税电子普通发票

发票代码：031002204211
发票号码：37031532
开票日期：2022年01月17日
校验码：12791 30137 92703 71393

购买方	名称：金陵钱多多家具有限公司 纳税人识别号：91516850689258158N 地址、电话：金陵市玄武区中山路88号 0688-86615898 开户行及账号：中国工商银行金陵玄武支行 1298010002000316285	密码区	635-56<19458<3840+481*56780 75/373*4348*7>+>-2//54348*7 >*23-4367-7<8*873/+<4840+48 234+2395*3-/>7142>>8--77<29

货物或应税劳务、服务名称	规格型号	单位	数量	单价	金额	税率	税额
*餐饮服务*餐饮费			1	203.88	203.88	3%	6.12
合计					¥203.88		¥6.12
价税合计（大写）	⊗贰佰壹拾圆整				（小写）¥210.00		

销售方	名称：上海鼎轩餐饮有限公司 纳税人识别号：91310001000010101N 地址、电话：上海市浦东新区花木街道23号 021-6291271 开户行及账号：中国工商银行上海浦东支行 6212261007640900993	备注	

收款人：王珂　　复核：周胜　　开票人：李恩　　销售方：（章）

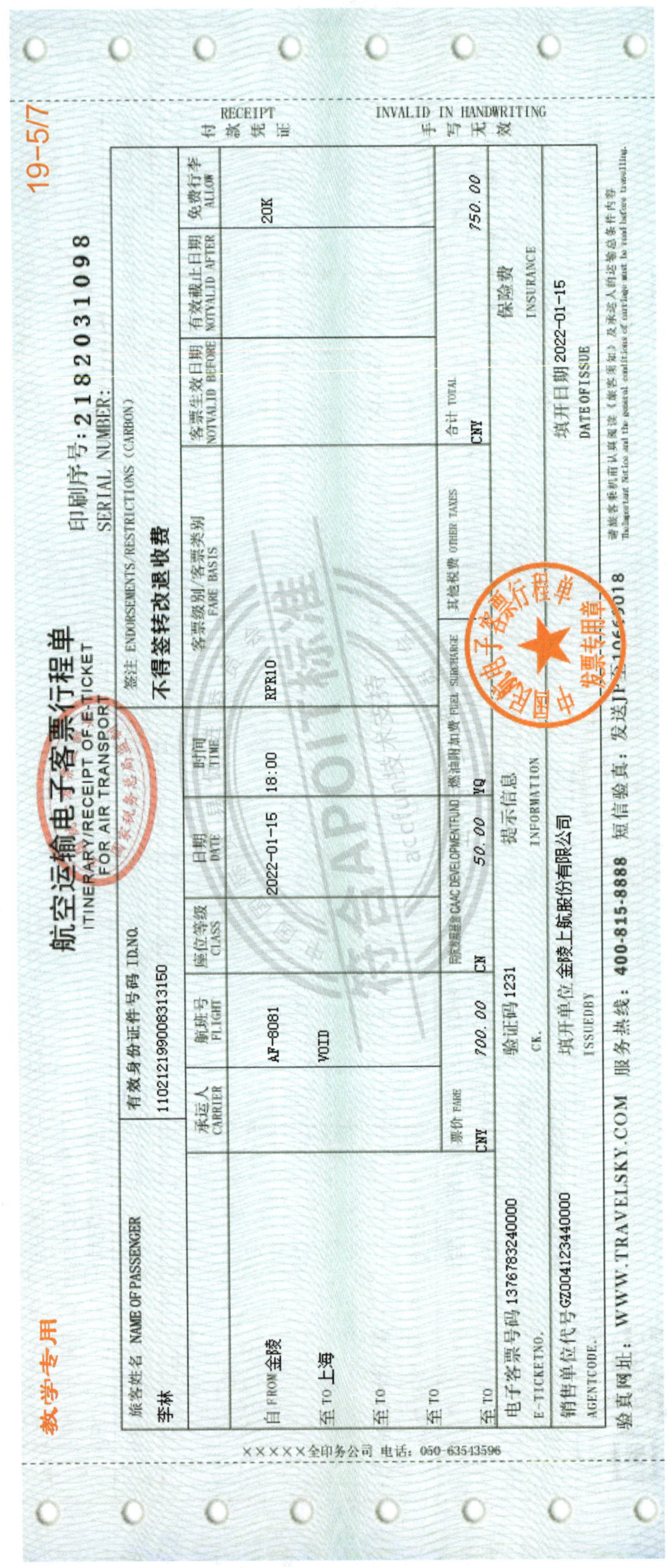

教学专用　　19-5/7

航空运输电子客票行程单
ITINERARY/RECEIPT OF E-TICKET FOR AIR TRANSPORT

印刷序号：2182031098
SERIAL NUMBER:

旅客姓名 NAME OF PASSENGER	有效身份证件号码 ID.NO.	签注 ENDORSEMENTS/RESTRICTIONS (CARBON)
李林	110212199008313150	不得签转改退收费

	承运人 CARRIER	航班号 FLIGHT	座位等级 CLASS	日期 DATE	时间 TIME	客票级别/客票类别 FARE BASIS	客票生效日期 NOTVALID BEFORE	有效截止日期 NOTVALID AFTER	免费行李 ALLOW
自 FROM 金陵		AF-8081		2022-01-15	18:00	RPR10			20K
至 TO 上海		VOID							
至 TO									
至 TO									

至 TO	票价 FARE	民航发展基金 CAAC DEVELOPMENTFUND	燃油附加费 FUEL SURCHARGE	其他税费 OTHER TAXES	合计 TOTAL
	CNY 700.00	CN 50.00	YQ		CNY 750.00

电子客票号码 E-TICKETNO. 1376783240000	验证码 CK. 1231	提示信息 INFORMATION	保险费 INSURANCE
销售单位代号 AGENTCODE. GZ004123440000	填开单位 ISSUEDBY 金陵上航股份有限公司		填开日期 DATE OF ISSUE 2022-01-15

验真网址：WWW.TRAVELSKY.COM　服务热线：400-815-8888　短信验真：发送JP至10669018

请旅客乘机前认真阅读《旅客须知》及承运人的运输总条件内容
The Important Notice and the general conditions of carriage must be read before travelling.

付款凭证 RECEIPT
手写无效 INVALID IN HANDWRITING

×××××全印务公司 电话：050-63543596

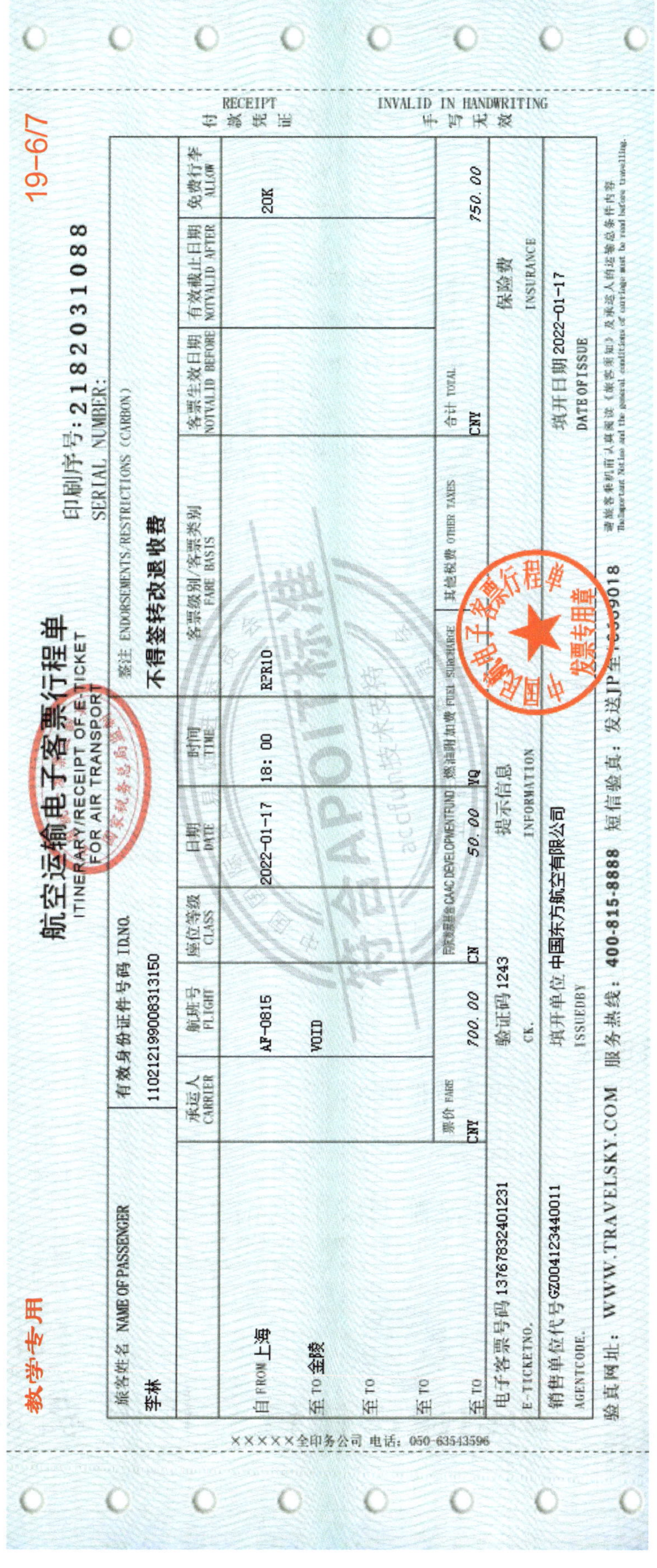

教学专用　　19-6/7

航空运输电子客票行程单
ITINERARY/RECEIPT OF E-TICKET FOR AIR TRANSPORT

印刷序号：2182031088
SERIAL NUMBER:

RECEIPT 付款凭证　　INVALID IN HANDWRITING 手写无效

旅客姓名 NAME OF PASSENGER	有效身份证件号码 ID.NO.	签注 ENDORSEMENTS/RESTRICTIONS (CARBON)
李林	110212199008313150	不得签转改退收费

	承运人 CARRIER	航班号 FLIGHT	座位等级 CLASS	日期 DATE	时间 TIME	客票级别/客票类别 FARE BASIS	客票生效日期 NOTVALID BEFORE	有效截止日期 NOTVALID AFTER	免费行李 ALLOW
自 FROM 上海		AF-0815		2022-01-17	18:00	R2R10			20K
至 TO 金陵		VOID							
至 TO									
至 TO									
至 TO									

票价 FARE	民航发展基金 CAAC DEVELOPMENTFUND	燃油附加费 FUEL SURCHARGE	其他税费 OTHER TAXES	合计 TOTAL
CNY 700.00	CN 50.00	YQ		CNY 750.00

电子客票号码 E-TICKET NO.	验证码 CK.	提示信息 INFORMATION	保险费 INSURANCE
13767832401231	1243		

销售单位代号 AGENTCODE	填开单位 ISSUEDBY	填开日期 DATE OF ISSUE
GZ004123440011	中国东方航空有限公司	2022-01-17

验真网址：WWW.TRAVELSKY.COM　服务热线：400-815-8888　短信验真：发送JP至[illegible]9018

请旅客乘机前认真阅读《旅客须知》及承运人的运输总条件内容
The Important Notice and the general conditions of carriage must be read before travelling.

中国电子客票行程单发票专用章

×××××全印务公司 电话：050-63543596

存根 教学专用 19-7/7

上海出租汽车专用发票

FARE INVOICE

代码 131020951112
号码 03286311

监督电话：01062559386
国税登记证号码：
01062249588
流水号：
922122715762

手写无效

车号 D—H2420
证号 10012331
日期 2022年01月15日
上车 21:04
下车 21:52
单价 3.00元/公里
里程 8.00公里
等候 0.42.37
金额 50.00元
含电调费
卡号 路桥费
原额
余额

发票专用章

1.完成 OA 系统审批

请根据取得的票据(单据 19-3～19-7)进行审核。若核实有误,则不予通过并说明理由;若核实无误,通过该审批。

2.登录网银系统付款

审批通过后,用网银支付差旅费报销款。

登录配套线上网银系统

业务 20

编号：2022012014550004111112

教学专用 20-1/3

钱多多提交的报销

金陵钱多多家具有限公司

所属部门：
总经办

所属公司：
金陵钱多多家具有限公司

开户行：
中国工商银行

具体支行：
金陵玄武支行

银行卡号：
6222023803013290000

收款人：
钱多多

总报销金额：
1000.00

大写：
壹仟元整

费用明细：
报销业务招待费

报销明细(1)

费用类别：
餐饮费

报销金额：
1000.00

开票名称：
餐饮服务-餐费

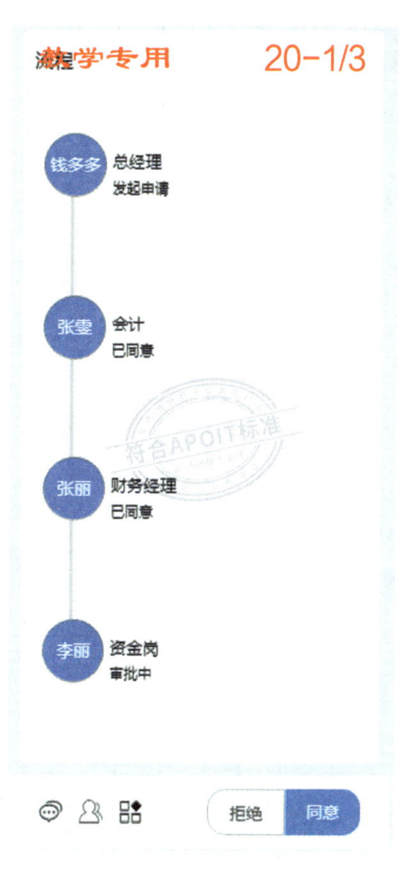

20-2/3

教学专用

报 销 单

填报日期：2022 年 01 月 20 日　　　　单据及附件共 1 张

姓名	钱多多	所属部门	总经办	报销形式	网银		
				支票号码			
报销项目		摘要		金额		备注	
业务招待费		总经理报销业务招待费		1000.00			
合计				¥1000.00			
金额大写：⊗拾 ⊗万 壹仟 零佰 零拾 零元 零角 零分				原借款： 元		应退款： 元 应补款： 元	

总经理：　　财务经理：　　部门经理：　　会计：　　出纳：　　报销人：钱多多

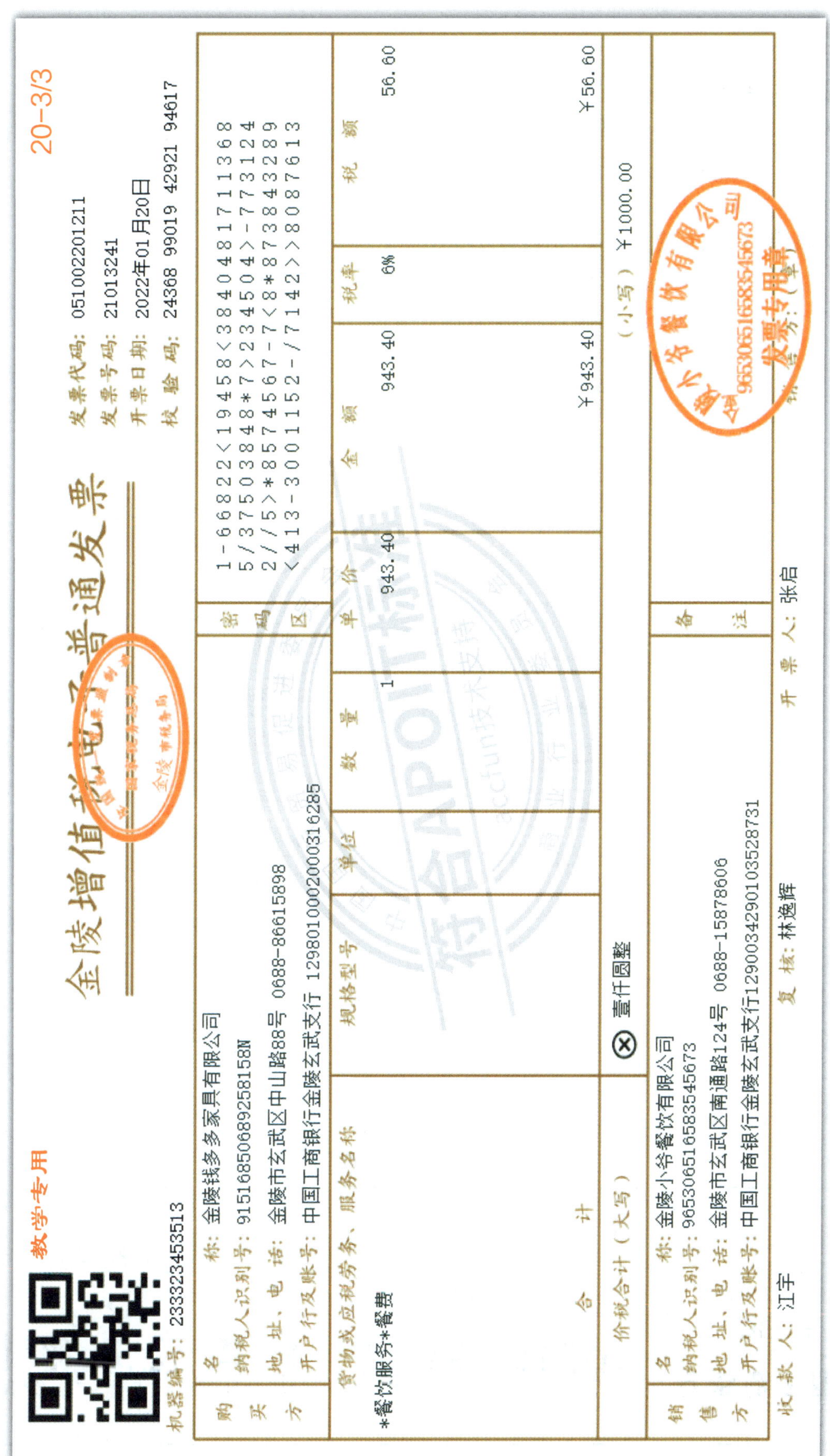

教学专用　　20-3/3

金陵增值税电子普通发票

机器编号：233323453513

发票代码：051002201211
发票号码：21013241
开票日期：2022年01月20日
校验码：24368 99019 42921 94617

购买方	名称：金陵钱多多家具有限公司 纳税人识别号：91516850689258158N 地址、电话：金陵市玄武区中山路88号 0688-86615898 开户行及账号：中国工商银行金陵玄武支行 1298010002000316285			密码区	1-66822<19458<38404817 11368 5/37503848*7>234504>-773124 2//5>*8574567-7<8*873843289 <413-3001152-/7142>>8087613		
货物或应税劳务、服务名称	规格型号	单位	数量	单价	金额	税率	税额
*餐饮服务*餐费			1	943.40	943.40	6%	56.60
合计					￥943.40		￥56.60
价税合计（大写）	⊗壹仟圆整				（小写）￥1000.00		
销售方	名称：金陵小爷餐饮有限公司 纳税人识别号：96530651658354567 3 地址、电话：金陵市玄武区南通路124号 0688-15878606 开户行及账号：中国工商银行金陵玄武支行1290034290103528731			备注			

收款人：江宇　　复核：林逸辉　　开票人：张启　　销售方：（章）

1.完成 OA 系统审批

请根据取得的票据(单据 20-3)进行审核。若核实有误,则不予通过并说明理由;若核实无误,通过该审批。

2.登录网银系统付款

审批通过后,用网银支付报销款。

登录配套线上网银系统

◆业务 21◆

编号：20220120145500041550２
教学专用　21-1/3
李奇提交的报销申请
金陵钱多多家具有限公司
所属部门：
采购部
所属公司：
金陵钱多多家具有限公司
开户行：
中国工商银行
具体支行：
金陵玄武支行
银行卡号：
6222023803013290004
收款人：
李奇
总报销金额：
120.00
大写：
壹佰贰拾元整
费用明细：
交通费
报销明细(1)
费用类别：
交通费
报销金额：
120.00
开票名称：
运输服务-客运服务费

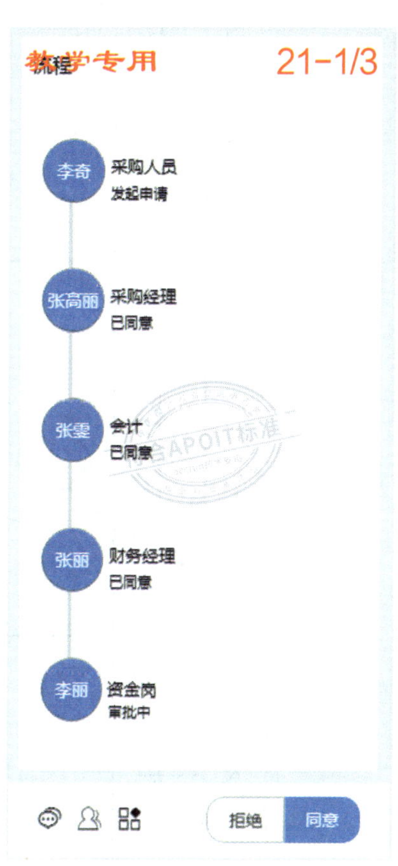

教学专用　　21-2/3

报 销 单

填报日期：2022 年 01 月 20 日　　单据及附件共 1 张

姓名	李奇	所属部门	采购部	报销形式	网银	
				支票号码		
报销项目		摘要		金额		备注
交通费		打车外出采购		120.00		
合计				¥120.00		
金额大写：⊗拾 ⊗万 ⊗仟 壹佰 贰拾 零元 零角 零分				原借款： 元		应退款： 元 应补款： 元

总经理：　　财务经理：　　部门经理：　　会计：　　出纳：　　报销人：李奇

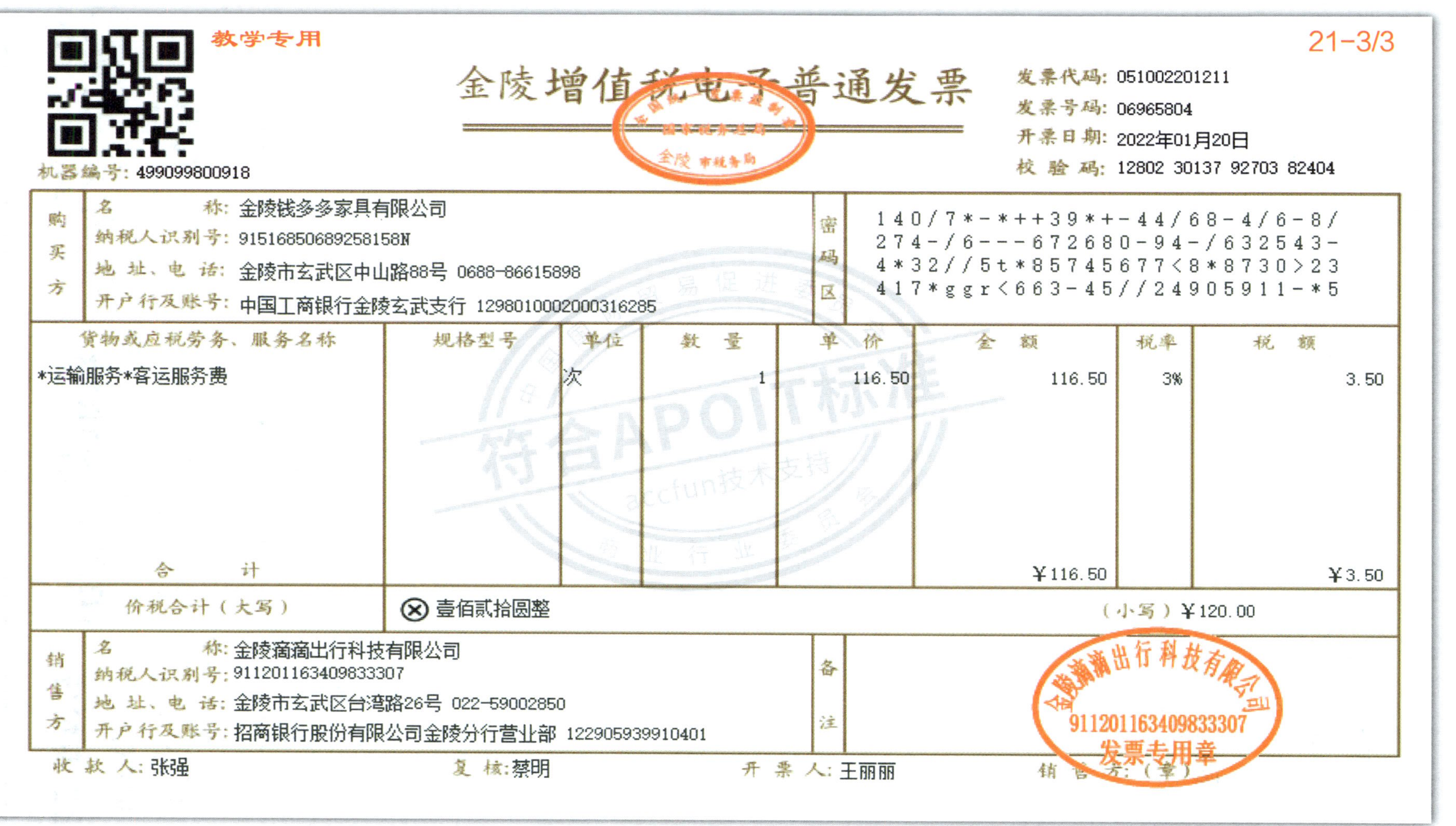

教学专用　　21-3/3

金陵增值税电子普通发票

机器编号：499099800918

发票代码：051002201211
发票号码：06965804
开票日期：2022年01月20日
校验码：12802 30137 92703 82404

购买方	名称：金陵钱多多家具有限公司 纳税人识别号：91516850689258158N 地址、电话：金陵市玄武区中山路88号 0688-86615898 开户行及账号：中国工商银行金陵玄武支行 1298010002000316285	密码区	140/7*-*++39*+-44/68-4/6-8/ 274-/6---672680-94-/632543- 4*32//5t*8574567 7<8*8730>23 417*ggr<663-45//2490591 1-*5

货物或应税劳务、服务名称	规格型号	单位	数量	单价	金额	税率	税额
*运输服务*客运服务费		次	1	116.50	116.50	3%	3.50
合计					¥116.50		¥3.50
价税合计（大写）	⊗壹佰贰拾圆整				（小写）¥120.00		

销售方	名称：金陵滴滴出行科技有限公司 纳税人识别号：911201163409833307 地址、电话：金陵市玄武区台湾路26号 022-59002850 开户行及账号：招商银行股份有限公司金陵分行营业部 122905939910401	备注	

收款人：张强　　复核：蔡明　　开票人：王丽丽　　销售方：（章）

1.完成 OA 系统审批

请根据采购人员交来的《报销单》(单据 21-2)以及增值税电子普通发票(单据 21-3)进行审核。若核实有误,则不予通过并说明理由;若核实无误,通过该审批。

2.登录网银系统付款

审批通过后,用网银支付报销款。

登录配套线上网银系统

◆ 业务 22 ◆

编号：202201201455000411010
教学专用　22-1/3
陈华提交的报销申请
金陵钱多多家具有限公司
所属部门：
行政部
所属公司：
金陵钱多多家具有限公司
开户行：
中国工商银行
具体支行：
金陵玄武支行
银行卡号：
6222023803013290006
收款人：
陈华
总报销金额：
237.30
大写：
贰佰叁拾柒元叁角整
费用明细：
购买办公用品
报销明细(1)
费用类别：
办公费
报销金额：
237.30
开票名称：
*石油制品*彩墨

22-2/3

教学专用

报 销 单

填报日期：2022 年 01 月 20 日　　　　单据及附件共 1 张

姓名	陈华	所属部门	行政部	报销形式	网银	
				支票号码		
报销项目		摘要		金额		备注
办公费		购买彩墨		237.30		
合计				¥237.30		
金额大写：⊗拾 ⊗万 ⊗仟 贰佰 叁拾 柒元 叁角 零分				原借款：　元		应退款：　元 应补款：　元

总经理：　　财务经理：　　部门经理：　　会计：　　出纳：　　报销人：陈华

教学专用　　22-3/3

金陵增值税电子普通发票

机器编号：661615012022

发票代码：051002201211
发票号码：00007856
开票日期：2022年01月16日
校 验 码：10802 30137 92703 82404

购买方	名称：个人 纳税人识别号： 地址、电话： 开户行及账号：	密码区	046-56<19458<3840+481*51113 75/373*4348*7>+>-2//54348*7 >*23-4367-7<8*873/+<4840+48 234+2395*3-/>7342>>8--32022

货物或应税劳务、服务名称	规格型号	单位	数量	单价	金额	税率	税额
*石油制品*彩墨			5	42.00	210.00	13%	27.30
合计					¥210.00		¥27.30
价税合计（大写）	⊗贰佰叁拾柒圆叁角整				（小写）¥237.30		

销售方	名称：金陵翰飞商贸有限公司 纳税人识别号：91518850689212312N 地址、电话：金陵市上禾区朝阳路88号 0660-20015772 开户行及账号：中国农业银行金陵朝阳支行 1250216492754012741	备注	

收款人：张禾　　复核：王宁　　开票人：洪宜　　销售方：（章）

1.完成 OA 系统审批

请根据行政人员交来的《报销单》(单据 22-2)以及增值税电子普通发票(单据 22-3)进行审核。若核实有误,则不予通过并说明理由;若核实无误,通过该审批。

2.登录网银系统付款

审批通过后,用网银支付报销款。

登录配套线上网银系统

◆ 业务 23 ◆

教学专用　23-1/2

编号：202201201455000414734

王玲提交的借款

金陵钱多多家具有限公司

所属部门：

销售部

所属公司：

金陵钱多多家具有限公司

借款事由：

预支广告宣传策划费

借款总额：

20000.00

大写：

贰万元整

付款方式：

网银

支付对象：

王玲

开户行：

中国工商银行金陵玄武支行

账户：

6222023803013290008

教学专用　23-2/2

借款台账

2021 年

编号	姓名	部门	摘要	借款金额	借款日期	还款金额	归还日期	余额
1	钱多多	总经办	业务招待费	2000.00	2021-12-01	2000.00	2021-12-20	0.00
2	王玲	销售部	出差借款	3000.00	2021-12-31			

1.完成 OA 系统审批

根据公司制度以及内控要求审核销售部王玲提交的 OA 系统借款申请。若核实有误，则不予通过并说明理由;若核实无误,通过该审批。

2.登录网银系统付款

审批通过后,用网银支付借款,并登记借款台账。

登录配套线上网银系统

◆业务 24◆

编号：202201201455000414718

教学专用　24-1/4

陈华提交的付款申请

金陵钱多多家具有限公司

所属部门：

行政部

所属公司：

金陵钱多多家具有限公司

付款事由：

支付水费

付款总额：

272.50

大写：

贰佰柒拾贰元伍角整

付款方式：

网银

支付日期：

2022-01-20

支付对象：

金陵水务集团有限公司

开户行：

中国工商银行金陵中山支行

账户：

234021565655100

附加说明：

编号：2022012014550004147l9
陈华提交的付款申请
金陵钱多多家具有限公司
所属部门：
行政部
所属公司：
金陵钱多多家具有限公司
付款事由：
支付电费
付款总额：
689.30
大写：
陆佰捌拾玖元叁角整
付款方式：
网银
支付日期：
2022-01-20
支付对象：
金陵市电力有限公司
开户行：
中国工商银行金陵中山支行
账户：
234021565655110
附加说明：

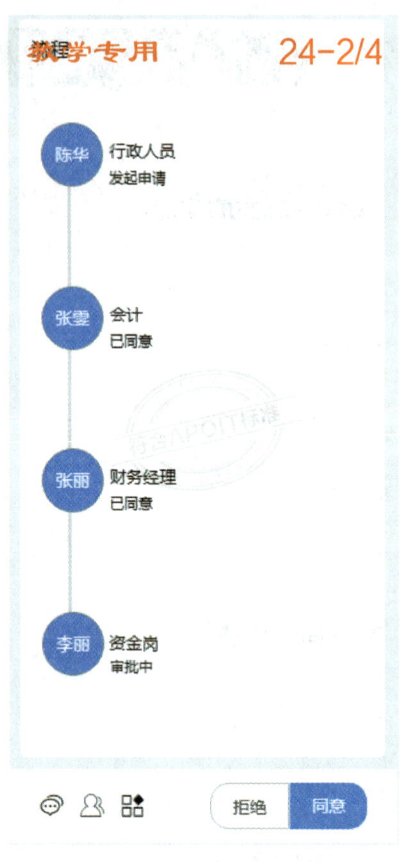

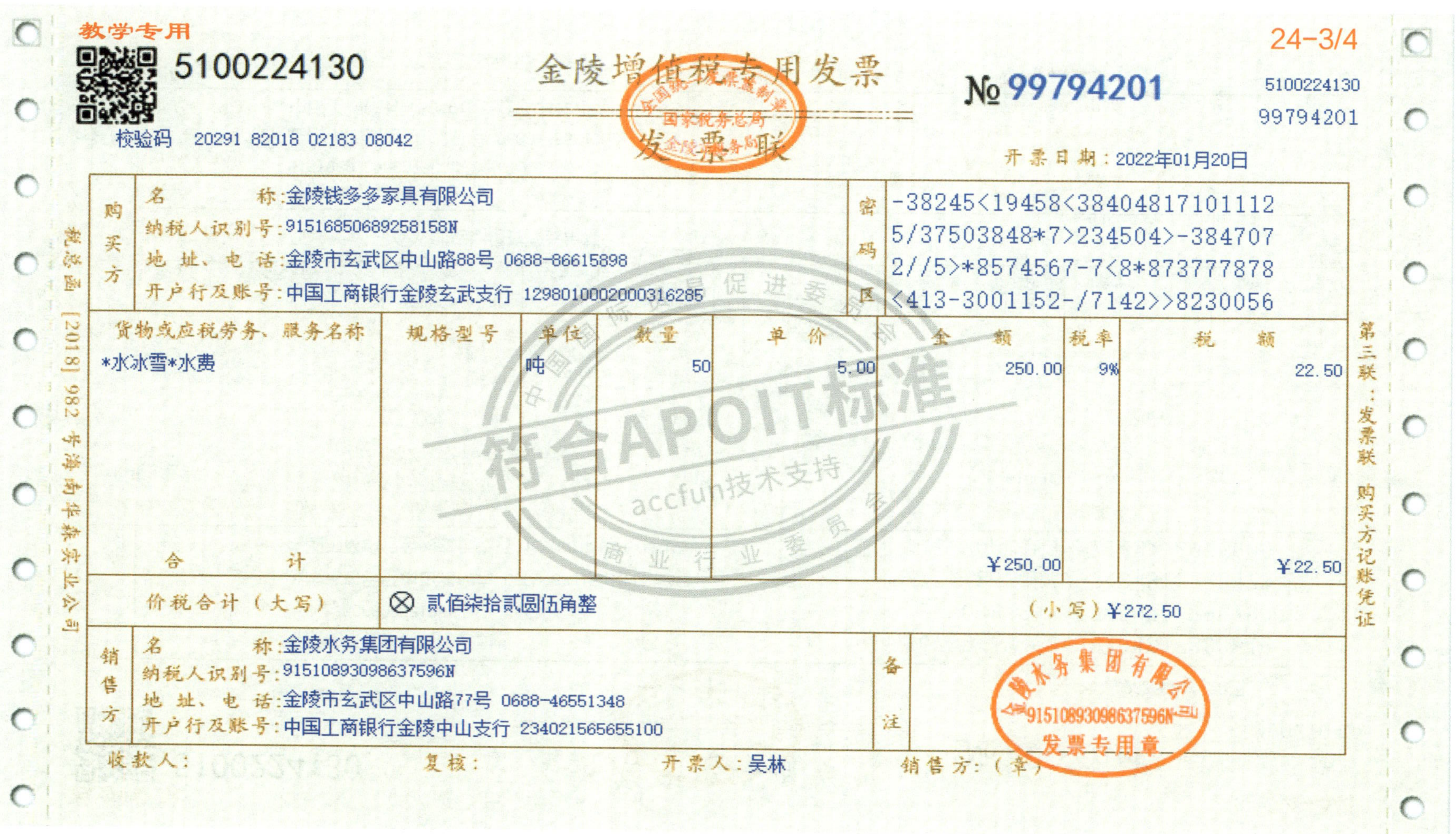

教学专用

5100224130

校验码 20291 82018 02183 08042

金陵增值税专用发票

发票联

№ 99794201

24-3/4

5100224130
99794201

开票日期：2022年01月20日

购买方	名称:金陵钱多多家具有限公司 纳税人识别号:91516850689258158N 地址、电话:金陵市玄武区中山路88号 0688-86615898 开户行及账号:中国工商银行金陵玄武支行 1298010002000316285	密码区	-38245<19458<38404817101112 5/37503848*7>234504>-384707 2//5>*8574567-7<8*873777878 <413-3001152-/7142>>8230056

货物或应税劳务、服务名称	规格型号	单位	数量	单价	金额	税率	税额
*水冰雪*水费		吨	50	5.00	250.00	9%	22.50
合计					¥250.00		¥22.50
价税合计（大写）	⊗贰佰柒拾贰圆伍角整				（小写）¥272.50		

销售方	名称:金陵水务集团有限公司 纳税人识别号:91510893098637596N 地址、电话:金陵市玄武区中山路77号 0688-46551348 开户行及账号:中国工商银行金陵中山支行 234021565655100	备注	金陵水务集团有限公司 91510893098637596N 发票专用章

收款人： 复核： 开票人：吴林 销售方：（章）

第三联：发票联 购买方记账凭证

税总函［2018］982号海南华森实业公司

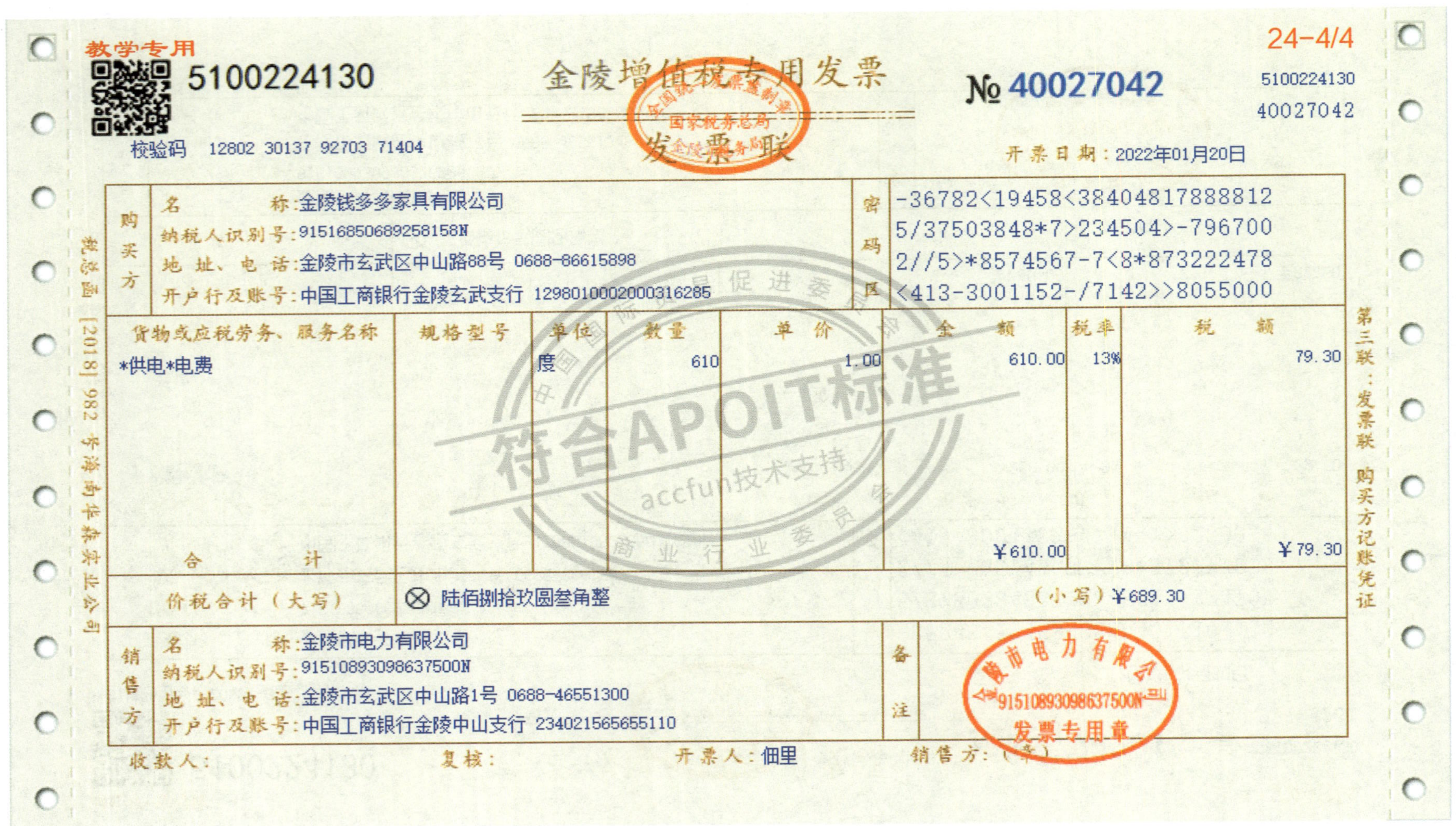

教学专用　5100224130　　24-4/4

校验码　12802 30137 92703 71404

金陵增值税专用发票

发票联

№ 40027042　　5100224130　40027042

开票日期：2022年01月20日

购买方	名称：金陵钱多多家具有限公司 纳税人识别号：91516850689258158N 地址、电话：金陵市玄武区中山路88号 0688-86615898 开户行及账号：中国工商银行金陵玄武支行 1298010002000316285	密码区	-36782<19458<38404817888812 5/37503848*7>234504>-796700 2//5>*8574567-7<8*873222478 <413-3001152-/7142>>8055000

货物或应税劳务、服务名称	规格型号	单位	数量	单价	金额	税率	税额
*供电*电费		度	610	1.00	610.00	13%	79.30
合计					¥610.00		¥79.30
价税合计（大写）	⊗ 陆佰捌拾玖圆叁角整				（小写）¥689.30		

销售方	名称：金陵市电力有限公司 纳税人识别号：91510893098637500N 地址、电话：金陵市玄武区中山路1号 0688-46551300 开户行及账号：中国工商银行金陵中山支行 234021565655110	备注	

收款人：　　复核：　　开票人：佃里　　销售方：（章）

第三联：发票联　购买方记账凭证

税总函［2018］982号海南华森实业公司

1. 审核 OA 系统付款申请

请根据行政人员提交的 OA 系统付款申请，以及相关票据（单据 24-3～24-4）进行审核。若核实有误，则不予通过并说明理由；若核实无误，通过该审批。

2. 登录网银系统

审批通过后，用网银支付水电费。

登录配套线上网银系统

◆业务 25◆

1. 登录网银系统

用网银查询本月社保和公积金的流水记录。

编号：20220120145500041148

教学专用 25-1/2

张雯提交的付款申请

金陵钱多多家具有限公司

所属部门：

财务部

所属公司：

金陵钱多多家具有限公司

付款事由：

支付本月社保

付款总额：

4620.00

大写：

肆仟陆佰贰拾元整

付款方式：

网银

支付日期：

2022-01-20

支付对象：

财库联网集中户

开户行：

中国工商银行

账户：

10111100060224103500000011

附加说明：

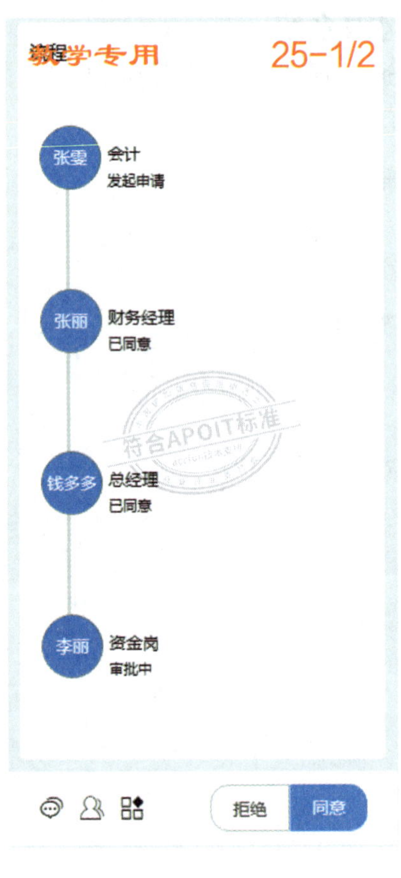

编号：202201201455000411351
教学专用
张雯提交的付款申请
25-2/2
金陵钱多多家具有限公司
所属部门：
财务部
所属公司：
金陵钱多多家具有限公司
付款事由：
支付本月公积金
付款总额：
2200.00
大写：
贰仟贰佰元整
付款方式：
网银
支付日期：
2022-01-20
支付对象：
公积金暂挂户
开户行：
中国工商银行
账户：
111000602W960000276
附加说明：

教学专用
25-2/2
张雯
会计
发起申请
张丽
财务经理
已同意
钱多多
总经理
已同意
李丽
资金岗
审批中
拒绝
同意

登录配套线上网银系统

ICBC
中国工商银行

中国建设银行
China Construction Bank

中国农业银行
AGRICULTURAL BANK OF CHINA

◆业务 26◆

1.登录网银系统

用网银查询账户管理费和网银服务费的流水记录。

登录配套线上网银系统

◆业务 27◆

1. 登记日记账

2022 年 01 月 20 日，请根据本日发生的业务在财务系统中登记《银行存款日记账》。

2. 移交单据

请把本日发生的业务 19 至业务 26 有关银行存款业务的单据整理移交给会计。

◆业务 28◆

1. 编制《资金日报表》

2022 年 01 月 20 日，请根据本日发生的业务，编制《资金日报表》，并分析本日资金情况。

◆业务 29◆

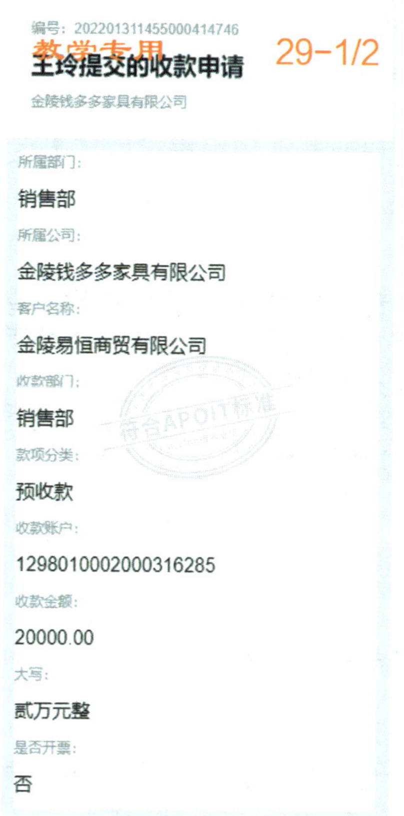
编号：202201311455000414746

教学专用　29-1/2

王玲提交的收款申请

金陵钱多多家具有限公司

所属部门：
销售部
所属公司：
金陵钱多多家具有限公司
客户名称：
金陵易恒商贸有限公司
收款部门：
销售部
款项分类：
预收款
收款账户：
1298010002000316285
收款金额：
20000.00
大写：
贰万元整
是否开票：
否

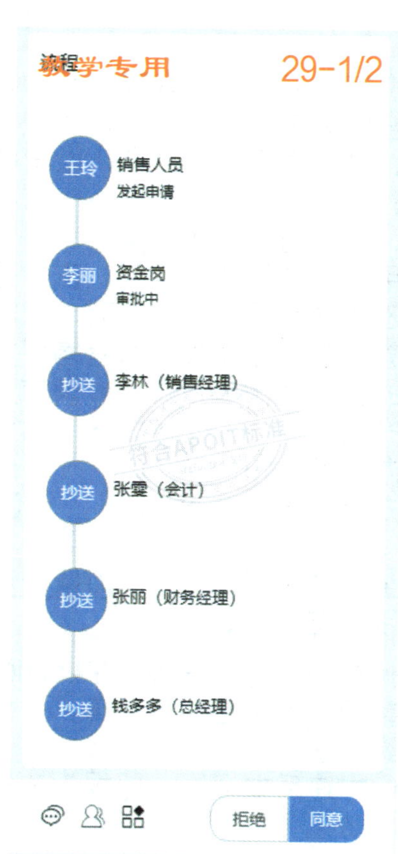

教学专用　　29-2/2

销售合同

甲方：金陵钱多多家具有限公司
乙方：金陵易恒商贸有限公司

甲、乙双方经友好协商，以自愿、平等互利为原则，根据《中华人民共和国合同法》，达成如下协议：

一、双方的权利和义务：

1. 甲方是产品的供应商，乙方是经销商。

2. 乙方作为甲方的经销商，应尽经销商的责任，在上述区域按甲方销售策略、销售要求，尽最大努力销售甲方产品。甲方也应保证供应足够的货源。

3. 产品的型号由订单、收货单确定，最终以收货单为准：

序号	产品名称	规格型号	单位	数量	单价（元）	总金额（含税）
0001	办公桌A-001	A-001	张	23	1200.00	27600.00
0002	办公椅B-001	B-001	把	66	600.00	39600.00
合计						￥67200.00

合同总金额（大写）：陆万柒仟贰佰元整。

二、费用及支付方式：

1. 首次付款，预付部分货款￥20000.00（人民币贰万元整）。

2. 剩余款项待发货后一次付清。

三、违约责任：

若任何一方违反本合同，即视为违约，给对方造成损失的，应给予损失额的同等赔偿。

……

六、本合同自签字之日起即发生法律效力，若在履行过程中出现本合同未尽事宜，双方可协商形成补充合同，与本合同具有同等法律效力。

七、本合同一式两份，双方各执一份，双方签字、盖章后生效。

甲方（委托方）盖章：金陵钱多多家具有限公司 合同专用章
日期：2022年01月31日

乙方（代理方）盖章：

日期：2022年01月31日

1.登录网银系统查询货款

请根据 OA 系统收款申请以及销售合同(单据 29-2),登录网银系统查询该笔款项。

2. 完成 OA 系统审批

若核实无误,请通过 OA 系统的收款申请;若核实有误,请不予通过并说明理由。

登录配套线上网银系统

◆业务 30◆

编号：20220131145500415847
教学专用 30-1/2
陈华提交的付款申请
金陵钱多多家具有限公司
所属部门：
行政部
所属公司：
金陵钱多多家具有限公司
付款事由：
支付专家咨询服务费
付款总额：
3000.00
大写：
叁仟元整
付款方式：
网银
支付日期：
2022-01-31
支付对象：
金陵市立科技术咨询有限公司
开户行：
中国工商银行金陵玄武支行
账户：
1298010017451880012
附加说明：

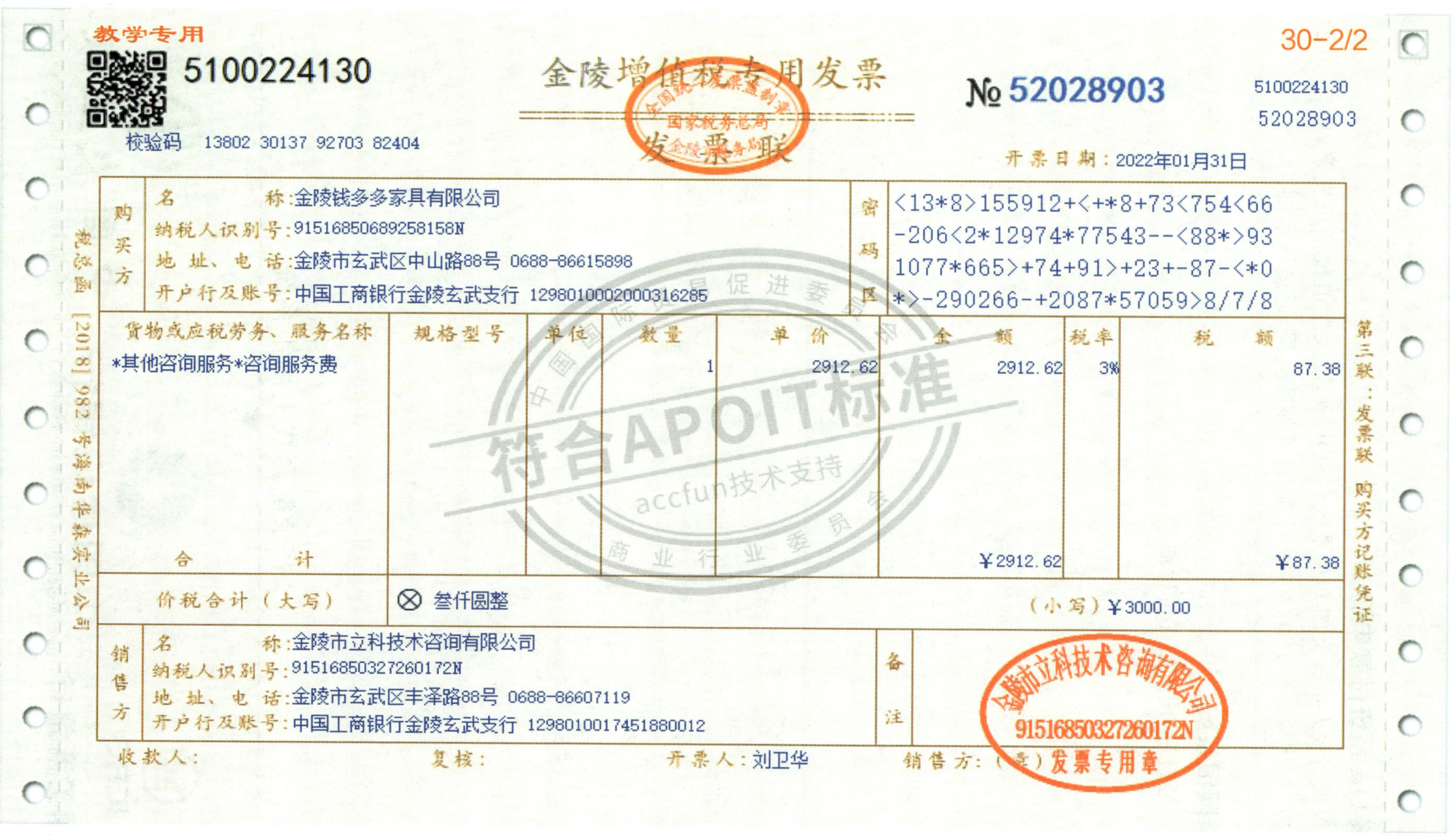

教学专用　　30-2/2

5100224130　　金陵增值税专用发票　　№ 52028903　　5100224130　52028903

发票联

校验码 13802 30137 92703 82404　　开票日期：2022年01月31日

购买方	名　　称：金陵钱多多家具有限公司 纳税人识别号：91516850689258158N 地 址、电 话：金陵市玄武区中山路88号 0688-86615898 开户行及账号：中国工商银行金陵玄武支行 1298010002000316285	密码区	<13*8>155912+<+*8+73<754<66 -206<2*12974*77543--<88*>93 1077*665>+74+91>+23+-87-<*0 *>-290266-+2087*57059>8/7/8

货物或应税劳务、服务名称	规格型号	单位	数量	单价	金额	税率	税额
*其他咨询服务*咨询服务费			1	2912.62	2912.62	3%	87.38
合　　计					¥2912.62		¥87.38
价税合计（大写）	⊗ 叁仟圆整				（小写）¥3000.00		

销售方	名　　称：金陵市立科技术咨询有限公司 纳税人识别号：91516850327260172N 地 址、电 话：金陵市玄武区丰泽路88号 0688-86607119 开户行及账号：中国工商银行金陵玄武支行 1298010017451880012	备注	

收款人：　　复核：　　开票人：刘卫华　　销售方：（章）

第三联：发票联　购买方记账凭证

税总函［2018］982号海南华森实业公司

1. 审核 OA 系统付款申请

请根据行政人员提交的 OA 系统付款申请，以及增值税专用发票（单据 30-2）进行审核。若核实有误，则不予通过并说明理由；若核实无误，通过该审批。

2. 登录网银系统

审批通过后，用网银支付货款。

登录配套线上网银系统

业务 31

编号：202201311455000415849
教学专用　31-1/3
李奇提交的付款申请
金陵钱多多家具有限公司
所属部门：
采购部
所属公司：
金陵钱多多家具有限公司
付款事由：
支付运费款
付款总额：
2200.00
大写：
贰仟贰佰元整
付款方式：
网银
支付日期：
2022-01-31
支付对象：
金陵品良物流有限公司
开户行：
中国工商银行金陵海淀支行
账户：
5451216492754016311
附加说明：

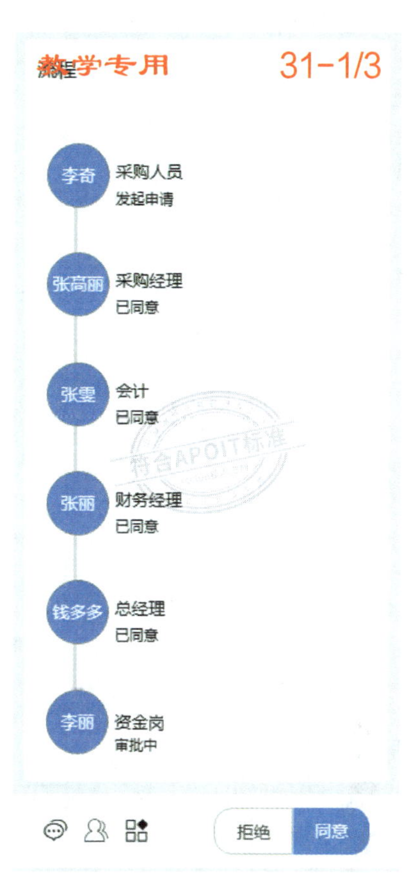

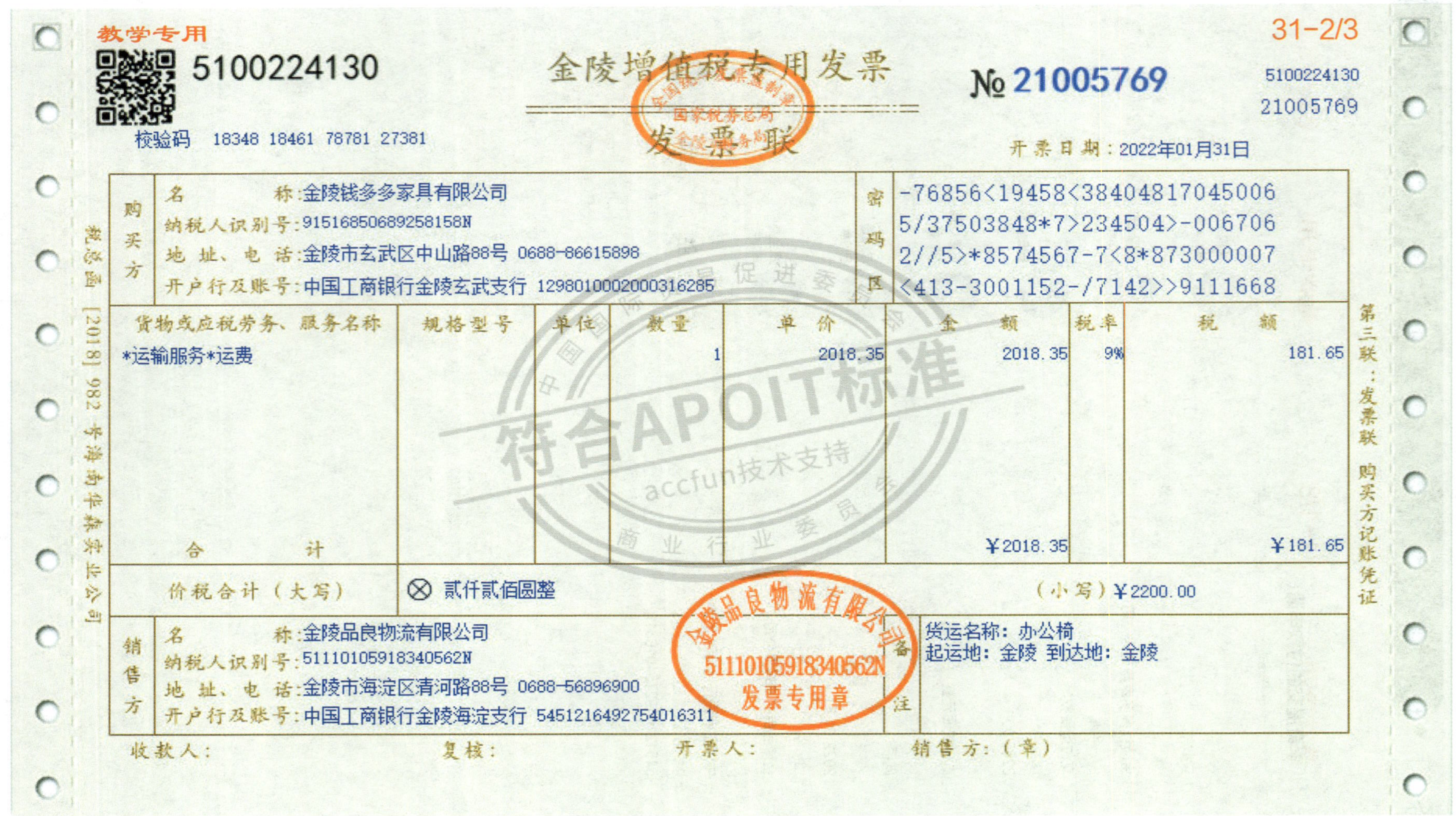

教学专用　　31-2/3

5100224130

校验码　18348 18461 78781 27381

金陵增值税专用发票

发票联

№ 21005769　　5100224130　21005769

开票日期：2022年01月31日

购买方	名　称：金陵钱多多家具有限公司 纳税人识别号：91516850689258158N 地址、电话：金陵市玄武区中山路88号 0688-86615898 开户行及账号：中国工商银行金陵玄武支行 1298010002000316285	密码区	-76856<19458<38404817045006 5/37503848*7>234504>-006706 2//5>*8574567-7<8*873000007 <413-3001152-/7142>>9111668

货物或应税劳务、服务名称	规格型号	单位	数量	单价	金额	税率	税额
*运输服务*运费			1	2018.35	2018.35	9%	181.65
合计					¥2018.35		¥181.65
价税合计（大写）	⊗ 贰仟贰佰圆整				（小写）¥2200.00		

销售方	名　称：金陵品良物流有限公司 纳税人识别号：51110105918340562N 地址、电话：金陵市海淀区清河路88号 0688-56896900 开户行及账号：中国工商银行金陵海淀支行 545121649275401631l	备注	货运名称：办公椅 起运地：金陵 到达地：金陵

收款人：　　复核：　　开票人：　　销售方：（章）

第三联：发票联　购买方记账凭证

税总函[2018]982号海南华森实业公司

教学专用

31-3/3

金陵品良物流有限公司2022年01月运输对账单

日期	车号	收货单位	货物名称	发货地址	收货地址	发货数（吨）	单价（元/吨）	运费金额	备注
2022-01-01	金51721	金陵日精进商贸有限公司	办公椅	金陵市玄武区中山路88号	金陵市玄武区南华路78号	5.5	220	1210.00	
2022-01-01	金62832	金陵易恒商贸有限公司	办公椅	金陵市玄武区中山路88号	金陵市玄武区西京路69号	4.5	220	990.00	

1. 审核 OA 系统付款申请

请根据采购人员提交的 OA 系统付款申请，以及相关单据(单据 31-2～31-3)进行审核。若核实有误，则不予通过并说明理由；若核实无误，通过该审批。

2. 登录网银系统

审批通过后，用网银支付运费款。

登录配套线上网银系统

◆业务 32◆

1.登录网银系统

用网银查询相关业务并打印银行对账单。

登录配套线上网银系统

◆业务 33◆

1.核对收款

请根据本月 OA 系统收款申请汇总表(单据 33-1),与银行对账单进行核对。若发现差异,请及时进行沟通。

教学专用

33-1/1

OA系统收款申请汇总表

金陵钱多多家具有限公司　　汇总时间：2022-01-01至2022-01-31　　用OA系统扫码

日期	审批编号	申请人	客户名称	款项分类	金额
2022-01-01	2022010114550004l4734	王玲	个人客户	销售款	8100.00
2022-01-01	20220101l455000414735	王玲	金陵日精进商贸有限公司	货款	13560.00
2022-01-01	20220101l455000411830	王玲	金陵易恒商贸有限公司	货款	18000.00
2022-01-10	20220101l455000414736	王玲	金陵易能达商贸有限公司	应收货款	270000.00
2022-01-10	20220110l455000412026	李奇	李奇	罚款	500.00
2022-01-31	20220131l455000414746	王玲	金陵易恒商贸有限公司	预收款	20000.00

◆业务 34◆

1.登记日记账

2022 年 01 月 31 日，请根据本日发生的业务在财务系统中登记《银行存款日记账》。

2. 移交单据

请把本日发生的业务 29 至业务 33 有关银行存款业务的单据整理移交给会计。

◆业务 35◆

1. 编制《资金日报表》

2022 年 01 月 31 日,请根据本日发生的业务编制《资金日报表》,并分析本日资金情况。

三、月末工作

金陵钱多多家具有限公司 2022 年 01 月月末工作目录

业务号	业务概述	资金岗需填写的单据
业务 36	01 月 31 日，资金岗编制当月费用分析表并提出费用管控建议	费用分析表
业务 37	01 月 31 日，资金岗分析当月资金使用计划的执行情况	资金计划执行情况表
业务 38	01 月 31 日，资金岗编制当月资金报表并进行分析，提出优化建议	资金月报表

级科目

年		凭证号数	摘　　要	借　　方	贷　　方	借或贷	余　　额			
月	日			亿千百十万千百十元角分	亿千百十万千百十元角分		亿千百十万千百十元角分	亿千百十万千百十元角分	亿千百十万千百十元角分	亿千百十万千百十元角分

明　细　账

分页:______　总页:______

（　　　　）方　项　目

亿	千	百	十	万	千	百	十	元	角	分	亿	千	百	十	万	千	百	十	元	角	分	亿	千	百	十	万	千	百	十	元	角	分	亿	千	百	十	万	千	百	十	元	角	分	亿	千	百	十	万	千	百	十	元	角	分	亿	千	百	十	万	千	百	十	元	角	分	亿	千	百	十	万	千	百	十	元	角	分	亿	千	百	十	万	千	百	十	元	角	分	亿	千	百	十	万	千	百	十	元	角	分

级科目

年		凭证号数	摘要	借方											贷方											借或贷	余额																																															
月	日			亿	千	百	十	万	千	百	十	元	角	分	亿	千	百	十	万	千	百	十	元	角	分		亿	千	百	十	万	千	百	十	元	角	分	亿	千	百	十	万	千	百	十	元	角	分	亿	千	百	十	万	千	百	十	元	角	分	亿	千	百	十	万	千	百	十	元	角	分

明　细　账

分页:＿＿＿　总页:＿＿＿

(　　　)　方　项　目

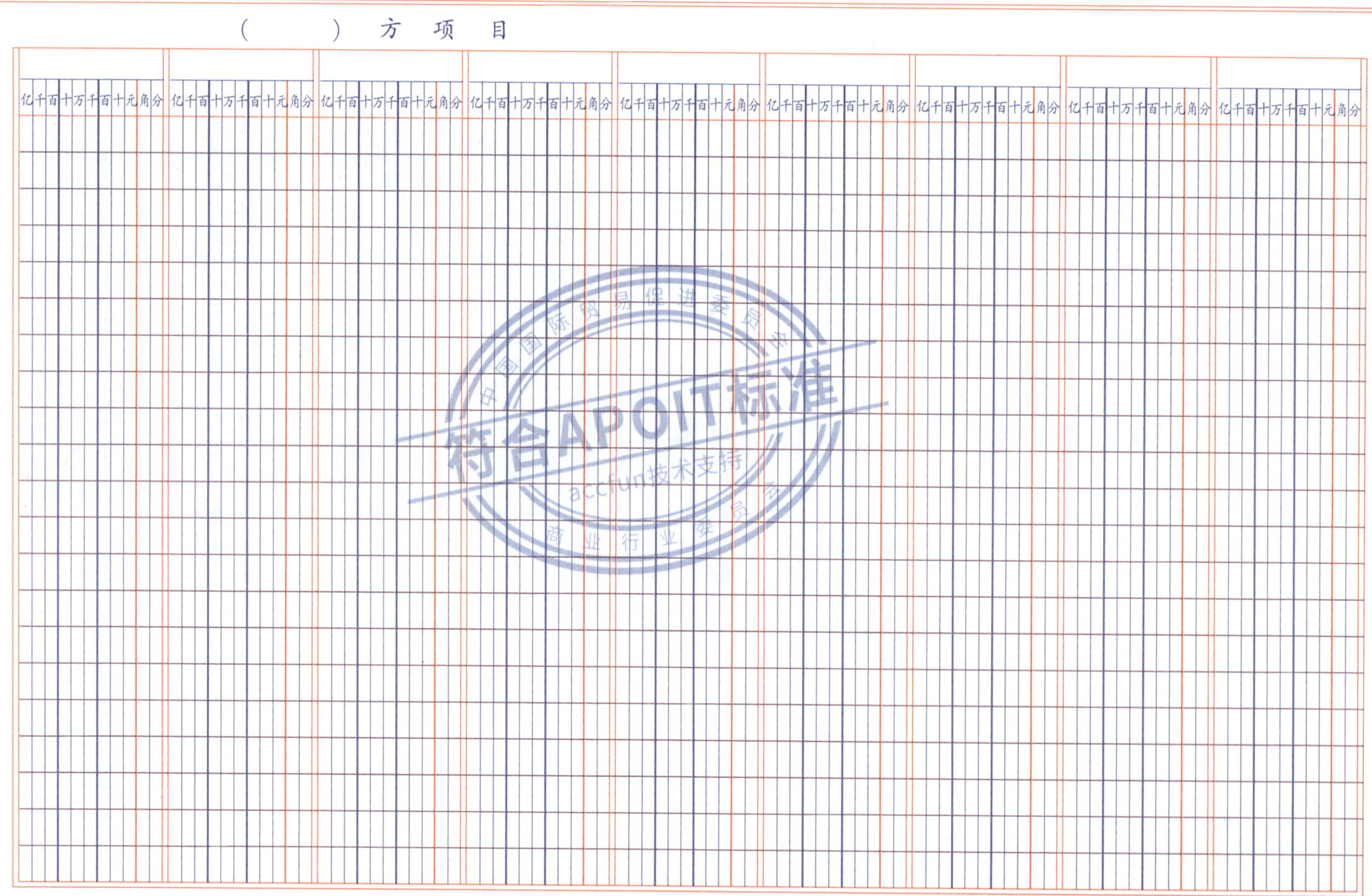

级科目

年		凭证号数	摘要	借方	贷方	借或贷	余额			
月	日			亿千百十万千百十元角分	亿千百十万千百十元角分		亿千百十万千百十元角分	亿千百十万千百十元角分	亿千百十万千百十元角分	亿千百十万千百十元角分

明　细　账

分页：______　总页：______

（　　　）方项目

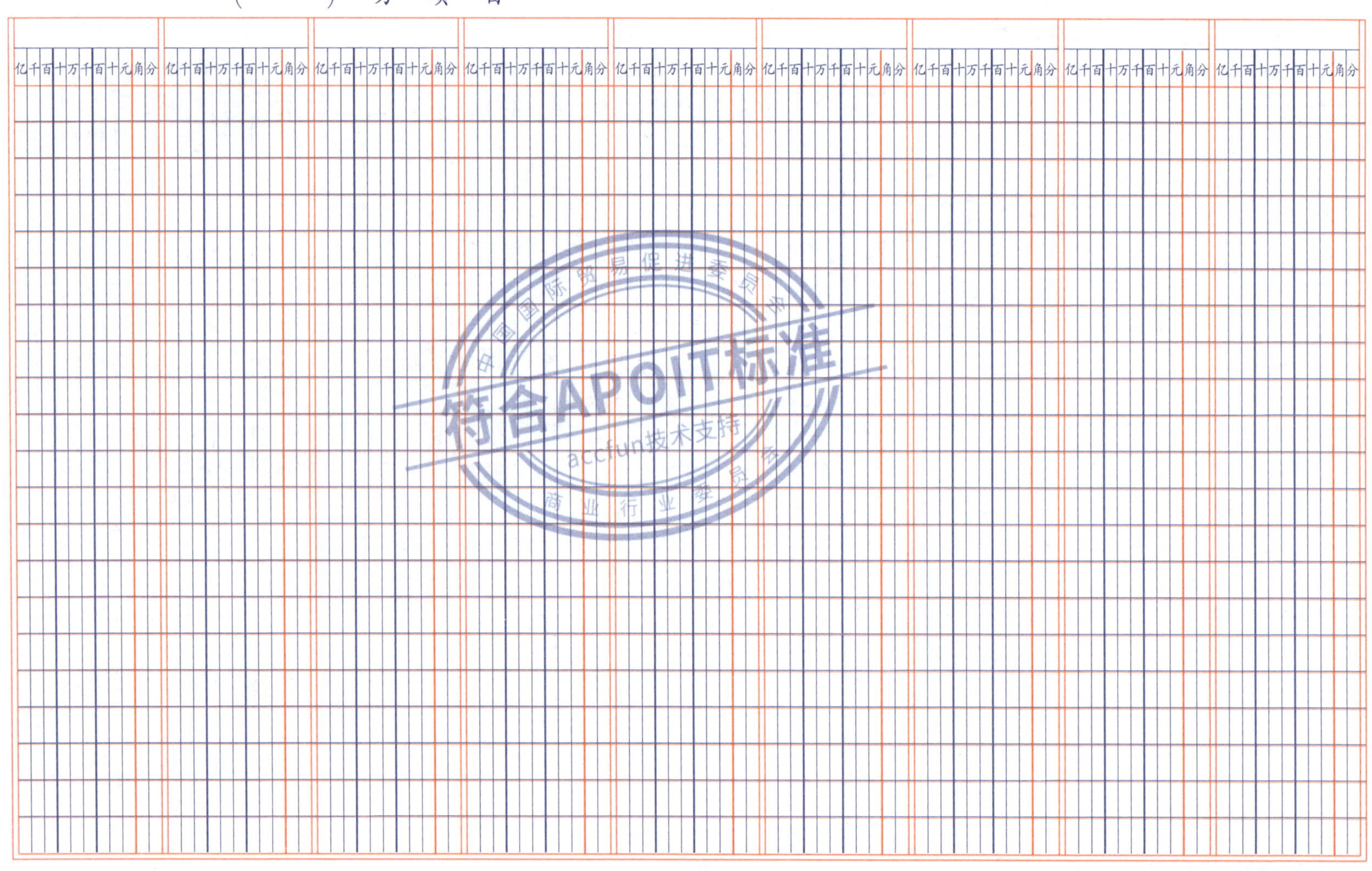

级科目

年		凭证号数	摘要	借方											贷方											借或贷	余额																																														
月	日			亿	千	百	十	万	千	百	十	元	角	分	亿	千	百	十	万	千	百	十	元	角	分		亿	千	百	十	万	千	百	十	元	角	分	亿	千	百	十	万	千	百	十	元	角	分	亿	千	百	十	万	千	百	十	元	角	分	亿	千	百	十	万	千	百	十	元	角	分

明 细 账

分页:______ 总页:______

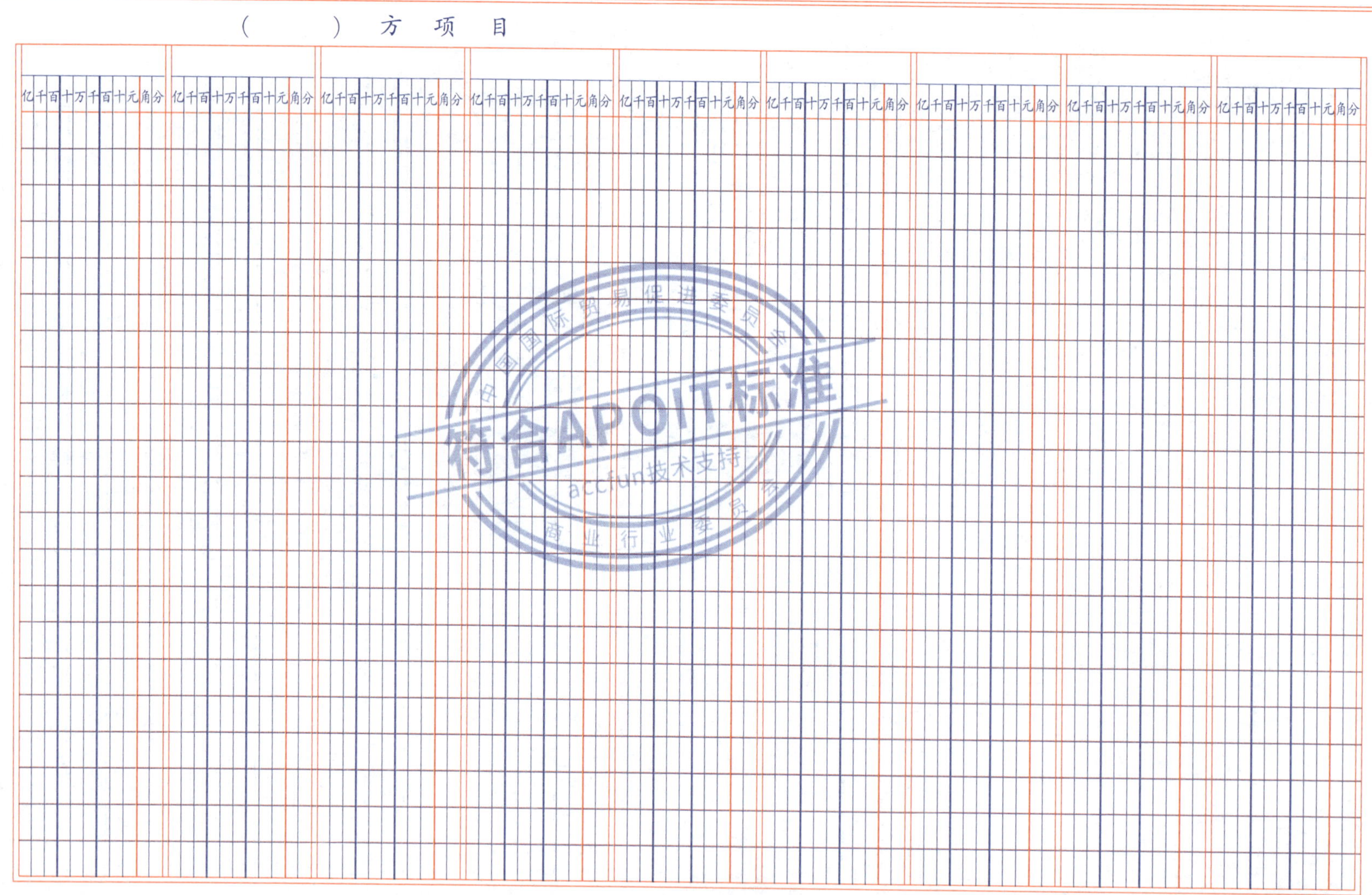

级科目

年		凭证号数	摘要	借方											贷方											借或贷	余额																																															
月	日			亿	千	百	十	万	千	百	十	元	角	分	亿	千	百	十	万	千	百	十	元	角	分		亿	千	百	十	万	千	百	十	元	角	分	亿	千	百	十	万	千	百	十	元	角	分	亿	千	百	十	万	千	百	十	元	角	分	亿	千	百	十	万	千	百	十	元	角	分

明　细　账

分页:______　总页:______

（　　　）方　项　目

亿	千	百	十	万	千	百	十	元	角	分	亿	千	百	十	万	千	百	十	元	角	分	亿	千	百	十	万	千	百	十	元	角	分	亿	千	百	十	万	千	百	十	元	角	分	亿	千	百	十	万	千	百	十	元	角	分	亿	千	百	十	万	千	百	十	元	角	分	亿	千	百	十	万	千	百	十	元	角	分	亿	千	百	十	万	千	百	十	元	角	分	亿	千	百	十	万	千	百	十	元	角	分

账 簿 目 录 表

账 户 名 称	账 号	总页码	账 户 名 称	账 号	总页码	账 户 名 称	账 号	总页码

账簿启用及交接表

机构名称		印鉴
账簿名称	（第　　册）	
账簿编号		
账簿页数	本账簿共计　　页（本账簿页数检点人盖章　　）	
启用日期	公元　　年　　月　　日	

经管人员	负责人		主办会计		复核		记账	
	姓名	盖章	姓名	盖章	姓名	盖章	姓名	盖章

接交记录	经管人员		接管				交出			
	职别	姓名	年	月	日	盖章	年	月	日	盖章

备注	

现 金 日 记 账

第______页

年		凭证		票据号码	摘要	借方											贷方											余额											核对
月	日	种类	号数			亿	千	百	十	万	千	百	十	元	角	分	亿	千	百	十	万	千	百	十	元	角	分	亿	千	百	十	万	千	百	十	元	角	分	
																																							☐
																																							☐
																																							☐
																																							☐
																																							☐
																																							☐
																																							☐
																																							☐
																																							☐
																																							☐
																																							☐
																																							☐
																																							☐
																																							☐
																																							☐
																																							☐
																																							☐
																																							☐
																																							☐
																																							☐

现 金 日 记 账

第________页

年		凭证		票据号码	摘要	借方											贷方											余额											核对
月	日	种类	号数			亿	千	百	十	万	千	百	十	元	角	分	亿	千	百	十	万	千	百	十	元	角	分	亿	千	百	十	万	千	百	十	元	角	分	

现金日记账

第　　页

年		凭证		票据号码	摘要	借方											贷方											余额											核对
月	日	种类	号数			亿	千	百	十	万	千	百	十	元	角	分	亿	千	百	十	万	千	百	十	元	角	分	亿	千	百	十	万	千	百	十	元	角	分	

现金日记账

第＿＿＿＿页

年		凭证		票据号码	摘要	借方											贷方											余额											核对
月	日	种类	号数			亿	千	百	十	万	千	百	十	元	角	分	亿	千	百	十	万	千	百	十	元	角	分	亿	千	百	十	万	千	百	十	元	角	分	对

现金日记账

第＿＿＿＿页

年		凭证		票据号码	摘要	借方											贷方											余额											核对
月	日	种类	号数			亿	千	百	十	万	千	百	十	元	角	分	亿	千	百	十	万	千	百	十	元	角	分	亿	千	百	十	万	千	百	十	元	角	分	
																																							□
																																							□
																																							□
																																							□
																																							□
																																							□
																																							□
																																							□
																																							□
																																							□
																																							□
																																							□
																																							□
																																							□
																																							□
																																							□
																																							□
																																							□
																																							□
																																							□

现金日记账

第　　页

年		凭证		票据号码	摘要	借方											贷方											余额											核对
月	日	种类	号数			亿	千	百	十	万	千	百	十	元	角	分	亿	千	百	十	万	千	百	十	元	角	分	亿	千	百	十	万	千	百	十	元	角	分	

现 金 日 记 账

第______页

年		凭证		票据号码	摘要	借方											贷方											余额											核对
月	日	种类	号数			亿	千	百	十	万	千	百	十	元	角	分	亿	千	百	十	万	千	百	十	元	角	分	亿	千	百	十	万	千	百	十	元	角	分	

现 金 日 记 账

第＿＿＿＿页

年		凭证		票据号码	摘要	借方											贷方											余额											核对
月	日	种类	号数			亿	千	百	十	万	千	百	十	元	角	分	亿	千	百	十	万	千	百	十	元	角	分	亿	千	百	十	万	千	百	十	元	角	分	

现 金 日 记 账

第　　　页

年		凭证		票据号码	摘要	借方											贷方											余额											核对
月	日	种类	号数			亿	千	百	十	万	千	百	十	元	角	分	亿	千	百	十	万	千	百	十	元	角	分	亿	千	百	十	万	千	百	十	元	角	分	
																																							☐
																																							☐
																																							☐
																																							☐
																																							☐
																																							☐
																																							☐
																																							☐
																																							☐
																																							☐
																																							☐
																																							☐
																																							☐
																																							☐
																																							☐
																																							☐
																																							☐
																																							☐
																																							☐
																																							☐

现金日记账

第＿＿＿＿页

年		凭证		票据号码	摘要	借方											贷方											余额											核对
月	日	种类	号数			亿	千	百	十	万	千	百	十	元	角	分	亿	千	百	十	万	千	百	十	元	角	分	亿	千	百	十	万	千	百	十	元	角	分	

账簿目录表

账户名称	账号	总页码	账户名称	账号	总页码	账户名称	账号	总页码

账簿启用及交接表

机构名称		印鉴
账簿名称	（第　　册）	
账簿编号		
账簿页数	本账簿共计　　页（本账簿页数检点人盖章　　）	
启用日期	公元　　年　　月　　日	

经管人员	负责人		主办会计		复核		记账	
	姓名	盖章	姓名	盖章	姓名	盖章	姓名	盖章

接交记录	经管人员		接管				交出			
	职别	姓名	年	月	日	盖章	年	月	日	盖章

备注	

现金日记账

第______页

银行存款日记账

开户行：
账　号：

年		凭证		摘要	借方											贷方											余额											核对
月	日	种类	号数		亿	千	百	十	万	千	百	十	元	角	分	亿	千	百	十	万	千	百	十	元	角	分	亿	千	百	十	万	千	百	十	元	角	分	

第______页

银行存款日记账

开户行：
账　号：

年		凭证		摘要	借方											贷方											余额											核对
月	日	种类	号数		亿	千	百	十	万	千	百	十	元	角	分	亿	千	百	十	万	千	百	十	元	角	分	亿	千	百	十	万	千	百	十	元	角	分	
																																						☐
																																						☐
																																						☐
																																						☐
																																						☐
																																						☐
																																						☐
																																						☐
																																						☐
																																						☐
																																						☐
																																						☐
																																						☐
																																						☐
																																						☐
																																						☐
																																						☐
																																						☐
																																						☐
																																						☐

第＿＿＿＿页

银行存款日记账

开户行：

账　号：

年		凭证		摘要	借方											贷方											余额											核对
月	日	种类	号数		亿	千	百	十	万	千	百	十	元	角	分	亿	千	百	十	万	千	百	十	元	角	分	亿	千	百	十	万	千	百	十	元	角	分	
																																						□
																																						□
																																						□
																																						□
																																						□
																																						□
																																						□
																																						□
																																						□
																																						□
																																						□
																																						□
																																						□
																																						□
																																						□
																																						□
																																						□
																																						□
																																						□
																																						□

第______页

银行存款日记账

开户行：

账　号：

年	凭证		摘要	借方											贷方											余额											核对
日	种类	号数		亿	千	百	十	万	千	百	十	元	角	分	亿	千	百	十	万	千	百	十	元	角	分	亿	千	百	十	万	千	百	十	元	角	分	

第______页

银行存款日记账

开户行：
账　号：

年		凭证		摘要	借方											贷方											余额											核对
月	日	种类	号数		亿	千	百	十	万	千	百	十	元	角	分	亿	千	百	十	万	千	百	十	元	角	分	亿	千	百	十	万	千	百	十	元	角	分	

第______页

银行存款日记账

开户行：

账　号：

年		凭证		摘要	借方											贷方											余额											核对
月	日	种类	号数		亿	千	百	十	万	千	百	十	元	角	分	亿	千	百	十	万	千	百	十	元	角	分	亿	千	百	十	万	千	百	十	元	角	分	

第______页

银行存款日记账

开户行:
账　号:

年		凭证		摘要	借方	贷方	余额	核对
月	日	种类	号数		亿千百十万千百十元角分	亿千百十万千百十元角分	亿千百十万千百十元角分	
								□
								□
								□
								□
								□
								□
								□
								□
								□
								□
								□
								□
								□
								□
								□
								□
								□
								□
								□
								□

第______页

银行存款日记账

开户行:

账　号:

年		凭证		摘要	借方											贷方											余额											核对
月	日	种类	号数		亿	千	百	十	万	千	百	十	元	角	分	亿	千	百	十	万	千	百	十	元	角	分	亿	千	百	十	万	千	百	十	元	角	分	
																																						☐
																																						☐
																																						☐
																																						☐
																																						☐
																																						☐
																																						☐
																																						☐
																																						☐
																																						☐
																																						☐
																																						☐
																																						☐
																																						☐
																																						☐
																																						☐
																																						☐
																																						☐
																																						☐
																																						☐

银行存款日记账

开户行：

账　号：

年		凭证		摘要	借方											贷方											余额											核对
月	日	种类	号数		亿	千	百	十	万	千	百	十	元	角	分	亿	千	百	十	万	千	百	十	元	角	分	亿	千	百	十	万	千	百	十	元	角	分	

第____页

银行存款日记账

开户行：

账　号：

年		凭证		摘要	借方											贷方											余额											核对
月	日	种类	号数		亿	千	百	十	万	千	百	十	元	角	分	亿	千	百	十	万	千	百	十	元	角	分	亿	千	百	十	万	千	百	十	元	角	分	

账　簿　目　录　表

账户名称	账号	总页码	账户名称	账号	总页码	账户名称	账号	总页码

账簿启用及交接表

机构名称		印鉴
账簿名称	（第　　册）	
账簿编号		
账簿页数	本账簿共计　　页（本账簿页数检点人盖章　　）	
启用日期	公元　　年　　月　　日	

经管人员	负责人		主办会计		复核		记账	
	姓名	盖章	姓名	盖章	姓名	盖章	姓名	盖章

接交记录	经管人员		接管				交出			
	职别	姓名	年	月	日	盖章	年	月	日	盖章

备注	

分页: ________ 总页: ________

明细账

编号名称 ________ 存放地点 ________ 寄存放地点 ________ 计量单位 ________ 规格 ________ 类别 ________

年		凭证字号	摘要	收入													发出													结存											
				数量	单价	金额											数量	单价	金额											数量	单价	金额									
月	日					亿	千	百	十	万	千	百	十	元	角	分			亿	千	百	十	万	千	百	十	元	角	分			亿	千	百	十	万	千	百	十	元	角

分页:________ 总页:________

明 细 账

编号名称________ 存放地点________ 寄存放地点________ 计量单位________ 规格________ 类别________

年		凭证字号	摘要	收入													发出													结存												
				数量	单价	金额											数量	单价	金额											数量	单价	金额										
月	日					亿	千	百	十	万	千	百	十	元	角	分			亿	千	百	十	万	千	百	十	元	角	分			亿	千	百	十	万	千	百	十	元	角	分

账 簿 目 录 表

账户名称	账号	总页码	账户名称	账号	总页码	账户名称	账号	总页码

账簿启用及交接表

机构名称		印鉴
账簿名称	（第　　册）	
账簿编号		
账簿页数	本账簿共计　　页（本账簿页数检点人盖章　　）	
启用日期	公元　　年　　月　　日	

经管人员	负责人		主办会计		复核		记账	
	姓名	盖章	姓名	盖章	姓名	盖章	姓名	盖章

接交记录	经管人员		接管				交出			
	职别	姓名	年	月	日	盖章	年	月	日	盖章

备注	

数量金额式明细账

明细账

分页:________ 总页:________

______级科目______________________ ______级科目______________________

年		凭证		摘要	√	借方											贷方											借或贷	余额										
月	日	种类	号数			亿	千	百	十	万	千	百	十	元	角	分	亿	千	百	十	万	千	百	十	元	角	分		亿	千	百	十	万	千	百	十	元	角	分

明 细 账

分页:________ 总页:________

级科目________________ 级科目________________

年		凭证		摘 要	√	借 方											贷 方											借或贷	余 额										
月	日	种类	号数			亿	千	百	十	万	千	百	十	元	角	分	亿	千	百	十	万	千	百	十	元	角	分		亿	千	百	十	万	千	百	十	元	角	分

明 细 账

分页：________ 总页：________

____级科目____________________　　　　____级科目____________________

年		凭证		摘要	√	借方											贷方											借或贷	余额									
月	日	种类	号数			亿	千	百	十	万	千	百	十	元	角	分	亿	千	百	十	万	千	百	十	元	角	分		亿	千	百	十	万	千	百	十	元	角

明细账

分页：________ 总页：________

____级科目________________ ____级科目________________

年	凭证		摘要	√	借方											贷方											借或贷	余额										
日	种类	号数			亿	千	百	十	万	千	百	十	元	角	分	亿	千	百	十	万	千	百	十	元	角	分		亿	千	百	十	万	千	百	十	元	角	分

明 细 账

分页:　　　　总页:

____级科目______________　　　　____级科目______________

年		凭证		摘要	√	借方											贷方											借或贷	余额									
月	日	种类	号数			亿	千	百	十	万	千	百	十	元	角	分	亿	千	百	十	万	千	百	十	元	角	分		亿	千	百	十	万	千	百	十	元	角

明 细 账

分页:________ 总页:________

____级科目________________ ____级科目________________

年	凭证		摘 要	√	借 方											贷 方											借或贷	余 额										
日	种类	号数			亿	千	百	十	万	千	百	十	元	角	分	亿	千	百	十	万	千	百	十	元	角	分		亿	千	百	十	万	千	百	十	元	角	分

明 细 账

分页：＿＿＿＿ 总页：＿＿＿＿

＿＿级科目＿＿＿＿＿＿＿＿＿＿ ＿＿级科目＿＿＿＿＿＿＿＿＿＿

年		凭证		摘 要	√	借 方											贷 方											借或贷	余 额									
月	日	种类	号数			亿	千	百	十	万	千	百	十	元	角	分	亿	千	百	十	万	千	百	十	元	角	分		亿	千	百	十	万	千	百	十	元	角

明细账

分页：________ 总页：________

____级科目______________________　　　　____级科目______________________

年	凭证		摘要	√	借方											贷方											借或贷	余额										
日	种类	号数			亿	千	百	十	万	千	百	十	元	角	分	亿	千	百	十	万	千	百	十	元	角	分		亿	千	百	十	万	千	百	十	元	角	分

明 细 账

分页:______ 总页:______

______级科目______________________ ______级科目______________________

年		凭证		摘 要	√	借 方											贷 方											借或贷	余 额									
月	日	种类	号数			亿	千	百	十	万	千	百	十	元	角	分	亿	千	百	十	万	千	百	十	元	角	分		亿	千	百	十	万	千	百	十	元	角

明细账

分页:________ 总页:________

____级科目________________ ____级科目________________

年		凭证		摘要	√	借方											贷方											借或贷	余额										
	日	种类	号数			亿	千	百	十	万	千	百	十	元	角	分	亿	千	百	十	万	千	百	十	元	角	分		亿	千	百	十	万	千	百	十	元	角	分

明　细　账

分页:________ 总页:________

____级科目______________　　　____级科目______________

年		凭证		摘要	√	借方											贷方											借或贷	余额									
月	日	种类	号数			亿	千	百	十	万	千	百	十	元	角	分	亿	千	百	十	万	千	百	十	元	角	分		亿	千	百	十	万	千	百	十	元	角

明 细 账

分页：________ 总页：________

______级科目______________________　　______级科目______________________

年		凭证		摘　　要	√	借　方											贷　方											借或贷	余　额										
	日	种类	号数			亿	千	百	十	万	千	百	十	元	角	分	亿	千	百	十	万	千	百	十	元	角	分		亿	千	百	十	万	千	百	十	元	角	分

明 细 账

分页：＿＿＿＿ 总页：＿＿＿＿

＿＿级科目＿＿＿＿＿＿＿＿＿＿＿＿ ＿＿级科目＿＿＿＿＿＿＿＿＿＿＿＿

年		凭证		摘要	√	借方											贷方											借或贷	余额										
月	日	种类	号数			亿	千	百	十	万	千	百	十	元	角	分	亿	千	百	十	万	千	百	十	元	角	分		亿	千	百	十	万	千	百	十	元	角	分

明 细 账

分页:________ 总页:________

____级科目____________________ ____级科目____________________

年		凭证		摘要	√	借方											贷方											借或贷	余额										
月	日	种类	号数			亿	千	百	十	万	千	百	十	元	角	分	亿	千	百	十	万	千	百	十	元	角	分		亿	千	百	十	万	千	百	十	元	角	分

明 细 账

分页：________ 总页：________

______级科目______________________________ ______级科目______________________________

年		凭证		摘　　要	√	借　方											贷　方											借或贷	余　额										
月	日	种类	号数			亿	千	百	十	万	千	百	十	元	角	分	亿	千	百	十	万	千	百	十	元	角	分		亿	千	百	十	万	千	百	十	元	角	分

明 细 账

分页:________ 总页:________

____级科目________________　　　　____级科目________________

年		凭证		摘要	√	借方											贷方											借或贷	余额										
月	日	种类	号数			亿	千	百	十	万	千	百	十	元	角	分	亿	千	百	十	万	千	百	十	元	角	分		亿	千	百	十	万	千	百	十	元	角	分

明细账

分页:＿＿＿＿ 总页:＿＿＿＿

＿＿级科目＿＿＿＿＿＿＿＿ ＿＿级科目＿＿＿＿＿＿＿＿

年		凭证		摘要	√	借方											贷方											借或贷	余额										
月	日	种类	号数			亿	千	百	十	万	千	百	十	元	角	分	亿	千	百	十	万	千	百	十	元	角	分		亿	千	百	十	万	千	百	十	元	角	分

明 细 账

分页：________ 总页：________

____级科目________________　　　　____级科目________________

年		凭证		摘 要	√	借 方											贷 方											借或贷	余 额										
月	日	种类	号数			亿	千	百	十	万	千	百	十	元	角	分	亿	千	百	十	万	千	百	十	元	角	分		亿	千	百	十	万	千	百	十	元	角	分

明 细 账

分页:________ 总页:________

______级科目______________________　　　　______级科目______________________

年		凭证		摘 要	√	借 方											贷 方											借或贷	余 额										
月	日	种类	号数			亿	千	百	十	万	千	百	十	元	角	分	亿	千	百	十	万	千	百	十	元	角	分		亿	千	百	十	万	千	百	十	元	角	分

明 细 账

分页:________ 总页:________

级科目________________ 级科目________________

年		凭证		摘　　要	√	借　方											贷　方											借或贷	余　额										
月	日	种类	号数			亿	千	百	十	万	千	百	十	元	角	分	亿	千	百	十	万	千	百	十	元	角	分		亿	千	百	十	万	千	百	十	元	角	分

明 细 账

分页:________ 总页:________

____级科目________________ ____级科目________________

年		凭证		摘要	√	借方											贷方											借或贷	余额										
月	日	种类	号数			亿	千	百	十	万	千	百	十	元	角	分	亿	千	百	十	万	千	百	十	元	角	分		亿	千	百	十	万	千	百	十	元	角	分

明 细 账

分页:________ 总页:________

____级科目________________ ____级科目________________

年		凭证		摘要	√	借方											贷方											借或贷	余额										
	日	种类	号数			亿	千	百	十	万	千	百	十	元	角	分	亿	千	百	十	万	千	百	十	元	角	分		亿	千	百	十	万	千	百	十	元	角	分

明 细 账

分页:________ 总页:________

______级科目______________________ ______级科目______________________

年		凭证		摘 要	√	借 方											贷 方											借或贷	余 额									
月	日	种类	号数			亿	千	百	十	万	千	百	十	元	角	分	亿	千	百	十	万	千	百	十	元	角	分		亿	千	百	十	万	千	百	十	元	角

明 细 账

分页：　　　　总页：

级科目　　　　　　　　级科目

年	凭证		摘　要	√	借　方											贷　方											借或贷	余　额										
日	种类	号数			亿	千	百	十	万	千	百	十	元	角	分	亿	千	百	十	万	千	百	十	元	角	分		亿	千	百	十	万	千	百	十	元	角	分

明细账

分页：________ 总页：________

______级科目______________　　______级科目______________

年		凭证		摘要	√	借方											贷方											借或贷	余额									
月	日	种类	号数			亿	千	百	十	万	千	百	十	元	角	分	亿	千	百	十	万	千	百	十	元	角	分		亿	千	百	十	万	千	百	十	元	角

明细账

分页:________ 总页:________

级科目________ 级科目________

年	凭证		摘要	√	借方											贷方											借或贷	余额										
日	种类	号数			亿	千	百	十	万	千	百	十	元	角	分	亿	千	百	十	万	千	百	十	元	角	分		亿	千	百	十	万	千	百	十	元	角	分

账 簿 目 录 表

账户名称	账号	总页码	账户名称	账号	总页码	账户名称	账号	总页码

账簿启用及交接表

机构名称		印鉴
账簿名称	（第　　册）	
账簿编号		
账簿页数	本账簿共计　　页（本账簿页数检点人盖章　　）	
启用日期	公元　　年　　月　　日	

经管人员	负责人		主办会计		复核		记账	
	姓名	盖章	姓名	盖章	姓名	盖章	姓名	盖章

接交记录	经管人员		接管				交出			
	职别	姓名	年	月	日	盖章	年	月	日	盖章

备注	

总分类账

分页：　　　　总页：

年		凭证		摘要	√	借方											贷方											借或贷	余额									
月	日	种类	号数			亿	千	百	十	万	千	百	十	元	角	分	亿	千	百	十	万	千	百	十	元	角	分		亿	千	百	十	万	千	百	十	元	角

总分类账

分页：________ 总页：________

年		凭证		摘要	√	借方											贷方											借或贷	余额										
]	日	种类	号数			亿	千	百	十	万	千	百	十	元	角	分	亿	千	百	十	万	千	百	十	元	角	分		亿	千	百	十	万	千	百	十	元	角	分

总分类账

分页：________ 总页：________

年		凭证		摘要	√	借方											贷方											借或贷	余额									
月	日	种类	号数			亿	千	百	十	万	千	百	十	元	角	分	亿	千	百	十	万	千	百	十	元	角	分		亿	千	百	十	万	千	百	十	元	角

总分类账

分页：________ 总页：________

年		凭证		摘要	√	借方											贷方											借或贷	余额										
]	日	种类	号数			亿	千	百	十	万	千	百	十	元	角	分	亿	千	百	十	万	千	百	十	元	角	分		亿	千	百	十	万	千	百	十	元	角	分

总分类账

分页:________ 总页:________

年		凭证		摘要	√	借方											贷方											借或贷	余额									
月	日	种类	号数			亿	千	百	十	万	千	百	十	元	角	分	亿	千	百	十	万	千	百	十	元	角	分		亿	千	百	十	万	千	百	十	元	角

总分类账

分页:______ 总页:______

年		凭证		摘要	√	借方											贷方											借或贷	余额										
	日	种类	号数			亿	千	百	十	万	千	百	十	元	角	分	亿	千	百	十	万	千	百	十	元	角	分		亿	千	百	十	万	千	百	十	元	角	分

总分类账

分页：________ 总页：________

年		凭证		摘要	√	借方											贷方											借或贷	余额									
月	日	种类	号数			亿	千	百	十	万	千	百	十	元	角	分	亿	千	百	十	万	千	百	十	元	角	分		亿	千	百	十	万	千	百	十	元	角

总分类账

分页:________ 总页:________

年		凭证		摘　要	√	借　方											贷　方											借或贷	余　额										
月	日	种类	号数			亿	千	百	十	万	千	百	十	元	角	分	亿	千	百	十	万	千	百	十	元	角	分		亿	千	百	十	万	千	百	十	元	角	分

总分类账

分页：＿＿＿＿　总页：＿＿＿＿

年		凭证		摘要	√	借方											贷方											借或贷	余额									
月	日	种类	号数			亿	千	百	十	万	千	百	十	元	角	分	亿	千	百	十	万	千	百	十	元	角	分		亿	千	百	十	万	千	百	十	元	角

总分类账

分页:______ 总页:______

年		凭证		摘要	√	借方											贷方											借或贷	余额										
月	日	种类	号数			亿	千	百	十	万	千	百	十	元	角	分	亿	千	百	十	万	千	百	十	元	角	分		亿	千	百	十	万	千	百	十	元	角	分

总分类账

分页:______ 总页:______

年		凭证		摘要	√	借方											贷方											借或贷	余额									
月	日	种类	号数			亿	千	百	十	万	千	百	十	元	角	分	亿	千	百	十	万	千	百	十	元	角	分		亿	千	百	十	万	千	百	十	元	角

总分类账

分页:________ 总页:________

年		凭证		摘要	√	借方											贷方											借或贷	余额										
月	日	种类	号数			亿	千	百	十	万	千	百	十	元	角	分	亿	千	百	十	万	千	百	十	元	角	分		亿	千	百	十	万	千	百	十	元	角	分

总分类账

分页：______ 总页：______

年		凭证		摘要	√	借方											贷方											借或贷	余额									
月	日	种类	号数			亿	千	百	十	万	千	百	十	元	角	分	亿	千	百	十	万	千	百	十	元	角	分		亿	千	百	十	万	千	百	十	元	角

总分类账

分页:________ 总页:________

年		凭证		摘要	√	借方											贷方											借或贷	余额										
月	日	种类	号数			亿	千	百	十	万	千	百	十	元	角	分	亿	千	百	十	万	千	百	十	元	角	分		亿	千	百	十	万	千	百	十	元	角	分

总分类账

分页:______ 总页:______

年		凭证		摘要	√	借方											贷方											借或贷	余额									
月	日	种类	号数			亿	千	百	十	万	千	百	十	元	角	分	亿	千	百	十	万	千	百	十	元	角	分		亿	千	百	十	万	千	百	十	元	角

总分类账

分页:________ 总页:________

年		凭证		摘要	√	借方											贷方											借或贷	余额										
月	日	种类	号数			亿	千	百	十	万	千	百	十	元	角	分	亿	千	百	十	万	千	百	十	元	角	分		亿	千	百	十	万	千	百	十	元	角	分

总分类账

分页:________ 总页:________

年		凭证		摘要	√	借方											贷方											借或贷	余额									
月	日	种类	号数			亿	千	百	十	万	千	百	十	元	角	分	亿	千	百	十	万	千	百	十	元	角	分		亿	千	百	十	万	千	百	十	元	角

总分类账

分页:________ 总页:________

年		凭证		摘要	√	借方											贷方											借或贷	余额										
月	日	种类	号数			亿	千	百	十	万	千	百	十	元	角	分	亿	千	百	十	万	千	百	十	元	角	分		亿	千	百	十	万	千	百	十	元	角	分

总分类账

分页:______ 总页:______

年		凭证		摘要	√	借方											贷方											借或贷	余额									
月	日	种类	号数			亿	千	百	十	万	千	百	十	元	角	分	亿	千	百	十	万	千	百	十	元	角	分		亿	千	百	十	万	千	百	十	元	角

总分类账

分页：________ 总页：________

年		凭证		摘要	√	借方											贷方											借或贷	余额										
月	日	种类	号数			亿	千	百	十	万	千	百	十	元	角	分	亿	千	百	十	万	千	百	十	元	角	分		亿	千	百	十	万	千	百	十	元	角	分

总分类账

分页:________ 总页:________

年		凭证		摘要	√	借方											贷方											借或贷	余额									
月	日	种类	号数			亿	千	百	十	万	千	百	十	元	角	分	亿	千	百	十	万	千	百	十	元	角	分		亿	千	百	十	万	千	百	十	元	角

总分类账

分页:________ 总页:________

年		凭证		摘要	√	借方											贷方											借或贷	余额										
月	日	种类	号数			亿	千	百	十	万	千	百	十	元	角	分	亿	千	百	十	万	千	百	十	元	角	分		亿	千	百	十	万	千	百	十	元	角	分

账簿目录表

账户名称	账号	总页码	账户名称	账号	总页码	账户名称	账号	总页码

账簿启用及交接表

机构名称		印鉴
账簿名称	（第　　册）	
账簿编号		
账簿页数	本账簿共计　　页（本账簿页数 检点人盖章　　）	
启用日期	公元　　年　　月　　日	

经管人员	负责人		主办会计		复核		记账	
	姓名	盖章	姓名	盖章	姓名	盖章	姓名	盖章

接交记录	经管人员		接管				交出			
	职别	姓名	年	月	日	盖章	年	月	日	盖章

备注	